高等职业院校城市轨道交通“十三五”规划教材

城市轨道交通传输系统维护

余建平　王　琳　主　编
朱　锦　副主编
王毅强　主　审

電子工業出版社
Publishing House of Electronics Industry
北京・BEIJING

内 容 简 介

传输系统由传输线路和传输设备两个部分组成，本书对各部分进行了全面、系统的介绍。主要内容包括光缆、电缆的类型、特性及在实际运用中的测试、维护及故障处理，SDH 传输网的应用，WDM 系统应用，MSTP 及 OTN 的应用，传输设备的例行维护及故障处理，以及光缆、电缆线路和传输设备的相关实操训练。

本书紧扣行业标准和规范，具有较强的实用性，适合作为高等职业院校城市轨道交通控制、通信与信号等专业的教材，也可作为城市轨道交通通信、信号相关技术维护人员的参考用书。

图书在版编目（CIP）数据

城市轨道交通传输系统维护 / 余建平，王琳主编. —北京：电子工业出版社，2017.8

ISBN 978-7-121-31804-7

Ⅰ. ①城… Ⅱ. ①余… ②王… Ⅲ. ①城市铁路—轨道交通—通信传输系统—维护 Ⅳ. ①U239.5

中国版本图书馆 CIP 数据核字（2017）第 130242 号

策划编辑：程超群
责任编辑：裴　杰
印　　刷：三河市鑫金马印装有限公司
装　　订：三河市鑫金马印装有限公司
出版发行：电子工业出版社
北京市海淀区万寿路 173 信箱　邮编　100036
开　　本：787×1 092　1/16　印张：17.25　字数：442 千字
版　　次：2017 年 8 月第 1 版
印　　次：2017 年 8 月第 1 次印刷
定　　价：45.00 元

凡所购买电子工业出版社图书有缺损问题，请向购买书店调换。若书店售缺，请与本社发行部联系，联系及邮购电话：（010）88254888，88258888。

质量投诉请发邮件至 zlts@phei.com.cn，盗版侵权举报请发邮件至 dbqq@phei.com.cn。

本书咨询联系方式：（010）88254577，ccq@phei.com.cn。

前　言

本书在校企合作、工学结合、理论与实践一体化教学的基础上介绍通信传输系统中光缆、电缆的类型、特性及在实际运用中的测试、维护、故障处理等，还对 SDH、WDM、OTN、MSTP 等传输制式进行讲解。尤其以实例介绍传输系统在城市轨道控制信号传输中的应用以及传输设备的维护和故障处理方法。

本书除介绍相关的理论外，更加注重实操训练，以突出技能，重在应用。通过学习本书，读者能够全面了解传输系统的组成、各部分的作用、实际应用等，还可掌握传输系统的实际操作技能。本书力求基本概念简明扼要、基本原理描述清晰，注重实际运用及技能操作，并且特别注重以大量实际、直观的图表形式来配合文字描述，以帮助读者更好地理解本书内容。

本书将所学知识分成 7 个项目，每个项目进行学时分配，共计 90 学时。项目安排如下。

项目 1（4 学时）介绍传输系统的基本概念、城市轨道交通传输系统的构成。

项目 2（16 学时）介绍全色谱全塑对称电缆、同轴电缆、漏泄电缆的结构、特点及电缆芯线接续、2M 线制作实操训练。

项目 3（20 学时）介绍光纤、光缆的结构、特点及光纤熔接、光缆接续实操训练。

项目 4（24 学时）介绍 SDH 的基本概念、SDH 映射、SDH 网元、SDH 传送网、SDH 自愈网、基于 SDH 的 MSTP 技术以及 SDH 传输系统的误码特性测试、SDH 组网实操训练。

项目 5（6 学时）介绍 WDM 的基本概念、系统结构、WDM 应用、OTN 技术。

项目 6（14 学时）介绍光缆、电缆的测试方法、维护项目及故障处理，通信电缆线路直流测试，电缆故障测试，光缆损耗测试，OTDR 测试光缆长度、损耗及故障点的实操训练。

项目 7（6 学时）介绍传输设备的维护及故障处理。

本书由武汉铁路职业技术学院的余建平老师和王琳老师担任主编，郑州铁路职业技术学院的朱锦老师担任副主编，武汉地铁集团有限公司通号部高级工程师王毅强担任主审。其中，余建平老师编写了项目 1 和项目 6，并负责全书的统筹和统稿工作；王琳老师编写了项目 2 中的任务 4、任务 5，项目 3 中的任务 3、任务 4、任务 5 以及项目 7；朱锦老师编写了项目 4；郑州铁路职业技术学院的郭小婧老师编写了项目 5；西安铁路职业技术学院的郑天赐老师编写了项目 2 中的任务 1、任务 2、任务 3，项目 3 中的任务 1、任务 2。

本书在编写过程中参考了同行业的相关书籍及文献资料，尤其是得到武汉地铁集团有限公司通号部的帮助，在此一并表示最诚挚的谢意。

由于编者水平有限，书中不妥之处在所难免，敬请广大读者批评指正。

编　者

前 言

目　　录

项目1　认识传输系统

项目描述

随着社会的进步，对通信的需求越来越广泛和便捷。在城市轨道交通及铁路运输中为了保障车辆的安全运行，通信的作用不容忽视，而传输系统是实现通信的重要保障。本项目主要介绍传输系统的基本知识，了解传输系统的作用和传输系统的构成等。

教学目标

1. 知识目标

掌握传输系统的基本概念、城市轨道交通传输系统的构成、具有的特点。

2. 技能目标

认识传输系统模型，掌握城市轨道交通传输系统与公务电话业务、专用电话业务、无线集群业务、以太网业务系统的接口。

教学安排

项目总学时（4）=理论学时（4）。

任务1　传输系统的基本概念

1.1.1　通信的基本概念

一、通信的含义

通信就是信息的传递，通信可以通过语言、文字、图像、数据等形式表达。在古代通过烽火狼烟、击鼓鸣金、摇旗呐喊、飞鸽传信等方式实现通信，在现代社会通过遥控、遥测、互联网和计算机通信等方式实现通信。随着社会生产力的发展，人们对传递信息的要求也越来越高，通信具有迅速、准确、可靠等特点，几乎不受时间、地点、空间和距离的限制，因而现代通信得到飞速发展和广泛应用。

二、通信系统的一般模型

通信的目的是传输信息，进行信息的时空转移。通信系统的作用就是将信息从信源发送到一个或多个目的地。

在通信系统中，消息的传递是通过电信号来实现的，首先要把消息转换成电信号，经过发送设备，将信号送入信道，在接收端利用接收设备对接收信号做相应的处理后，送给信宿再转换为原来的消息，这个过程可用图 1-1 所示的通信系统一般模型来概括。

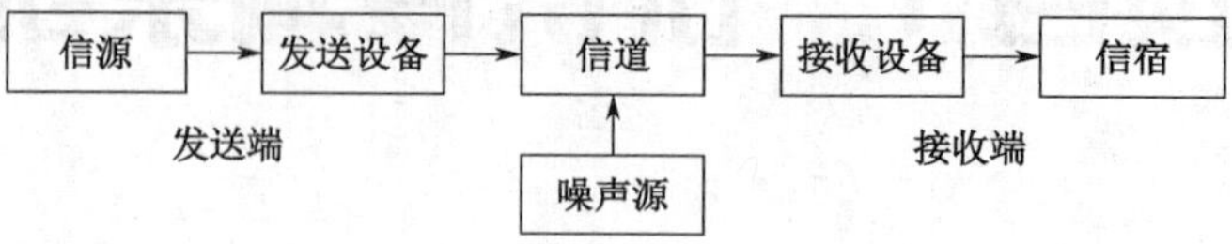

图 1-1　通信系统一般模型

通信系统各部分的功能简述如下。

（一）信息源

信息源（简称信源）的作用是把各种信息转换成原始电信号。根据信息的种类不同，信源可分为模拟信源和数字信源。模拟信源输出连续的模拟信号，如话筒（声音→音频信号）、摄像机（图像→视频信号），数字信源则输出离散的数字信号，如电传机（键盘字符→数字信号）、计算机等各种数字终端，并且模拟信源送出的信号经数字化处理后也可转变成数字信号。

（二）发送设备

发送设备的作用是产生适合在信道中传输的信号，即使发送信号的特性和信道特性相匹配，具有抗信道干扰的能力，并且具有足够的功率以满足远距离传输的需要。因此，发送设备涵盖的内容很多，变换方式是多种多样的，在需要频谱搬移的场合，调制是最常见的变换方式。对传输数字信号来说，发送设备又包含信源编码和信道编码等。

（三）信道

信道是一种物理介质，用于将来自发送设备的信号传送到接收端。在无线信道中，信道可以是自由空间。在有线信道中，可以是电缆和光缆等。有线信道和无线信道均有多种物理介质。信道既给信号以通路，也会对信号产生各种干扰和噪声。信道的固有特性以及引入的干扰和噪声直接关系到通信的质量。

（四）中继设备或交换设备

前者是指对经过一定长度的线路传输后的信号进行放大、恢复的线路中间设备，如中继器、EDFA 等。后者是指通信系统中完成信息交换功能的中间设备（如交换机），它的主要作用是根据用户要求，完成不同用户之间的逻辑连接，实现信息交换的通路，进而完成交换功能。

（五）接收设备

接收设备是将信号放大和反变换（如译码、解调等），其目的是从已受到损耗的接收信号中正确恢复出原始电信号。对于多路复用信号，接收设备中还包括解多路复用，实现正确分路的功能。此外，它还要尽可能减小在传输过程中噪声与干扰所带来的影响。

（六）受信者（简称信宿）

受信者是传送消息的目的地，其功能与信源相反，即把原始电信号还原成相应的消息，如电话机将对方传来的电信号还原成了声音。

（七）噪声

在信息的传递过程中，由于存在各种外界或内部因素，产生各种各样的干扰，我们把它们统称为噪声。噪声是必须引起工程人员重视的一个问题，它可存在于通信系统的任何部分并将直接影响通信质量。

1.1.2　传输的概念

通信的目的就是把信息从一个地点传递到另一个地点，而传输就是两点之间的桥梁和纽带，传输有单向传输（例如广播）和双向传输（例如通话）之分。如果要在多点间进行通信，则需要建设多点对多点的复杂的传输网络，现代的传输网常称作信息高速公路，为各种业务网提供传送通道。

传输网由各种传输线路和传输设备组成，其中传输线路完成信号的传递，传输设备完成信号的处理。

一、传输分类

通常按传输介质将传输划分为有线传输和无线传输。

有线传输是指传输介质为电缆、光缆、波导等形式的通信，其特点是介质能看得见、摸得着，如电缆通信、光缆通信。

无线传输是指传输介质看不见、摸不着（如电磁波）的一种通信形式，如微波通信、移动通信、卫星通信等。

二、传输网基本知识

（一）传输网在通信网中的地位与作用

我们先来了解通信网是用来干什么的。

通信主要指人们传递、交换信息的过程。信息交换是有方向的，比如 A 和 B 在打电话，包括从 A 到 B 和从 B 到 A 两个方向的信息传递。

如果 A 和 B 通过通信网在通信，就从 A 到 B 单向而言，通信网分三个阶段来完成这个通信任务。

首先在 A 端把 A 的信息进行包装，然后把包装后的信息通过通信网传递到 B 的所在地，最后在 B 端收到信息去除包装还原来自 A 的信息。这个过程和邮差递信的过程是类似的，A 把信件装入信封投入邮局是第一步，邮局分拣信件，然后装入到达目的方向的邮车，通过邮车送往目的地的步骤是第二步，收信人收到邮件拆封阅读是第三步。

对照上面列举的两个过程，通信网的电话、手机以及与网络相连的电脑等终端设备实现了“信封”功能，交换机、路由器等设备相当于邮局的信件分拣系统。传输网络相当于邮车，或者说邮件运输系统。

形象地说，传输网络在通信网中的角色是搬运工，把信息从 A 地搬运到 B 地。搬运工的角色是不是很重要呢？人们常常忽视了它的存在，用户看到的往往是信封，邮局想的往往是分拣系统的分拣速度和准确度，很少有人关心这封信是哪辆车或者是什么车送来的。可以说搬运工是一个幕后英雄，信息能不能送到要依赖于搬运工是不是能走到目的地，什么时候送到要依赖搬运工的工作时间和效率。搬运工的技术不断革新，能“翻山越岭，跋山涉水”了，通信才能跨越这些地理阻隔。

传输网在通信网中的位置如图 1-2 所示。

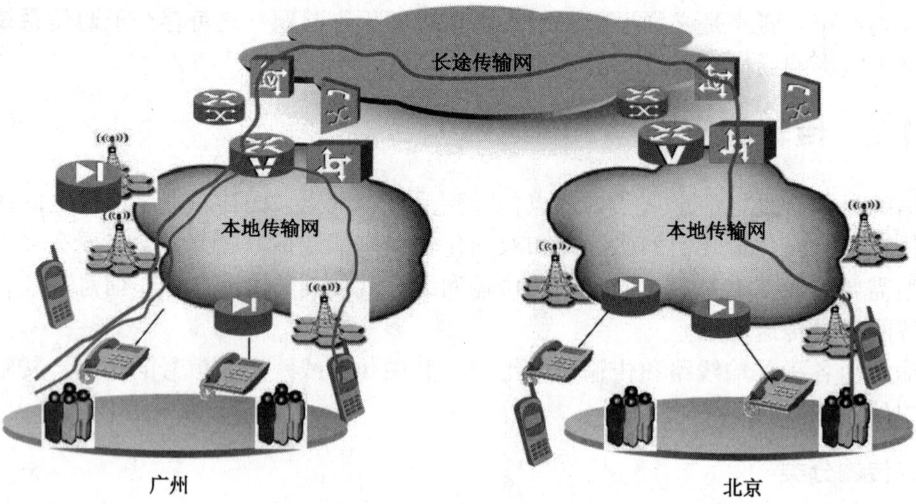

图 1-2　传输网在通信网中的位置

（二）传输网的组成

传输网包含两类实体：传输设备和各种线缆。传输网维护工作也因此分成两个方面：设备维护和线路维护。

传输线路目前主要有两种：电缆和光缆。

传输设备有 SDH 设备、WDM 设备、PTN 设备、OTN 设备，等等。传输网在不断地技术革新中，传输设备的类型和标准也在发展变化中，但是并不存在哪一类设备处于“一统天下”的统治地位，可以说，各有各的用武之地。

SDH（同步数字体系）传输网由不同类型的网元设备通过光缆路线组成，这些网元设备可以实现 SDH 体系的同步复用、交叉连接、网络故障自愈等功能。SDH 传输网的基本网元有终端复用器（TM)、分插复用器（ADM)、再生中继器（REG）和数字交叉连接设备（DXC)，后面章节会对这些设备一一作介绍。

WDM（波分复用）光网络，由于多媒体通信的出现，互联网的发展和移动电话用户的增加，对传输网络的容量需求越来越大，面对“光纤耗尽”现象，如何利用现有的光纤通信系统来实现最大限度的扩容，成为人们所关注的问题。研究结果表明，一根光纤能加载几十个甚至上百个不同波长光，从而出现了 WDM 技术。

通常把光信道间隔较大（甚至在光纤不同窗口上）的复用称为光波分复用（WDM)，再把在同一窗口中信道间隔较小的 WDM 称为密集波分复用（DWDM)。随着科技的进步，现代的技术已经能够实现波长间隔为纳米级的复用，甚至可以实现波长间隔为零点几个纳米级的复用，只是在器件的技术要求上更加严格而已，因此把 1 270nm 至 1 610nm 波长间隔 20nm 的波段称为粗波分复用（CWDM)。

目前以 WDM 为基础的光传送网建设是通信行业发展最快的领域之一。

（三）传输网的层次结构

为了便于网络规划建设和运行维护，传输网的结构被划分成省际骨干网、省内骨干网和本地网三层，各自实现不同的功能。

省际骨干网也被称为一级骨干网，省际骨干网是负责提供省与省之间传输通道的。每个省有一到两个省际出口，省际骨干网把这些省际出口连接起来。省际出口一般都是直辖市、省会城市或者计划单列市。省际骨干网的建设属于总部管理实施项目，总部直接参与日常维护工作。

省内骨干网也称为二级骨干网，是负责提供省内部各地市城市之间传输通道的。省内骨干网的建设属于省分管的实施项目，总部通过分公司上报数据对省内骨干网的工作进行管理。

本地网负责一个地市管辖区域内交换机、基站、中心机房、业务接入点之间提供传输通道的，可以认为是毛细血管，起业务汇聚的作用。本地网又可分为汇聚层和接入层。

骨干网是指在主要节点间建立的网络，在本地网、城域网中都有骨干网。

传输网目前并存的技术手段很多，各有各的用武之地，本书涉及传输网的内容只是在骨干网络中运用广泛的 SDH、DWDM 技术，它们只是骨干传输的主流技术，不代表传输的全部，请读者注意，避免以偏概全。

现阶段我国的 SDH 传输网分为四个层面：省际干线层面、省内干线层面、中继网层面、用户接入网层面。

1.1.3 传输系统模型

一、传输系统模型

用户对通信系统的要求是多种多样的。例如，通信距离可以有远有近，传送的信息可以是语音、图像或数据，每个中继段可以分出或插入信息，也可以直接转接，话路噪声有大有小，等等。这样，很难对不同通信线路规定一个统一的质量标准。

为了比较各种通信设备与通信线路的性能，可以预先规定一条假设的通信线路，并假设把通信设备安装在这条线路上，在这种条件下去考察该线路的传输质量。通常就把这条通信线路称为假设参考通道 HRP（Hypothetical Reference Path）。

传输质量标准都是针对一定的假设参考通道规定的，我国国内标准最长 HRP 为 6 900km，其中核心网（包括长途网和中继网）最长 HRP 为 6 800km，我国的传输系统模型如图 1-3 所示，中继网的假设最长距离为 150km，用户接入网部分的假设最大距离为 50km，实际上大部分通道都短于假设最长通道，因此其性能都优于 HRP 的性能限值。

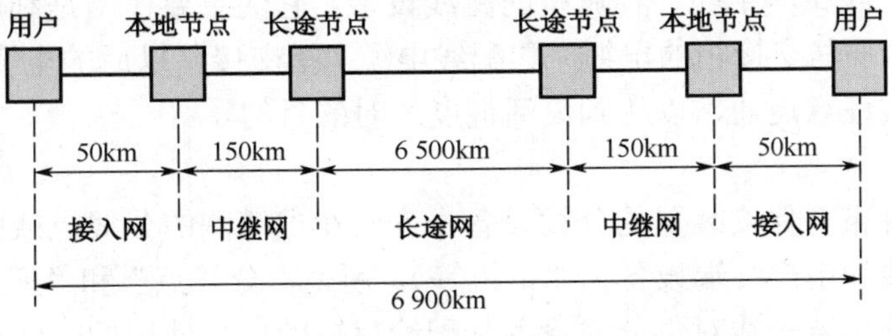

图 1-3 我国国内标准最长 HRP 传输系统模型

二、传输线路总体结构

连接电信局和用户终端设备的线路称为用户线路，根据传输信号不同，用户线路可以是光缆或电缆。

（一）电缆传输用户线路总体结构

实现从配线架到用户分线盒整个电缆网设备模型的搭建。即终端用户通过用户引入线——分线盒（或分线箱）——配线电缆——交接箱——主干电缆（或馈线电缆）——配线架入局。如图 1-4 所示。

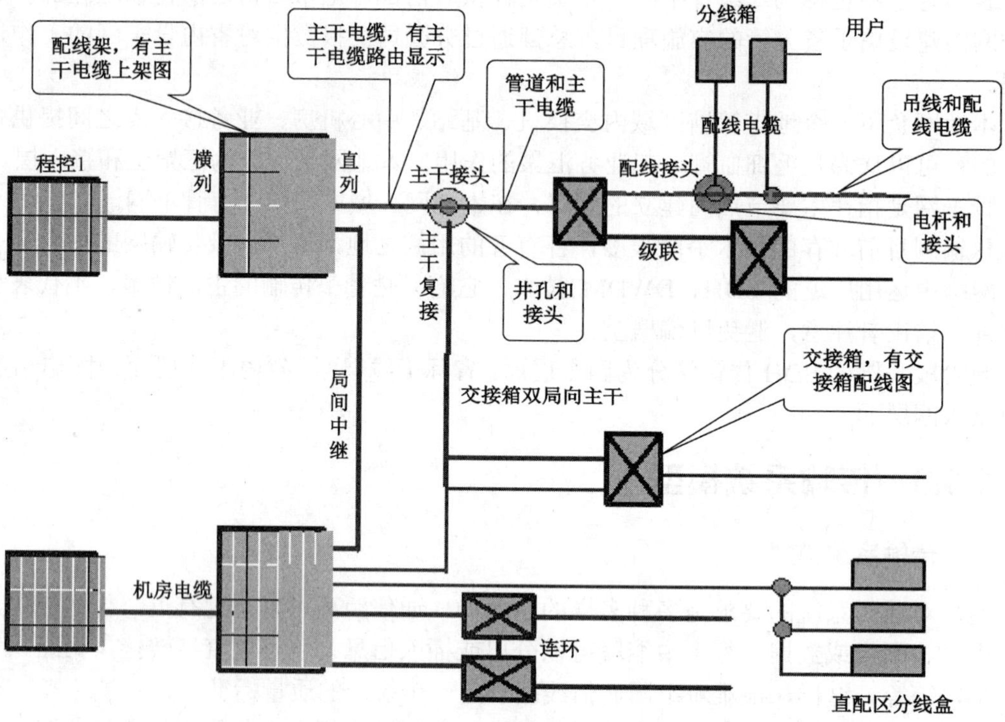

图 1-4　电缆传输线路总体结构

1．配线架

内外线的总汇，连接局外芯线和交换机（连接作用）；设立保安单元保护局内交换设备及人身安全（保安作用）；设有测试塞孔便于查修障碍和对号、测试（测试作用）；设立跳线便于线路扩建、割接及用户变动（维护作用）。

2．交接箱

交接箱是用户线路网中的一种典型的配线设备。它的主要作用是利用跳线连接主干电缆（指连接电信端局与交接箱的电缆）和配线电缆（指交接箱以后的电缆），使主干线对和配线线对通过跳线任意连通，以达到灵活调度线对的目的。

3．分线箱

分线箱是一种带有保安装置的分线设备，安装在电缆网的分线点或配线点上，用来沟通配线电缆的芯线和用户终端设备（如话机等）。所谓“分线点”和“配线点”是指在配线电缆路由上，分支出若干线对供分线设备分配给就近的用户使用的一些点。所以，它是一种安装在线路网分支点或终端的线路终端设备，通过它，然后再用软皮线就可接往用户。

4．分线盒

分线盒是一种不带保安装置的电缆分线设备，其连接作用与分线箱完全相同。内部设有一层由透明有机玻璃制成的接线端子板，将分线盒分为内、外部分，接线时尾巴电缆在端子板内层与接线柱相连，外层和皮线相连，使用全色谱全塑电缆，很容易从外层看清内层的芯线颜色，给维护施工带来方便。

（二）光缆传输用户线路总体结构

实现从ODF（光分配架）到光终端盒整个光缆网设备模型的搭建。即终端用户通过光终端盒——用户引入线——分纤盒（或分纤箱）——配线光缆——光交接箱——主干光缆（或馈线光缆）——ODF入局。如图1-5所示。

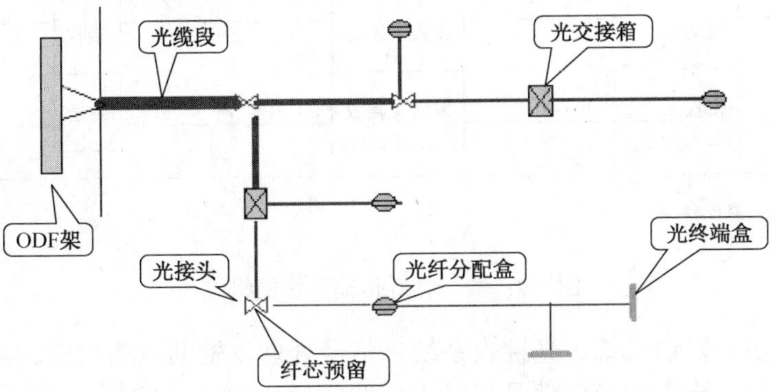

图1-5 光缆传输用户线路总体结构

三、数字光纤传输系统的组成

（一）光纤传输系统的组成

在通信传输的整个系统和传输过程中，光传输系统是最基本、最重要的组成部分，也是新技术发展十分迅速的一个系统。在未来的技术发展中，无论是通信接入网系统，还是城域网或长途广域网，光通信系统都将扮演主要的角色。

基本的光纤传输系统如图1-6所示，包括光发送机、光接收机和光纤传输部分。

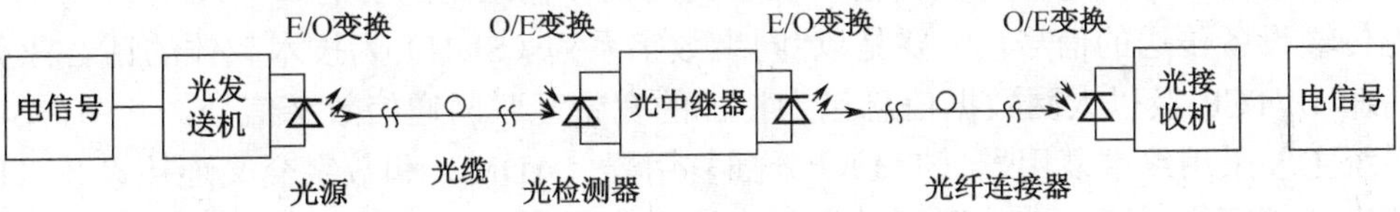

图1-6 光纤传输系统的组成

光发送机把待传输的电信号转换为光信号，光接收机把光信号转换为原来的电信号，光纤传输部分把光发送机发出的光信号送到光接收机。

在发送设备中，光电转换器件把数字脉冲电信号转换为光信号（E/O变换），送到光纤中进行传输。在接收端，设有光信号检测器件，将接收到的光信号转换为数字脉冲信号（O/E变换）。在其传输的路途中，当距离较远时，采用光中继设备，把通信信号经过再生处理后传输。

（二）数字光纤传输系统的组成

图1-7所示的是基本的数字信号光纤传输系统结构，分为以下四个部分：模拟/数字信号转换部分（数字端机）、电/光信号转换部分（光端机）、传输光缆、光信号再生中继器。

数字端机的主要作用是把用户各种信号转换成数字信号，并通过复用设备组成一定的数字传输结构（通常是2M的PCM帧结构）的编码信号（通常是HDB3码等），然后将该数字信号流送至光端机。

光端机把数字端机送来的数字信号再次进行编码转换处理，主要以普通的二进制编码

（NRZ 或 RZ 编码）的形式，转换成光脉冲数字信号，送入光纤进行远距离传输，到了接收端则进行相反的变换。

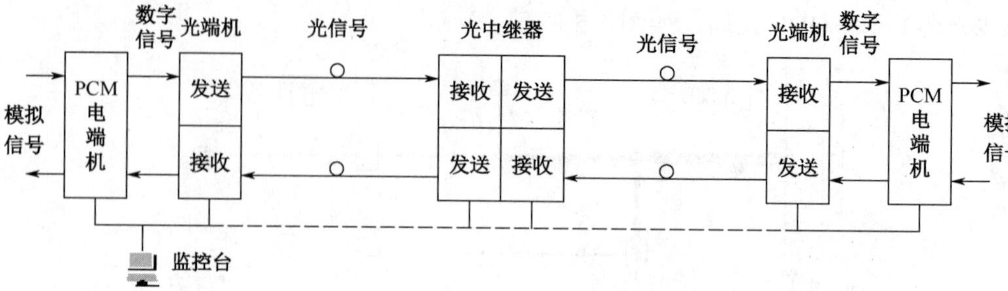

图 1-7　数字光纤传输系统的组成

光端机主要由光发送系统、光接收系统、信号处理及辅助电路组成。

在光发送部分，光电转换器件是光发送电路的核心器件，目前主要使用的有半导体激光器（LD）和发光二极管（LED）两种，负责把数字脉冲电信号转换为光信号（E/O 变换）。

在光接收部分，核心的光检测器件主要有光电二极管（PIN）和雪崩二极管（APD），将接收到的光信号转换为数字脉冲电信号，也就是将光信号重新转化为电信号（O/E 变换）。

信号处理系统则主要是把数字端机送来的 HDB3 码等数字脉冲信号转换为 NRZ 或 RZ 编码的普通二进制数字信号，使之适应光传输的信号转换的需要。

辅助电路主要包括报警、公务、监控及区间通信，等等。

光再生中继器的作用是将光纤长距离传输后，受到衰耗及色散畸变的光脉冲信号恢复成标准的数字光信号，进行再次传输，以达到延长传输距离的目的。

光传输设备传送的信号，主要是以"同步数字系列（SDH）为技术载体的话音业务信号和以高速 IP/TCP 及以太网数据信息包为特征的宽带互联网通信数字信号。其中，SDH 光传输系统主要采用终端复用器（TM）、分插复用器（ADM）和数字交叉连接设备（DXC）等构建光传输网络，而高速互联网数据信息流则常采用光纤收发器作为点到点的常用光传输设备。

四、主要器件简介

（一）光功率计

衡量光信号的大小，可用光功率计直接测试，常用 dBm 表示。

（二）光端机

光端机主要由光发送机和光接收机组成，功能是将要传送的电信号转换成光信号并输入到光纤中进行传播（光发送机）。在接收端再把光信号恢复再现成原来的电信号（光接收机）。由于通信是双向的，所以光端机同时完成电/光（E/O）和光/电（O/E）转换。

（三）光源

光源主要把电信号转换为光信号，用于光发射机中，主要指标是能够发出的光功率的大小。

（四）光接收器

光接收器把光信号转换为电信号，用在光接收机中，主要指标是接收灵敏度。

（五）光耦合器

光耦合器又称为分歧器，能使传输中的光信号在特殊结构的耦合区发生耦合，并将光进行再分配，即可将光信号从一条光纤中分至多条光纤中的元件。

（六）波分复用器 WDM

波分复用技术是在一根光纤中同时传输多个波长光信号的一项技术。其原理是在发射端将不同波长的光信号经光复用器复用在一起，再经光放大器送入光纤，并耦合在光缆线路的同一根光纤进行传输，在接收端又经解复用器将组合波长的光信号分开，并做进一步处理，恢复原信号送入不同的终端。波分复用级数以较低的成本、较简单的结构形式成几倍、数十倍的扩大单根光纤的传输容量，是目前宽带光网络技术中的主导技术。

（七）光衰减器

光衰减器是一种插入光路中可使光信号功率按设定要求衰减的无源光器件。用它来调节光通信系统或测试系统所传输的光信号的功率，使系统达到良好的工作状态。也常用以检测光接收机的灵敏度和动态范围。

常见的光衰减器有固定衰减器和可变衰减器两种。

固定衰减器外形与法兰盘一模一样，但其上刻有衰耗值，一般为 5dB、10dB、15dB 等。

可变光衰减器上有两个衰减旋钮，通过调节衰减旋钮来改变衰减值。

（八）适配器（又称为法兰盘）

适配器是实现两根光纤连接的器件，目前常采用的有 FC 型和 SC 型两种活动连接器，既可以连接也可以分离。

（九）光纤连接器

光纤连接器也称为光纤活动接头，是光纤与光纤之间进行可拆卸（活动）连接的器件，它把光纤的两个端面精密对接起来，以使发射光纤输出的光能量能最大限度地耦合到接收光纤中去，并使由于其介入光链路而对系统造成的影响减到最小，这是光纤连接器的基本要求。

（十）光中继器

光中继器能将接收的光信号进行放大并继续传送，属于光有源器件。

光纤通信系统中的光中继器主要有两种，一种是传统的光中继器（即光—电—光中继器），另一种是全光中继器。其中，全光中继器也就是光放大器，它省去了光—电转换过程，可以对光信号直接进行放大。因此结构比较简单，有较高的效率，在 DWDM 系统中广泛应用。最常见的光放大器是掺铒光纤放大器（EDFA）。

（十一）数字配线架（Digital Distribution Frame，DDF）

数字配线架是数字复用设备之间、数字复用设备与程控交换设备或数据业务设备等其他专业设备之间的配线连接设备。一般情况下，一个 DDF 架上有若干个 DDF 数字配线模块。数字配线架又称为高频配线架，在数字通信中越来越有优越性，它能使数字通信设备的数字码流连接成为一个整体，从速率 2～155Mb/s 信号的输入、输出都可终接在 DDF 架上，这给配线、调线、转接、扩容都带来很大的灵活性和方便性。数字配线架目前多为 2M 跳线。

（十二）光纤配线架（Optical Distribution Frame，ODF）

ODF 用于光纤通信系统中局端通信设备与主干光缆线路之间的连接，可方便地实现光纤线路的连接、分配和调度。一般情况下，一个 ODF 架上有若干个 ODF 光配线模块。ODF 是用作光信号的跳接，一般型号是 12 芯、24 芯、36 芯、72 芯，根据光跳线的接头类型还要分 SC 和 FC。

（十三）光纤

光纤是指传输光信号的光导纤维，分为多模光纤、单模光纤两大类，目前制作的光纤材料主要用 SiO_2。多模光纤的标准工作波长为 850/1 310nm，单模光纤的标准工作波长为 1 310/1 550nm。

（十四）光缆

光缆由若干根光纤组成，加有护套及外护层和加强构件，具有较强的机械性能和防护性能。种类有室外光缆、室内光缆、软光缆、设备内光缆、海底光缆、特种光缆等。

（十五）尾纤

尾纤是指一端带有光纤连接器的单芯光缆。

（十六）跳线

跳线是指两端都装有连接器的单芯光缆。

任务 2　城市轨道交通传输系统的构成

1.2.1　城市轨道交通通信系统

城市轨道交通通信系统是调度列车运行、运营管理、行政办公联络的重要手段，并为其他专业、系统提供通信平台，以传输和处理各种信息，并在地铁出现异常情况时，能迅速为防灾救援和事故处理提供指挥系统。城市轨道交通通信系统的任务是建立一个通信网络，确保提供传输服务，为乘客提供乘车信息及视讯服务，并且对车站进行实时监控，确保乘客乘车安全及对车站进行高层次控制。

一、城市轨道交通通信系统的组成

通信系统不是单一的子系统，而是多个独立而又相互关联的子系统的组合。目前城市轨道交通专用通信系统主要包括以下几个子系统：传输系统、公务电话系统、专用电话系统、无线通信系统、广播系统、闭路电视监控系统、乘客信息系统、视频会议系统、时钟系统、集中网络管理系统、地铁信息管理系统、电源及接地系统、通信光缆/电缆及其他等。

二、城市轨道交通通信系统各子系统的作用

（一）传输系统

城市轨道交通传输系统能迅速、准确、可靠地传送地铁运营管理所需要的各种信息。传输系统采用技术先进、安全可靠、经济实用、便于维护的光纤数字传输设备组网，构成具有承载语音、数据及图像的多业务传输平台，并具有自愈环保护功能。

目前城市轨道交通传输系统普遍采用 MSTP 设备，随着信息化程度的不断提高，对数据传输要求高带宽、低时延，通道保护智能化高，会采用更先进的 OTN 传输设备。

（二）公务电话系统

公务电话主要为运营、管理和维护部门之间的公务通信以及与公用电话网用户的通信

联络，向地铁用户提供话音、非话音及各种新业务。

公务电话系统按车辆段、车站两级结构进行组网，由设置在车辆段和车站的数字程控交换机、电话机及各种终端、配线架等辅助设备构成。两相邻车站交换机通过实回线模拟中继相连，一旦车辆段交换机、传输设备及光线路发生故障，仍能保证车站内部通信，站间行车电话、轨旁电话等仍能畅通，不影响列车运营。

（三）专用电话系统

专用电话系统是为列车运行、调度指挥、防灾报警等提供安全可靠、迅速通信的重要系统，因此，在系统设计时必须保证它的迅速畅通无阻塞，当发生突发事件时能迅速转为防灾救援和事故处理的指挥通信系统。

专用电话系统由调度电话、站间行车电话、站内电话、站场电话四部分组成，并设置总调度员，协调和监视OCC（控制中心）行车调度员、环控调度员、维修调度员、电力调度员的控制操作。

调度电话设行车调度、电力调度、环控调度、维修调度四种调度电话。

行车调度电话用于控制中心行车调度员与各车站、车辆段值班员及行车业务直接有关的工作人员进行业务联络。

电力调度电话用于控制中心电力调度员与主变电所、牵引变电所、降压变电所及其他地方需要热线通信的工作人员进行业务联络。

环控（防灾）调度电话供控制中心防灾值班员与各车站、车辆段防灾值班员之间联络之用。

维修调度电话控制中心值班员与各车站、车辆段维修人员之间直接通信联络。

（四）无线通信系统

城市轨道交通无线通信系统主要用于列车运行指挥和防灾应急通信，为固定人员（调度员、值班员）与流动人员（司机、维修人员、列检人员）间及流动人员相互之间提供语音和数据通信服务。城市轨道交通无线通信系统为调度指挥提供安全可靠的无线通信手段，是指挥列车运行必不可少的专用通信工具。

目前城市轨道交通无线通信系统普遍采用800M数字集群通信系统，数字集群通信系统是由多基站的集群系统形成的一个有线、无线相结合的网络，每个基站覆盖区根据城市轨道交通运行特点进行划分，正常运行时各基站由设置在控制中心的中心控制器控制，当基站在与中心控制器通信中断时，它以单站集群方式支持单站系统的正常运行。车辆段范围独立设置为一个基站覆盖区。

无线通信系统主要由中心交换控制设备、调度服务器、调度台、维护终端、基站、车站固定台、车载台、手持台、录音设备、直放站、天馈系统等组成，控制中心与各车站、车辆段之间的语音和数据信道由传输网络提供。

（五）广播系统

广播系统主要用于城市轨道交通运营时对乘客进行公告信息广播，发生灾害时兼做救灾广播，以及运营维护广播之用，广播系统由车站广播、车辆段广播及控制中心广播这三个相互独立的子系统组成。控制中心可对各车站进行广播，并可以监测各车站及车辆段广播设备的运行状态。

（六）闭路电视监控系统

闭路电视监控系统是城市轨道交通运营、管理现代化的配套设备，是供运营、管理人员实时监视车站客流、列车出入站及旅客上下车情况，以加强运行组织管理，提高效率，确保安全正点地运送旅客的重要手段。

闭路电视监控系统可为车站值班员对车站的站厅、站台等主要区域进行监视，为列车司机对相应站台旅客上、下车等情况进行监视以及本列车上乘客的情况进行监视，为车辆段的有关值班员对该段/场内的重要区域进行监视，为中心调度员提供对各车站（主变电所）、车辆段及列车相关的区域进行监视。

闭路电视监控系统在车站的前端摄像机获取的图像信息应通过视频分配器分别传给运营闭路电视监控系统和城市轨道交通公安监视系统。

（七）乘客信息系统

乘客信息系统（Passenger Information System，PIS）是依托多媒体网络技术，以计算机系统为核心，通过设置在站厅、站台、列车客室的显示终端，让乘客及时准确地了解列车运营信息和公共媒体信息的多媒体综合信息系统，是城市轨道交通系统实现以人为本、提高服务质量、加快各种信息（如乘客行车、安防反恐、运营紧急救灾、城市轨道交通公益广告、天气预报、新闻、交通信息等）公告传递的重要设施，是提高城市轨道交通运营管理水平，扩大地铁对旅客服务范围的有效工具。

（八）时钟系统

时钟系统为控制中心调度员、车站值班员、各部门工作人员及乘客提供统一的标准时间信息，为城市轨道交通的通信系统及其他系统[信号、AFC 自动售检票系统、ISCS 综合监控系统（含 FAS 火灾自动报警系统/BAS 环境与设备监控系统等）、ACS 门禁系统等系统]提供统一的时间信号。

时钟系统由中心一级母钟、站（段）二级母钟及子钟构成。

（九）集中网络管理系统

通信网络管理系统是利用计算机网络技术和计算机本身的高速数据处理能力，对通信中的各子系统进行集中管理，将各子系统的运行状态集中反映到控制中心的计算机上，使通信维护人员能及时、准确了解整个通信系统设备的运行状态和故障信息，以便于处理。

（十）电源系统

通信电源系统主要为控制中心、车站及车辆段的通信、综合监控、自动售检票系统及门禁系统的设备提供高质量、高可靠的电源供应，保证在主电源故障（中断或发生超限波动）的情况下，这几个系统的设备在规定的时间内仍能正常工作，等待主电源恢复正常。

电源系统的主要功能如下。

1．不间断供电功能

UPS 电源能对各子系统的设备进行不间断地供电。

2．后备供电功能

市电故障后，UPS 电源设备能持续工作一段时间（电池组的后备供电时间），由免维护电池为各系统负载供电。

（十一）通信光缆/电缆

通信光缆/电缆主要包括区间光缆、区间电缆、地区光缆和市话电缆。

区间光缆采用双径路敷设，即在线路上、下行车方向的右侧各敷设一条大芯数（一般为48～60芯）的干线光缆，作为车站、车辆段与控制中心之间通信的介质。

区间电缆采用双路径敷设，即在线路上、下行车方向的右侧各敷设一条干线电缆（与光缆同路径），一般为30对左右0.7mm线径，作为车站之间、车站和车辆段之间的备用调度电话分机、站间行车电话和区间电话的备用通信介质。

在控制中心、车辆段、车站和主变电站等处，根据需要敷设小芯数的地区光缆以及根据需要敷设线对不等的市话电缆，电缆芯径为0.5mm。通信光电缆采用低烟无卤阻燃型护套，敷设方式包括架空、管道、电缆沟和槽道等。

1.2.2 城市轨道交通传输系统

城市轨道交通通信传输系统作为轨道交通各类系统的信息承载网络，在轨道交通中起到至关重要的作用，是轨道交通通信系统的重要子系统，它将为其他通信子系统和信号自动列车监控系统（Automatic Train Supervision，ATS）、自动售检票系统、综合监控系统（ISCS）以及乘客信息系统（PIS）等专业提供可靠的、冗余的、可重构的、灵活的信道，并将成为保证地铁运行所必需信息的传输介质。

一、城市轨道交通传输系统的构成

传输系统作为轨道交通通信网络的基础设施，是通信系统的骨干，是最重要的通信子系统，它不仅为通信其他子系统提供信息传送服务，同时还为轨道交通中的各种控制系统提供信息传送平台。

传输系统为城市轨道交通各系统提供丰富的接口类型，与其他系统的接口由2M业务和以太网业务构成。

2M业务包括公务电话业务、专用电话业务、无线集群业务。

以太网业务包括广播系统、时钟系统、公务电话网管、专用电话网管、闭路电视监控（CCTV）、无线、自动列车监控（ATS）、火灾自动报警系统（FAS）、乘客信息系统（PIS）、综合监控（ISCS）、自动售检票系统（AFC）、门禁以及其他系统预留。

城市轨道交通传输系统构成如图1-8所示，控制中心站点放置烽火通信公司FonsWeaver 780设备。FonsWeaver780设备是新一代智能MSTP设备。该设备作为一种多方向、多业务接口的综合性光传输平台，它不仅可以提供全系列速率的SDH接口和PDH接口，支持以太网及ATM业务的传输，而且具有强大的高、低阶交叉能力，同时支持各种拓扑结构的组网及保护。

二、城市轨道交通传输系统具有的特点

以武汉地铁使用的烽火通信公司FonsWeaver 780设备为例介绍。

（一）保护功能

FonsWeaver 780设备支持MESH组网，支持多种保护和恢复方式。

1．网络级保护

烽火通信的传输设备支持线性1+1、2/4纤复用段保护（Multiplex Section Protection，MSP）、子网连接等多种保护方式。按照招标文件的要求，方案采用的是两纤双向复用段保护环。

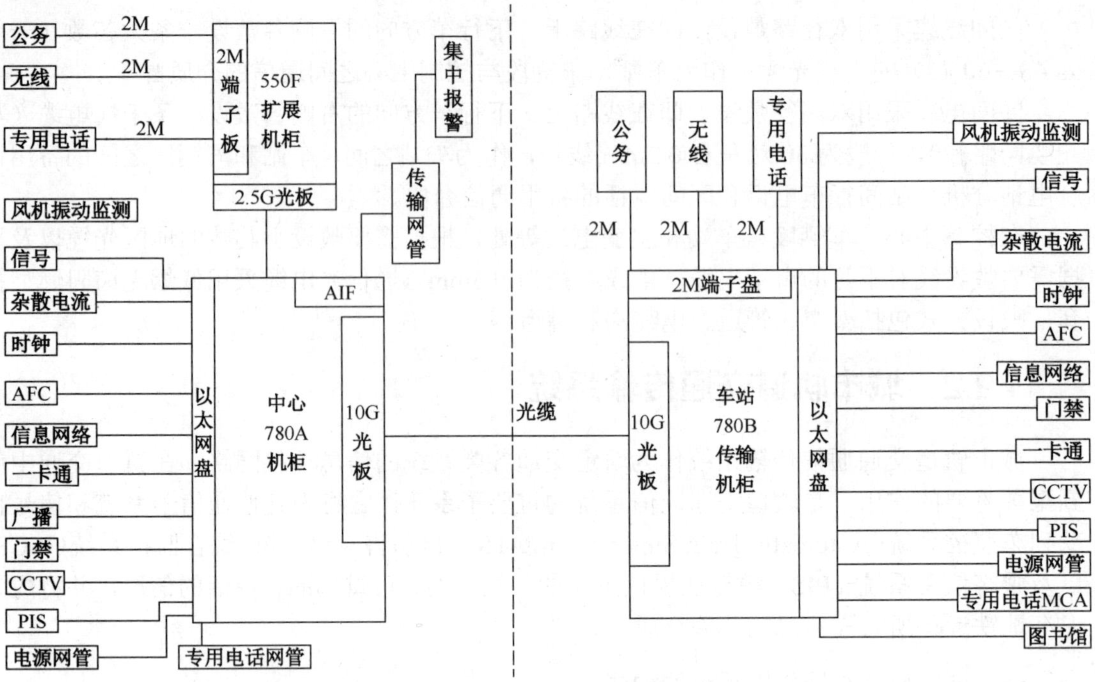

图 1-8 城市轨道交通传输系统的构成

二纤双向复用段保护环和四纤双向复用段保护环的区别如下。

（1）二纤双向复用段保护环两点间只有一对纤连接，前半时隙做主用，后半时隙做备用，一旦中断，就启动 MSP 环保护功能。

（2）四纤双向复用段保护环任意两点之间是四纤连接，两纤工作两纤保护，一旦主用中断倒换到备用。主备用均中断才启动环保护。

2．设备级保护

传输设备可做到对设备硬件、控制单元、控制软件的保护。对电源、交叉连接、同步信号等公共板卡均采用 1+1 保护。

（二）自愈功能

传输系统采用二纤双向复用段倒换环保护方式，当工作环路光纤发生故障和断路时，可以自动判断并切换到备用环路光纤工作，同时向网管系统上报故障信息。自动切换可在 50ms 内完成，切换不影响用户的正常使用。倒换方式如图 1-9 所示。

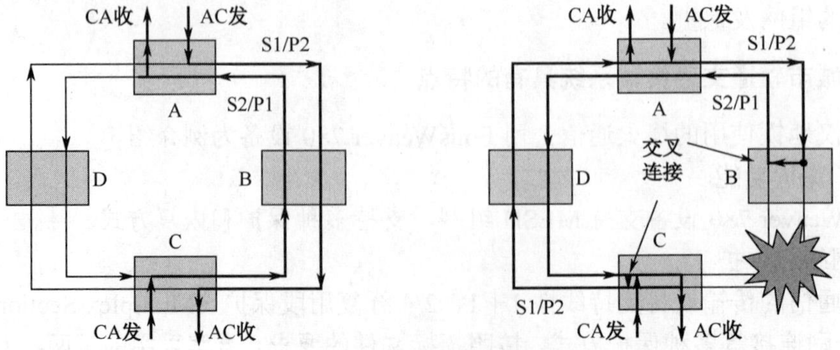

图 1-9 双向复用段倒换环

正常时：利用 S1 与 S2 工作通道传送业务，业务信号 AC 在发端 A 馈入 S1/P2 光纤的工作通道 S1，沿顺时针方向到达 C 站：A→B→C。同理，业务信号 CA 在发端 C 馈入 S2/P1 光纤的工作通道 S2，沿逆时针方向到达 A 站：C→B→A。P1 与 P2 通道可传送额外业务。

故障时：如 B、C 间光缆被切断，在 B、C 点执行交叉连接。B 节点：把 AC 业务从 S1 通道交叉到 P1 通道，并使其沿逆时针方向传输：A→B→A→D→C。C 节点：把 CA 业务从 S2 通道交叉到 P2 通道，并使其沿顺时针方向传输：C→D→A。

三、城市轨道交通传输系统网络的构成

传输系统采用 MSTP（内嵌 RPR）系统方案。设备的重要单板如电源、交叉连接、同步信号等公共板卡都采用 1+1 热备份配置，系统具有极高的安全性。

本传输系统采用 10G MSTP 设备进行组网，考虑到复用段保护环对组环节点数的限制，组成一个以汇接中心为切点 MSTP 两纤双向复用段保护环网络，汇接中心为铁机路控制中心。一期开通汇聚环二、汇聚环三共 15 个车站。线路码型：NRZ 扰码，比特速率：9 953 280kb/s。

具体组网如图 1-10 所示。

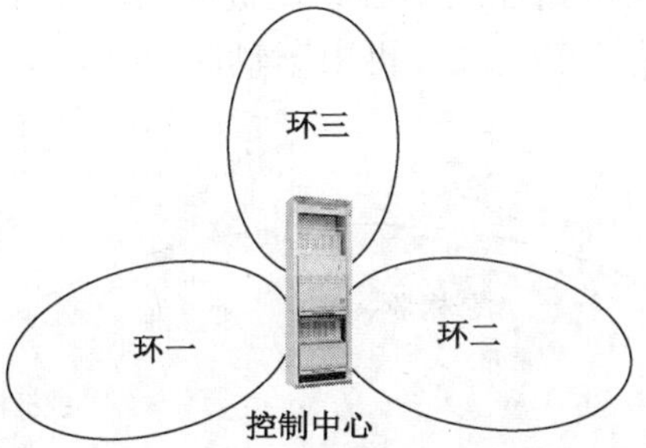

图 1-10　传输系统网络的构成

MSTP 系统环一：全线由铁机路控制中心经首义路站、复兴路站、拦江路站、钟家村站、汉阳火车站、五里墩站、七里庙站、十里铺站、王家湾站、玫瑰苑站、永安堂站、孟家铺站、黄金口站，停车场，再由停车场返回控制中心，共 15 个节点。在一期时只开通停车场站，MSTP 系统环一如图 1-11 所示。

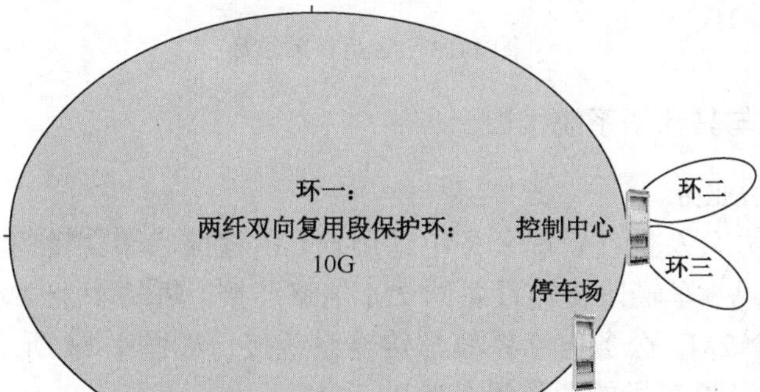

图 1-11　MSTP 系统环一

MSTP 系统环二：由铁机路控制中心经岳家嘴站、东亭站、青鱼嘴站、周家大湾站、洪山广场站、中南路站、梅园小区站、武昌火车站，由武昌火车站返回，共 9 个节点，MSTP 系统环二如图 1-12 所示。

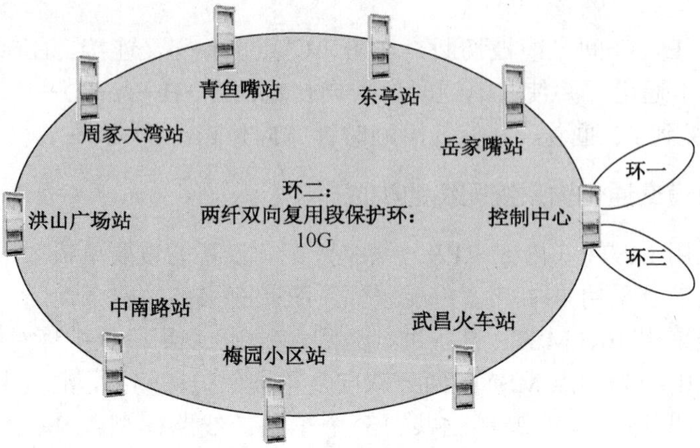

图 1-12 MSTP 系统环二

MSTP 系统环三：由铁机路控制中心经铁机村站、罗家港、园林路、工业大道、工业四路、杨村湖、武汉火车站、车辆段，再由车辆段返回，共 9 个节点。MSTP 系统环三如图 1-13 所示。

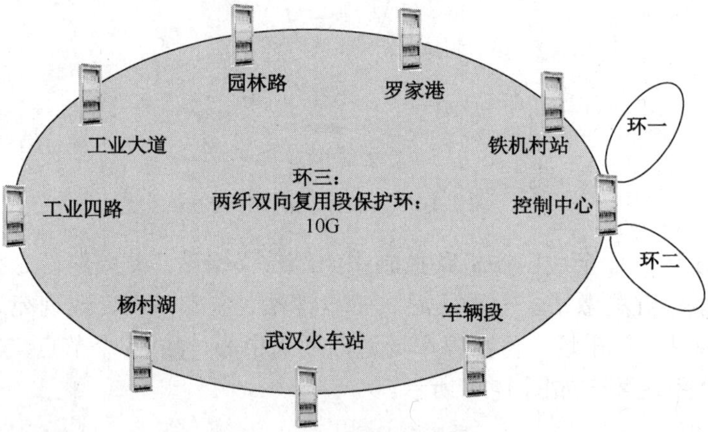

图 1-13 MSTP 系统环三

四、传输系统与其他子系统接口

（一）公务电话业务

车站、车辆段办公及生产管理公务电话用户，由程控远端交换模块或程控交换机解决，通过控制中心、车站、车辆段传输设备的 2M 电路连接，每站 1 个 2M，控制中心 1 个 2M，车场、车辆段 18 个 2M。公务电话系统与传输系统接口如图 1-14 所示。接口位置在控制中心、车站、车辆段、停车场的通信设备室的 DDF 架上。

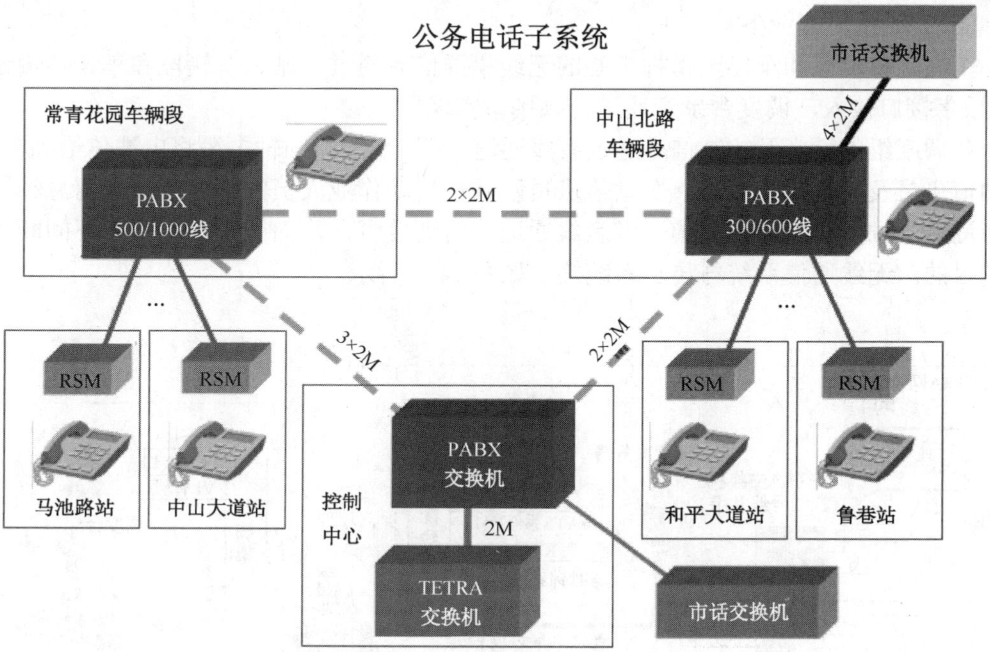

图 1-14　公务电话系统与传输系统接口

（二）专用电话业务

专用电话包括列车调度电话、电力调度电话、防灾调度电话、保安调度电话、维修调度电话、站间行车电话、站内电话等用户。数字调度枢纽主系统与车站分系统间通过 2M 电路连接。站间行车电话通过数字通道与相邻站连接。站内电话用户只作为本站直通电话用户，对外无传输通道要求。专用电话系统与传输系统接口如图 1-15 所示。

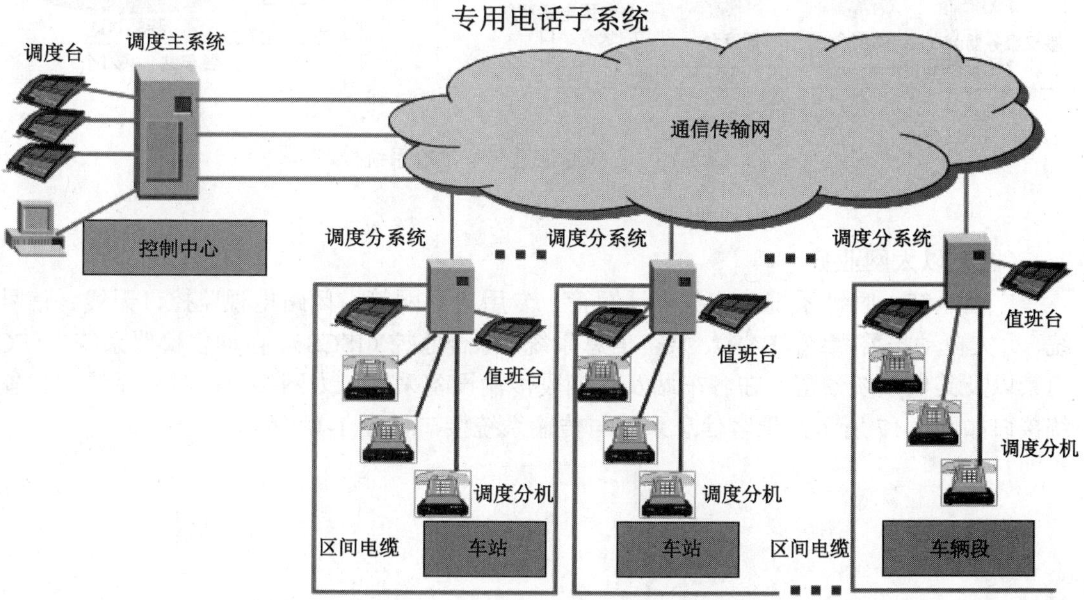

图 1-15　专用电话系统与传输系统接口

（三）无线集群业务

车站、车辆段和车场至指挥中心的无线集群信息通过车站、车辆段和车场传输设备的2M数字接口接入，调度台录音通过音频接口实现。

各调度组的话音及控制信令通过有线通道、基站及漏泄同轴电缆将电波传给列车司机、车站值班员及其他流动人员。车站值班员及其他流动作业人员的话音及呼叫信息经天线基站、漏泄同轴电缆（简称漏缆）及有线通道传给调度台，从而达到上、下行不间断互通信息的目的。无线通信系统与传输系统接口如图1-16所示。

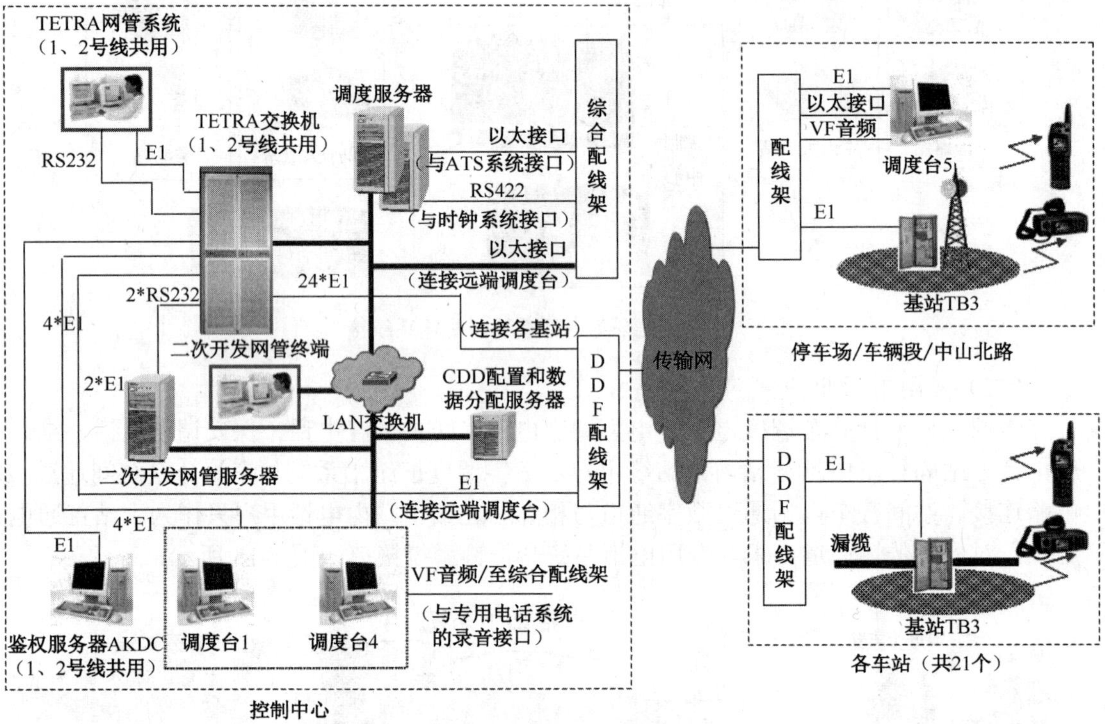

图1-16　无线通信系统与传输系统接口

（四）以太网业务

广播系统、时钟系统、公务电话网管、专用电话网管、闭路电视监控、无线、信号系统、火灾自动报警系统（FAS）、乘客信息系统、综合监控（ISCS）、自动售检票系统（AFC）、门禁以及其他系统预留，在各车站及车辆段传输设备采用以太网接口。时钟系统与传输系统接口如图1-17所示，乘客信息系统与传输系统接口如图1-18所示。

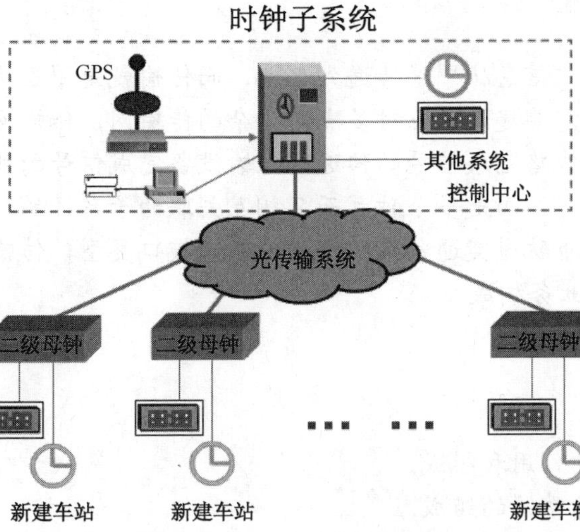

图 1-17 时钟系统与传输系统接口

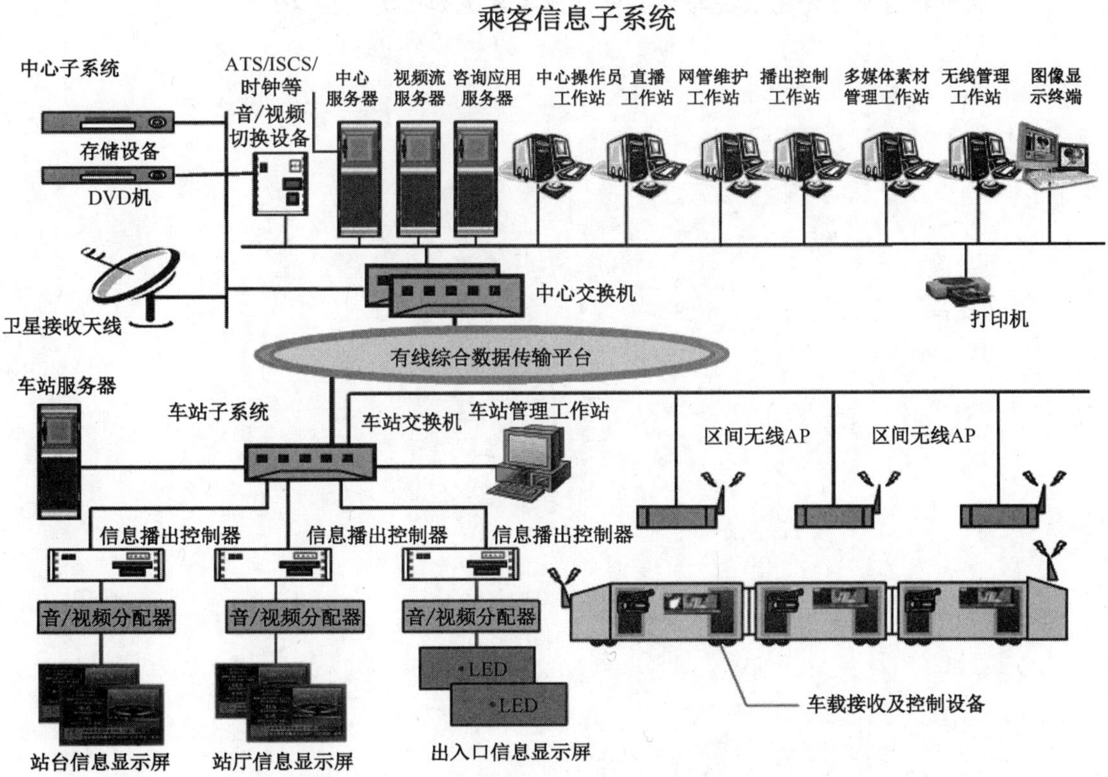

图 1-18 乘客信息系统与传输系统接口

项目小结

通信的目的就是把信息从甲地传递到乙地，而传输就是甲乙两点之间的通道，如果在多点间进行通信，则需要建设多点对多点的复杂的传输网，传输网由各种传输线路和传输设备组成，其中传输线路完成信号的传递，传输设备完成信号的处理。城市轨道交通通信系统不是单一的子系统，而是多个独立而又相互关联的子系统的组合，其中传输系统是其重要的子系统，为城市轨道交通各系统提供丰富的接口类型，传输系统与其他系统的接口由 2M 业务和以太网业务构成。

复习思考题

1. 简述传输网的作用和组成。
2. 简述光纤传输系统的组成。
3. 简述用户线路的总体结构。
4. 城市轨道交通专用通信系统主要包括哪几个子系统？简述各子系统的作用。
5. 城市轨道交通传输系统具有哪些特点？
6. 城市轨道交通传输系统与公务电话业务系统如何实现接口？

项目2　通信电缆

项目描述

电缆通信是以电信号为信息的载体、以电缆为传输介质的通信方式。通信电缆是传输系统实现传输的介质之一，目前普遍应用的是对称电缆、同轴电缆和漏泄电缆，它们广泛用于接入网系统的用户线、交换机与传输设备间的连接线、发射机与天线间的馈线，等等。本项目主要学习通信电缆的类型、结构、色谱规律和端别判断，以及全色谱全塑电缆的芯线接续和接头封合。

教学目标

1．知识目标

了解通信电缆的类型和结构，掌握全色谱全塑通信电缆的色谱和线序，了解同轴电缆的结构和类型及用途，了解漏泄电缆的结构和类型及工作原理，掌握常用接线子的基本结构和接线原理。

2．技能目标

能够判定通信电缆的色谱和线序，能够判定通信电缆的端别，能够完成全色谱全塑电缆的模块式接线子接续。

教学安排

项目总学时（16）=理论学时（8）+实操训练学时（8）。

任务1　通信电缆的类型与结构

全色谱全塑电缆是典型的用户线路电缆，是目前本地网中广泛使用的电缆。城市轨道交通和高速铁路区段一般亦采用全色谱全塑市话电缆，应用于车站站场区域，本任务主要学习全色谱全塑市话电缆的类型及结构。

2.1.1　通信电缆的类型

一、全色谱全塑电缆的概念

“全色谱”是因为电缆芯线绝缘层的颜色是由规定的“白、红、黑、黄、紫、蓝、橘（橙）、绿、棕、灰”10 种颜色组成的，所以称为全色谱电缆。全色谱电缆中的任何一对芯线都可以通过各级单位的扎带颜色以及线对的颜色来识别，换句话说，给出线对序号就可以找出线对，拿出线对就可以说出线对序号。

“全塑”电缆是指电缆的芯线绝缘层、缆芯包带层和护套均是采用塑料制成的电缆。

全色谱全塑电缆属于对称电缆。

二、全色谱全塑市话电缆的类型

- 全色谱全塑电缆
  - 普通型
  - 特殊型
    - 填充式
    - 自承式
    - 室内

（一）普通型全色谱全塑电缆

普通型是使用最多的一种电缆，广泛应用于架空、管道、墙壁及暗管等施工形式，其典型型号为 HYA、HYFA、HYPA（电缆型号在 2.1.4 节介绍）。如图 2-1 所示的电缆就是最常用的普通型 HYA 电缆。

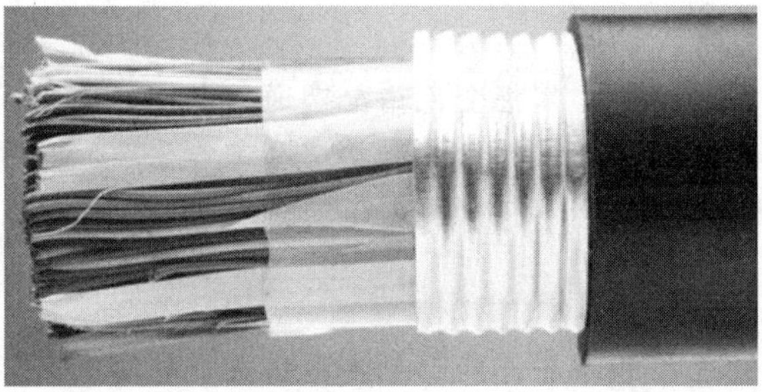

图 2-1　普通型全色谱全色电缆

（二）填充式全色谱全塑电缆

目前本地网中使用的大多为石油膏填充的全塑市话电缆，主要用于无须进行充气维护或对防水性能要求较高的场合，其型号为 HYAT、HYFAT、HYPAT、HYAGT、HYAT 铠装、HYFAT 铠装、HYPAT 铠装等。图 2-2 所示就是一条填充式全色谱全塑电缆。

图 2-2　填充式全色谱全塑电缆

（三）自承式全色谱全塑电缆

自承式是一种用于架空场合的全塑电缆，它不需要吊线即可直接架挂在电杆上（“自承式”因此而得名），多用于墙壁敷设，其型号有 HYAC、HYPAC，其结构如图 2-3 所示。

图 2-3　自承式全色谱全塑电缆

2.1.2　通信电缆的结构

全色谱全塑对称电缆在结构上主要是由缆芯、屏蔽层和保护层组成。

一、缆芯结构

全色谱全塑对称电缆的缆芯主要由芯线、芯线绝缘、缆芯扎带及包带层等组成。

（一）芯线

芯线由金属导线和绝缘层组成。导线是用来传输电信号的，要求具有良好的导电性能、足够的柔软性和机械强度，同时还要求便于加工、敷设和使用。导线的线质为电解软铜，铜线的线径主要有 0.32mm、0.4mm、0.5mm、0.6mm、0.8mm 等五种。

（二）绝缘材料

全塑市内通信电缆的芯线绝缘主要采用高密度的聚乙烯、聚丙烯或乙烯-丙烯共聚物等高分子聚合物，称为聚烯烃塑料。优点是对各种溶剂具有较好的稳定性，防潮性能好，机械强度高，有较好的弹性和延展性，加工方便。

（三）绝缘形式

全塑电缆的芯线绝缘形式分为实心绝缘、泡沫绝缘、泡沫/实心皮绝缘，如图 2-4 所示。

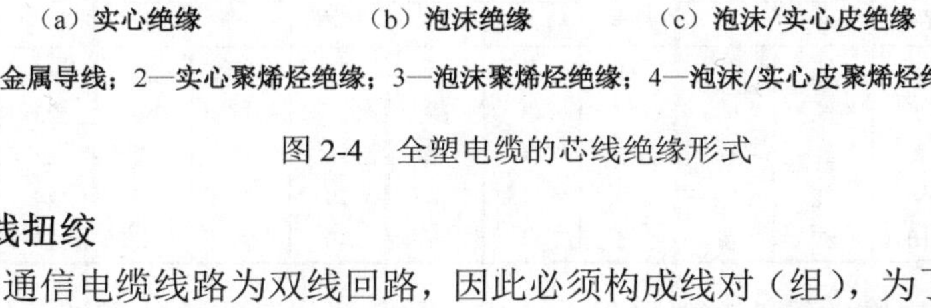

（a）实心绝缘　（b）泡沫绝缘　（c）泡沫/实心皮绝缘

1—金属导线；2—实心聚烯烃绝缘；3—泡沫聚烯烃绝缘；4—泡沫/实心皮聚烯烃绝缘层

图 2-4　全塑电缆的芯线绝缘形式

（四）芯线扭绞

全塑市内通信电缆线路为双线回路，因此必须构成线对（组），为了减少线对之间的电磁耦合，提高线对之间的抗干扰能力，便于电缆弯曲和增加电缆结构的稳定性，线对（或四线组）应当进行扭绞。

扭绞是将一对线的两根导线或一个四线组的四根导线均匀地绕着同一轴线旋转。

扭绞方式如图 2-5 所示，图中（a）为对绞，图（b）为星绞。

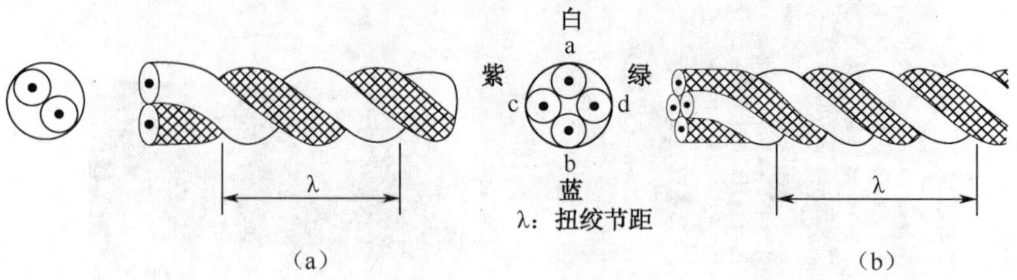

图 2-5　芯线的对绞与星绞

电缆芯线沿轴线旋转一周的纵向长度称为扭绞节距。星绞中处于对角线位置的两根线组成一个回路。

二、屏蔽层

为了减少外界电磁场对电缆回路的干扰，需在缆芯的外面包覆金属屏蔽层，使缆芯与外界磁场隔离。

三、保护层

保护层的作用是保护缆芯不受潮气、水分和化学物质的浸蚀以及防止电缆受机械损伤。保护层处于电缆的最外层，其材料主要采用高分子聚合物塑料。

直埋于地下或敷设于水底的电缆一般还要加上钢带或钢丝组成的铠装外护层。

2.1.3　全色谱全塑对称电缆色谱规律

绝缘后的芯线大都采用对绞形式进行扭绞，即由 a、b 两线构成一个线组。芯线绝缘层的颜色由规定的十种颜色“白、红、黑、黄、紫、蓝、橘（橙）、绿、棕、灰”组成，所以称为全色谱电缆。这十种颜色两两组合成 25 个组合。其中 a 线颜色（领示色）包括白、红、黑、黄、紫，b 线颜色（循环色）包括蓝、橘（橙）、绿、棕、灰。其组合形式如表 2-1 所示。于是，在一个基本单位 U（25 对为一个基本单位）中，线对序号与色谱存在一一对应的关系，如第 16 对芯线颜色为黄/蓝，第 20 对芯线为黄/灰等，这给施工时的编线及使用提供了很大方便。这也就是工程技术人员常讲的“芯线绝缘层全色谱”，一共有 25 种。

表 2-1　全色谱线对编号与色谱

线对序号	颜色		线对序号	颜色		线对序号	颜色		线对序号	颜色		线对序号	颜色	
	a	b		a	b		a	b		a	b		a	b
1	白	蓝	6	红	蓝	11	黑	蓝	16	黄	蓝	21	紫	蓝
2	白	橘	7	红	橘	12	黑	橘	17	黄	橘	22	紫	橘
3	白	绿	8	红	绿	13	黑	绿	18	黄	绿	23	紫	绿
4	白	棕	9	红	棕	14	黑	棕	19	黄	棕	24	紫	棕
5	白	灰	10	红	灰	15	黑	灰	20	黄	灰	25	紫	灰

目前全色谱全塑电缆的缆芯主要采用单位式。它主要由基本单位和超单位绞合而成，各种单位与单位之间用扎带分隔。单位式缆芯有如下三种最常见的单位。

一、基本单位 U

1 个 U 等于 25 对线，其色谱为白/蓝—紫/灰的 25 种全色谱组合。为了区别不同的 U 单位或子单位，每个单位外部都捆有扎带，U 单位的扎带全色谱是白/蓝—紫/棕的 24 种组合，所以，U 单位的扎带颜色循环周期为 25×24=600（对），即从 601 对开始，U 单位的扎带又变成白/蓝。U 单位序号及扎带颜色见表 2-2。

表 2-2　U 单位序号及扎带颜色

线对序号	U 单位序号	U 单位扎带颜色
1～25	1	白/蓝
26～50	2	白/橘
51～75	3	白/绿
76～100	4	白/棕
⋮	⋮	⋮
551～575	23	紫/绿
576～600	24	紫/棕

二、超单位 1——S 超单位

1 个 S 等于 U+U=25+25=50 对，1～25 对为第一个 U 单位，26～50 为第二个 U 单位。为了形成圆形结构的缆芯，同一 U 单位内的芯线又被分成两束线，如 1～12，13～25，但这两束线的扎带颜色仍然一致，其排列结构如图 2-6 所示。

S 单位的扎带颜色为单色，具体如下：

1～600	对	白色扎带
601～1 200	对	红色扎带
1 201～1 800	对	黑色扎带
1 801～2 400	对	黄色扎带
2 401～3 000	对	紫色扎带

S 单位扎带颜色的循环周期为 3 000 对，其线对序号、组合单位及扎带颜色见表 2-3。

三、超单位 2——SD 超单位

1 个 SD=U+U+U+U=100（对），如图 2-7 所示，其中 U1～U4 对应第一个 SD 单位，即 SD1；U5～U8 为第二个 SD 单位，即 SD2。依此类推，每个规定的 U 单位的扎带颜色必须符合表 2-2 的规定。SD 单位的扎带颜色和 S 单位一样，循环周期也为 600×5=3 000（对），见表 2-4。

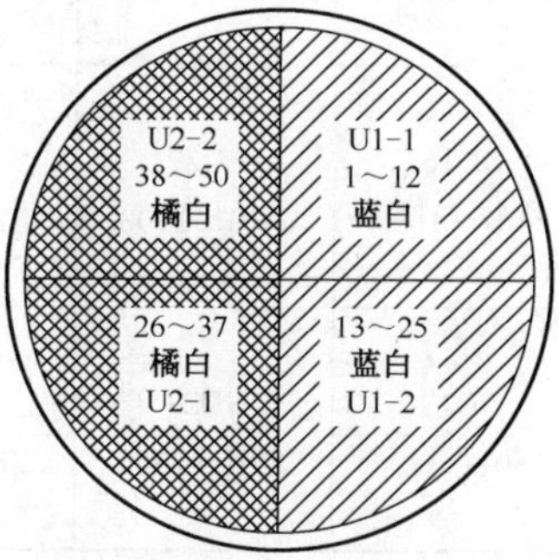

图 2-6　超单位 S

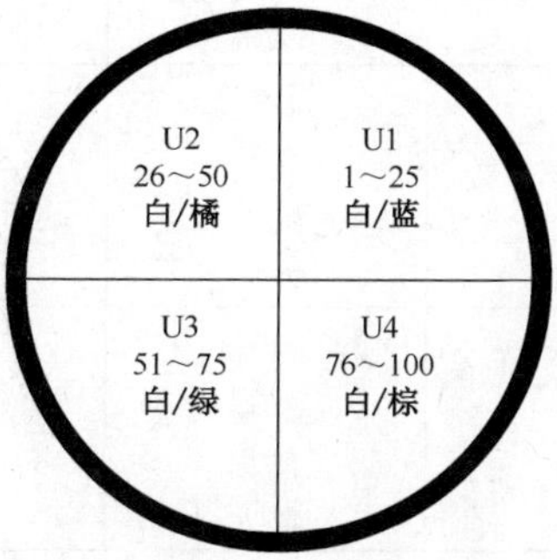

图 2-7　SD 单位

表 2-3　S 单位的线对序号、组合的单位及扎带颜色

U 单位序号	U 单位扎带颜色	S 单位序号及扎带颜色				
		白	红	黑	黄	紫
1 2	白/蓝 白/橘	S1 1～50	S13 601～650	S25 1 201～1 250	S37 1 801～1 850	S49 2 401～2 450
3 4	白/绿 白/棕	S2 51～100	S14 651～700	S26 1 251～1 300	S38 1 851～1 900	S50 2 451～2 500
5 6	白/灰 红/蓝	S3 101～150	S15 701～750	S27 1 301～1 350	S39 1 901～1 950	S51 2 501～2 550
7 8	红/橘 红/绿	S4 151～200	S16 751～800	S28 1 351～1 400	S40 1 951～2 000	S52 2 551～2 600
9 10	红/棕 红/灰	S5 201～250	S17 801～850	S29 1 401～1 450	S41 2 001～2 050	S53 2 601～2 650
11 12	黑/蓝 黑/橘	S6 251～300	S18 851～900	S30 1 451～1 500	S42 2 051～2 100	S54 2 651～2 700
⋮	⋮	⋮	⋮	⋮	⋮	⋮
19 20	黄/棕 黄/灰	S10 451～500	S22 1 051～1 100	S34 1 651～1 700	S46 2 251～2 300	S58 2 851～2 900
21 22	紫/蓝 紫/橘	S11 501～550	S23 1 101～1 150	S35 1 701～1 750	S47 2 301～2 350	S59 2 901～2 950
23 24	紫/绿 紫/棕	S12 551～600	S24 1 151～1 200	S36 1 751～1 800	S48 2 351～2 400	S60 2 951～3 000

表 2-4　SD 单位的线对序号，SD 单位扎带颜色及组成的 1 单位序号

U 单位序号	U 单位扎带颜色	SD 单位序号及扎带颜色				
		白	红	黑	黄	紫
1 2 3 4	白/蓝 白/橘 白/绿 白/棕	SD1 1～100	SD7 601～700	SD13 1 201～1 300	SD19 1 801～1 900	SD25 2 401～2 500
5 6 7 8	白/灰 红/蓝 红/橘 红/绿	SD2 101～200	SD8 701～800	SD14 1 301～1 400	SD20 1 901～2 000	SD26 2 501～2 600
9 10 11 12	红/棕 红/灰 黑/蓝 黑/橘	SD3 201～300	SD9 801～900	SD15 1 401～1 500	SD21 2 001～2 100	SD27 2 601～2 700
13 14 15 16	黑/绿 黑/棕 黑/灰 黄/蓝	SD4 301～400	SD10 901～1000	SD16 1501～1600	SD22 2101～2200	SD28 2701～2800
17 18 19 20	黄/桔 黄/绿 黄/棕 黄/灰	SD5 401～500	SD11 1001～1100	SD17 1601～1700	SD23 2201～2300	SD29 2801～2900

续表

U 单位序号	U 单位扎带颜色	SD 单位序号及扎带颜色				
		白	红	黑	黄	紫
21 22 23 24	紫/蓝 紫/桔 紫/绿 紫/棕	SD6 501～600	SD12 1101～1200	SD18 1701～1800	SD24 2301～2400	SD30 2901～3000

四、缆芯中的备用线对

备用线对是为了方便紧急调用而设置的，在缆芯中处于“游离”状态，它们没有任何扎带缠绕，一般用“SP”表示，其色谱见表 2-5。备用线对的数量一般为标称对数的 1%，但最多不超过 6 对。

表 2-5　全色谱全塑电缆备用线对序号与色谱

备用线对序号	颜　色	
	a 线	b 线
SP1	白	红
SP2	白	黑
SP3	白	黄
SP4	白	紫
SP5	红	黑
SP6	红	黄

2.1.4　通信电缆的型号和端别判断

一、全色谱全塑市内通信电缆的型号

电缆型号是识别电缆规格和用途的代号。按照用途、芯线结构、导线材料、绝缘材料、保护层材料等，分别用不同的汉语拼音字母和数字表示，称为电缆型号。

（一）类别

H——市内通信电缆。

HP——配线电缆。

HJ——局用电缆。

（二）绝缘

Y——实心聚烯烃绝缘。

YF——泡沫聚烯烃绝缘。

YP——泡沫/实心皮聚烯烃绝缘。

（三）屏蔽护套

A——涂塑铝带粘接屏蔽聚乙烯护套。

S——铝、钢双层金属带屏蔽聚乙烯护套。

V—聚氯乙烯护套。

（四）特征（派生）

T——石油膏填充。

G——高频隔离。

C——自承式。

电缆同时有几种特征存在时，型号字母顺序依次为 T、G、C。

（五）外护层

23——双层防腐钢带绕包铠装聚乙烯外护层。

32——单层细钢丝铠装聚乙烯外护层。

43——单层粗钢丝铠装聚乙烯外护层。

53——单层钢带皱纹纵包铠装聚乙烯外护层。

553——双层钢带皱纹纵包铠装聚乙烯外护层。

例：HYA——100×2×0.5

表示铜芯、实心聚烯烃绝缘、涂塑铝带粘接屏蔽保护层、容量为 100 对、对绞式、线径为 0.5mm 的全塑市内通信电缆。

二、全色谱全塑市内通信电缆的端别

（一）电缆端别判断

1．新电缆

红点端为 A 端，绿点端为 B 端。长度数字小的一端为 A 端，另外一端即为 B 端。

2．旧电缆

因为是旧电缆，此时红、绿点及长度数字均有可能看不到了，其判断方法是，面对电缆端面，抓起同一层中的任何两个单位（基本单位或超单位均可），如果这两个单位中的基本单位扎带颜色按白、红、黑、黄、紫顺时针排列则为 A 端，反之则为 B 端。

（二）电缆 A、B 端布放

汇接局到分局（端局），以汇接局为 A 端。

分局到支局，以分局为 A 端。

端局到交接箱或用户，以端局为 A 端。

总之，A 端总要向着局方，以局为中心向外敷设。

任务 2　同轴电缆

同轴电缆主要用于有线电视（CATV）入户线、移动通信网中基站到发射天线之间的数据线、交换机到传输设备电接口的数据线等。

2.2.1　同轴电缆的结构

同轴电缆中心有一根单芯铜导线，铜导线外面是绝缘层，绝缘层的外面有一中空的外导体（金属圆柱体，现在多使用金属编织网代替），内、外导体的中心轴线重合。作为外导体的金属层不仅是构成通信回路的导体之一，还用来屏蔽电磁干扰，从而保证其屏蔽性能好、传输损耗小、抗干扰性强、使用频带宽，常用于频率较高的信号的传输。同轴电缆

的结构如图 2-8 所示。

外导体外表面包有一层塑料防护套，以保护外导体免受伤害。室外工作电缆一般采用抗紫外线的塑料作为保护套。室内工作的电缆则多采用阻燃的塑料作为保护套。在有强烈机械损伤的场合，应在标准护套外缠绕一层钢带后再加一层护套的铠装电缆。

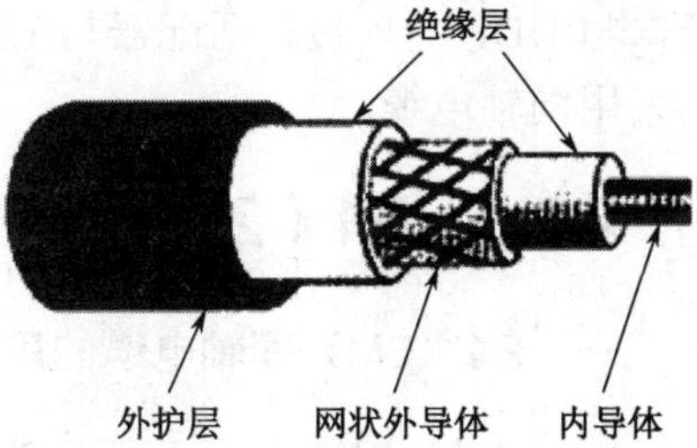

图 2-8　同轴电缆的结构

2.2.2　同轴电缆的类型及型号

一、同轴电缆的类型

用于数据通信的同轴电缆有基带同轴电缆和宽带同轴电缆（即网络同轴电缆和视频同轴电缆）。基带同轴电缆用于基带信息传输，其绝缘材料用铜做成网状形，网外又覆盖一层保护性材料，特征阻抗为 50Ω。宽带同轴电缆，其屏蔽层通常是用铝冲压成的，特性阻抗为 75Ω，既可传输数字信号，也可传输模拟信号。

二、同轴电缆的型号

目前 SDH 光网络中常用的同轴电缆有 SYV-75-2-1、SYV-75-2-2、SFYZ-75-2-1、SFYFZ-75-1-1 等，特性阻抗都是 75Ω，以适应不同的传输距离，是以非对称基带方式传输视频信号的主要介质。如图 2-9 所示为 SYV-75-2-1 型同轴电缆。

图 2-9　SYV-75-2-1 型同轴电缆

图 2-9 中的“S”表示同轴射频电缆；“Y”表示绝缘介质为聚乙烯；“V”表示保护套材料为聚氯乙稀；“75”表示特性阻抗为 75Ω；“2”代表以毫米为单位的绝缘介质芯线外径整数值；“1”代表屏蔽层层数，这是比较常见的一种电缆。

常用同轴电缆实物图（带接头）如图 2-10 所示。

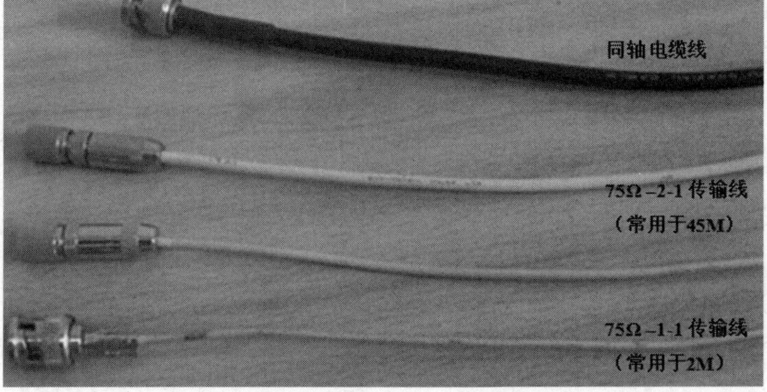

图 2-10　常用同轴电缆实物图（带接头）

传输系统中的这些电缆和接头常用于交换机中继模块与DDF的连接、光网络设备的电接口与DDF的连接、适配器与DDF的连接等。常见的有75Ω的2M/45M/155M中继线，均采用同轴电缆。

2.2.3 E1（2M）同轴电缆的用途及各种接口

一、E1（2M）同轴电缆的用途

E1（2M）同轴电缆通常采用75Ω特性阻抗同轴电缆进行数据通信，英文简称SYV，常有75-5、75-3、75-2、75-1等型号，特性阻抗都是75Ω，以适应不同的传输距离，是以非对称基带方式传输视频信号的主要介质。

E1同轴电缆一般主要应用于设备之间的连线，闭路电视（CCTV）、共用天线系统（MATV）以及彩色或单色射频监视器的转送，实现电视行业、安防行业的视频传输。

E1是一种协议接口，首先是一种接口的概念。E1接口一般是通信上用得多，接口速率是2.048Mb/s，接口线一般是小同轴电缆，提供一个基群的数据流。

二、E1的基本概念

E1是ITU-T制定并由欧洲邮政与电信协会（CEPT）命名的数字传输系统的标准，即PCM 30，由32个64kbps的PCM话路经过时分复用形成的，其传输速率为2.048Mbps，其中30个话路传输语音等用户信息，另外两个话路作为系统开销传输同步码、信令码及其他辅助信号。

三、E1（2M）同轴电缆的接口

（一）L9接头（1.6/5.6）

图2-11 L9接头

L9是DDF侧常用同轴连接器，俗称西门子同轴头，因西门子DDF架使用的同轴连接器而得名。具有螺纹锁定机构射频同轴连接器，特性阻抗为75Ω，该产品供通信设备和无线电仪器的射频回路中连接同轴电缆用。用于75-1、75-2射频线视频线电缆。L9是国内的叫法，国际上称作1.6/5.6同轴连接器。如图2-11所示L9接头实物图。

L9接头常见的有3种规格，主要区别是配合使用的线缆口径大小不同。如图2-12所示，制作跳线时注意各接头的口径大小。

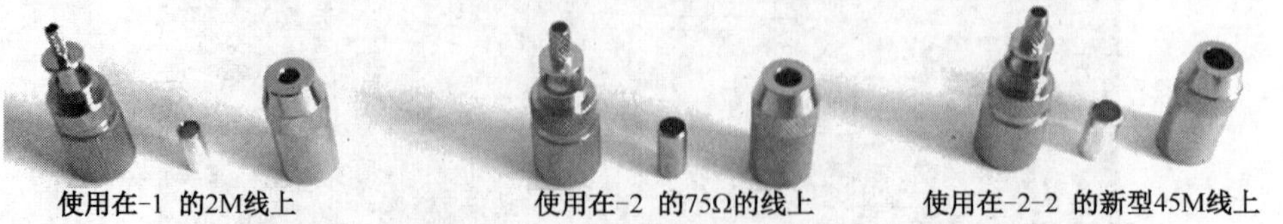

图2-12 L9接头的3种规格

（二）**BNC 接头（也称为 Q9）**

BNC 接头是一种用于同轴电缆的连接器。目前被大量用于通信系统中，如网络设备中的 E1 接口、监控摄像机同轴电缆接头。用于 75-5、75-3、75-2 同轴电缆。如图 2-13 所示为 BNC 接头实物图。

2M 接头公母的分辨如图 2-14 以 BNC 接头公母的分辨为示例。其他接头公、母头分辨与此类似，只需分辨接线柱的空心与实心即可。

由于大多数机房的 DDF 配线架接头都为 L9 配线架接头，因此学会 L9 头跳线的制作是非常必要的，对以后工作的展开有莫大的帮助。

（三）**CC4 接头**

CC4-J 接头连接器具有卡锁连接机构，体积小，连接可靠。CC4 射频同轴连接器，可接 75-2 2M 电缆。如图 2-15 所示。

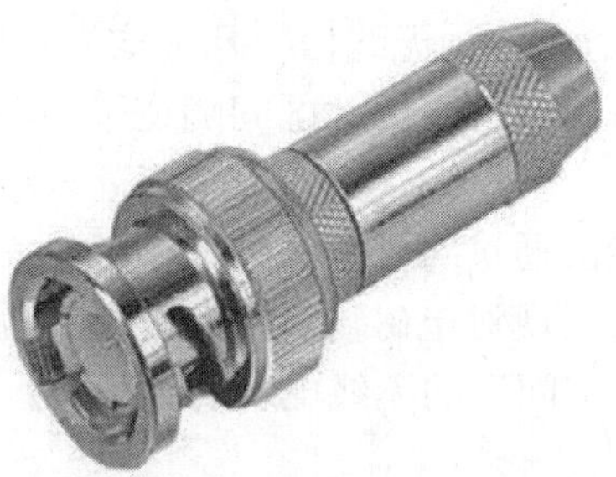

图 2-13　BNC 接头（Q9）

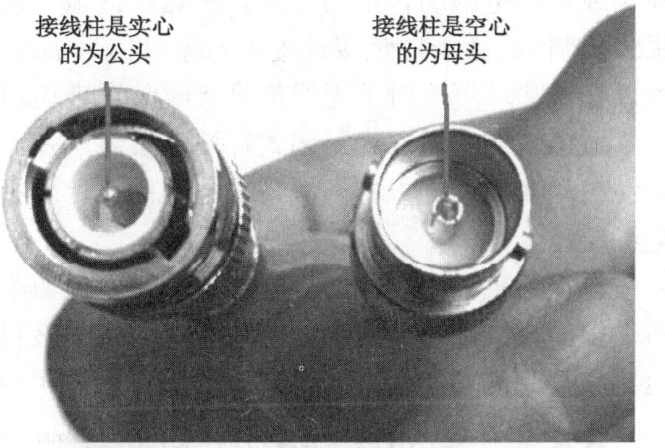

图 2-14　BNC 公头、母头分辨

（四）**CC3 接头**

CC3-K 系列产品是一种小型推入式连接器，有自锁和不自锁两种，其跨挡的中心距也有 8.6mm 和 12mm 两种规格，供低功率用。特性阻抗为 75Ω。常用于 2M（E1）电缆。如图 2-16 所示。

图 2-15　CC4 接头

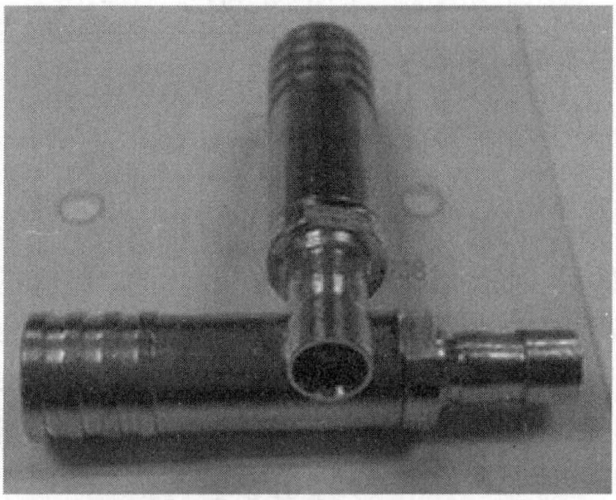

图 2-16　CC3 接头

任务3　漏泄电缆

2.3.1　漏泄电缆的作用

漏泄电缆也称为泄漏电缆，是漏泄同轴电缆（Leaky Coaxial Cable）的简称，或简称漏缆，是一种在外导体纵长方向以一定的间隔和不同形式开槽的特制同轴电缆。开槽的目的是为了使其电信号能量能从电缆槽口辐射出来，以达到向外传播和接收外来无线电波的目的，就好比是为无线电波的进出打开了一扇开放的“大门”，实现有线和无线通信的转换。

漏泄电缆可用于一般通信天线难以发挥作用的区域，特别是在移动通信系统分立天线无法提供足够的覆盖场强的区域，如山区、丘陵、隧道、地下铁路、矿井、地下建筑物、商场或其他电磁场传播的盲区。在这些区域，由于周围环境的狭小和阻挡，天线覆盖受到很大限制，而由于非常接近覆盖对象且信号辐射方向垂直于辐射环境可以提供均匀的场强，所以在这些环境下对于无线信号接收装置来说泄漏同轴电缆是最佳的无线覆盖手段。

城市轨道交通多为封闭式环境，站台、站厅、区间隧道内各种无线信号几乎均为盲区。无线信号在隧道场景中天线传输也很困难，传播容易产生快衰落，因此区间隧道采用漏泄电缆覆盖。

漏泄同轴电缆既具有信号传输作用，又具有天线功能，通过对外导体开口的控制，可将受控的无线电波能量沿线路均匀辐射出去及接收进来，实现对电磁场盲区的无线覆盖，达到移动通信畅通的目的，从而得以可靠地实现对“限定空间”的无线电双向通信。

2.3.2　漏泄同轴电缆的结构

漏泄电缆的结构与普通的同轴电缆基本一致，主要由内导体、绝缘介质、带槽孔外导体和电缆护套等构成，如图 2-17 所示。普通同轴电缆的目的是将能量从一端传输到另一端，有着最大的横向屏蔽效果，以减小传输过程中的能量损耗。漏泄电缆的设计目的恰恰是减小横向屏蔽，使部分电磁能量可从电缆内穿透到电缆外。

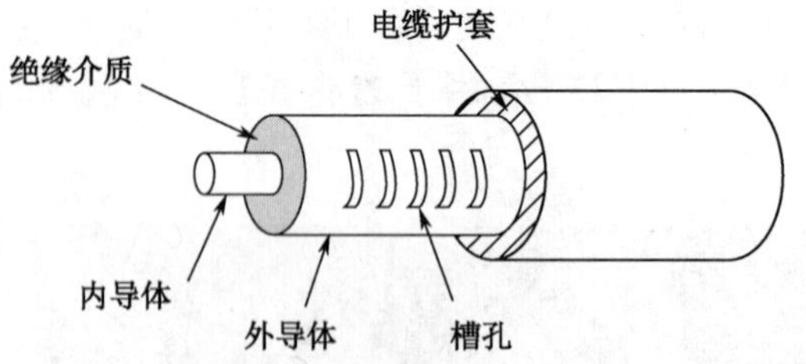

图 2-17　漏泄电缆的构成

漏泄同轴电缆内导体采用光滑铜管或轧纹螺旋铜管，外导体采用薄铜皮，其上开制不同形式的槽孔纵包而成，槽孔形式多种多样，有八字形、U 字形、L 字形、一字形、椭圆形等，而且槽孔的排列也不尽相同。槽孔的形式、尺寸、排列与频带、频率、泄漏、极化、辐射方向图等密切相关。内外导体可以轧纹成波纹管，也可以不轧纹，轧纹是为了减轻由于弯曲给外导体和槽孔带来的应力及截面变形。

绝缘介质为物理发泡聚乙烯，其介电常数很小。电缆护套的材料是黑色聚乙烯或无卤低烟阻燃聚烯烃，要求防火、防水、防震、防腐蚀、阻燃、低烟、无卤、无毒及防紫外线。

漏泄电缆的槽孔形式、工作频率和应用场合如表 2-6 所示。

表 2-6　各式槽孔漏泄电缆的应用

序　号	槽孔形式	实用频率/ MHz	应 用 场 合
1	L 字槽	75～2 500	GSM-R 移动通信、城市轨道交通各通信领域
2	U 字槽	75～2 500	移动通信、城市轨道交通各通信领域
3	八字槽	75～1 000	450MHz 铁路无线列调系统、350MHz 公安消防系统、广播系统
4	椭圆槽	宽频率	各通信领域，由于场强波动较大，目前已基本不使用
5	稀疏编织	低频段	矿井通信

漏泄电缆的安装方式，主要有非自承式（见图 2-18）和自承式（见图 2-19）两种。自承式由ϕ2.2×6 的镀锌钢丝绞合而成，位于漏泄电缆上方，截面呈 8 字形。非自承式夹具可以用 PA66 阻燃尼龙材料制品，预先按一定的间距（如 1.2m）装在墙上或隧道壁上。

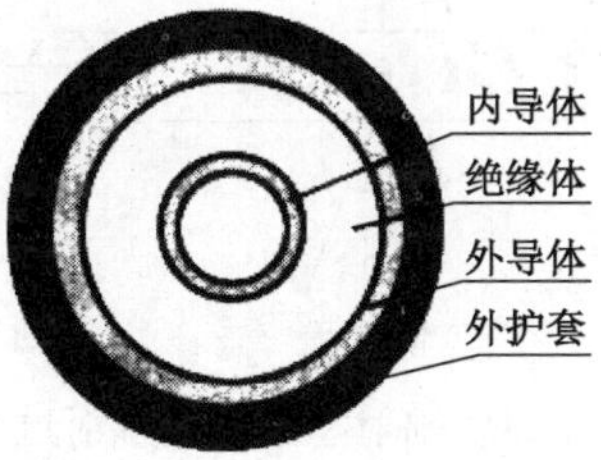

图 2-18　非自承式漏缆截面图

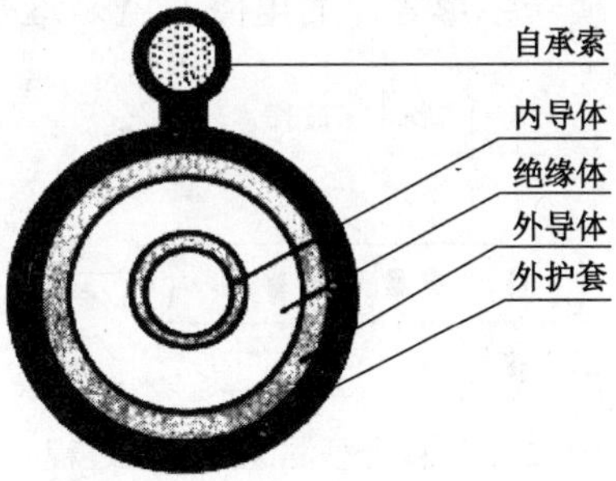

图 2-19　自承式漏缆截面图

2.3.3　漏泄电缆的类型和漏泄原理

漏泄同轴电缆按照辐射特性可以分为两类：耦合型漏泄同轴电缆和辐射型漏泄同轴电缆。如图 2-20 所示为耦合型漏泄同轴电缆，如图 2-21 所示为辐射型漏泄同轴电缆。

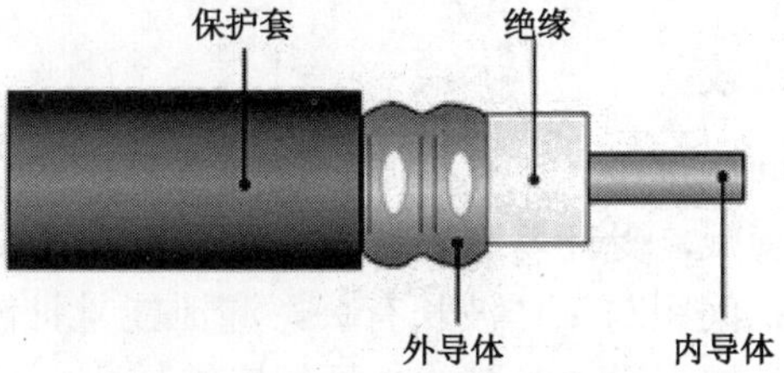

图 2-20　耦合型漏泄电缆

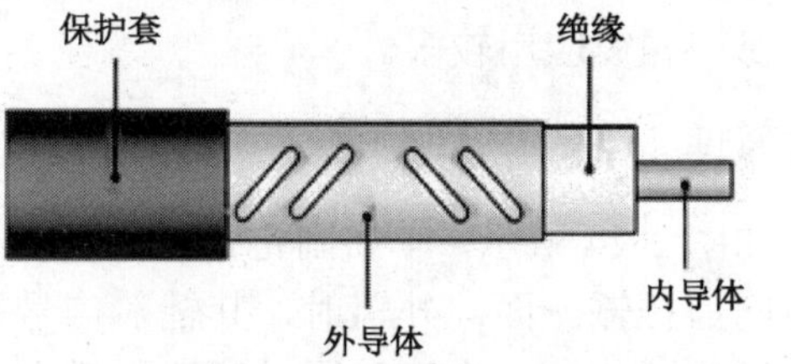

图 2-21　辐射型漏泄电缆

一、耦合型

耦合型漏缆有许多不同的结构形式，例如，在外导体上开一个长条形槽，或开一组间距远小于波长的小孔，或在漏缆两边开缝。电磁场通过小孔衍射，激发漏缆外导体的外部电磁场。电流在外导体外表面流动，漏缆好像一条可移动的长天线，向外辐射电磁波。与耦合模式对应的电流平行于漏缆轴线，电磁能量以同心圆的方式扩散在漏缆周围，并随传输距离的增加而迅速减少，因此这种形式的电磁波又叫“表面电磁波”。这种电磁波主要分布在漏缆周围，但也有少量存在于附近障碍物和间断点（如吸收夹钳、墙壁处），进而产生衍射。如图 2-20 所示外导体轧纹且纹上铣小孔的电缆，是典型的耦合型漏缆。

耦合型漏缆的辐射过程如图 2-22 所示。

二、辐射型

辐射型漏缆外导体上，按一定的规律连续开制不同形式的槽孔，槽孔有八字形、斜一字形、横一字形等，而电磁波就是这些槽孔产生的，如图 2-23 所示。

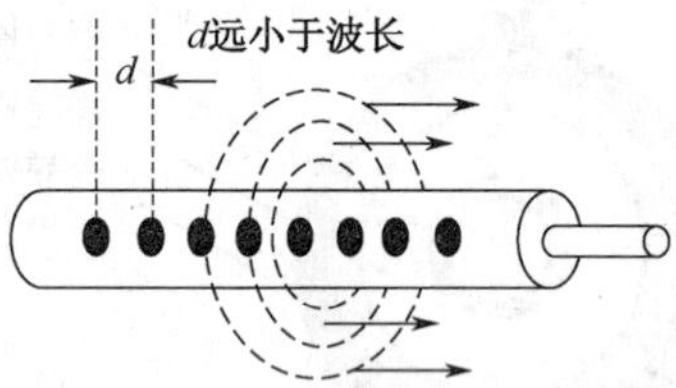

图 2-22 耦合型漏缆的辐射过程

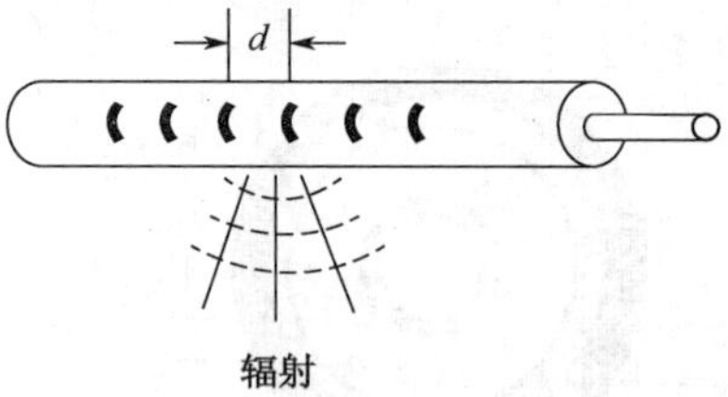

图 2-23 辐射型漏缆的辐射过程

外导体上的槽孔间距 d 与波长（或半波长）相当，其槽孔结构使信号在槽孔处符合相位迭加原理。唯有精确的槽孔结构，并对应特定的工作频率，信号在槽孔处才能同相迭加。此时，耦合损耗最低，但频带很窄。高于或低于特定的频率，耦合损耗都会增加。

辐射型漏缆的电磁能量有方向性，相同的泄漏能量可在辐射方向上相对集中，并且不会随距离的增加而迅速减小。外导体上开着周期性变化的 L 字槽、八字槽，是典型的辐射型漏缆，如图 2-21 所示。

三、两种类型漏缆的比较

（1）耦合型漏缆槽孔间距远小于工作波长，漏泄能量扩散在电缆周围无方向性，随离电缆的距离增加信号迅速衰减，受环境影响较大，适合于宽频带工作。

（2）辐射型漏缆的槽孔间距与工作波长有关，漏泄能量扩散在电缆周围有方向性，在辐射方向上不会随距离的增加而迅速衰减，受环境影响较小，适合窄频带工作。

应当根据不同的使用场合，选择不同类型的漏泄电缆。目前，耦合型漏缆和传统辐射型漏缆应用较少，新型辐射型漏缆应用较多。

四、漏泄电缆的工作原理

漏泄电缆工作示意图如图 2-24 所示，车站固定台发出的信号，经中继器传给隧道里的漏泄电缆，漏泄电缆一面向前传输一面向外辐射，其辐射信号被沿线行驶的列车移动台所接收。反之，列车移动台发出的信号，也可以通过漏泄电缆和中继器传到车站固定台。而且，在两个或多个移动台之间，也可利用该漏泄电缆实现直接相互通信。这样，就较好地解决了火车进隧道后无法收到列调无线信号的难题。

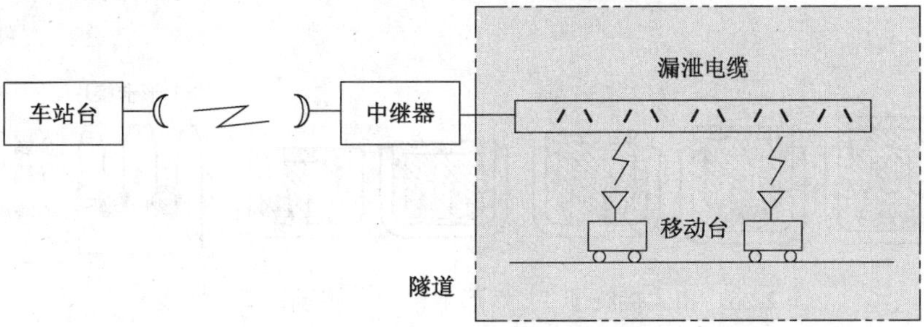

图 2-24　漏泄电缆的工作示意图

任务 4　全色谱全塑电缆的芯线接续及接头封合

2.4.1　全色谱全塑电缆的芯线接续

全塑电缆芯线接续技术主要采用接线子压接法，我国全塑电缆芯线的接续方法主要采用扣式接线子和模块式接线子接续法。本任务主要介绍这两种接续方法中使用的接线子的结构、压接工具、接续操作方法和步骤等。

一、扣式接线子接续法

扣式接线子接续法是我国广泛采用的小对数全色谱全塑电缆芯线接续方法。

（一）扣式接线子的结构

扣式接线子主要由扣身、扣帽两部分组成，如图 2-25 所示。

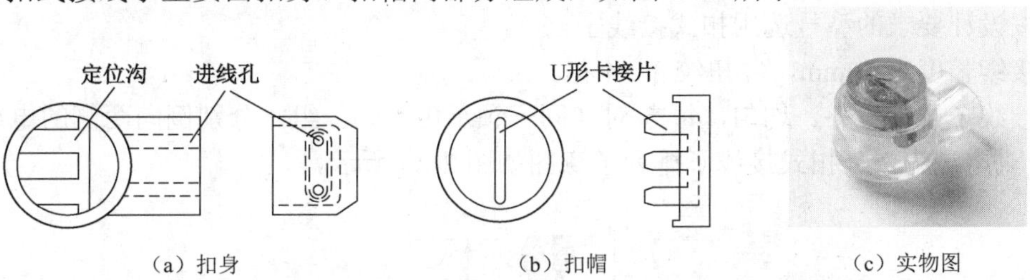

图 2-25　扣式接线子结构图和实物图

1．扣身

扣身又称为扣座，它由聚碳酸酯制成，色白透明。座内有注硅脂穿线孔槽，作为穿插待接芯线之用。有定位缝（沟），供作扣帽定位扣盖之用。

2．扣帽

扣帽也称为扣盖，它是由帽壳和 U 形卡接片组成。帽壳也由聚碳酸酯制成，并有标志颜色，便于识别各种不同用途和程式的接线子。

（二）扣式接线子的卡接原理

如图 2-26 所示，在盖帽内镶嵌镀锡的铜合金“U”形卡接片，在接续时将待接芯线放入沟槽内，用专用手压钳将扣帽压入塑料座内，芯线被压入“U”形卡接槽内。由于芯线可压入槽内比线径稍窄处，刀口可卡破芯线绝缘及氧化层，卡接片能与铜线本体接触，同时能够保持一定的接续压力，形成无空隙接续。充有硅脂的接线子，具有防潮、防氧化性能。

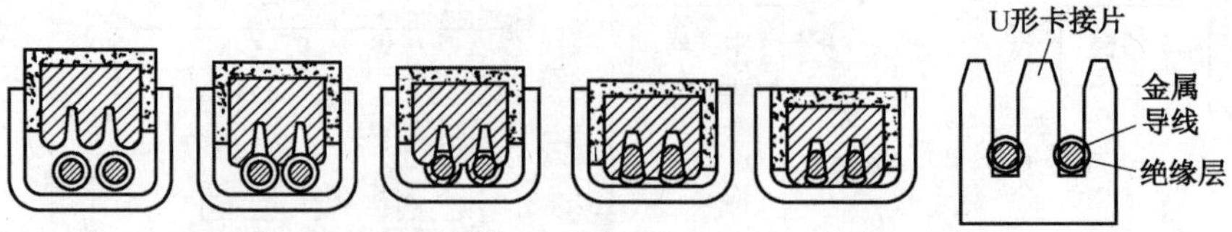

图 2-26　扣式接线子"U"形卡接片卡接示意图（二线）

（三）扣式接线子压接钳

压接钳是压接纽扣式接线子的一种工具，其中常用的压接钳如图 2-27 所示。

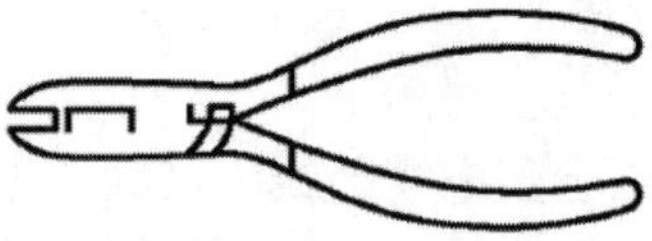

（a）扣式接线子压接钳

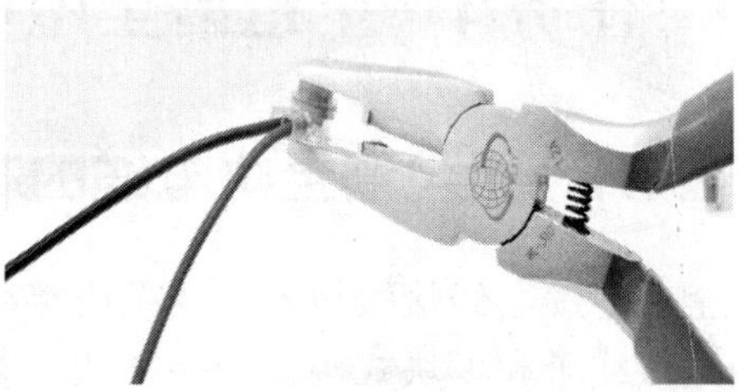

（b）实物图

图 2-27　压接钳结构图和实物图

扣式接线子压接时，为了保证接续良好，要求将待接续的接线子完全放入钳口内，钳口要平行夹住接线子扣盖和扣身上下两个平面，钳口张合时应完全平行不可偏斜。

（四）扣式接线子接续规定

（1）按设计要求的型号选用扣式接线子。

（2）接续长度为 50mm，并扭绞 3～4 花。

（3）接线子排列整齐、均匀，每 5 对（同一领示色）为一组，分别倒向两侧的电缆切口。以 20 对电缆为例，扣式接线子排列示意图如图 2-28 所示。

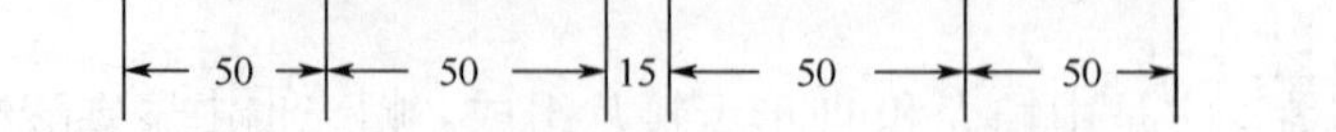

图 2-28　20 对电缆扣式接线子排列示意图

（4）无接续差错，芯线绝缘电阻合格。

（五）扣式接线子接续操作方法和步骤

（1）扣式接线子接续方法一般适用于 300 对以下电缆，或在大对数电缆中接续分歧电缆。

（2）全塑电缆接续长度及扣式接线子的排数应根据电缆对数、电缆直径及封合套管的规格等来确定。接线子排列及接续长度见表 2-7。

表 2-7　扣式接线子排数及接续长度

电缆对数（对）	接线子排数	接续长度/mm
25	2～3	149～160
50	3	180～300
100	4	300～400
200	5	300～450
300	6	400～500

（3）直接口与分歧接口接续步骤如下。

① 根据电缆对数、接线子排数，电缆芯线留长应不小于接续长度的 1.5 倍。

② 剥开电缆护套后，按色谱挑出第一个超单位线束，将其他超单位线束折回电缆两侧，临时用包带捆扎，以便操作，将第一个超单位线束编好线序。

③ 把待接续单位的局方及用户侧的第一对线（4 根），或三端（复接、6 根）芯线在接续扭线点疏扭 3～4 花，留长 5cm，对齐剪去多余部分，要求四根导线平直、无钩弯。A 线与 A 线、B 线与 B 线压接。如图 2-29 所示。

④ 将芯线插入接线子进线孔内[直接口：两根 a 线（或 b 线）插入二线接线孔内。复接：将三根 a 线（或 b 线）插入三线接线孔内]。必须观察芯线是否插到底。如图 2-30 所示。

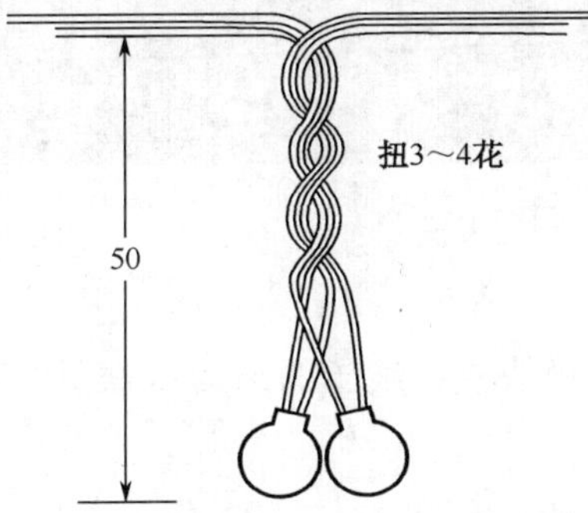

图 2-29　扭花与剪齐线头示意图

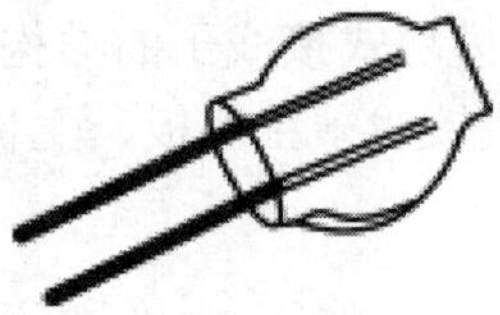

图 2-30　两线插入接线子示意图

⑤ 芯线插好后，将接线子放置在压接钳钳口中，可先用压接钳压一下扣帽，观察接线子扣帽是否平行压入扣身并与壳体齐平，然后再一次压接到底。用力要均匀，扣帽要压实压平，如有异常，可重新压接。

⑥ 压接后用手轻拉一下芯线，防止压接时芯线跑出没有压牢。

芯线接续尺寸，直接口如图 2-31 所示，分歧接口如图 2-32 所示。

二、模块式接线子接续法

模块式接线子又称为卡接板或卡接模块，是大对数电缆芯线接续使用最多的接线子。有标准型和超小型两类，每类又分为一字形、Y 字形、T 字形三种，分别用于直接接续、分支接续和搭接接续（桥接）。

模块由 U 形卡接片、切线刀片、线槽和试验孔等部件组成，每次可以卡接一个基本单位（10 对或 25 对），完成一字形、Y 字形和 T 字形连接，图 2-33 为模块式接线子的实物图。

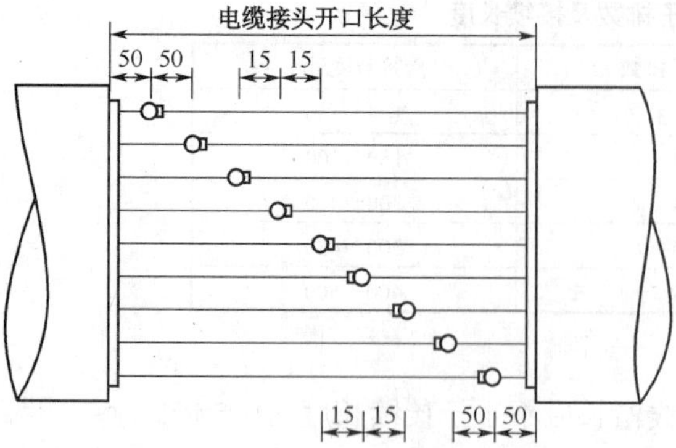

图 2-31　直接口扣式接线子排列示意图

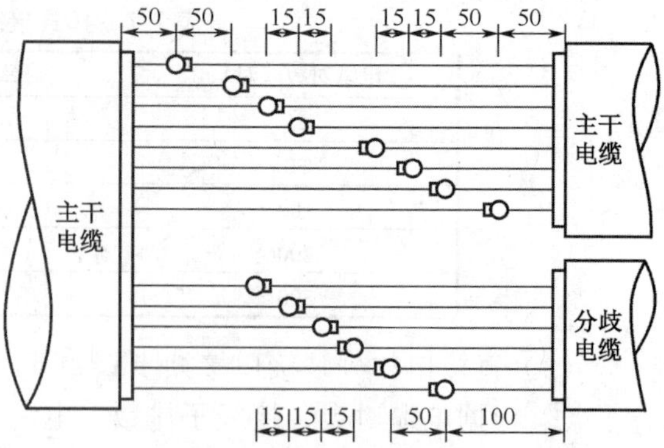

图 2-32　分歧接口扣式接线子排列示意图

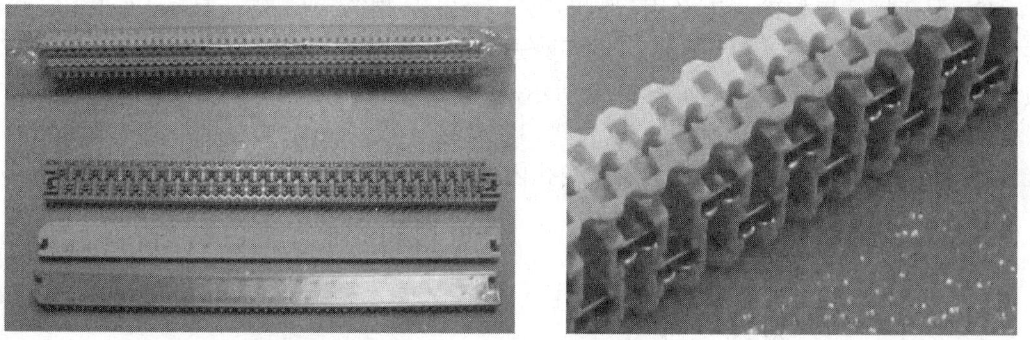

图 2-33　模块式接线子的实物图

（一）模块式接线子的结构

模块式接线子由底板、主板和盖板三部分组成，模块式接线子的结构示意图如图 2-34 所示。

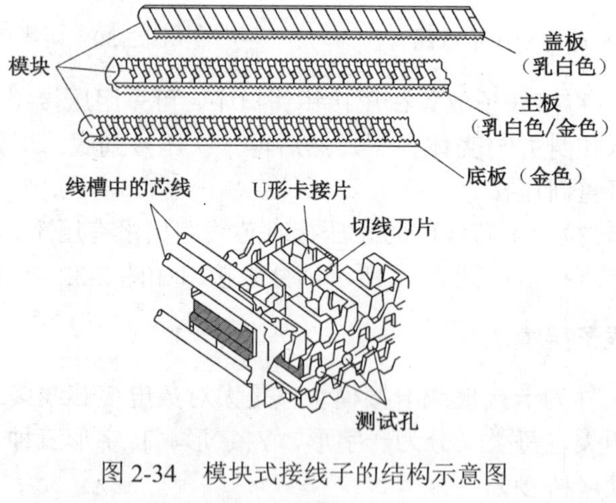

图 2-34　模块式接线子的结构示意图

1．底板

底板上有卡线线槽，一般用于卡接局方芯线。线槽的数量与基本单位中的芯线数量一致，图中线槽为 25 对，供 25 对基本单位卡线用。线槽对数排列顺序为由左向右，依次为 1、2、3、4、…、25 对。卡线时按“a 左 b 右”对号入座。

2．主板

主板叠盖在底板的上面，它的上、下两面具有与底板相同数量的线槽，而其上面的线槽专供用户侧方向的芯线卡线用。每个线槽附有 U 形卡线片和切线刀片，分别供卡接底板、主板上下线槽内的芯线和切除线头余长用。U 型卡接片由镀锡的磷青铜片制成，加压时，U 形片将刺破主板上下两层芯线的绝缘层而使芯线连通。主体上每个线槽的另一端设有试线孔，作为测试线对是否接通之用。

3．盖板

盖板用以叠加在主板的上面，用以传递压接钳的压力，卡住底板、主板线槽里的芯线，使 U 形卡接片的刀口穿过芯线的绝缘层、污垢和氧化膜，实现上下两层芯线连通的目的。

（二）模块式接线子的接线工具

模块式接线子需采用专用压接工具，主要由接线架和压接器两部分构成。其实物图形如图 2-35 所示。

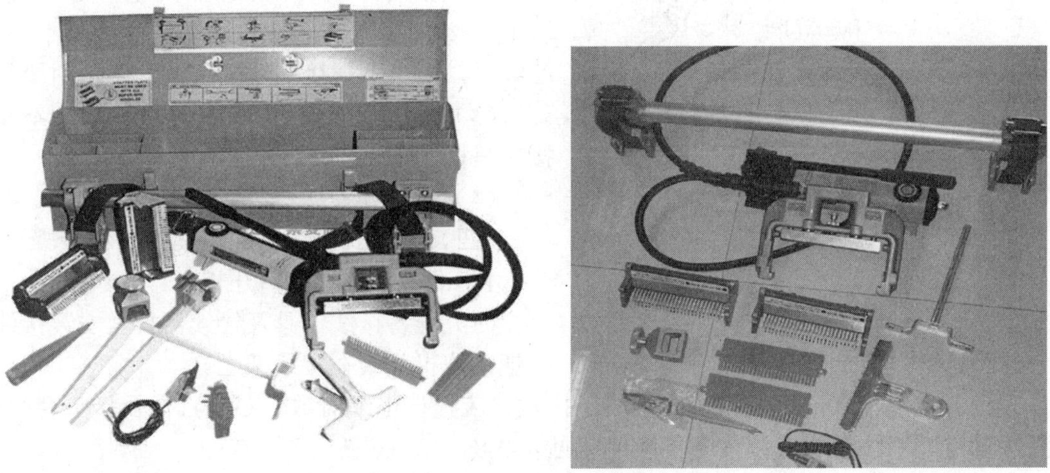

图 2-35　模块式接线子专用接续工具实物图

（1）接线架

接线架由接线机头 1～2 个、支架管（电缆固定架）、接线机头支架、电缆扣带 2 个、检线梳及试线塞子等组成，如图 2-36 所示。图中的测试插针用来插入测试孔，检查所接芯线连接是否正确。

（2）压接器（加压器）

压接器用来压接接线模块并切断多余线对，分手动/液压压接器和气动/液压压接器两种。一般以手动的居多。它常由液压器主体、夹具和高压软管等组成，液压器提供 30MPa 的压强，可对顺好线的底板、主板和盖板进行压接，加压时先旋紧气闭旋钮，上下扳动手柄，听到液压器发出“唧、唧”声时，压接工序完成。压接器如图 2-37 所示。

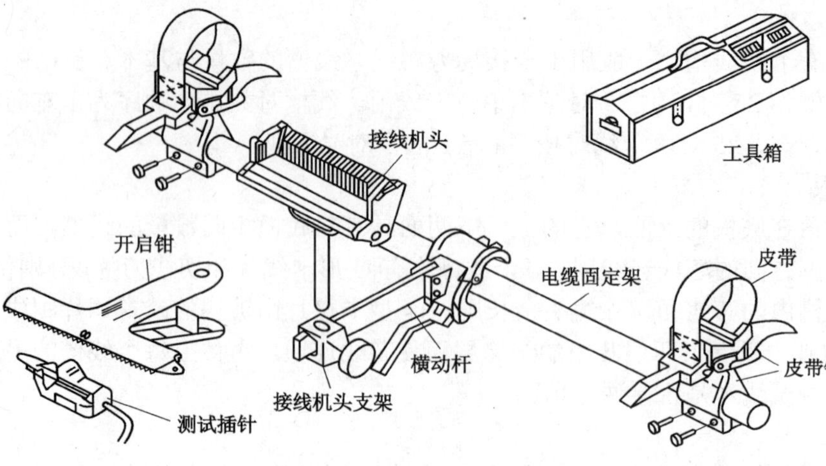

图 2-36　接线机架示意图

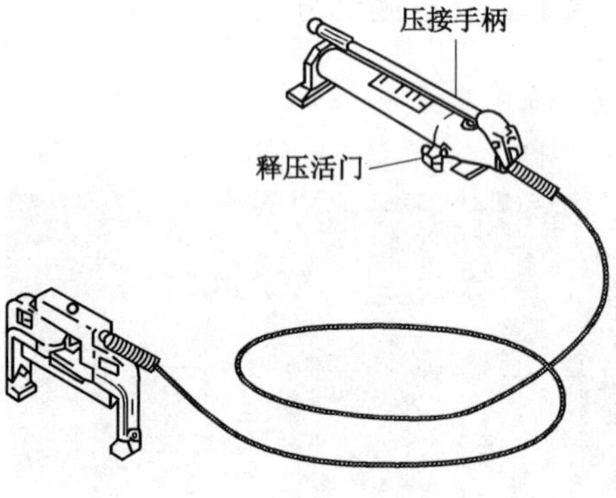

图 2-37　压接器

（三）模块式接线子接续规定

（1）按设计要求的型号选用模块式接线子。

（2）接续配线电缆芯线时，模块下层接局端线，上层接用户端线。接续中继电缆芯线时，模块下层接 B 端线，上层接 A 端线。接续不同线径芯线时，模块下层接细线径线，上层接粗线径线。

（3）模块排列整齐，松紧适度，线束不交叉，接头呈椭圆形。

（4）无接续差错，芯线绝缘电阻合格。

（四）模块式接线子的接续方法和步骤

1．准备工作和接口开长

（1）准备接线工具及接续器材，安装接线架，并把接线机头装在接线架上。

（2）电缆接续长度及模块式接线子排数，应根据电缆对数、芯线直径及接头套管的直径等确定。两排模块式接线子接续尺寸见表 2-8。

表 2-8　模块式接线子电缆接续开口长度

序号	电缆对数	线径/mm	接续长度/mm	直接接头直径/mm	折回接头直径/mm
1	400	0.4	432	69	69
		0.5	432	74	81
		0.6	432	79	107
2	600	0.4	432	79	89
		0.5	432	89	104
		0.6	432	97	133
5	1 200	0.4	432	107	135
		0.5	432	114	160
9	2 400	0.4	483	157	198

（3）电缆护套开剥长度。

电缆接头塑料护套开剥长度，视接续长度而定。

一字形直线接续：开剥长度=（接续长度）×1.5。例如，接续长度为 483mm，则保护套开剥长度至少为 483×1.5=724.5mm，如图 2-38 所示。

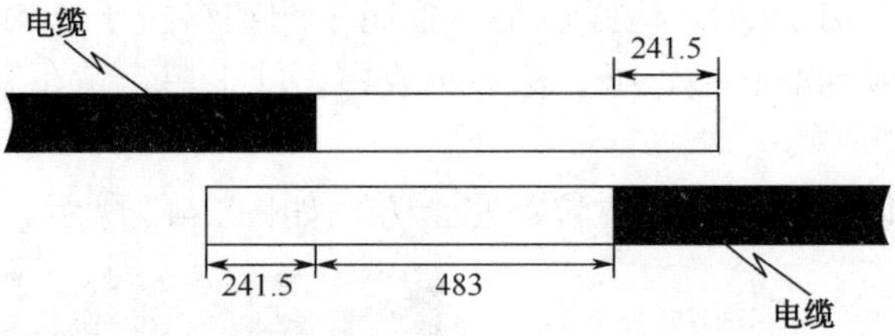

图 2-38　一字形接续保护套开剥尺寸示意图

一字形折回接续：开剥长度=（接续长度×2）+152（mm）。

（4）模块式接线子的排列。

一般 400～1 200 对电缆按两排模块安排。1 200 对（含 1 200 对）以上的电缆一般也按两排模块安排，但也可根据套管长度、直径安排 3～4 排。

模块式接线子接续后，应排列及绑扎整齐，并应在模块盖面上标明电缆线序。

模块接线子的排列及间隔如图 2-39 所示。

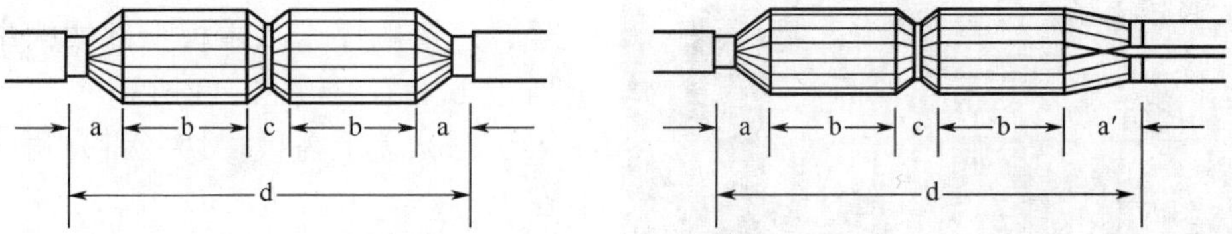

d	a	b	c
432	36	165	30
483	61.5	165	30

（a）直接接续

d	a	a′	b	c
432	30	42	165	30
483	45	78	165	30

（b）分歧接续　单位：mm

图 2-39　模块式接线子排数与间隔

（5）全塑电缆的备用线对，应采用扣式接线子接续。

（6）电缆、支架及接续机头的装置如图 2-40 所示。

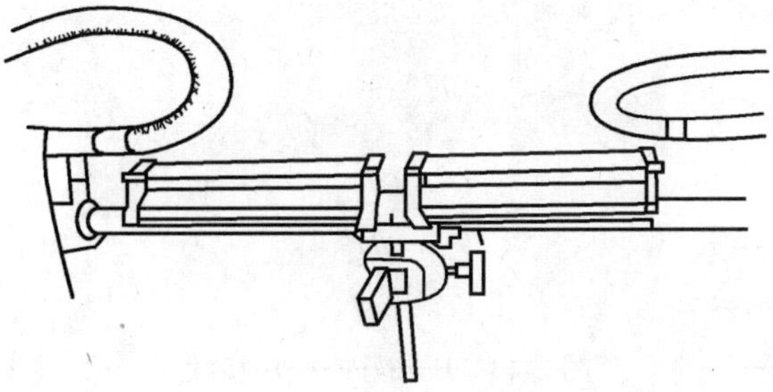

图 2-40　电缆、支架及接线机头的位置图

2．压接操作方法和步骤（以一字形直接压接为例说明）

（1）将接线模块的底板安装在接线器的固定位置上，并使底板的切角一端靠左。

（2）把检出来的局侧芯线第一个基本单位的线对，按线对编号顺序通过色谱分别按“a（领示色）左 b（循环色）右”卡入底板线槽内，并用检线梳予以检查，如发现卡线不正确，则应及时纠正，如图 2-41 所示。检线梳是一把简单的塑料梳子，用它遮挡住 a 线或 b 线，则露出来的芯线色谱应为蓝、橘、绿、棕、灰或白、红、黑、黄、紫，如果发现颜色错误，则表明芯线卡错位置。

（3）盖上主板，切（斜）角的位置在左上方，如图 2-42 所示。

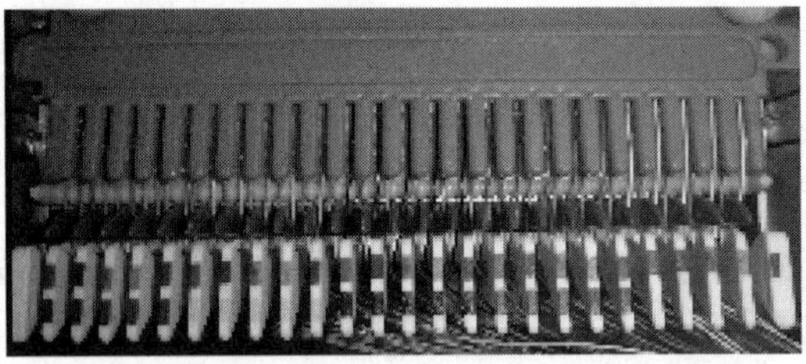

图 2-41 检线梳进行检线

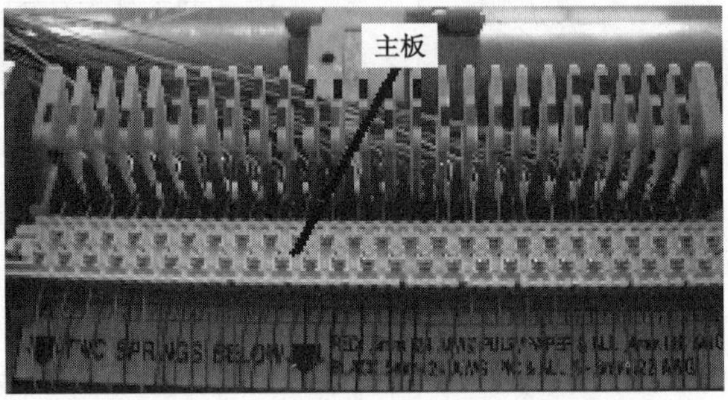

图 2-42 盖上主板

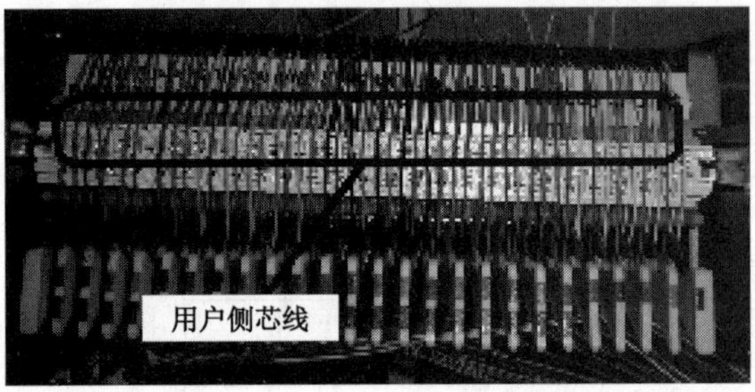

图 2-43 用户侧线对卡入主板

（4）将对应相接的用户侧芯线，按线号、色谱顺序卡入主板上部线槽中，仍为“a 左 b 右”，如图 2-43 所示。

（5）盖上盖板，切（斜）角的位置在左上方。

（6）同样用检线梳检查 a、b 线及色谱是否正确，方法同上。

（7）把压接机的夹具加在盖板上进行加压。当听到液压器发出“唧、唧”声，同时多余线头被切断时表明压接已经良好，此时三块模板紧紧结合在一起成为一个整体模板。同时主板上的 U 形卡接片刺破上下两层使它们导通，切线刀片切掉多余线头。

（8）从螺旋弹簧上取下切断的余下线头，卸下压接机夹具，一个基本单位的压接即算完成。用同样的方法接续其他基本单位，如图 2-44 所示。

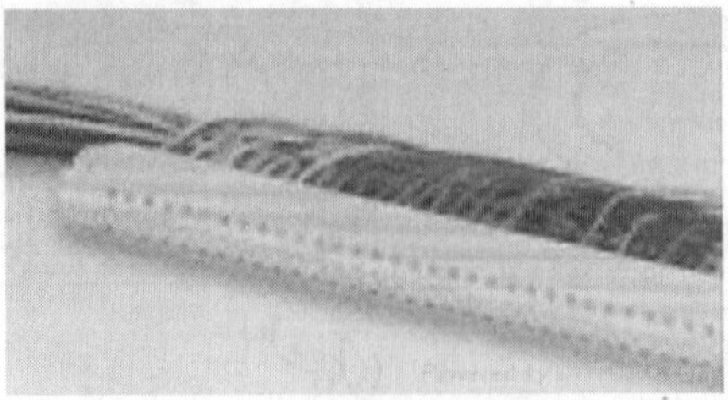

图 2-44 压接好的模块接续子

2.4.2　全色谱全塑电缆的接头封合

根据通信电缆线路的维护经验，电缆线路的故障大部分发生在电缆接头封合处，因此选用合适的封合材料和方式正确进行全塑电缆接头封合对设计、施工和维护工作具有极其重要的意义。

全塑电缆接头的封合方法分为热接法和冷接法两种。热接法由于气闭性好，广泛应用于充气维护的电缆线路中。冷接法主要应用于架空电缆线路和墙壁电缆线路。我国主要采用热接法。

电缆接头封合前应对芯线进行包扎，包扎的具体要求如下。

（1）接续芯线包扎前的准备。

全塑电缆接头封合前，应对芯线进行电性能测试，确认无故障时，再进行芯线包扎。

（2）模块接续的接头。

整理模块，使所有模块的背向外并排列呈圆柱形。用塑料芯线在两列模块间进行绑扎。转动全部模块使每块模块排列紧密，芯线全部包容在模块内呈圆柱形，再用塑料芯线或尼龙扎带将模块中间进行绑扎，如图 2-45 所示。

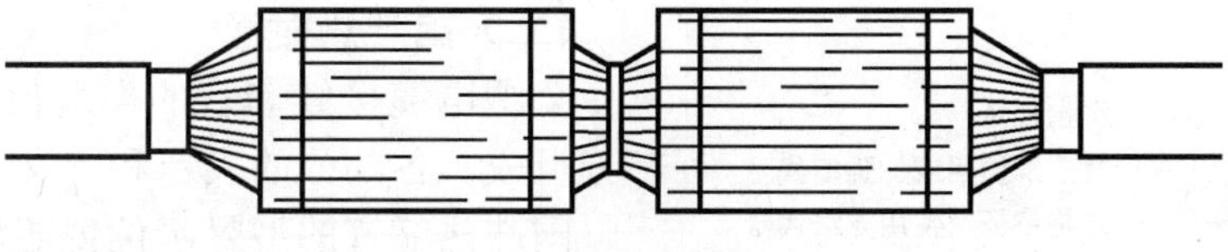

图 2-45　模块整理及包扎

（3）接线子接续的接头。

整理接线子使之排列整齐。用宽为 75mm 的聚酯薄膜带从中间开始向两端进行往返三次的交叉包扎，包扎时前后叠压 1/2，如图 2-46 所示。

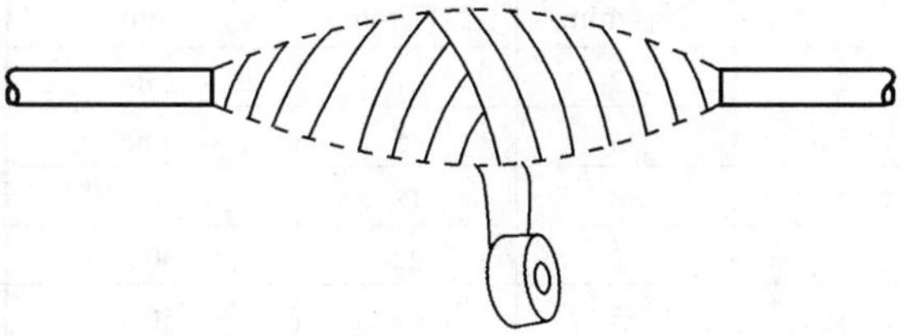

图 2-46　用聚酯薄膜带对接头进行包扎

热接法主要分为热缩套管法和注塑熔接套管法两种。热缩管封合法操作简单，密闭性能好，适用于我国南方的多雨地区，但热缩包管只能一次性使用。早期主要使用国外产品（如美国 Raychem 公司生产的 XAGA 系列），国内生产厂家较少，主要为成都普天电缆厂生产的双流热缩管（RSB 型纵包式热缩接头、RSY 型圆管式热缩接头）系列，本书这里以此为例进行说明。

一、热缩包管型号及规格

（一）进口热缩管

进口热缩管的型号释义如下，规格见表 2-9 所示。

例 1

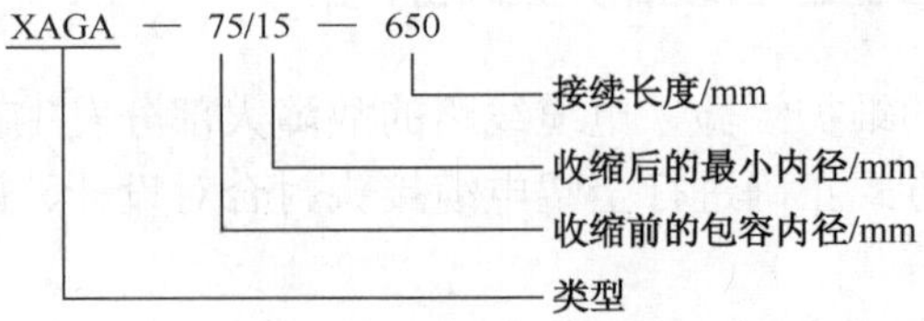

表 2-9 进口加强型热缩套管规格

序号	规 格	电缆接头外径/mm	电缆最小直径/mm	接续长度/mm	适应电缆对数（0.5mm 以下）
1	XAGA—1000—62/15—500	62	15	500	200～300
2	XAGA—1000—62/22—500	62	22	500	100～300
3	XAGA—1000—92/30—500	92	30	500	200～600
4	XAGA—1000—122/38—600	122	38	600	400～1 000
5	XAGA—1000—160/55—650	160	55	650	800～1 600
6	XAGA—1000—200/65—650	200	65	650	1 200～2 400
7	XAGA—1000—220/65—650	220	65	650	1 200～2 400

（二）国产热缩管

全塑电缆接续套管的类型代号一般由 2～4 部分组成，各部分的表示和含义如图 2-47 所示。

国产热缩管的型号示例说明如下，规格选用见表 2-10。

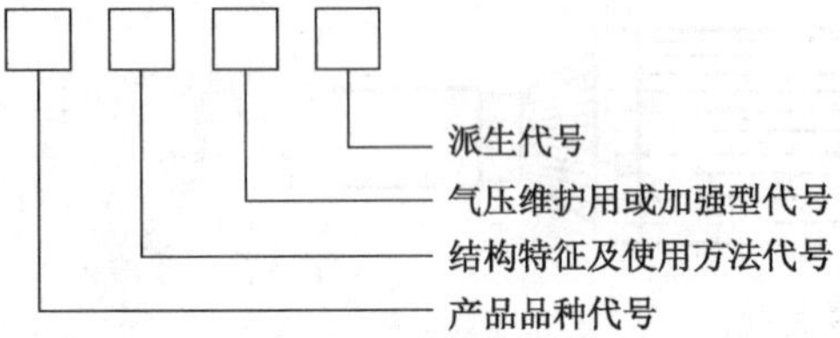

图 2-47 热缩套管型式代号

表 2-10 低气压维护用强力纤维增强型纵包热缩管选用表

序 号	规 格	电缆接头外径/mm	电缆最小直径/mm	接续长度/mm	适应电缆对数（0.5mm 以下）
1	RSBJ—32/11—250	32	11	250	10～50
2	RSBJ—42/15—300	45	15	300	50～100
3	RSBJ—50/18—400	50	18	400	100～150
4	RSBJ—62/22—500	62	22	500	150～200
5	RSBJ—75/25—500	75	25	500	300～500
6	RSBJ—92/30—500	92	30	500	400～600
7	RSBJ—122/38—500	122	38	500	800～1 400
8	RSBJ—160/55—500	160	55	500	1 600～2 400
9	RSBJ—175/60—500	175	60	500	2 400～3 000
10	RSBJ—200/65—500	200	65	500	2 400～3 600

例 2 气压维护用纵包热缩接续套管，允许接头线束最大直径 122mm，允许电缆最小直径 38mm，接头内电缆开口距离 500mm。表示为 RSBA-122×38-500（YD/T590.1—2005）

（1）RS 代表产品种类："热缩套管"。

（2）B 或 Y 代表结构特征：B 为"纵包式"；Y 为"圆管式"。

（3）J 或 A 代表是否气压维护或加强：J 代表"非气压维护加强型"；A 代表"气压维

护性”。

（4）F为派生代号：分歧型。

（5）Q为带气门套管。

（6）W为含有维护用外包覆材料。

因此RSBJ代表的是纵包式非气压维护性加强热缩套管；RSYW代表的是圆管式含维护包覆材料热缩套管；RSBAF代表的是纵包式气压维护型分歧热缩套管；RSBAQ代表的是纵包式带有气门的气压维护型热缩套管。

如图2-48所示为RSBJ型1 200对低气压维护用强力纤维增强型纵包式热缩套管直接头。

图2-48　RSBJ型热缩套管

二、行标中规定的热缩管封合接头应达到的要求

（1）热缩管适应于填充型与非填充型的架空、地下全塑电缆接头的封合。

（2）接头内衬套筒应置于接头中间，两端与电缆外层护套应重合不少于 4cm，并用胶带分左、中、右三处缠扎固定，如图2-49所示。

（3）在全塑电缆接头两端应纵包隔热铝箔胶带，重合相压不少于2cm，长度不少于6cm，如图2-50所示。但在这里要告诉大家的是，目前实际中缠铝带时一般不缠到热缩包管以内的电缆护套处，因为当铝带随时间氧化脱落时影响接头的密封性能。

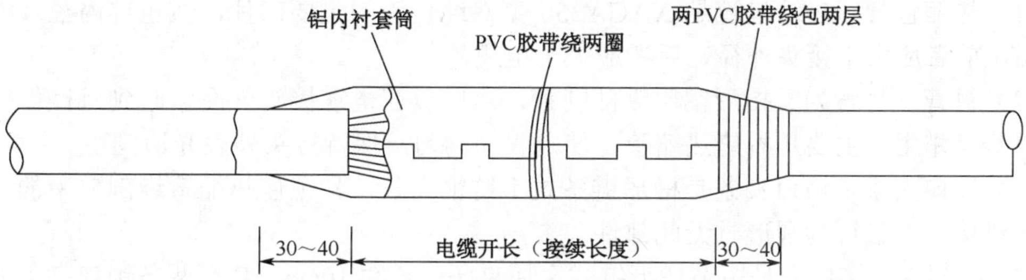

图2-49　电缆接头内衬安装

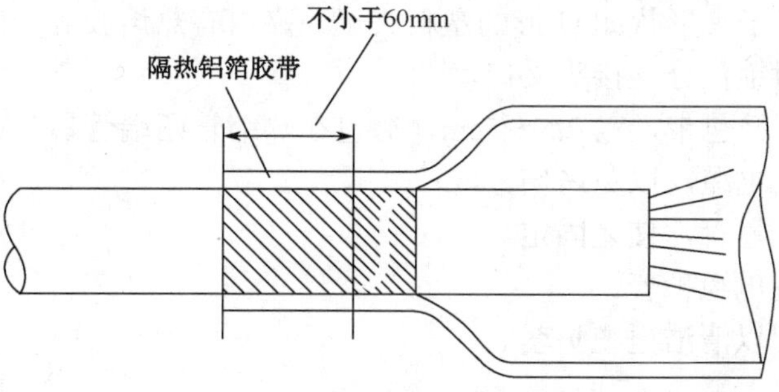

图2-50　电缆端头铝箔胶带纵包

（4）热缩管封合后应平整、无折皱，所有温度指示漆均应变黑，热熔胶应充分熔化并在套管两端口及拉链处有少量溢出。

三、XAGA250系列热缩管法

XAGA250 用于非充气系统中的接头封合，并可进行分支接续。

（一）器材组件及作用

XAGA250 系列是 Raychem 公司的产品，其组件构成如图 2-51 所示。

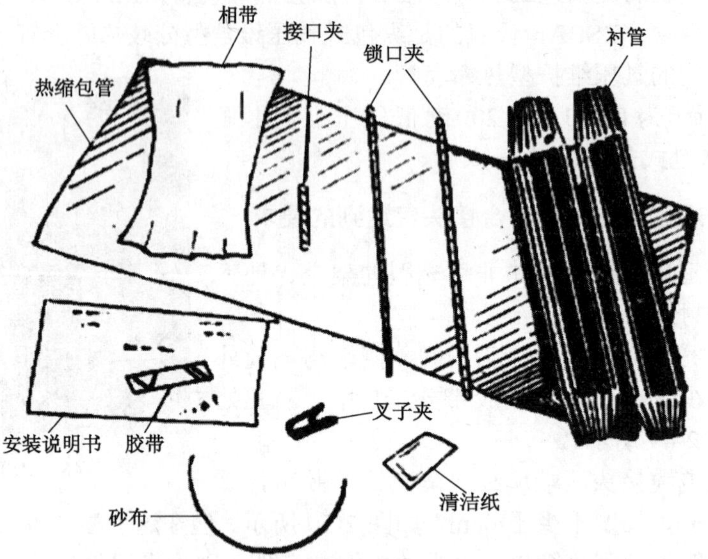

图 2-51　XAGA250 型热缩包管组件

（1）热缩包管。热缩包管是 XAGA250 型热缩包管的主要部件，按包容内径及收缩内径选用，前者应大于接头外径，后者应大于电缆外径。

（2）衬管。衬管为叉指形铝质纵部圆管，用以包在电缆接头外面，起到机械保护、隔热和屏蔽等作用，主要是衬垫热缩管，使之收缩均匀，保持接头外表光滑圆整。

（3）锁口夹条。锁口夹条是槽形链条式不锈钢夹条，是锁住热缩管纵剖口用的，一般用两条对接，当包管为圆形时无此部件。

（4）接口夹。接口夹是短节槽形链式金属夹条，长约 10cm，套在两条锁口夹条的接口上，加强保护以免松脱，当包管为圆形时无此部件。

（5）叉子夹。叉子夹形状如 U 形的塑料夹子，夹内有热熔胶，一般插入分支电缆接头的叉口内，用以密封锁住分支接头叉口。

（6）铝带。薄铝箔包带，宽 2.5～5cm，缠包在热缩管两端管口与电缆护套接合处以外的护套上，用以保护电缆，以免烤伤。

（7）胶带。包扎衬管，使之固定。

（8）砂布。打毛电缆护套。

（9）清洁纸。用以清洁电缆护套。

（二）操作方法

（1）做好芯线接续后，将屏蔽层连通（根据要求确定是否连通）。

（2）用良好的隔热带将接头接续部分包扎起来（模块接续时不用包扎）。

（3）在包扎好的部分取中套装衬管，并在中间和两端缠包胶带加以固定，如图 2-52 所示。

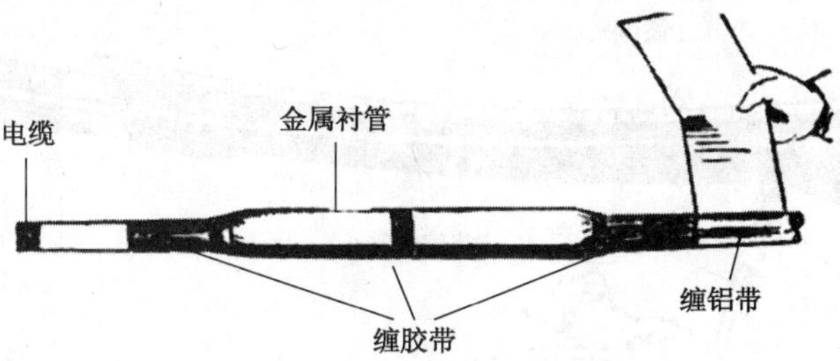

图 2-52　电缆接头上包衬管

（4）在衬管两端往外各 15cm 的护套上，用清洁纸擦拭干净并用砂布打毛。

（5）试放热缩管于中央，在热缩管两端各做一个标记。移开热缩管，自此标记开始缠包一层铝带并用锤子木柄打平。

（6）在衬管到铝带之间护套上，用喷灯火烤 10s，进行预热并去除氧化物。

（7）撕掉热缩管内壁的塑料保护膜，正式放上热缩管，扦上锁口夹条（两条的要装好连接扣），如图 2-53 所示。

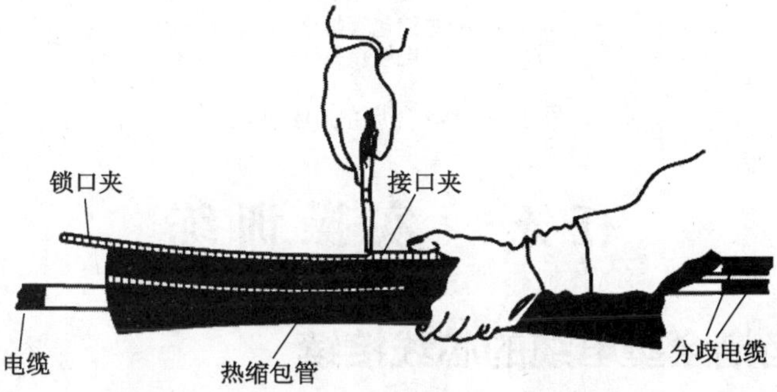

图 2-53　套热缩包管插锁口夹条和卡接口夹条

（8）把热缩管套在电缆接头上，并使两端口与铝带接近。分支电缆应扦上分支夹，并把分支电缆用尼龙扣带平行捆扎好，如图 2-54 所示。

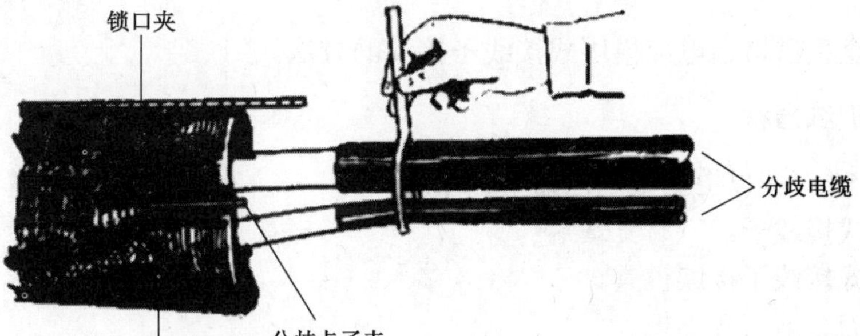

图 2-54　热缩包管加分支夹

（9）用喷灯火焰加热收缩包管，先中间后两端。在包管中间加热时，先下方后上方，慢慢移动，烤到包管表面的所有温度指示漆完全变黑为止，然后继续用相同的方法加热包管两端部分，如图 2-55 所示，最后在包管的锁口夹、接口夹上再回火 10s，并用锤把轻轻拍平，使其交接面粘接吻合、无缝隙或脱离，直到整个包面圆整无皱纹完全变黑为止。

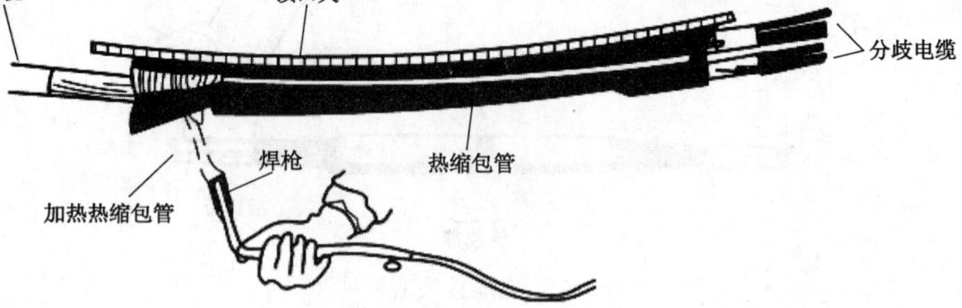

图 2-55　规定顺序加热热缩管

（10）对整个套管进行检查，两端必须有热熔胶流出，整个套管还有没有没变色的皱纹处，如有应继续进行该处局部加热，如图 2-56 所示。

图 2-56　封合后的电缆接头

任务 5　实 操 训 练

2.5.1　全色谱全塑电缆的芯线接续

一、实操训练内容

全塑全色谱市话电缆模块式接线子接续。

二、实操训练目的

掌握全塑全色谱市话电缆模块式接线子接续的方法。

三、实操训练器材

（1）两根 50 对或以上全塑全色谱市话电缆。
（2）模块式接线子。
（3）模块式接线子接续机具。
（4）工具刀、剪刀各一把。

四、实操训练步骤

参照本书 2.4.1。

2.5.2　2M 塞绳制作

2M 塞绳是光纤通信系统施工和维护工作过程中常用的器件，能制作 2M 塞绳是光传输设备维护人员应该掌握的一项基本技能。

一、实操训练内容

2M 塞绳的制作。

二、实操训练目的

掌握 2M 塞绳的制作方法与技巧。

三、实操训练（见图 2-57）

（1）一根 75Ω 的同轴电缆（SYV-75-2-1*8 同轴电缆）。
（2）一对同轴电缆连接头（L9-75-2-1 连接头）。
（3）尖头电烙铁、专用压接钳、工具刀各一把。
（4）万用表。

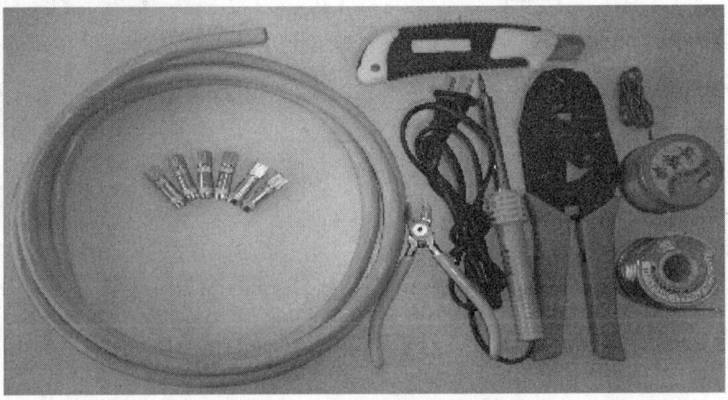

图 2-57　2M 线制作的器材

三、实操训练步骤

2M 线制作的具体操作步骤如下所述。

（1）选择与同轴头相匹配的同轴线，将同轴电缆外皮剥开，如图 2-58 所示。

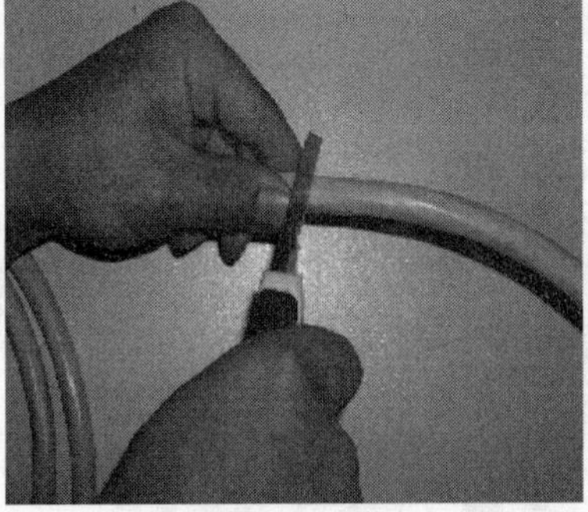

（a）

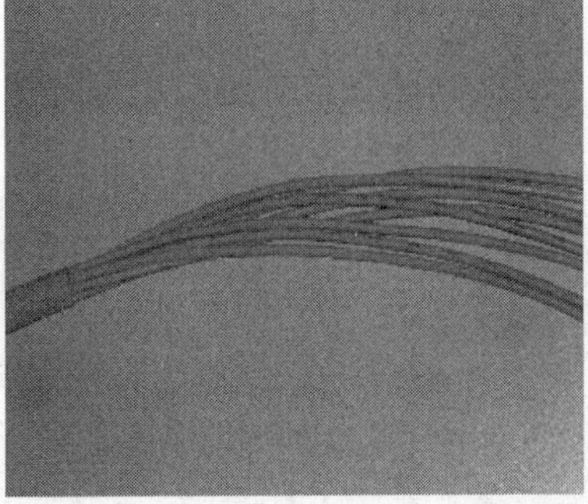

（b）

图 2-58　同轴电缆外皮剥开

（2）将 2M 线尾部外套拧开，并将尾部外套、压接套管套在同轴线上。如图 2-59 所示。

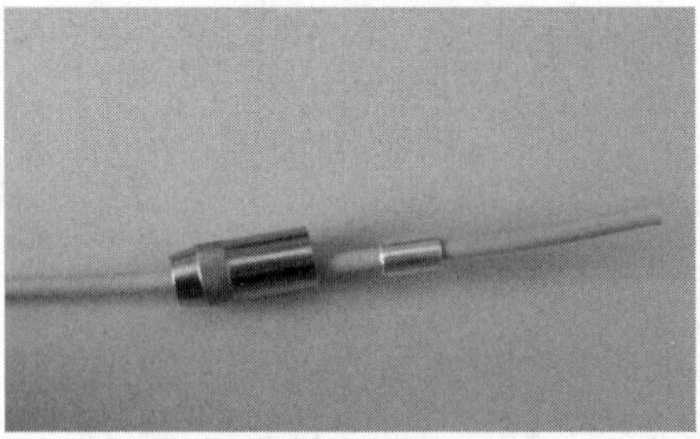

图 2-59　2M 线尾部的外套、压接套管

（3）开剥同轴线：用剥线钳将同轴线的外层保护胶皮剥去约 12mm，小心不要伤及金属屏蔽网线。其开剥长度与同轴头的连接长度相一致，如图 2-60 和图 2-61 所示。

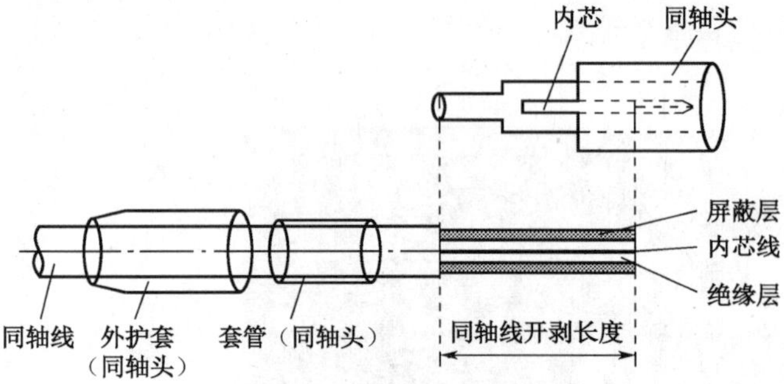

图 2-60　同轴线的开剥长度

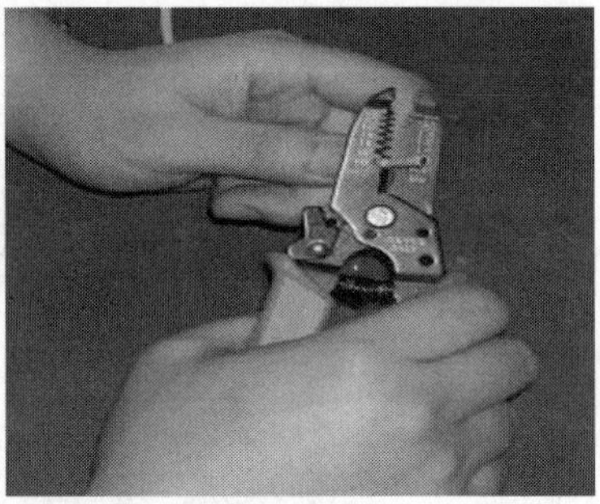

图 2-61　剥线钳剥去外皮

（4）剥除同轴线芯线的乳白色透明绝缘层，其长度与同轴电缆接头的连接长度一致（约 3mm），使芯线裸露，如图 2-62 所示。再剪除金属屏蔽网线，用斜口钳剪去 4mm，保留屏蔽网线长度为 8mm，如图 2-63 所示。

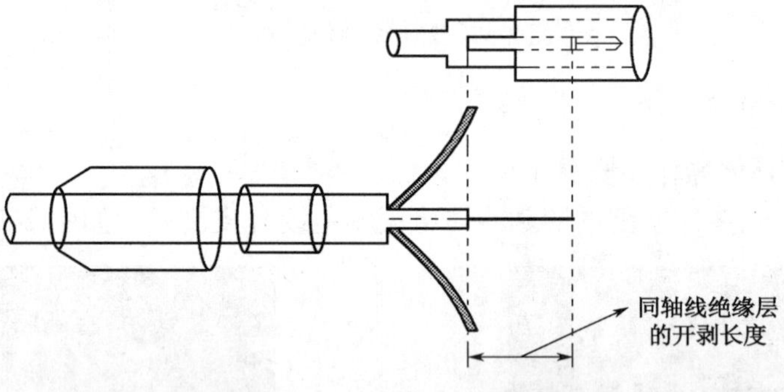

图 2-62　同轴线绝缘层的开剥长度

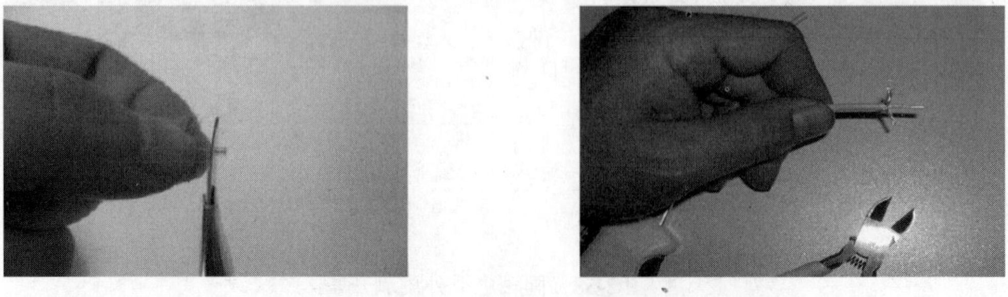

（a）　（b）

图 2-63　同轴线绝缘层的开剥长度

（5）将剥好的同轴线芯线插入同轴头的内芯中，要求插到同轴头内芯的底部，如图2-64所示。

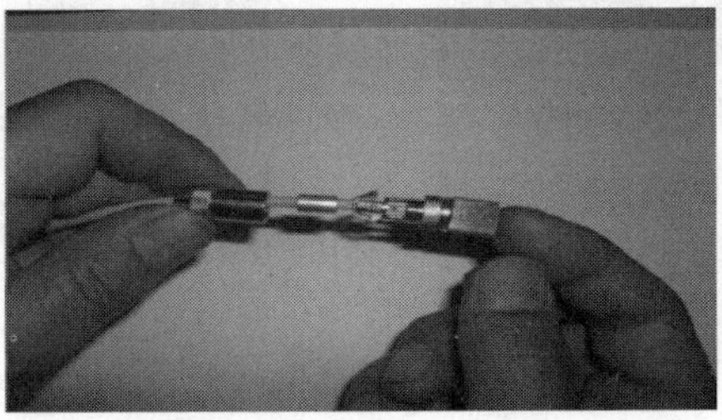

图2-64　同轴线芯线插入同轴电缆接头

（6）用烙铁和焊锡丝将同轴线的芯线和同轴电缆接头内芯的连接处焊牢，焊接完成后保证无虚焊，要求焊点焊锡饱满、光滑、有光泽，如图2-65所示。

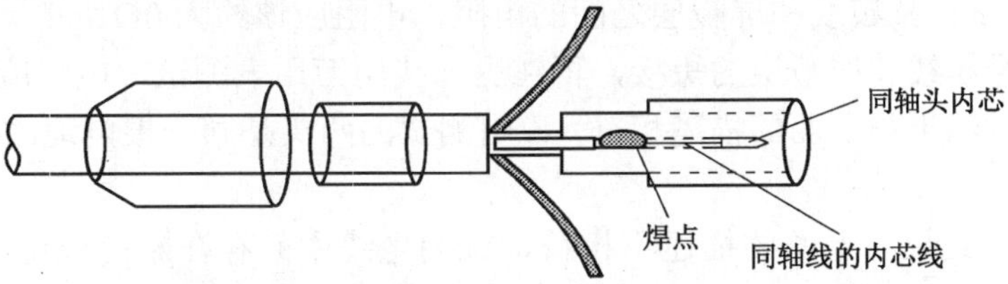

（a）

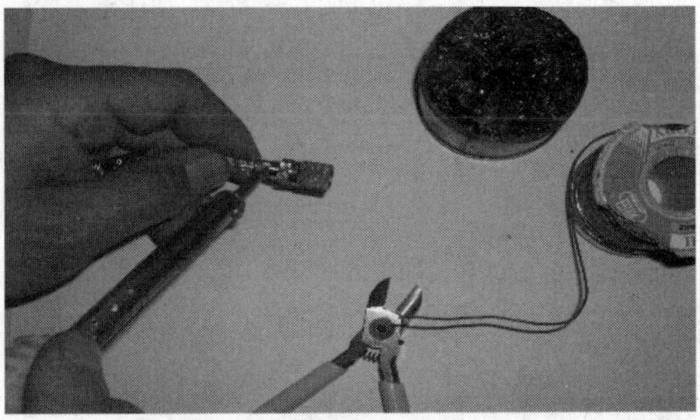

（b）

图2-65　焊接

（7）装配屏蔽层：使金属屏蔽网线均匀地分布在同轴电缆接头末端的四周，套上套管，将多余的金属屏蔽网线剪去，用专用压接钳压紧套管，使同轴电缆接头的末端与屏蔽层接触牢靠，如图2-66、图2-67和图2-68所示。

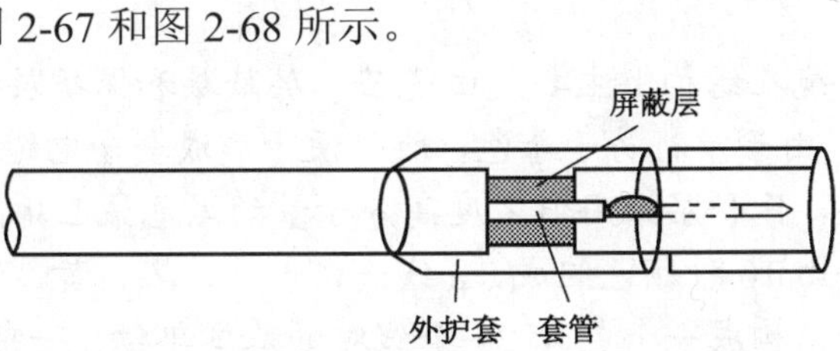

图2-66　金属屏蔽网线安装示意图

（8）用相同的方法做好同轴线的另一端同轴头。

（9）用万用表测量电气是否连通，同时检查金属屏蔽层和芯线是否出现短路现象。

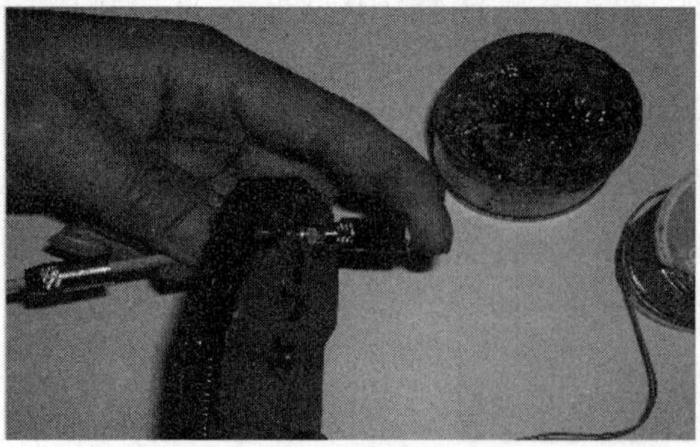

图 2-67　压线钳压制中继头

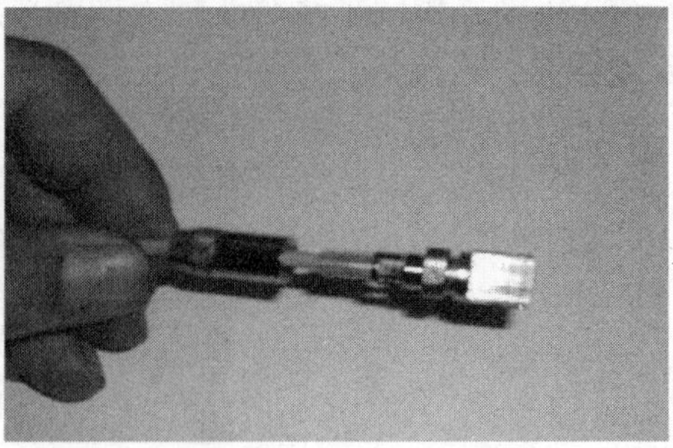

图 2-68　压好的 2M 头

具体方法如下：

① 将同轴电缆一头的信号芯线和屏蔽层短接（可以用短导线或镊子），在同轴电缆另一头用万用表测试信号芯线和屏蔽层之间的电阻，电阻应该约为 0Ω。

② 取消信号芯线和屏蔽层的短接，再在另一头用万用表测试，电阻应该为无穷大。

③ 如果测试结果与上面的描述相符，说明测试的两头是同一根电缆的两头，且此电缆正常。

④ 如果测试结果与上面的描述不相符，说明电缆中间存在断点或电缆接头处存在虚焊、漏焊、短路，或者这两头不是同一根电缆的两头。

（10）将连接器保护套筒拧紧，2M 塞绳制作完毕，如图 2-69 所示。

图 2-69　制作好的 2M 同轴电缆接头

项目小结

全色谱全塑对称电缆在结构上主要是由缆芯、屏蔽层和保护层组成。芯线采用聚乙烯（或其他聚烯烃）绝缘。由于塑料易于着色，所以便于形成全塑电缆芯线的全色谱。缆芯外面加涂塑铝带为密封层，保护层采用低密度高分子量的黑色聚乙烯。

全塑电缆的全色谱由 10 种颜色组成，a 线：白、红、黑、黄、紫，b 线：蓝、橘、绿、棕、灰，然后两两组合，构成一个包含 25 个线对的基本单位，一般称为 U 单位。U 单位的扎带色谱为白/蓝～紫/棕的 24 种组合（比芯线色谱少一个紫/灰组合）。两个 U 单位构成一个 S 单位（50 对线），4 个 U 单位构成一个 SD 超单位（100 对线）。U 单位外面用双色塑料扎带，S、SD 单位采用单色扎带。

同轴电缆是数据和视频电缆，它由中心轴线互相重合的内外导体构成，其传输性能优于全塑电缆。

漏泄电缆的结构与普通的同轴电缆基本一致，由内导体、绝缘介质和开有周期性槽孔的外导体三部分组成。电磁波在漏缆中纵向传输的同时通过槽孔向外界辐射电磁波，外界的电磁场也可通过槽孔感应到漏缆内部并传送到接收端。

全塑电缆的芯线接续一般采用扣式接线子和模块式接线子。全塑电缆的接头封合方法一般均采用热缩管法，因为它具有密闭性能良好、操作比较简单等特点。

复习思考题

1. 如何进行全色谱全塑电缆的端别判断？
2. 全色谱全塑通信电缆的“全色谱”是如何构成的？“芯线绝缘层全色谱”和“扎带全色谱”有何不同？请加以说明。
3. 什么是同轴电缆？它由哪几部分组成？
4. 漏泄电缆与同轴电缆有哪些相同点和不同点？
5. 全色谱全塑电缆单位式缆芯有哪几种常见单位？各有什么特点？
6. 请简述漏泄电缆的传输原理。
7. 耦合性与辐射性漏泄电缆有什么区别？
8. 详述模块式接线子的结构、接线原理及操作步骤。
9. 全塑电缆接头封合的技术要求是什么？
10. 如何检测制作的2M塞绳是否合格？

项目3 通信光缆

项目描述

目前光缆是城市轨道交通、高速铁路以及电信等实现有线通信不可缺少的传输介质，本项目介绍光纤光缆的结构特点、光缆的端别判断以及实现光传输所需的光器件，光缆接续是光缆工程必不可少的工序，也是光缆故障修复中常用到的，是我们学习的重点。

教学目标

1. 知识目标

掌握光纤光缆的结构和类别，了解光纤的主要特性，掌握光缆的端别和纤序，掌握光缆接续与接头安装的步骤和方法，了解光源、光检测器的工作原理及工作特性，熟悉无源光器件的功能及主要性能及其在光网络中的应用，了解光放大器的功能及应用。

2. 技能目标

掌握判定光缆的端别及纤序方法，掌握光纤熔接步骤，掌握光缆接续要求及步骤。

教学安排

项目总学时（20）=理论学时（12）+实操训练学时（8）。

任务1 认识光纤

光纤（全称为光导纤维）是光信号的传输介质，透明、纤细，虽比头发丝还细，却能将一定波长的光信号封闭在细小的结构中，并沿其轴向进行传播，很少受到外界干扰，低损耗、小失真地将光信号送往接收方。

光缆中其他的构件都是为了保证光纤的传输质量而设置的，所以有必要在此先学习光纤的结构特点。

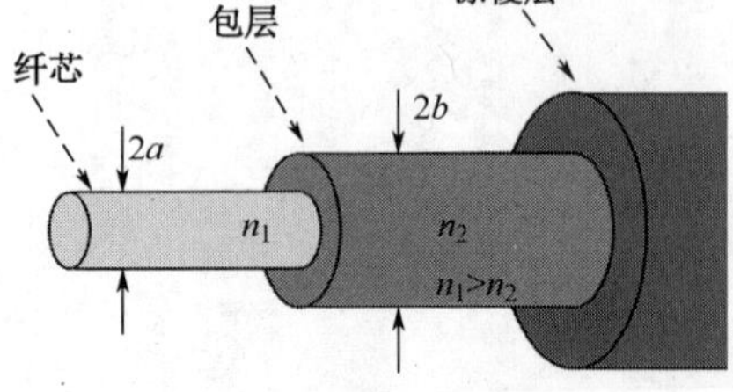

图3-1 光纤的结构

3.1.1 光纤的结构与分类

一、光纤的结构

光纤由纤芯、包层和涂覆层三部分组成，其结构如图3-1所示。

（一）纤芯

纤芯位于光纤中心，直径为 $2a$，其作用是传输光波。

多模光纤纤芯标称直径为50μm或62.5μm，单模光纤纤芯标称直径为4～10μm。

纤芯的成分是高纯度 SiO_2，掺有极少量的掺杂剂（如 GeO_2、P_2O_5），作用是提高纤芯对光的折射率（n_1），以传输光信号。

（二）包层

包层位于纤芯外层，直径为 $2b$，其作用是将光波限制在纤芯中传输。

通信用光纤的包层标称直径为125μm。其成分也是含有极少量掺杂剂的高纯度 SiO_2。而掺杂剂（如 B_2O_3）的作用则是适当降低包层对光的折射率（n_2），使之略低于纤芯的折射率，即 $n_1>n_2$，它使光信号封闭在纤芯中传输。

纤芯和包层即组成裸光纤。

（三）涂覆层

光纤涂覆（也称为被覆）层就是指包层外包裹的柔性化工材料，涂覆层起到保护纤芯和包层免受外界机械、化学伤害和污染的作用，从而保证光纤的性能和使用寿命。包括一次涂覆层和二次涂覆层。

一次涂覆层是指光纤被预制棒拉出来的同时，为了防止受灰尘的污染，而在包层外包裹的一层柔性化工材料（如用紫外光固化一层弹性涂料），是用来保持光纤的机械性能的第一个保护层。一次涂覆层外再加一层保护层为二次涂覆层。

一次涂覆层较软，是用于保护裸光纤表面免受机械损伤，并且在光纤使用中起到缓冲外界应力的作用。二次涂覆层较硬则有利于光纤耐磨损。

经过二次涂覆的裸光纤称为光纤芯线，也就是我们平常所说的光纤。

二、光纤分类

光纤分类可根据材料、纤芯折射率分布和传输模式等不同，将其分为多种，如图3-2所示。

- 光纤的分类
  - 按光纤组成材料划分
    - 石英系列光纤（主要材料为 SiO_2）
    - 多组分光纤（材料由多组成分组成）
    - 液芯光纤（纤芯呈液态）
    - 塑料光纤（以塑料为材料）
  - 按光纤纤芯折射率分布划分
    - 阶跃型光纤（SIF）
    - 渐变型光纤（GIF）
  - 按光纤传输模式数划分
    - 单模光纤（SMF）
      - 非色散位移光纤（G.652）
      - 色散位移光纤（G.653）
      - 截止波长位移光纤（G.654）
      - 非零色散位移光纤（G.655）
      - 色散平坦光纤
      - 色散补偿光纤
    - 多模光纤（MMF）

图3-2　光纤的分类

（一）光纤的折射率分布与光线的传播

根据光纤纤芯的折射率分布可以将光纤分为阶跃型（突变型）折射率光纤、渐变型（梯度型）折射率光纤，如图 3-3 所示。

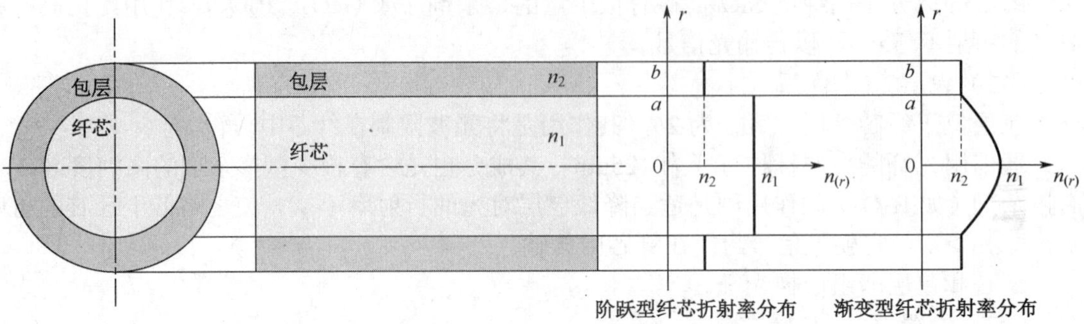

图 3-3　光纤的折射率分布

阶跃型折射率表示纤芯的折射率为一个常数 n_1，在与包层交界处突变为 n_2。渐变型折射率表示在纤芯的圆心处折射率最大，随着纤芯半径的增加折射率逐渐减小，直到半径增加到包层处，折射率减为 n_2。

光在阶跃折射率光纤和渐变折射率光纤的传播轨迹分别如图 3-4 和图 3-5 所示。

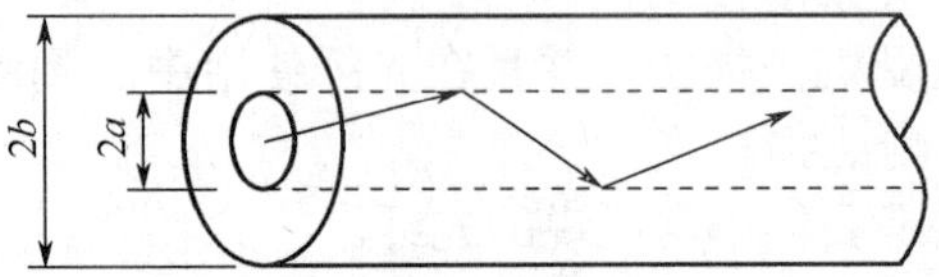

图 3-4　光在阶跃折射率多模光纤中的传播

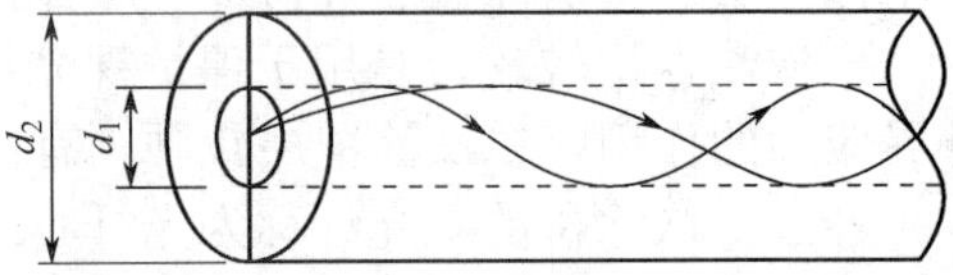

图 3-5　光在渐变折射率多模光纤中的传播

（二）单模光纤与多模光纤

根据传输模的数量不同，光纤可分为多模光纤和单模光纤。

传播模式是指当光在光纤中传播时，若纤芯的几何尺寸远大于光波波长，则光在光纤中会以几十种甚至几百种的传播模式进行传播。如图 3-6 所示，这些不同的光束称为模式。

1．多模光纤

当光纤的几何尺寸（主要是指芯径，用 $2a$ 或 d_1 表示）远大于光波波长时（约 1μm），光纤传输的过程中会存在着几十种乃至几百种传输模式，这样的光纤称为多模光纤。

2．单模光纤

当光纤的几何尺寸（主要是指芯径，用 $2a$ 或 d_1 表示）较小，与光波长在同一数量级，如芯径 d_1 在 4～10μm 范围，这时，光纤只允许一种模式（基模）在其中传播，其余的高次模全部截止，这样的光纤称为单模光纤，如图 3-7 所示。

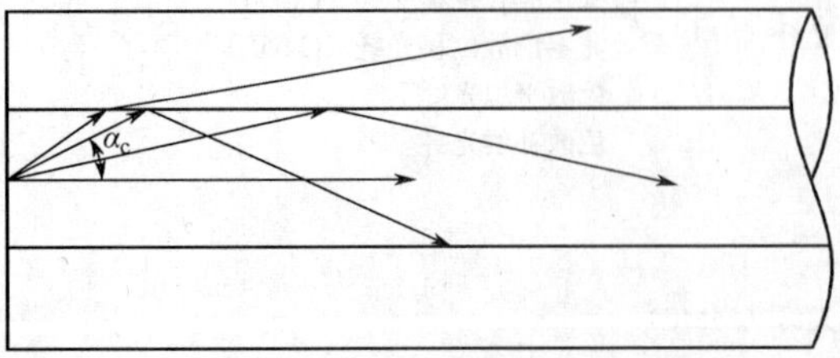

图 3-6　光在阶跃折射率光纤中传播的多种模式

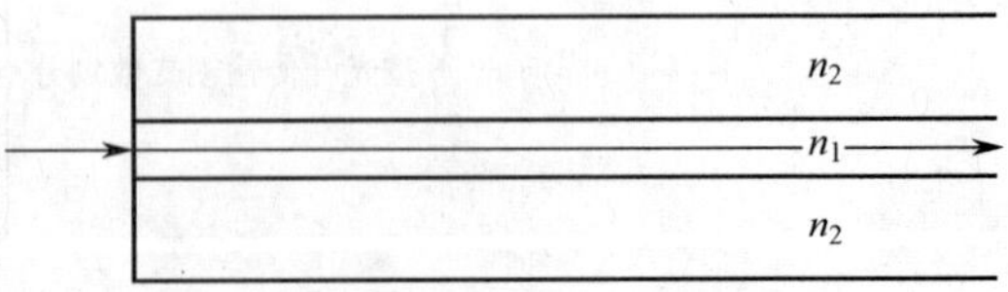

图 3-7　光在单模光纤中的传播轨迹

按传输模式和折射率分布有阶跃型多模光纤（Step-Index Fiber，SIF）、渐变型多模光纤（Graded-Index Fiber，GIF）、单模光纤（Single-Mode Fiber，SMF）。如图 3-8 所示为三种基本类型光纤的横截面、折射率分布、光纤传播路径、输入脉冲、输出脉冲。

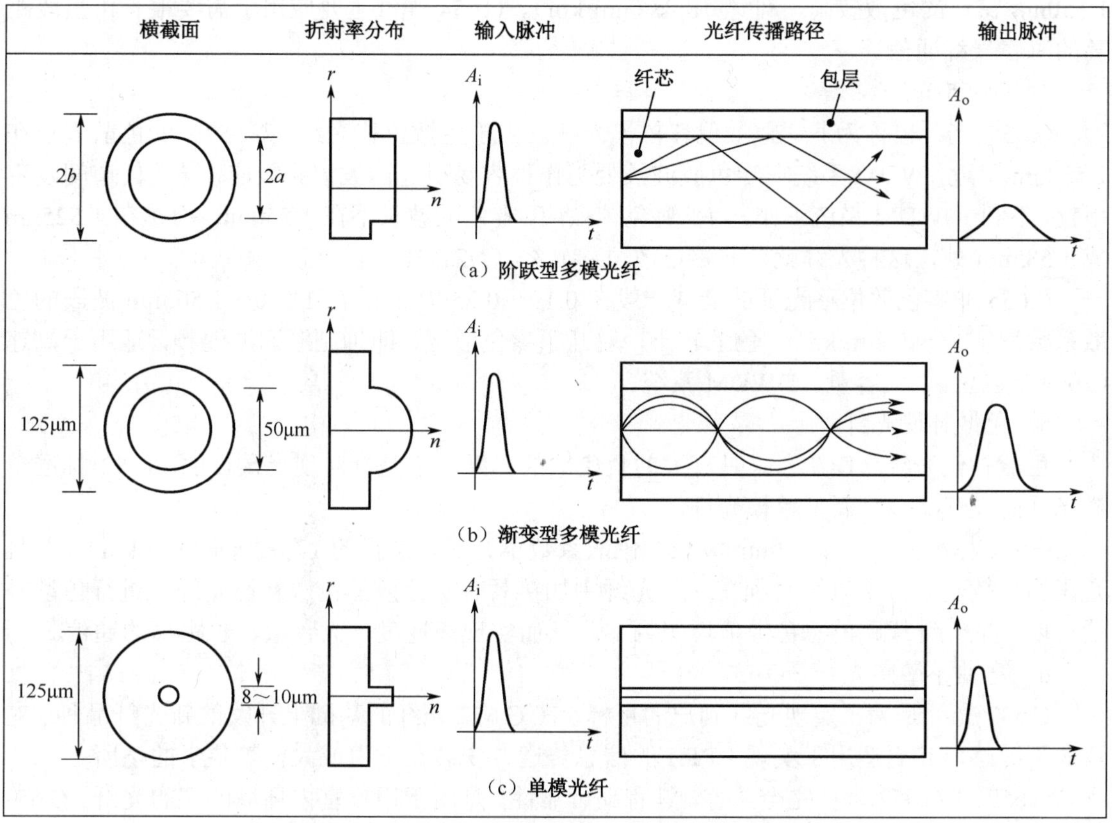

图 3-8 三种基本类型的光纤

（三）常用单模光纤

1．G.652 光纤

G.652 光纤也称为常规单模光纤，或称为非色散位移单模光纤，是指零色散点（即色散为零的波长）在 1 310nm 附近的光纤。其特点是当工作波长在 1 310nm 时，光纤色散很小，系统的传输距离只受光纤损耗的限制。但这种光纤在 1 310nm 波段的损耗较大，为 0.3～0.4dB/km，典型值为 0.35dB/km，在 1 550nm 波段的损耗较小，为 0.17～0.25dB/km，典型值为 0.2dB/km。色散系数在 1 310nm 波段为 3.5ps/（nm·km）。在 1 550nm 波段的色散较大，一般为 17～20ps/（nm·km）。G.652 光纤是目前应用最广的光纤。

2．G.653 光纤

G.653 光纤也称为色散位移单模光纤，是指色散零点在 1 550nm 附近的光纤。这种光纤是通过改变折射率的分布将 1 310nm 附近的零色散点拉移到 1 550nm 附近，从而使光纤的低损耗窗口与零色散窗口重合的一种光纤。

但是这种色散位移光纤在 1 550nm 色散为零，不利于多信道的 WDM 传输，用的信道较多时，信道间距变小，就会产生四波混频（FWM），导致信道间发生串扰，因此，WDM 系统一般不使用色散位移光纤。

3. G.654 光纤

G.654 光纤也称为截止波长位移单模光纤，G.654 光纤降低了 1 550nm 波段的衰减，一般为 0.15～0.19dB/km，典型值为 0.185dB/km，其零色散点仍然在 1 310nm 附近，但在 1 550nm 窗口的色散较高，可达 18ps/（nm·km）。G.654 光纤主要应用于需要很长再生段距离的海底光纤通信。

4. G.655 光纤

G.655 光纤也称为非零色散位移单模光纤。由于色散位移光纤（G.653）的色散零点在 1 550nm 附近，WDM 系统在零色散波长处工作很容易引起四波混频效应，导致信道间发生串扰，不利于 WDM 系统工作。为了避免该效应，零色散波长不在 1 550nm，而是在 1 525nm 或 1 585nm 处，这种光纤就是非零色散位移光纤（NZDSF）。

G.655 非零色散位移光纤的衰减一般在 0.19～0.25dB/km，在 1 530～1 565nm 波段的色散系数为 1～6ps/（nm·km），色散较小，避开了零色散区，即抑制了四波混频，适用于高速（10Gb/s 以上）、大容量、DWDM 系统。

5. 色散补偿光纤

色散补偿光纤（DCF）是具有大的负色散的光纤。它是针对现已敷设的 G.652 标准单模光纤而设计的一种新型单模光纤。

G.652 标准光纤在 1 550nm 波长的色散系数不为零，是正的 17～20ps/（nm·km），并且有正的色散斜率，所以就必须在这些光纤中加接具有负色散的色散补偿光纤，进行色散补偿，以保证光纤线路的总色散值近似为零，从而实现高速度、大容量、长距离的通信。

6. 弯曲不敏感光纤（G.657 光纤）

G.657 光纤是为了实现光纤到户的目标，在 G.652 光纤的基础上开发的新光纤品种。对弯曲不敏感，其更适用于实现 FTTH 的信息传送、安装在室内或大楼等狭窄的场所。

G.657 与 G.652 光纤完全兼容，具有高可靠性，是用于用户室内环境的理想光纤。G.652 用于骨干网、城域网，是用量最大的光纤，而 G.657 用于接入网，如 FTTH，目前主要应用于入户的那一段光缆。

3.1.2 光纤的导光原理

一、光在光纤中的传播

（一）折射、折射率和全反射

光线在不同的介质中以不同的速度传播，描述介质的这个特征的参数就是折射率，或称为折射指数。折射率可由下式确定：

$$n = c / v \tag{3-1}$$

式中：v——光在某种介质中的速度，km/s；

c——光在真空中的速度，km/s；

表 3-1 中给出了一些介质的折射率。

表 3-1　不同介质的折射率

材料	空气	水	玻璃	石英	钻石
折射率	1.003	1.33	1.52～1.89	1.43	2.42

在折射率为 n 的介质中，光传播速度变为 c/n，光波长变为 λ_0/n（λ_0 表示光在真空中的波长）。

当一条光线照射到两种介质相接的边界时，入射光线分成两束：反射光线和折射光线，如图 3-9 所示。θ_1 是入射角，θ_3 是反射角，θ_2 是折射角，它们之间的关系由光射入的介质决定。

斯涅尔定律给出了定义这些光线方向的规则：

$$\theta_1=\theta_3 \tag{3-2}$$

$$n_1\sin\theta_1=n_2\sin\theta_2 \tag{3-3}$$

若光从折射率较大的介质（如玻璃）进入折射率较小的介质（如空气），如图 3-10 所示，当入射角 θ（见图中虚线箭头）达到一定的值时，折射角（见图中虚线箭头）等于 90°，光不再进入第二种介质（本例中是空气），这时入射角被称为临界角 θ_c。如果我们继续增加入射角使 $\theta>\theta_c$，所有的光将反射回入射介质（见图中的实线箭头）。所有的光都反射回入射介质，这种现象被称为全反射现象。

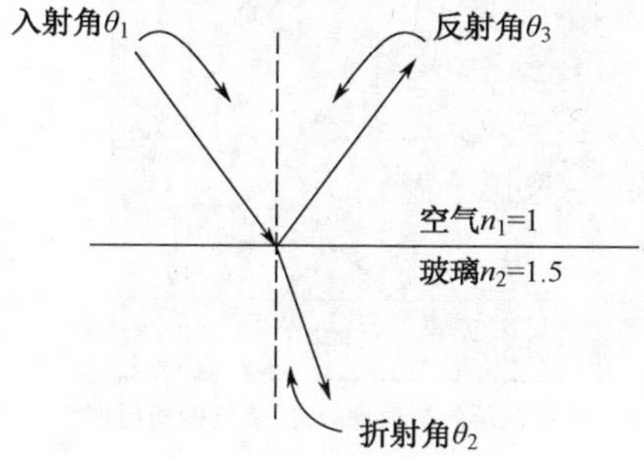

图 3-9　光的折射

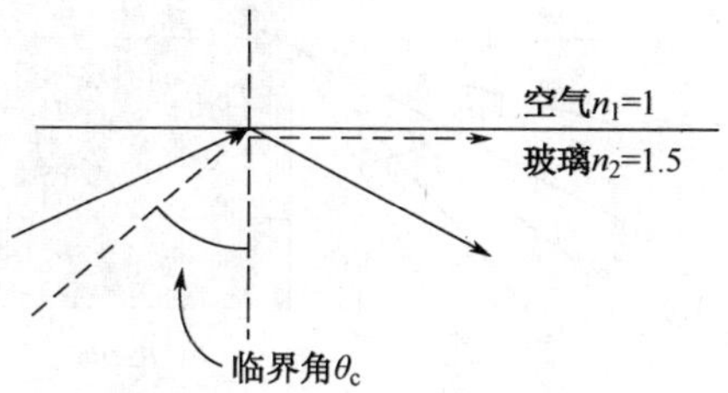

图 3-10　光的反射

实现全反射有两个必要条件：光由光密介质（折射率大的介质）射入光疏介质（折射率小的介质），入射角大于临界角。

全反射是光信号在光纤中传播的必要条件，这也是纤芯折射率 n_1 大于包层折射率 n_2 的原因。

结论：

（1）光纤就是利用光的全反射将光线封闭在光纤的纤芯中传播的。

（2）为了实现全反射，纤芯的折射率要大于包层的折射率。

（二）子午射线和斜射线

1．子午射线

通过光纤纤芯的轴线可以作很多平面，这些平面为子午面。如果光射线在光纤中传播的路径始终在一个子午面内，就称为子午射线，简称子午线。

子午射线的特点是光线在一个周期内两次穿越光纤轴心，成为锯齿形波前进，子午线在光纤端面上的投影是一条过轴心的直线，如图 3-11（a）所示。

2．斜射线

光射线在光纤中传播时，如果传播路径不在同一个子午面内，则称此射线为斜射线。

斜射线是不经过光纤轴线的空间折线，从斜射线在光纤端面上的投影可以看出，斜射线是限制在一定的范围内传播的。可以找出与该射线相切的圆柱面，该面被称为焦散面，

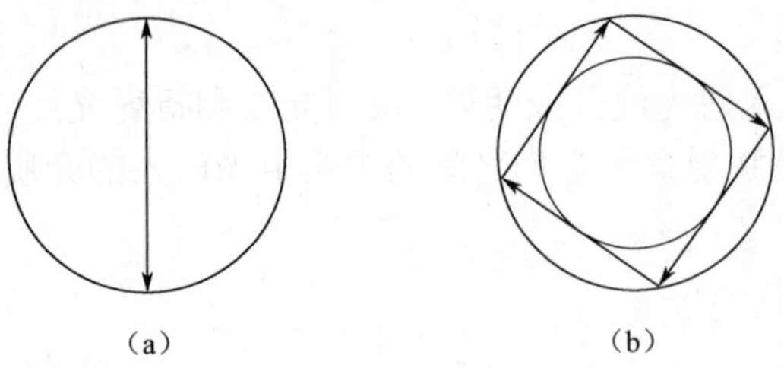

图 3-11　阶跃型光纤中的光射线

其在端面上的投影就是射线投影的内切圆，如图 3-11（b）所示。

斜射线就是在纤芯包层界面与各自的焦散面之间传输的。

由于斜射线的情况比较复杂，下面只分析阶跃型光纤中的子午线。

3．子午线的分析

以光在阶跃型光纤中的传播为例分析，n_1 为纤芯的折射率，n_2 为包层的折射率，n_0 为空气的折射率，$n_1>n_2>n_0$。如图 3-12 所示为 5 种不同光入射角在光纤中纵向剖面的传播。

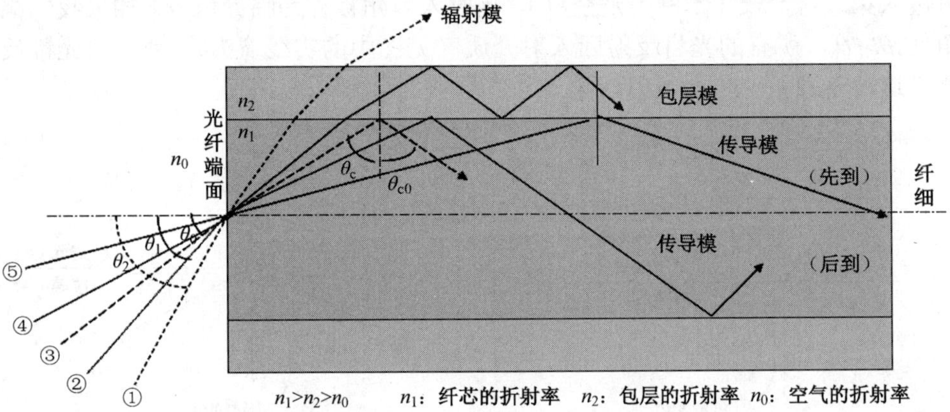

图 3-12　光在阶跃型光纤中传播的纵向剖面

由于空气的折射率和光纤的折射率不同，一条光线射到光纤端面会发生折射，在纤芯中形成折射线，此折射线在纤芯与包层的交界面上又会发生折射或全反射。

图中：

① 光线以较大的端面入射角 θ_2 由空气至光纤端面，在纤芯与包层的交界面不满足全反射条件，透过包层，逸出，形成辐射模。

② 光线以 θ_1 入射（$\theta_1<\theta_2$），仍能穿过纤芯，在包层内折射或全反射，形成包层模。

③ 光线以临界端面入射角 θ_0 入射时，在纤芯中产生的折射线以临界角 θ_c 的入射角由纤芯入射到包层，在纤芯与包层的界面上形成临界全反射，此时折射线沿着纤芯与包层的界面向前传输。

④ 光线以入射角 θ（$\theta<\theta_0$）射入光纤，在纤芯中产生的折射线以大于临界角 θ_c 的入射角由纤芯入射到包层，在纤芯与包层的界面上形成全反射，向前传输，直至光纤的另一端，形成传导模。

⑤ 光线与④一样发生全反射，但到达终端时间不同，存在时延，即色散。

结论：

（1）只有当光以小于临界端面入射角 θ_0 的角度入射时，在纤芯与包层的交界面才能发生全反射。

（2）阶跃光纤的导光原理：光在均匀介质中是沿直线传播的，阶跃光纤就是靠光波在芯包界面发生全反射将光波限制在纤芯中向前传播的。

二、数值孔径（NA）

数值孔径的定义：能在光纤中形成全反射的光线在空气中的最大入射角的正弦值。即

$$\begin{aligned}NA &= \sin\theta_{max} \\ &= \sin\theta_0 \\ &= \sqrt{n_1^2 - n_2^2} \\ &= n_1\sqrt{2\Delta}\end{aligned} \tag{3-4}$$

式中：θ_0——临界端面入射角；

Δ——相对折射率差。

$$\Delta \approx \frac{n_1^{\ 2} - n_2^{\ 2}}{2n_1} \tag{3-5}$$

为了让光波在纤芯中传输，纤芯折射率 n_1 必须大于包层折射率 n_2，但 n_1 与 n_2 差别极小，其相对折射率差 Δ 可以近似为

$$\Delta \approx \frac{n_1 - n_2}{n_1} \tag{3-6}$$

NA 的大小仅取决于纤芯的折射率的大小及包层相对折射率差。从物理上看，光纤的数值孔径表示光纤接收入射光的能力。NA 越大，则光纤接收光的能力也越强。但是 NA 太大时，光纤的模式色散加大，会影响光纤的带宽。标准多模光纤的 NA 公称值一般为 0.2，对应的孔径角约为 11.5°。标准单模光纤的 NA 公称值一般为 0.1～0.15，对应的孔径角为 5.7°～8.6°。

3.1.3　光纤的主要特性

光纤是传输光信号的介质，是光缆通信的基础，本节主要学习光纤的损耗特性、色散特性、机械特性和温度特性。

一、损耗特性

光波在光纤中传输，随着传输距离的增加，光功率强度逐渐减弱，光纤对光波产生衰减作用，称为光纤的损耗（或衰减）。

光纤的衰减系数即损耗系数是指光在单位长度光纤中传输时的衰耗量，单位一般用 dB/km。它是描述光纤损耗的主要参数。损耗系数一般用 α 表示：

$$\alpha = \frac{10}{L}\lg\frac{P_i}{P_o}\ \text{dB/km} \tag{3-7}$$

光纤的损耗影响了光信号的传输距离。光纤的损耗主要取决于吸收损耗、散射损耗、弯曲损耗和连接损耗。

（一）吸收损耗

光纤的吸收损耗是制造光纤的材料本身造成的损耗，包括本征吸收损耗和杂质吸收损耗。

1. 本征吸收损耗

本征吸收损耗是由于光纤材料本身吸收光能量产生的。主要存在红外波段的分子振动

吸收和紫外波段的电子跃迁吸收。光纤所用的 3 个低损耗窗口（0.85μm、1.31μm、1.55μm）就是为了避开本征吸收损耗。

2．杂质吸收损耗

主要是由于光纤中含有的各种过渡金属离子（铁、钴、镍、铬、铜、钒、镁等金属离子）和氢氧根离子（OH^-）在光的激励下产生振动，吸收光能量造成的。

现在由于制作光纤工艺的改进，降低了氢氧根离子（OH^-）的浓度，杂质的含量也在 10^{-9} 以下，因此它们的影响也很小。

（二）散射损耗

散射损耗是指在光纤中传输的一部分光由于散射而改变传输方向，从而使一部分光不能到达收端所产生的损耗。主要包含瑞利散射损耗、非线性散射损耗和波导效应散射损耗。

1．瑞利散射损耗

产生瑞利散射损耗的原因是在光纤制造过程中，因冷凝条件不均匀造成材料密度不均匀，以及掺杂时造成浓度的不均匀，这两种不均匀造成微粒大小在与光波长可相比拟的范围内，结果都产生折射率分布不均匀，从而引起瑞利散射损耗。瑞利散射是以发现者的名字命名的。瑞利散射是固有的，不能消除。但由于瑞利散射的损耗系数与光波长的四次方成反比，即波长越短，损耗越大，因此对短波长窗口影响较大。

2．非线性散射损耗

非线性散射损耗是当光强度达到一定的程度时，产生非线性拉曼散射和布里渊散射，使输入光信号的能量部分转移到新的频率成分上而形成损耗。因此非线性散射损耗是随传播频率变化的。在常规光纤中由于半导体激光器发送光功率较小，该损耗可忽略。但在 DWDM 系统中，由于总功率很大，就必须考虑其影响。

3．波导效应散射损耗

波导效应散射损耗是由于光纤波导结构缺陷引起的损耗，与波长无关。

光纤波导结构缺陷主要由熔炼和拉丝工艺不完善造成，当光线通过这样的光纤时，将引起光的散射，产生散射损耗。这种散射损耗与波长无关，要降低这种损耗，就要提高光纤制造工艺。目前，可将损耗做到 0.02～0.2dB/km。

（三）弯曲损耗

光纤的弯曲会引起辐射损耗。实际中，光纤有两种情况的弯曲：一种是曲率半径比光纤直径大得多的弯曲；另一种是微弯曲。

1．弯曲损耗

弯曲损耗是由于光纤中部分传导模在弯曲部位成为辐射模而形成的损耗。弯曲半径越大，弯曲损耗越小。

2．微弯损耗

微弯损耗是由于成缆时产生不均匀的侧压力，导致纤芯与包层的界面出现局部凹凸引起的。

（四）连接损耗

连接损耗是由于进行光纤接续端面不平整或光纤位置未对准等原因造成接头处出现损耗。连接损耗的大小与连接使用的工具和操作者的技能有密切关系。

在单模光纤中有两个低损耗区域，分别在 1 310nm 和 1 550nm 附近，即通常说的

1 310nm 窗口和 1 550nm 窗口，如图 3-13 所示。损耗大小影响光纤的传输距离长短和中继距离的选择。

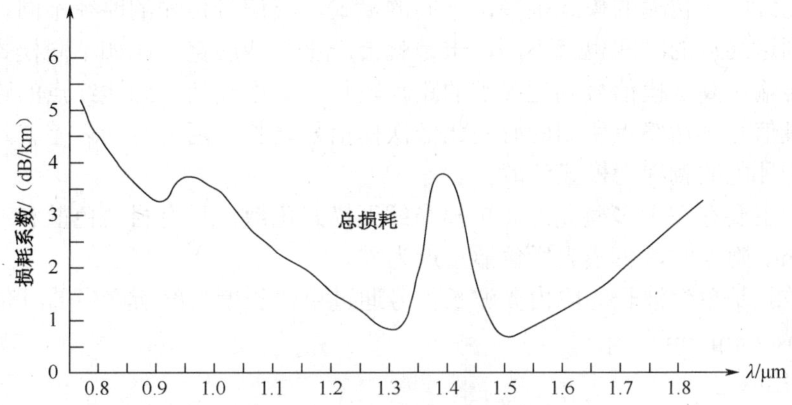

图 3-13　光纤损耗频谱曲线

二、光纤的色散

（一）光的色散

雨后出现的彩虹，就是“色散”。当日光通过棱镜或水雾时会呈现按赤、橙、黄、绿、青、蓝、紫顺序排列的彩色光谱，如图 3-14 所示。这是由于棱镜材料（如玻璃、塑料）或水对不同波长（对应于不同的颜色）的光呈现的折射率 n 不同，从而使光的传播速度和折射角度均不同，最终使不同颜色的光在空间上散开，这就是光的色散现象。

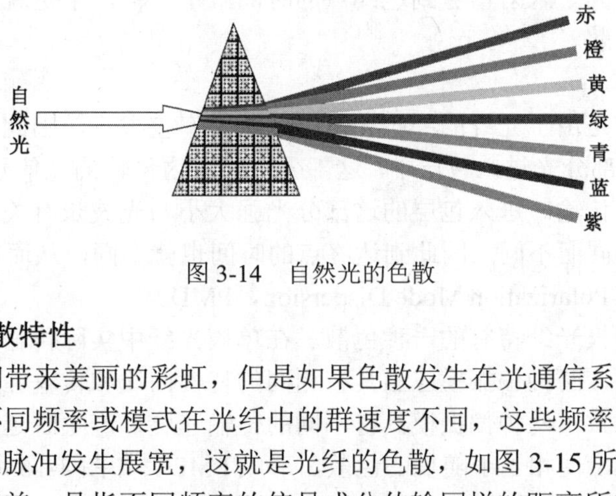

图 3-14　自然光的色散

（二）光纤的色散特性

色散能够给人们带来美丽的彩虹，但是如果色散发生在光通信系统中，就没有那么美好了。光脉冲中的不同频率或模式在光纤中的群速度不同，这些频率成分和模式到达光纤终端有先有后，使光脉冲发生展宽，这就是光纤的色散，如图 3-15 所示。色散一般用时延差来表示，所谓时延差，是指不同频率的信号成分传输同样的距离所需要的时间之差。

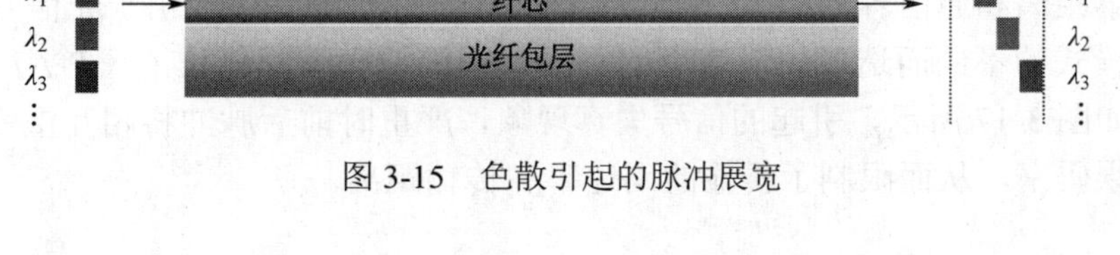

图 3-15　色散引起的脉冲展宽

光纤的色散可分为模式色散、色度色散和偏振模色散。

1．模式色散

在多模光纤中，传输的模式很多，不同的模式，其信号传输的路径不同，所经过的路程就不同，到达终点的时间也就不同，于是就会产生脉冲展宽。比如不同模式的信号在同一根光纤中传输，高次模信号到达终点的路程较长，低次模信号到达终点的路程短，这就意味着高次模信号到达终点所用的时间比低次模信号要长，两者时间之差就是光纤产生的脉冲展宽，这种色散就称为模式色散。

模式色散主要存在于多模光纤。单模光纤无模式色散，只有材料色散和波导色散。当波长在 1 310nm 附近时，单模光纤色散接近为零。

色散系数就是单位波长间隔内光波长信号通过单位长度光纤所产生的时延差，用 D 表示，单位是 ps/（nm·km）。

2．色度色散

由于光源的不同频率（或波长）成分具有不同的群速度，在传输过程中，不同频率的光束的时间延迟不同而产生色散称为色度色散。色度色散包括材料色散和波导色散。

（1）材料色散

材料色散是由光纤自身材料特征造成的。玻璃的折射率并不是一个固定的常数，不同波长的光波折射率也就不同。光纤通信所用光源发出的光，是具有一定频谱宽度的波长。当光波在折射率为 n 的介质中传播时，其传输速度为 $v=c/n$（c 为光速）。

光的波长不同，折射率 n 就不同，光波传输的速度也就不同。当把具有一定的频谱宽度的光源发出的脉冲射入光纤进行传输时，光的传播速度将随着光波长的不同而不同，经过同样距离的传输，同一入射信号到达终点的时间就不一样，于是就产生时延差，引起脉冲展宽，此即材料色散。

（2）波导色散

所谓波导色散，是由于光纤的纤芯和包层的折射率差很小，因此在两者交界面上发生全反射时，就可能有部分光进入包层中，这部分在包层内传输的光信号传输一段距离之后，又可能回到纤芯继续传输。进入包层的这部分光强大小与光波长有关，就相当于光的传输路径随光波波长的不同而不同，因此到达终点的时间也就不同，从而出现脉冲展宽。

3．偏振模色散（Polarization Mode Dispersion，PMD）

偏振模色散是单模光纤特有的一种色散。在单模光纤中实际传输的是两个相互正交的偏正模，理想状态下，两种偏振模应当具有相同的特性曲线和传输性质，但是由于几何尺寸和应力的不对称导致了两种偏振模具有不同的传输速度，产生时延，从而导致光脉冲展宽，展宽量也不确定，便相当于随机的色散，形成 PMD。如图 3-16 所示，PMD 的单位通常为 ps/km。

（三）色散对通信的影响

光纤的色散特性是衡量光纤通信线路传输质量好坏的一个重要性能指标，它是制约光传输系统中继距离和通信容量的另一个主要因素。在光纤通信中，由于光信号在光纤中传输的频率或模式的不同而造成传输速度的不同，因此使光脉冲加长了（$T+\Delta T$），即出现了脉冲展宽，如图 3-17 所示，引起的信号失真现象，严重时前后脉冲将相互重叠，产生码间干扰，增加误码率，从而限制了传输的码速率和传输距离。

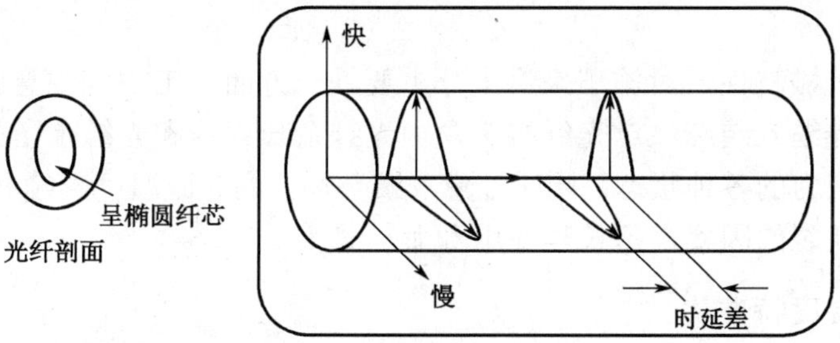

图 3-16　偏振模色散

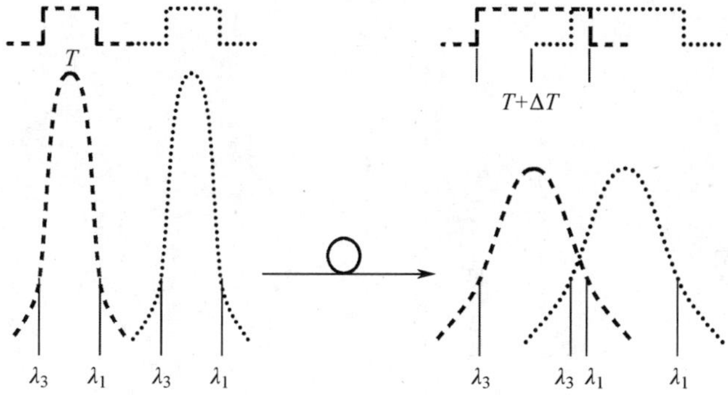

图 3-17　码间干扰

三、光纤的机械特性

光纤的机械特性是非常重要的，由于石英光纤具有细和脆的特点其机械性能比金属导线差。光纤的机械特性主要包括耐侧压力、抗拉强度、弯曲以及扭绞性能等，使用者最关心的是抗拉强度。

（一）光纤的抗拉强度

光纤的抗拉强度在很大的程度上反映了光纤的制造水平。实用化光纤的抗拉强度，要求≥240g 拉力。目前商品化光纤的抗拉强度已达到 432g 拉力，国内用于工程的光纤，一般都大于 400g 拉力，国外较好的光纤在 700g 拉力以上，用于海底光缆的光纤强度还要高一些。

影响光纤抗拉强度的主要因素是光纤制造材料和制造工艺。如预制棒的质量，拉丝炉的加温质量和环境污染、涂覆技术、光纤拉丝、复绕、套塑等工艺过程都对抗拉强度有影响。当然，光纤在成缆以及安装使用中存在过大的残余应力，也会影响光纤的抗拉强度。

（二）光纤断裂分析

存在气泡、杂物的光纤，会在一定的张力下断裂，但多数是由于光纤表面有一定程度的损伤，当光纤受到一定的张力时，应力首先集中于有微裂纹的地方（最薄弱点），如果超过该部位容许应力时，则立即断裂，如图 3-18 所示。光纤制造过程中利用此现象进行强度筛选，即光纤拉丝、复绕和套塑过程中用 0.5%的应力进行筛选，凡合格的为成品，其标称抗拉强度≥432g。

（三）光纤的使用寿命

光纤的使用寿命，从机械性能讲是指断裂寿命。一般普通光缆的使用寿命是按 20 年来设计，但光纤使用寿命受使用环境（如温度、潮气以及静态、动态疲劳）的影响而不完全一致。

了解光纤的机械特性，对施工来讲十分重要。一方面施工中应注意张力，避免光纤的断裂；另一方面光缆安装应注意光纤接头盒中光纤余长处理和光缆余留处的弯曲半径及可能产生光纤残余应力的各种状态。同时注意安装环境，高、低温度影响和水、潮气浸入等，以减少引起光纤断裂的因素，延长其使用寿命。

四、光纤的温度特性

光纤的温度特性是指在高、低温条件下对光纤损耗的影响，一般是损耗增大，如图 3-19 所示。

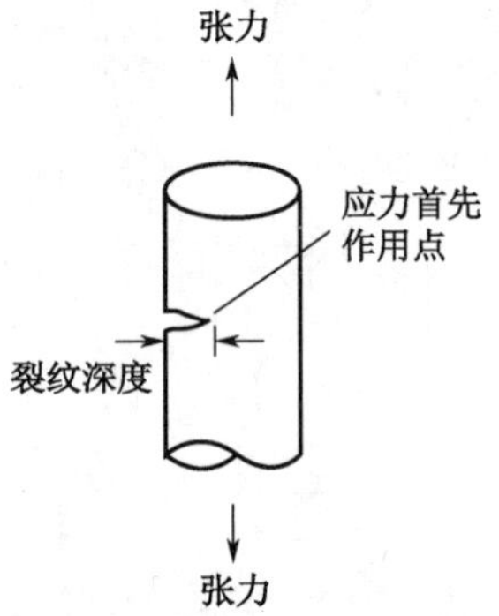

图 3-18　光纤断裂和应力关系

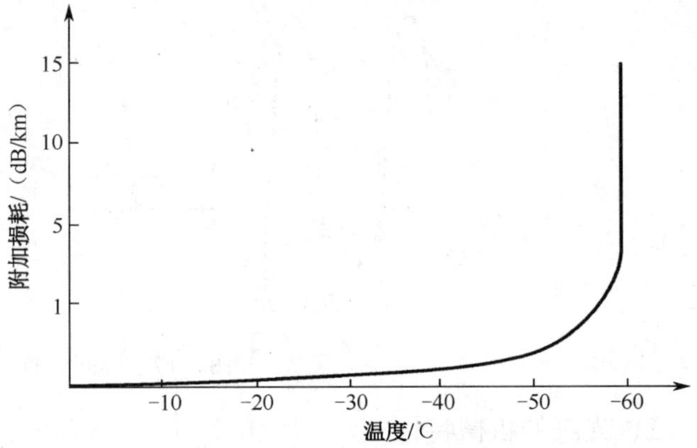

图 3-19　光纤的温度特性曲线

温度变化时，光纤损耗增加，主要是由于光缆材料（塑料）的热膨胀系数比光纤材料（石英）大 2～3 个数量级，在冷缩或热胀过程中，光纤受到应力作用而产生的。在我国，对光缆使用温度的要求，一般在低温地区为-40～40℃，在高温地区为-5～60℃。

任务 2　认识通信光缆

3.2.1　通信光缆的结构

基于石英玻璃材质的光纤纤细而脆弱，很难承受施工等外力作用，不适于单独施工敷设。在光纤通信中，光纤需要成缆使用。在实际使用过程中需将若干根光纤以特定的组合方式，配以相关防护和加强构件，形成具有一定的机械强度和韧性的光缆，保证通信的稳定可靠。

根据不同的用途和不同的环境条件，光缆的种类很多，无论不同种类光缆结构形式如何，其基本的组成结构都是由缆芯、保护层和加强元件构成的。

一、缆芯

缆芯由光纤芯线组成，分为单芯型和多芯型。单芯型是由单根经二次涂覆处理后的光纤组成，多芯型是由多根经二次涂覆处理后的光纤组成。

目前国内外对二次涂覆主要采用两种保护结构。一种是紧套结构，如图 3-20（a）所示，在光纤一次涂覆层外包裹一个缓冲层，其目的是为了减少外力对光纤的作用，保护光纤。缓冲层一般采用硅树脂，这种光纤具有结构简单、使用方便等特点。另一种是松套结构，如图 3-20（b）所示。将一次涂覆后的光纤放在一个填充油膏的管子中，形成松套结构，这种光纤具有机械性能好、防水性好、便于成缆等特点。

（a）紧套　　（b）松套

图 3-20　缆芯的结构

二、保护层

光缆的保护层主要是对已经成缆的光纤纤芯线起保护作用，避免外力或环境影响造成光纤的损坏，因此要求保护层应具有防潮、耐压、耐化学腐蚀、阻燃等特点。

保护层可分为内保护层（多用聚乙烯或聚氯乙烯等）和外保护层（多用铝带和聚乙烯组成的 LAP 外保护套加钢丝铠装等）。

三、加强元件

加强元件主要承受光缆敷设安装时所加的外力，在光缆中心或四周要加一根或多根加强元件。加强元件的材料可用钢丝或非金属纤维等。

四、光缆中各种材料的作用

光缆是由光纤、加强元件、松套管、油膏、铠装层、保护层等各种材料组成的，各种材料的作用如表 3-2 所示。

表 3-2　光缆中各种材料的作用

光缆材料	作　用
光纤	光信号传输
加强件	提供机械强度
纤用油膏	光纤纵向阻水
松套管	保护光纤
缆用油膏	缆芯纵向阻水
覆膜带	防水、防潮
金属铠装层	抗侧压
外保护套	耐磨损、抗侧压
特殊材料	特殊性能

3.2.2　通信光缆的类型

光缆的分类可根据缆芯结构、敷设方式、适用范围等方式划分，具体见表 3-3。

表 3-3　光缆的种类

分类方法	光缆的种类
按所使用的光纤分类	单模光缆、多模光缆（阶跃型、渐变型）
按缆芯结构划分	层绞式、骨架式、中心（束）管式、带状式
按外保护套结构分类	无铠装、钢带铠装、钢丝铠装
按光缆中有无金属分类	有金属光缆、非金属光缆
按维护方式分类	充油光缆、充气光缆
按敷设方式分类	直埋光缆、管道光缆、架空光缆、水底光缆
按适用范围分类	中继光缆、海底光缆、用户光缆、局内光缆、长途光缆

一、按缆芯结构划分

（一）层绞式结构光缆

层绞式光缆结构是由多根二次被覆光纤松套管（或部分填充绳）绕中心金属加强件绞合成圆形的缆芯，如图 3-21 和图 3-22 所示，缆芯外先纵包复合铝带并挤上聚乙烯内保护套，再纵包阻水带和双面覆膜皱纹钢（铝）带，再加上一层聚乙烯外保护层。

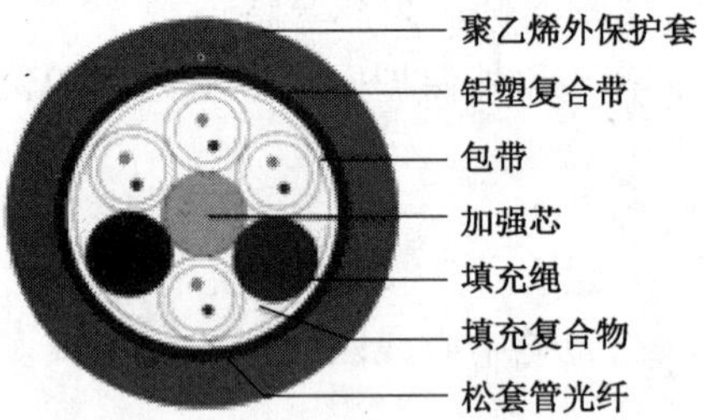

图 3-21　层绞式光缆的结构

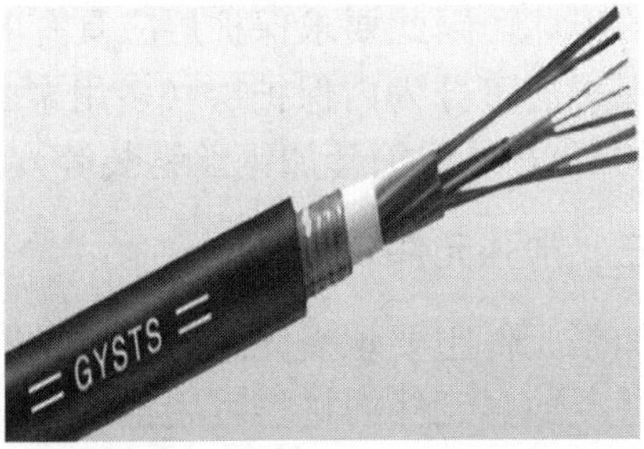

图 3-22　层绞式光缆实物图

层绞式光缆的结构特点是光缆中容纳的光纤数量多，光缆中光纤余长易控制，光缆的机械、环境性能好，它适宜于直埋、管道敷设，也可用于架空敷设。目前使用最多的就是松套层绞式光缆。

（二）中心管式光缆

中心管式光缆是由一根二次被覆光纤松套管或螺旋形光纤松套管，无绞合直接放在缆的中心位置，纵包阻水带和双面涂塑钢（铝）带，两根平行加强圆磷化碳钢丝或玻璃钢圆棒位于聚乙烯保护层中组成的，如图 3-23 和图 3-24 所示。按松套管中放入的是分离光纤、光纤束还是光纤带，中心管式光缆分为分离光纤的中心管式光缆或光纤带中心管式光缆等。

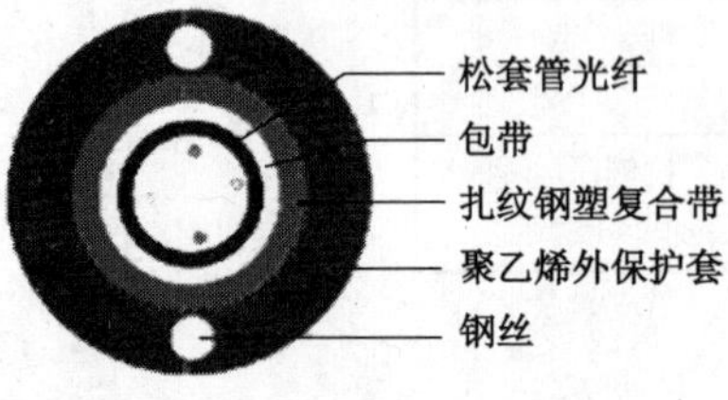

图 3-23　中心管式光缆结构

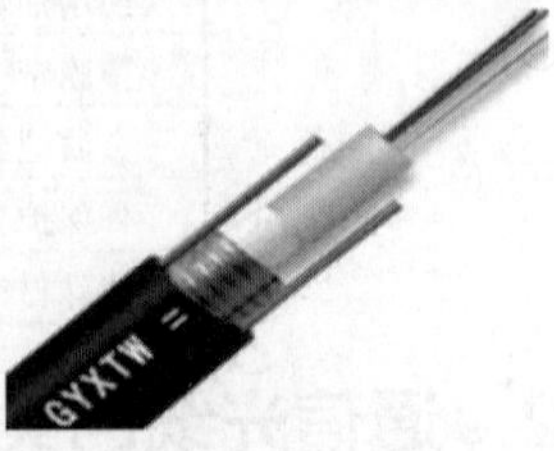

图 3-24　中心管式光缆实物图

中心管式光缆的优点是光缆结构简单，制造工艺简捷，光缆截面小，重量轻，很适宜架空敷设，也可用于管道或直埋敷设。其缺点是缆中光纤芯数不宜过多，松套管挤塑工艺中松套管冷却不够，成品光缆中松套管会出现后缩，光缆中光纤余长不易控制等。

（三）骨架式光缆

骨架式光缆中的光纤置放于塑料骨架的槽中，槽的横截面可以是V形、U形或其他合理的形状，槽的纵向呈螺旋形或正弦形，一个空槽可放置5～10根一次涂覆光纤或更多的光纤带，如图3-25和图3-26所示。由于光纤在骨架沟槽内具有较大的空间，因此当光纤受到张力时，可在槽内做一定的位移，从而减少了光纤芯线的应力应变和微变，这种光纤具有耐侧压、抗弯曲、抗拉的特点。

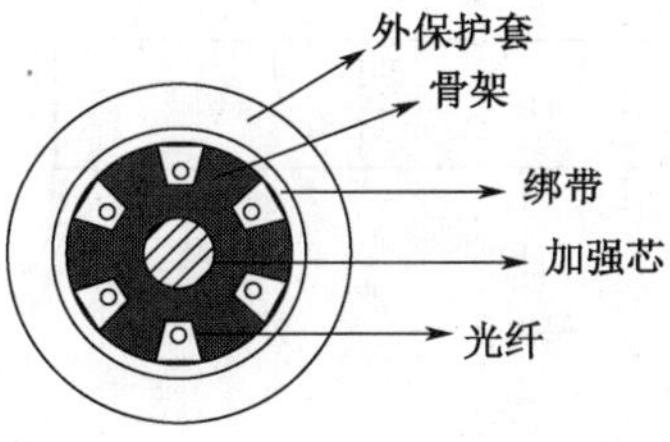

图3-25　骨架式光缆的结构

图3-26　骨架式光缆实物图

骨架式光缆的优点是结构紧凑，缆径小，纤芯密度大，接续时无须清除阻水油膏，接续效率高。缺点是制造设备复杂，工艺环节多，生产技术难度大。

（四）带状式光缆

带状式结构的光缆首先将一次涂覆的光纤放入塑料带内做成光纤带，然后将几层光纤带叠放在一起构成光缆芯，如图3-27和图3-28所示。

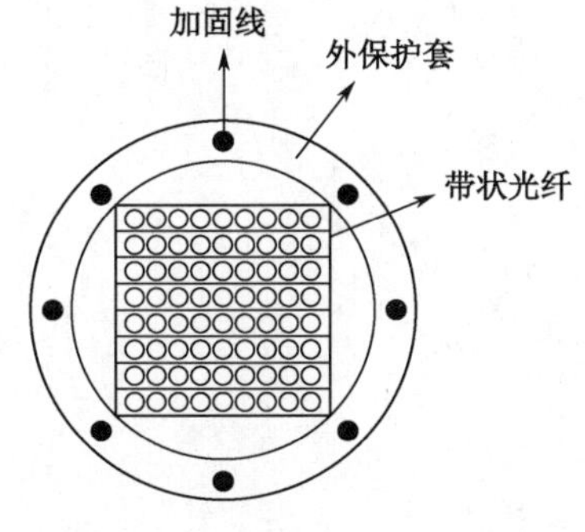

图3-27　带状式光缆的结构

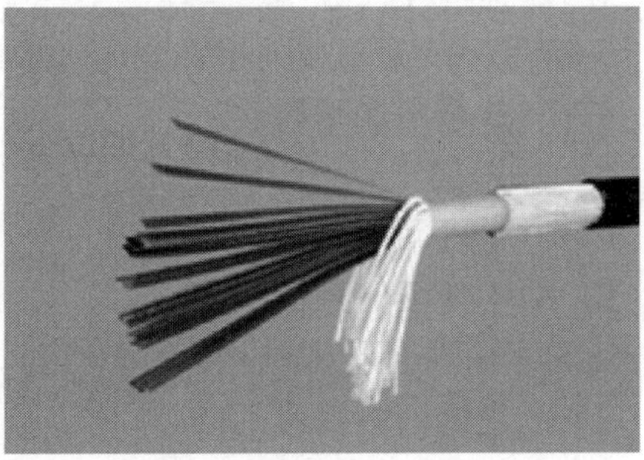

图3-28　带状式光缆实物图

把带状光纤单元放入大套管中，形成中心束管式结构。也可以把带状光纤单元放入凹槽内或松套管内，形成骨架式或层绞式结构。

二、按光缆的敷设方式分

按光缆线路敷设方式，光缆可分为架空光缆、管道光缆、直埋光缆和水底光缆等。

（1）架空光缆是指以架空形式挂放的光缆，它必须借助吊线（镀锌钢绞线）或自身具有的抗拉元件悬挂在电杆或铁塔上。

（2）管道光缆是指布放在通信管道内的光缆，目前常用的通信管道主要是塑料管道。

（3）直埋光缆是指光缆线路经过市郊或农村时，直接埋入规定深度和宽度的缆沟中的光缆。

（4）水底光缆是穿越江、河、湖、海水底的光缆。

3.2.3 通信光缆的型号

根据原邮电部部颁标准 YD/T908—2000，光缆的型号由光缆的类型代号和光纤的规格代号两部分组成。即光缆的型号=类型代号+规格代号。

一、光缆类型代号

光缆的类型代号由如下五部分组成。

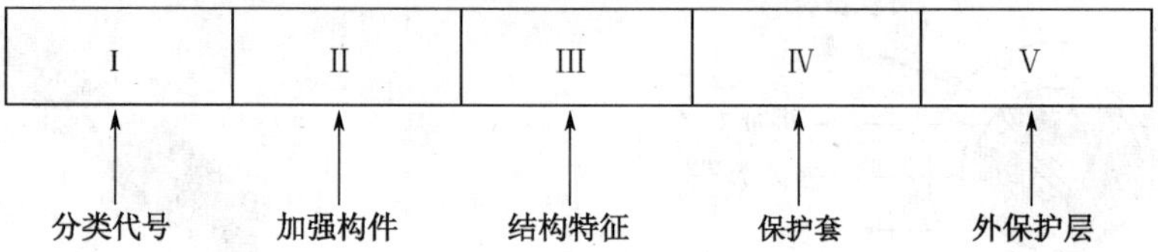

Ⅰ 分类代号

GY——通信用室（野）外光缆。

GM——通信用移动光缆。

GJ——通信用室（局）内光缆。

GS——通信用设备用光缆。

GH——通信用海底光缆。

GT——通信用特殊光缆。

Ⅱ 加强构件代号

无符号——金属加强构件。

F——非金属加强构件。

G——金属重型加强构件。

H——非金属重型加强构件。

Ⅲ 结构特征代号

无符号——层绞式结构。

S——光纤松套被覆结构。

J——光纤紧套被覆结构。

D——光纤带结构。

G——骨架槽结构。

X——缆中心管（被覆）结构。

T——填充式结构。

B——扁平结构。

Z——阻燃。

C——自承式。

Ⅳ 保护套代号

Y——聚乙烯保护套。

V——聚氯乙烯保护套。

U——聚氨酯保护套。

A——铝－聚乙烯黏结保护套（简称 A 保护套）。

S——钢－聚乙烯黏结保护套（简称 S 保护套）。

W——夹带平行钢丝的钢－聚乙烯黏结护套（简称 W 保护套）。

L——铝保护套。

G——钢保护套。

Q——铅保护套。

V 外保护层代号

外保护层代号由两位数字构成，第一位数字表示铠装层材料，第二位数字表示外保护层材料，如表 3-4 所示。

表 3-4 外保护层代号及意义

代　号	铠 装 层	代　号	外 保 护 层
0	无	0	无
1	—	1	纤维层
2	双钢带	2	聚氯乙烯套
3	细圆钢丝	3	聚乙烯套
4	粗圆钢丝	—	—
5	单钢带皱纹纵包	—	—

二、光纤规格代号

光纤的规格代号由光纤数和光纤类别两部分组成，如果同一根光缆中含有两种或者两种以上的规格，则光纤数和光纤类别中间应用“+”连接，为“Ⅰ+Ⅱ”。

Ⅰ：光纤数目代号，用光缆中同类别光纤的实际有效数目的数字表示。

Ⅱ：光纤类别代码，应采用光纤产品的分类代号表示，用大写字母 A 表示多模光纤，用大写字母 B 表示单模光纤，再以数字和小写字母表示不同种类、类型的光纤。多模光纤与单模光纤代码表示含义如表 3-5 与表 3-6 所示。

表 3-5 多模光纤

分 类 代 号	特　性	纤芯直径/mm	包层直径/mm	材　料
A1a	渐变折射率	50	125	二氧化硅
A1b	渐变折射率	62.5	125	二氧化硅
A1c	渐变折射率	85	125	二氧化硅
A1d	渐变折射率	100	140	二氧化硅
A2a	突变折射率	100	140	二氧化硅

表 3-6 单模光纤

分 类 代 号		名　称	材　料
IEC 标准	ITU-T 标准		
B1.1（或 B1）	G.652	非色散位移型光纤	二氧化硅
B1.2	G.654	截止波长位移型光纤	二氧化硅
B2	G.653	色散位移型光纤	二氧化硅
B4	G.655	非零色散位移型光纤	二氧化硅
B6	G.657	弯曲损耗不敏感光纤	二氧化硅

三、光缆型号示例

例 1 光缆型号为 GYTAW-12B1

其表示意义：通信用室外光缆，金属加强构件，填充式，夹带钢丝－聚乙烯黏结保护套，中心束管式内含 12 根常规单模光纤（G.652）。

例 2 光缆型号为 GYTA53-12A1

其表示意义：通信用室外光缆，金属加强构件，填充式、铝－聚乙烯黏结保护套，纵包轧纹钢带铠装，聚乙烯外保护套，内装 12 根渐变型多模光纤。

例 3 光缆型号为 GJFBZY-12B1

其表示意义：室内用通信光缆，非金属加强件，扁平型结构，阻燃聚烯烃外保护套，内含 12 根常规单模光纤（G.652）。

例 4 光缆型号为 GYTA03-144B1

其表示意义：通信用室外光缆，金属加强构件，填充式，铝－聚乙烯黏结保护套，聚乙烯外保护套，内含 144 根常规单模光纤（G.652）。

四、光纤选用技术建议

光纤类型的选择，必须依据实际需求，综合考虑光纤的传输性能（如衰减、色散、偏振模色散、非线性效应）、系统单信道速率、传输距离、是否采用 WDM 技术以及是采用 DWDM 还是 CDWM 等技术因素，同时要兼顾良好的性能价格比。光纤选用技术建议如表 3-7 所示。

表 3-7 光纤选用技术建议

光纤分类 / 应用场合	核心网	城域网	接入网
A1a、A1b			√ 适用
G.652B	√ 可用	√ 适用	√ 可用
G.652D	√ 可用	√ 适用	
G.655	√ 适用	√可用	
G.657			√ 适用

3.2.4 通信光缆的端别判断及纤序

光缆与电缆一样有 A、B 端的区别，光缆接续时要求一段光缆的 A 端与另一段光缆的 B 端相接，纤序一一对应接续。因此端别判断和纤序的排列方法是光缆施工和维护中必不可少的工作。

一、通信光缆的端别判断

（1）对于新光缆，红点端为 A 端，绿点端为 B 端。光缆外护套上长度数字小的为 A 端，另一端即为 B 端。

（2）面对光缆端面，对于全色谱光缆若同一层中的松套管颜色按蓝、橙、绿、棕、灰、白顺时针排列，则为光缆的 A 端，反之则为 B 端。

（3）对于非标准色谱光缆，A、B 端别的判定是根据各生产厂家提供领示色说明。例如，面对光缆端面，由领示光纤松套管（或导电线或填充绳）以红头绿尾（或黄头蓝尾）

的顺序，顺时针为光缆的A端，反之则为B端，如图3-29所示。

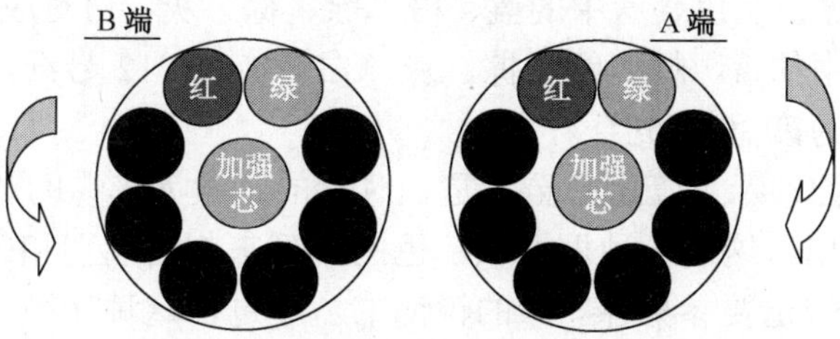

图3-29　光缆端别判断

（4）光缆端别的配置，应满足下列要求。

为了便于连接、维护，要求按光缆端别顺序配置，除个别特殊情况下，一般端别不得倒置。

长途光缆线路，应以局（站）所处地理位置规定，北（东）为A端，南（西）为B端。

市话局间光缆线路，在采用汇接中继方式的城市，以汇接局为A端，分局为B端。两个汇接局间以局号小的局为A端，局号大的局为B端。没有汇接局的城市，以容量较大的中心局（领导局）为A端，对方局（分局）为B端。

分支光缆的端别，应服从主干光缆的端别。

二、光纤纤序排列

光纤纤序排列主要有下列几种方式。

（1）对于全色谱光缆，蓝色松套管中的蓝、橙、绿、棕、灰、白6根纤对应1～6号纤，紧扣蓝色松套管的橙色松套管中的蓝、橙、绿、棕、灰、白6根纤对应7～12号纤，依此类推，直至排完所有松套管中的光纤为止。

（2）对于非标准色谱光缆，需要根据领示色的排列来判断，纤序由生产厂家的产品说明书提供。

（3）12根光纤组成的光纤带纤序排定如表3-8所示。

表3-8　12根光纤组成的光纤带的纤序

纤序	1	2	3	4	5	6	7	8	9	10	11	12
颜色	蓝	黄	绿	棕	灰	白	红	黑	黄	紫	粉红	青绿

三、端别判断和纤序排定举例

例1　如图3-30所示为某光缆端面，属于全色谱光缆，请回答下列问题。

（1）判断光缆的端别。

（2）排定纤序。

解：（1）因为蓝、橘松套管是顺时针排列的，所以这端是光缆的A端。

（2）纤序：蓝色松套管中的蓝、橙、绿、棕、灰、白分别为1～6号纤，橘色松套管中的蓝、橙、绿、棕、灰、白分别为7～12号纤，所以，这是一条12芯的松套层绞式光缆，其中，填充绳的主要作用是稳固缆芯结构，提高光缆的抗侧压能力。

例2　如图3-31所示为某光缆端面，请回答下列问题。

（1）排定纤序。

（2）判断光缆的端别。

解：（1）排定纤序：蓝色套管中的蓝、橙、绿、棕、灰、白对应1～6号纤，紧扣蓝色松套管的白色松套管中的蓝、橙、绿、棕、灰、白对应7～12号纤，依此类推，直至黄色松套管中的白色光纤为第30号光纤。

（2）端别判别：因领示色管由蓝至黄是顺时针的，故为光缆的A端。

从例2中可以看出，这是一种根据领示色的排列来判断端别和确定纤序的光缆，它与例1不同。领示色的规定要参见各厂家的说明书。不过，这种光缆已经比较少见了，目前绝大部分都是采用全色谱的光缆。

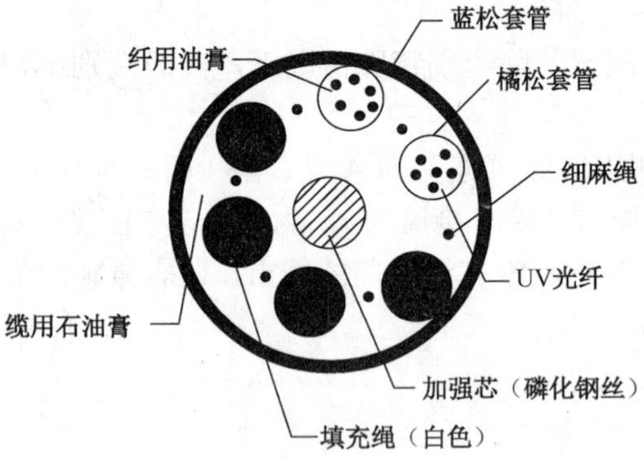

图3-30　例1图

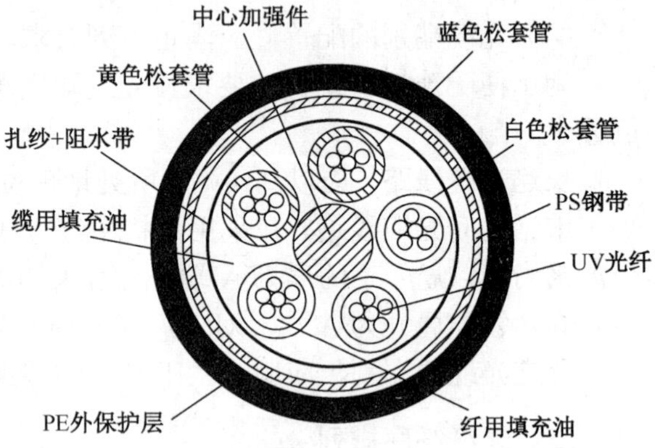

图3-31　例2图

任务3　通信光缆的接续

光缆接续是光缆施工中工程量大、技术要求复杂的一道重要工序。其质量的好坏直接影响到光缆线路的传输质量和寿命，接续速度也对整个工程的进度造成直接影响。

光缆接续包括缆内光纤、铜导线等的连接以及光缆外保护套的连接。其中直埋光缆还应包括监测线的连接。本任务重点介绍光缆接续的流程和步骤。

3.3.1　通信光缆的接续流程

一、光缆接续的任务

（1）光缆接续准备，保护套内组件安装。

（2）加强件连接或引出。

（3）铝箔层、铠装层连接或引出。

（4）远供或业务通信用铜导线的接续。

（5）光纤的连接及连接损耗的监控、测量、评价和余留光纤的收容。

（6）充气导管、气压报警装置的安装（非充油光缆）。

（7）浸潮等监测线的安装。

（8）接头保护套内的密封防水处理。

（9）接头保护套的封装（包括封装前各项性能的检查）。

（10）接头处余留光缆的妥善盘留。

（11）接头保护套安装及保护。

（12）各种监测线的引上安装。

（13）埋式光缆接头坑的挖掘及埋设。

（14）接头标石的埋设安装。

二、光缆接续的要求

（1）光缆接续前，应核对光缆的程式、端别；光缆应保持良好的状态；光纤传输特性良好，保护层对地绝缘合格（若不合格应找出原因并做必要的处理）。

（2）接头护套内光纤序号和光缆端别做出永久性标记。

（3）光缆接续，应防止灰尘影响；在雨雪天施工应避免露天作业；当环境温度低于零度时，应采取升温措施，以确保光纤的柔软性和熔接设备的正常工作，以及施工人员的正常操作。

（4）光缆接头余留和接头护套内光纤的余留应留足，接头护套内最终余长应不少于60cm。

（5）光缆接续注意连接作业，一次性完成。

（6）光纤接头损耗必须符合要求，单模低于 0.08dB，多模低于 0.15dB，并保证全中继段的衰减余留。

三、光缆接头连接部分的组成

光缆连接部分，即光缆接头，是由光缆接续保护套将两根被连接的光缆连为一体，并满足传输特性和机械性能的要求。如图 3-32 所示为光缆接头的组成，图 3-33 是光缆接头的实物图。

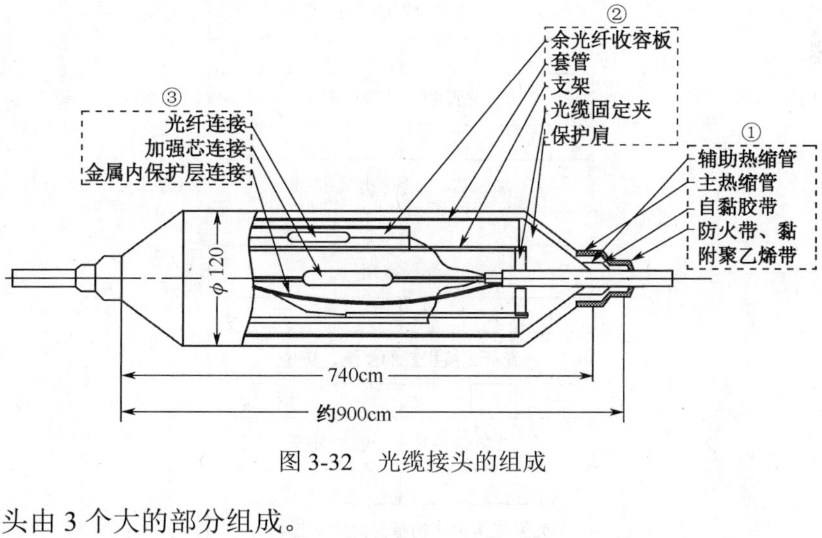

图 3-32　光缆接头的组成

光缆接头由 3 个大的部分组成。

（一）外保护套和密封部分

外保护套和密封部分包括辅助热缩管、主热缩管、自黏胶带及防水带、黏附聚乙烯带等。

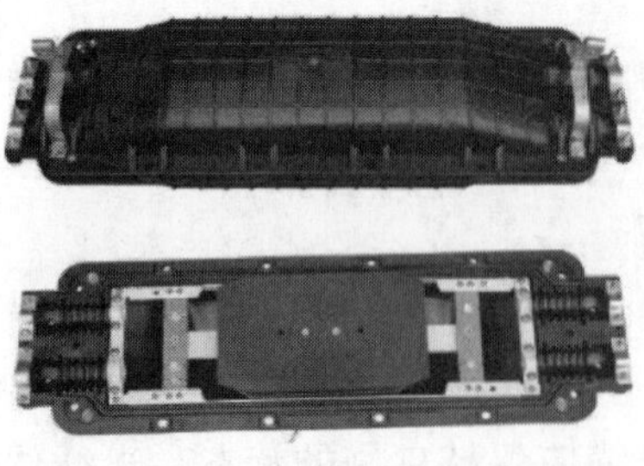

（a）卧式

（b）立式

图 3-33　光缆接头盒实物

（二）保护套支撑部分

保护套支撑部分包括套管、支架、光缆固定夹、保护肩及余纤收容板等。

（三）盒内连接部分

盒内连接部分包括接续光纤、加强件（芯）连接和金属保护层的连接等。

四、光缆接续的流程

光纤接续对光缆的传输质量和寿命都有直接的联系，它是光缆施工中一个非常重要的部分。目前，由于光缆接头盒的结构和光缆的程式较多，不同结构的保护套所需的链接材料、工具以及接续的方法步骤是不完全相同的。但其主要的程序及操作的基本要求是一致的。

光缆接续的流程如图 3-34 所示，光缆接续流程由 9 个部分组成，其具体的步骤及方法如下。

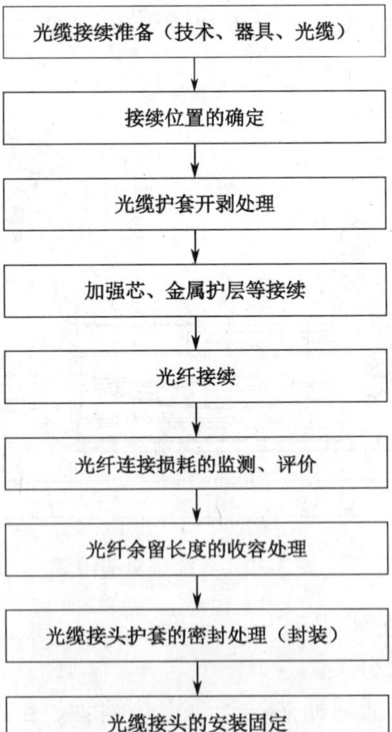

图 3-34　光缆接续的流程

（一）光缆接续准备阶段

1．技术准备

在光缆接续工作开始前，必须熟悉工程所用的光缆保护套的性能、操作方法和质量要点。对于第一次采用的保护套（指以往未操作过的），应编写出操作规程，必要时进行短期培训，避免盲目作业。

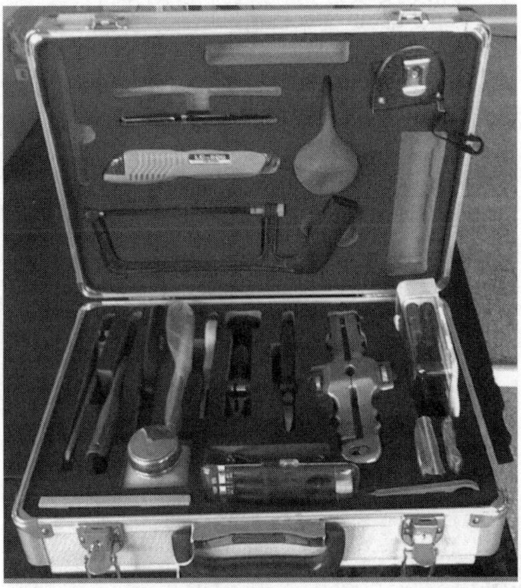
图 3-35　光缆开剥工具

2．器具准备

（1）器材。光缆的连接保护套的配套部件，不同结构的保护套，构件有差别。施工准备阶段以一套为包装单位，并考虑一个中继段一个备用保护套。

（2）机具。光缆外保护层的开缆工具如图 3-35 所示。制作光纤端面的工具，应视光纤连接方法而定，采用熔接法时，必须配备光纤切割刀（高精度）如图 3-36 所示，光纤熔接机以及光纤接头保护用工具。光纤熔接机必须注意区别多模还是单模，是单芯还是带状，如图 3-37 所示。

图 3-36　光纤切割刀

图 3-37　单芯光纤熔接机

（3）帐篷。长途光缆施工，为了防止风沙、雨雪等影响，在帐篷中接续非常必要。

（4）车辆满足需要。

3．光缆准备

（1）必须按设计文件规定的芯数、程式、规格、路由和布放端别的规定方向已敷设安装到位。

（2）光缆内光纤的传输特性良好。

（3）光缆金属层的对地绝缘应达到规定要求值，对于存在保护层不完整，即有损伤时，应及时处理。当对地绝缘不合格，而一时处理又有困难时，应做检查分析找出原因，避免盲目接头，造成故障查找困难（对有监测或接地引线的除外）。

（二）接续位置的确定

光缆接续位置的选择原则如下。

（1）架空线路的接头应落在杆旁 2m 以内。

（2）埋式光缆的接头应避开水源、障碍物及坚石地段。

（3）管道光缆接头避开交通要道，尤其是交通繁忙的丁字路口、十字路口。

虽然这些原则在光缆配盘和光缆敷设时已基本确定，但在光缆接续前还要做必要的调整和确定具体的接续位置。光缆接头预留长度重叠位置、长度的确定，埋式光缆应按已挖好的接头坑盘放好余留长度，在光缆上做好连接部分的交叉点、重叠长度等标记，然后将光缆移至接续台（操作用工作台）。管道光缆在人孔内按规定的余留安装方式盘好，在光缆上做好标记，然后由人孔拉至操作台。

（三）光缆护层的开剥处理

光缆外保护层、金属层的开剥尺寸、光纤预留尺寸按不同结构的光缆接头保护套所需长度在光缆上做好标记。然后用专用工具逐层开剥，松套光纤一般暂不剥去松套管以防操作过程中损伤光纤。例如，光缆的环切，采用分层渐进法，切忌“一步到位”式的一刀法，开剥长度一般为 1.2～1.5m，如图 3-38 所示。光缆保护层开剥后，缆内的油膏可用专用清洁剂擦干净，一般正式接头不宜用汽油清洁避免对保护层、光纤被覆层的老化影响。

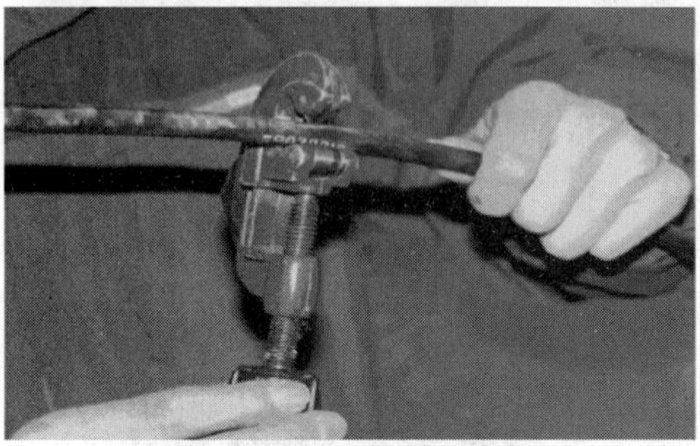

图 3-38　光缆外护套的环切

（四）加强芯、金属保护层等接续处理

（1）加强芯、金属层的连接方法一般应按选用接头保护套的规定方式进行。金属保护层在接头保护层内是接续连通、断开或引出应根据设计要求实施。

（2）光缆加强芯固定，固定要牢靠，不得弯曲。

（3）接头盒进缆孔光缆外保护层胶带黏结处（一般 5cm），细砂纸打毛，并绕包密封胶带，有效防止光缆转动，如图 3-39 所示。

图 3-39　光缆外保护层绕包密封胶带

（五）光纤的接续

光纤接续的方法有熔接、活动连接和机械连接三种。在工程中光纤接续大都采用熔接法。光纤熔接的过程及其工艺流程如图 3-40 所示，它是确保连接质量的操作规程，对于现场正式熔接，应严格掌握各道工艺的操作要领。

1．光纤端面的制备

光纤的端面处理，习惯上又称为端面制备。它包括去除套塑层、去除涂覆层、切割、制备端面和清洗四个步骤，如图 3-40 所示。合格的光纤端面是熔接的必要条件，端面质量直接影响到熔接质量。

图 3-40　熔接法光纤连接工艺流程

2．光纤熔接

对于自动熔接来说，关键是光纤放置于 V 形槽内的状态，如位置、状态放得好，工作开始后控制电路就自动进行校准，直至熔接和连接损耗估算结束。

3．光纤接头的增强保护

光纤采用熔接法完成连接后，其 2～4cm 长度裸纤的一次涂层已不存在，加上熔接部位经电弧烧灼后变得更脆。因此，光纤在完成熔接后必须马上采取增强保护措施，目前常用的是热可缩管补强法。如图 3-41（a）所示，这种增强件由三部分组成。

（1）易熔管，是一种低熔点胶管，当加热收缩后，易熔管与裸纤熔为一体成为新的涂层。

（2）加强棒，材料主要有不锈钢针、尼龙棒（玻璃钢）、凹型金属片等几种，它起抗张力和抗弯曲的作用。

（3）热可缩管，收缩后使增强件成为一体，起保护作用。热可缩管是增强件，熔接前先套在光纤一侧，光纤熔接完以后再移至接头部位。然后加热收缩之（全自动熔接机上配有专用加热装置），如图 3-41（b）所示。

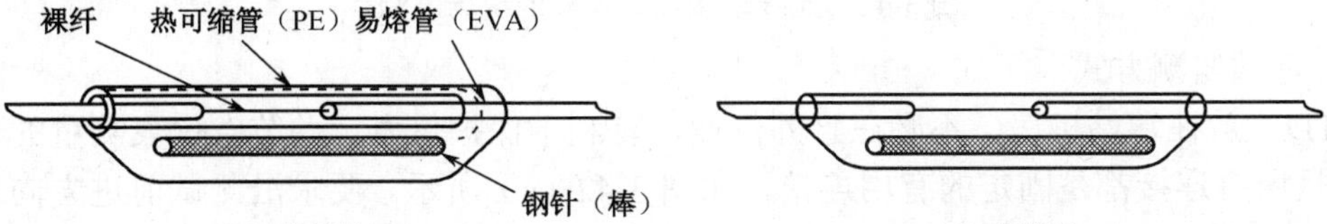

（a）收缩前　　（b）收缩后

图 3-41　光纤接头热可缩补强保护法

（六）光纤连接损耗的现场监测、评价

光纤连接损耗的现场监测主要采用熔接机监测法（直接显示）和 OTDR 监测法。由于熔接机显示的只是一个估计值，它是根据光纤自动对准过程中获得的两根光纤的轴偏离、端面角偏离及纤芯尺寸的匹配程度等图像信息推算出来的。当熔接比较成功时，熔接机提供的估算值与实际损耗值比较接近。但当熔接发生气泡、夹杂或熔接温度选择不合适等非几何因素发生时，熔接机提供的估算值一般都偏小，甚至将完全不成功的熔接接头评估为质量好的接头。因此，对于现场接续实施监测是必要的。如果监测结果与熔接机的估算结果较为吻合，便可以装配接头盒，完成光缆的接续。如果监测结果明显劣于估算值，应提示熔接需返工重接。不难想象，及时发现不合格的接头，现场重新熔接比盲目完成接续任务后再返工要简单得多。

目前，工程中连接损耗的监测普遍采用 OTDR。采用此法有两个优点。一是 OTDR 除了提供接头损耗的测量值外，还能显示端头到接头点的光纤长度，继而推算出接头点至端局的实际距离，又能观测被接光纤是否在光缆敷设中已出现损伤和断纤，这对现场施工有很好的提示作用。二是可以观测连接过程。

OTDR 监测方法有远端监测、近端监测和远端环回双向监测 3 种主要方式，如图 3-42 所示。

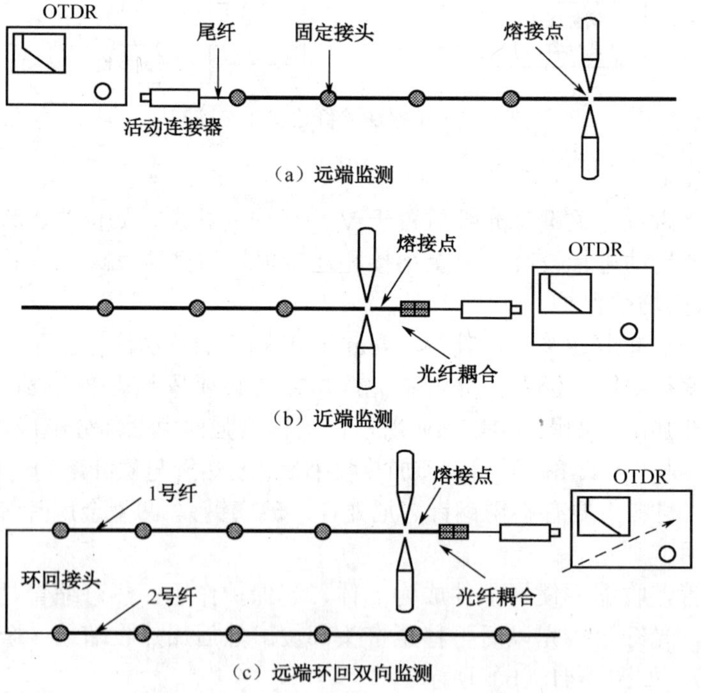

图 3-42　光纤熔接接头损耗的现场监测

1．远端监测方式

OTDR 放在端站机房，不必在野外作业，有利于保护仪表，并节省仪表测量的准备时间，而且所有连接都是固定的有用连接，如图 3-42（a）所示。要求沿测试前进方向逐点完成熔接，多用于新建线路。

2．近端监测方式

要求 OTDR 连接在熔接点前一个盘长处，每完成一个接头，熔接机和 OTDR 都要向前移动一个盘长，如图3-42（b）所示。当然，这种监测方式不如远端监测方式理想。但光缆开剥和熔接可以形成流水作业，有利于缩短施工时间，适合多断点线路的抢修作业。

3．远端环回双向监测方式

如图3-42（c）所示，需将始端光纤两两环接，能同时进行正反向测试，但耗时较长。因光纤质量良好，单双向测试结果区别不大。实际上较少采用。

（七）光纤余留长度的收容处理

光纤连接后，经检测连接损耗合格，并完成保护后，按保护套结构所规定的方式进行光纤余长的收容处理。光纤收容的盘绕中，应注意曲率半径和放置整齐、易于今后操作等环节。光纤余长盘绕后，一般还要用OTDR仪复测光纤的连接损耗。当发现连接损耗有变大现象时，应检查原因并予以排除。

光缆接头，必须有一定的长度的光纤，一般完成光纤连接后的余留长度（光缆开剥处到接头间的长度）一般为60～100cm。

1．光纤余长的作用

光纤由接头保护套内引出到熔接机或机械连接法的工作台，需要一定的长度，一般最短长度为40cm。这就是光纤余长，它的作用是：

（1）再连接的需要

（2）传输性能的需要

2．光纤余留长度的收容方式

如图3-43所示。

（1）近似直线法

图3-43（a）是在接头保护套内不做盘留的近似直线法，显然，这种方式不适合于室外光缆间的余留放置要求，使用较少。

（2）平板式盘绕法

图3-43（b）所示的收容方式是使用最为广泛的收容方式。如盘纤盒、余纤板等多数属于这个方法。在收容平面上以最大的弯曲半径，采用单一圆圈或“∞”双圈盘绕方法。

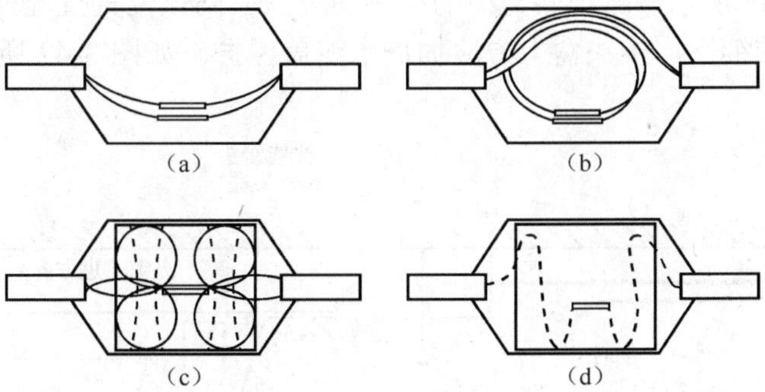

图3-43　光纤余长的收容方式

这种方法盘绕较方便，但对于在同一板上余留多根光纤时，容易混乱，查找某一根光纤或重新连接时，操作较麻烦和容易折断光纤。解决的办法是，采用单元式立体分置方式，即根据光缆中的光纤数量，设计多块盘纤板（盒），采取层叠式放置。

平板盘绕式对松套、紧套光纤均适合，目前在工程中应用较为普遍。图3-44是光纤收容盒（板）的一个实例，上边还有盖子保护，一般一个盘纤盒可收容6根光纤。

（3）绕筒式收容法

如图 3-43（c）所示，是光纤余留长度沿绕纤骨架（笼）放置的。将光纤分组盘绕，接头安排在绕纤骨架的四周，铜导线接头等可放于骨架中。光纤盘绕有与光缆轴线平行盘绕，也有垂直盘绕，这取决于保护套的结构以及绕纤骨架的位置、空间。这种方式比较适合紧套光纤使用。

（4）存储袋筒形卷绕法

图 3-43（d）中所示方式，是采用一个塑料薄膜存储袋，光纤盛入袋后沿绕纤筒垂直方向盘绕并用透明胶纸固定，然后按同样的方法盘留其他光纤。这种方式彼此不交叉、不混纤，查找、处理十分方便。存储袋收容方式比较适合紧套光纤。图 3-45 为这种方式的实例。

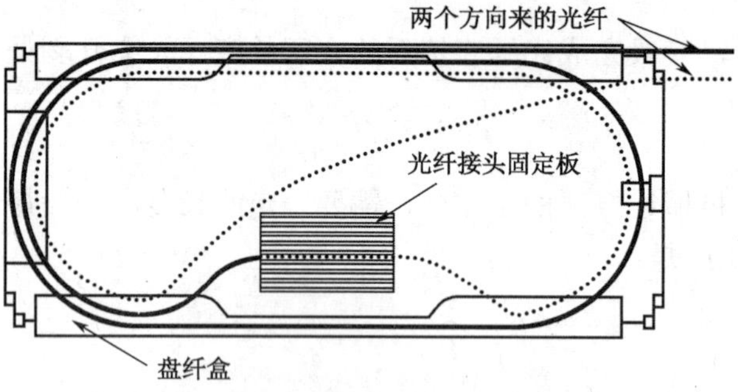

图 3-44　光纤收容盒（板）实例

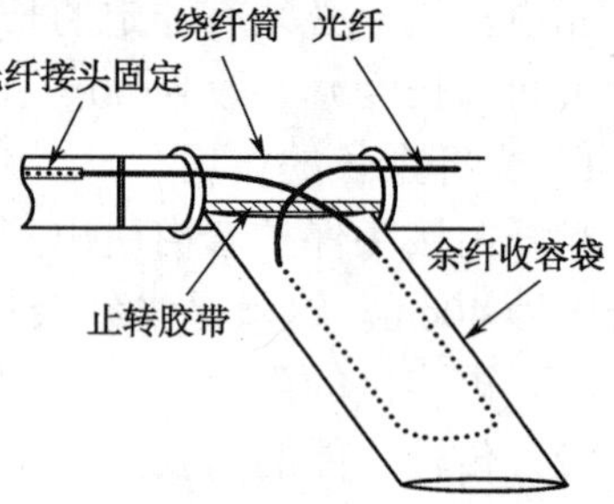

图 3-45　光纤存储袋筒形收容实例

（八）光缆接头保护套的密封处理

光缆接头保护套的密封处理根据接头保护套的规定，严格按操作步骤和要领进行。对于光缆密封部位均应做清洁和打磨，以提高光缆与防水密封胶带之间可靠的密封性能。注意，打磨砂纸不宜太粗，打磨方向应沿光缆垂直方向旋转打磨，不宜与光缆平行方向打磨。

（九）光缆接头的安装固定

（1）直埋光缆接头坑，应位于路由前进方向的右侧，位于左侧时应在路由竣工图上标明。接头坑如图 3-46 所示。直埋式光缆的接头的埋深应同该位置直埋式光缆的埋深标准，坑底应铺 10cm 厚的细土，接头盒上方应加盖水泥盖保护。如图 3-47 所示，水泥盖板上为回填土。

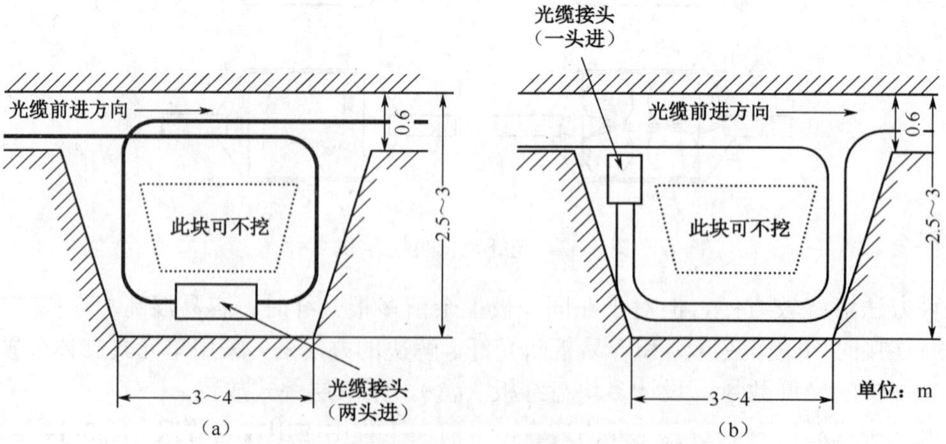

图 3-46　直埋光缆接头坑

（2）架空光缆的接头，一般安装在杆旁，并应做伸缩弯，如图3-48所示。接头的余留长度应妥善地盘放在相邻杆上，可以采用塑料带绕包或用盛缆盒（箱）安装。图3-49是架空光缆余留长度安装示意图。图3-50是适合于南方、接头位置不做伸缩弯的一种安装方式，对于气候变化不剧烈的中负荷区，这种安装方式应在邻杆留伸缩弯。

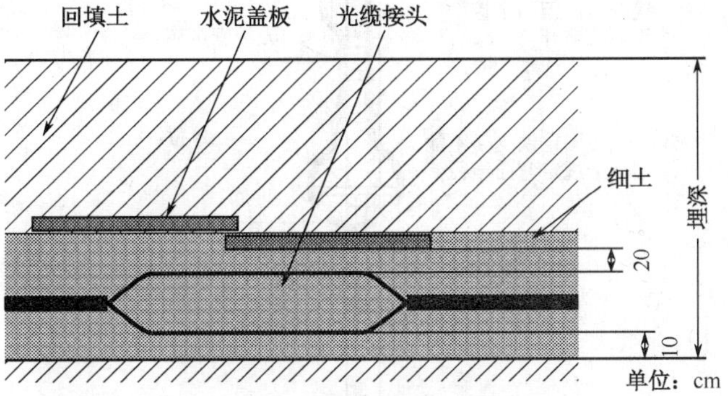

图3-47　直埋光缆接头安装

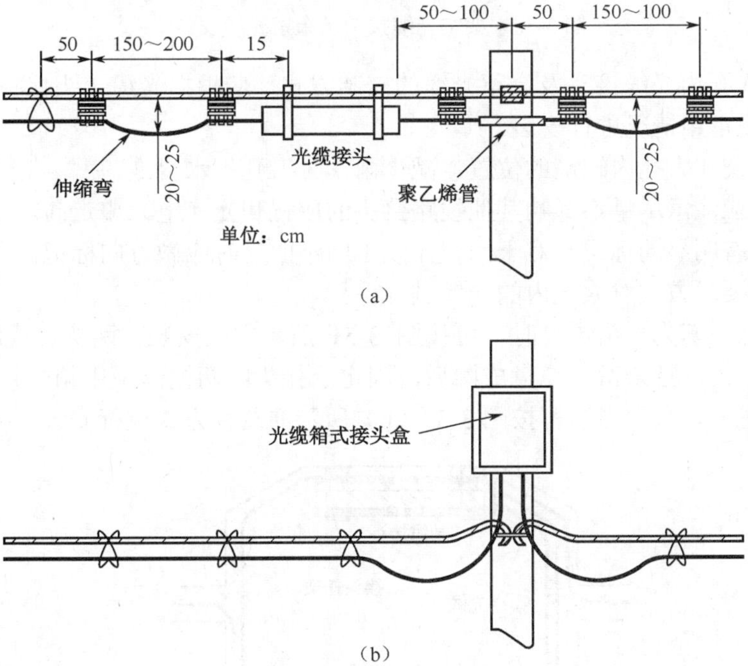

图3-48　架空光缆接头安装

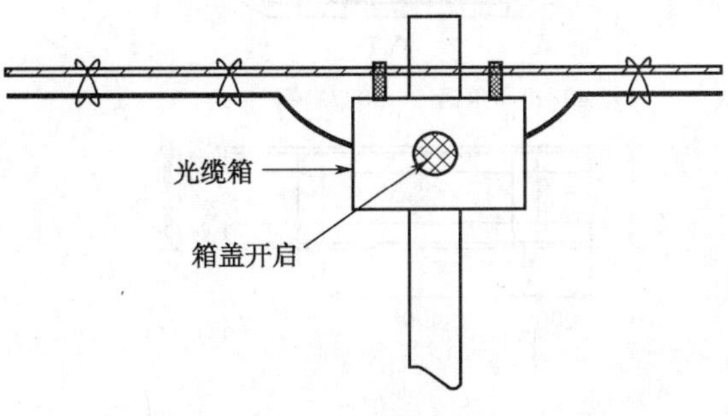

图3-49　架空光缆余留长度安装

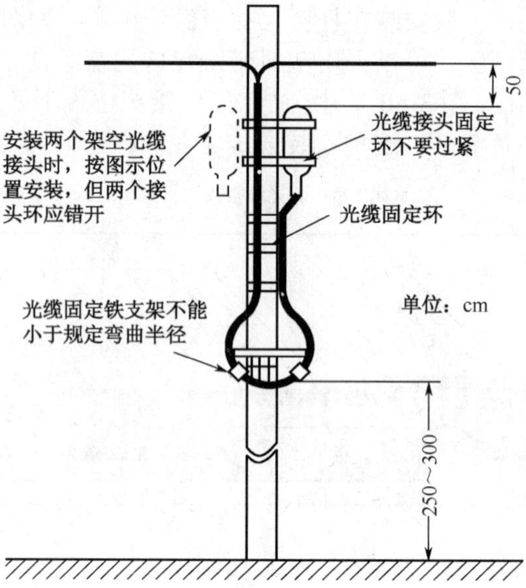

图 3-50　架空光缆接头及余留光缆安装

（3）管道人孔内光缆接头及余留光缆的安装方式，应根据光缆接头保护套的不同和人孔内光（电）缆占用情况进行安装。

① 尽量安装在人孔内较高的位置，减少雨季时人孔积水浸泡。

② 安装时应注意尽量不影响其他线路接头的放置和光（电）缆走向。

③ 光缆应有明显的标志，对于两根光缆走向不明显时应做方向标记。

④ 按设计要求方式对人孔内的光缆进行保护。

采用接头保护套为一头进缆时，可按图 3-51 所示方式安装。两头进缆时可按图 3-52（a）相类似的方式，把余留光缆盘成圈后，固定于接头的两侧。采用箱式接头盒时，一般固定于人孔内壁上，余留光缆可按图 3-52（b）所示的两种方式进行安装、固定。

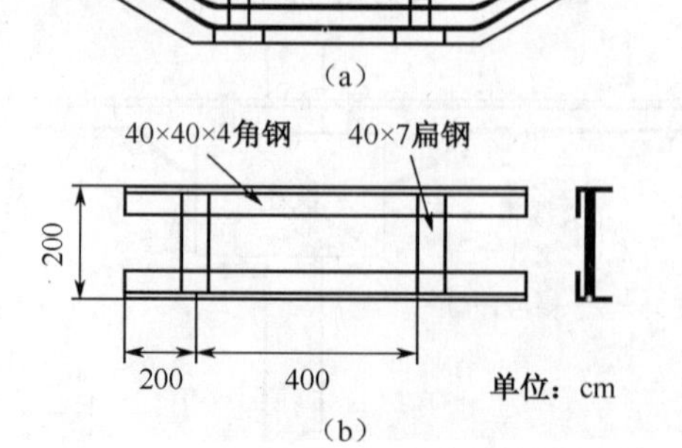

图 3-51　管道人孔接头保护套的安装

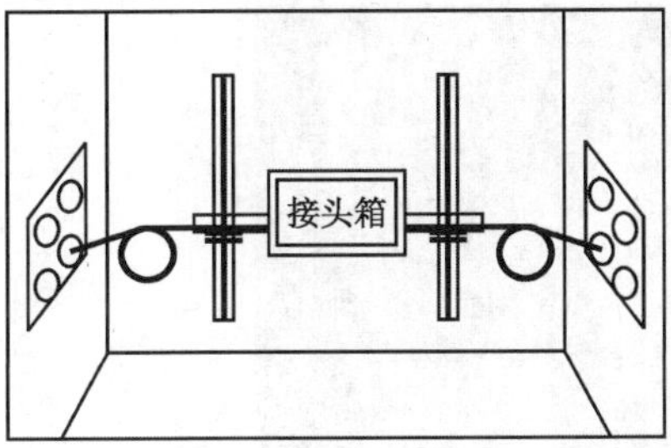

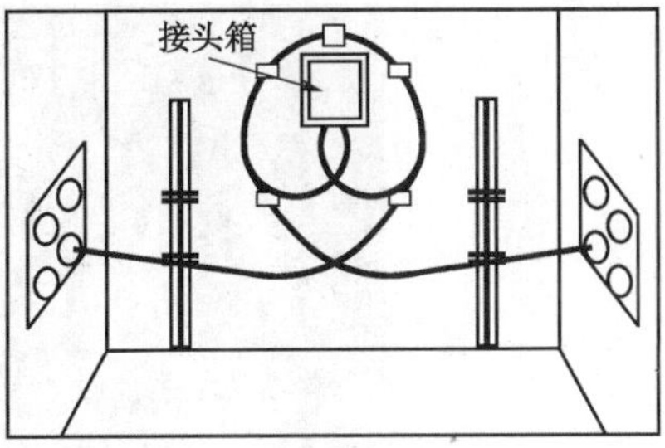

图 3-52 人孔内光缆接头箱（盒）的安装

3.3.2 通信光缆的接续步骤

一、光缆接续的步骤

（1）开剥光缆，并将光缆固定到接头盒内。如图 3-53 所示，用专用的工具将光缆外保护层去掉，注意不要伤到管束，开剥长度取 1m 左右，用卫生纸将油膏擦拭干净。剪断光缆的加强钢芯，一般余留 5cm 左右以便在接头盒内固定。将光缆穿入接头盒，固定钢丝时一定要压紧，不能有松动。否则，有可能造成光缆打滚折断纤芯。

（a）光缆外保护层开剥

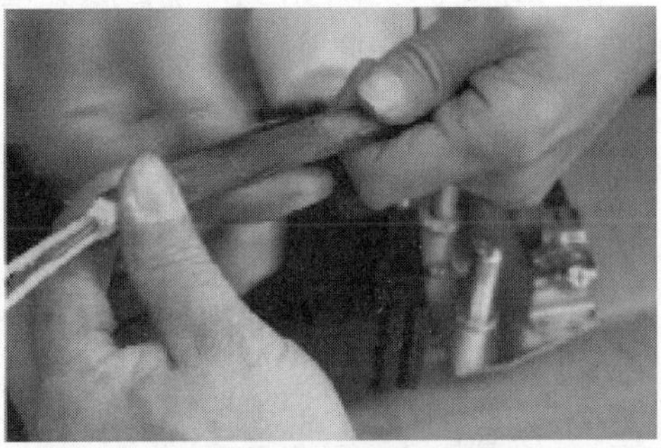

（b）打磨接头处光缆外皮

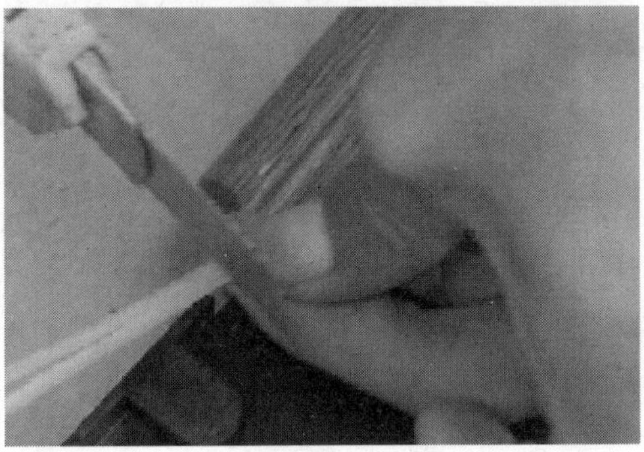

（c）切割多余松套管

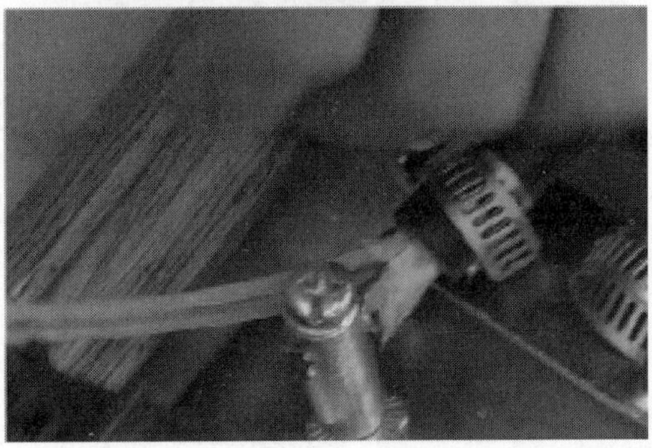

（d）光缆固定

图 3-53 光缆的开剥与固定

（2）将光纤穿过热缩管，如图 3-54 所示。将不同的管束、不同颜色的光纤分开，穿过热缩套管。剥去涂覆层的光纤，使用热缩套管，可以保护光纤接头。

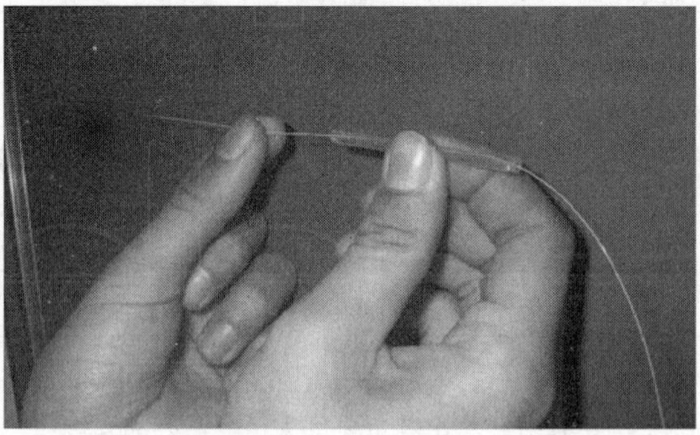

图 3-54　光纤穿过热缩套管

（3）打开熔接机电源，选择合适的熔接方式。熔接机的供电电源有直流和交流两种。每次使用熔接机前，应使熔接机在熔接环境中放置至少 15 分钟。根据光纤类型设置熔接参数、预放电时间及主放电时间等。如没有特殊情况，一般选择自动熔接程序。在使用中和使用后要及时去除熔接机中的粉尘和光纤碎末。

（4）制作光纤端面。光纤端面制作的好坏将直接影响接续质量，所以在熔接前一定要做好合格的端面。

① 去除套塑层。松套光纤去除套塑层，是将调整好（进刀深度）的松套切割钳旋转切割（一周），然后用手轻轻一折，松套管便断裂，再轻轻从光纤上退下。如图 3-55 所示，一次去除长度一般不超过 30cm，当需要去除长度较长时，可分段去除。去除时应操作得当，避免损伤光纤。

② 去除涂覆层。塑管去除后，用无水酒精清洗纤用油膏。

松套光纤在剥除了松套管后，一般有两种不同材料的结构涂层，多数为紫外光固化环氧层涂，另一种为硅树脂涂层。它们去除的方法相同，都是采用涂层剥离钳去除。用这种专用剥离钳去除，方便迅速。图 3-56 是用光纤涂层剥离钳去除涂覆的实物照片。

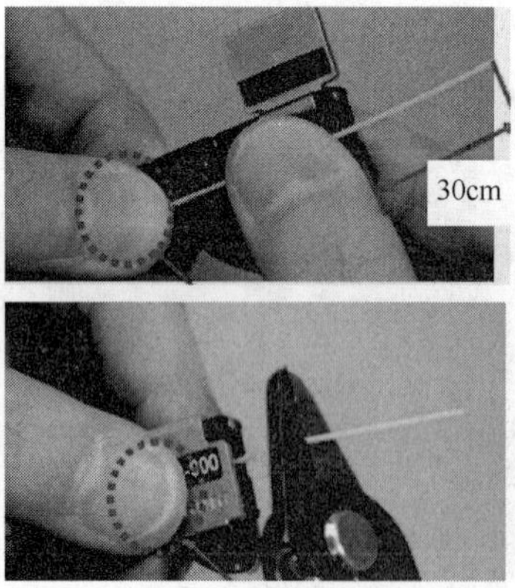

图 3-55　去除套塑层

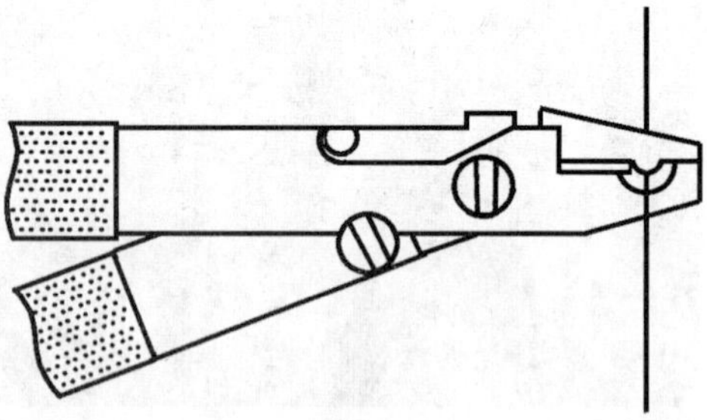

图 3-56　用光纤涂层剥离钳去除一次涂层

③ 切割、制备端面。为了完成一个合格的接头，要求端面为平整的镜面。端面垂直于光纤轴，对于多模光纤要求误差小于 1°，对于单模光纤要求误差小于 0.5°，同时要求边缘整齐，无缺损、毛刺。

光纤切割方法利用石英玻璃特性，通过“刻痕”方法来获得成功的端面。这种方法类似于用金刚刀裁划窗户玻璃，如图 3-57 所示，在光纤表面用金刚石刻一伤痕，然后按一定的半径施加张力，由于玻璃的脆性，在张力下获得平滑的端面。

端面制备标准：光纤切割、制备后的裸纤长度为 1.6～2cm（切割器上有定位标志），实际上这个长度是与所采用的补强热缩管长度密切相关的。光纤端面要平整无损伤，图 3-58 是光纤端面制备的五种状态。一般遇到前边三种不良端面时，应重新制备。

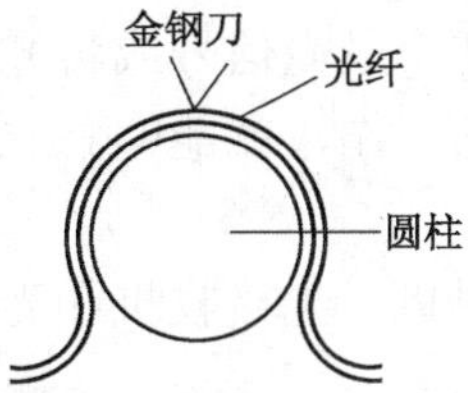

图 3-57　光纤切割方法

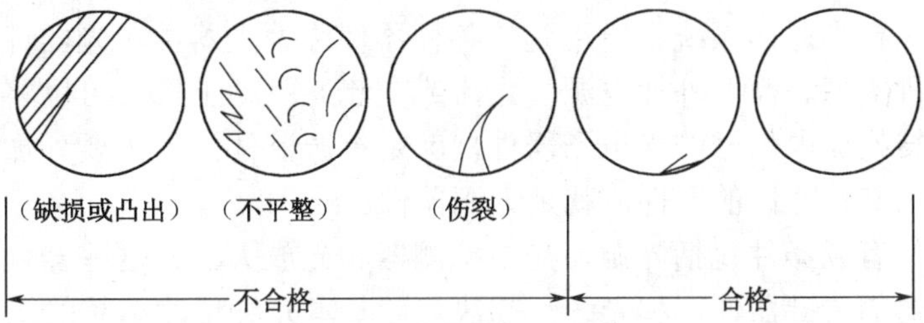

图 3-58　光纤端面制备的几种状态

④ 清洗。多模光纤，一般在去除一次涂层并清洁干净后就可切割、制备端面了。对于单模光纤，在端面制备后，应置于超声波清洗器皿（盛丙酮或酒精）内，清除光纤的尘土，以避免光纤表面附有灰尘或其他杂质，引起轴向错位和对直错误。在实际施工中这一步往往不做，只要在切割断面前把油膏清洗干净就行了。这是因为，第一，切割完以后再清洗容易粘灰尘；第二，超声波清洗器需要电源，在实际施工中很不方便。

（5）光纤熔接。关键是放置好光纤，将光纤放在熔接机的 V 形槽中，如图 3-59 所示。小心压上光纤压板和光纤夹具，要根据光纤切割长度设置光纤在压板中的位置，关上防风罩，按熔接键就可以自动完成熔接，在熔接机显示屏上会显示估算的损耗值。

（6）移出光纤用熔接机加热器对热缩管加热，如图 3-60 所示。

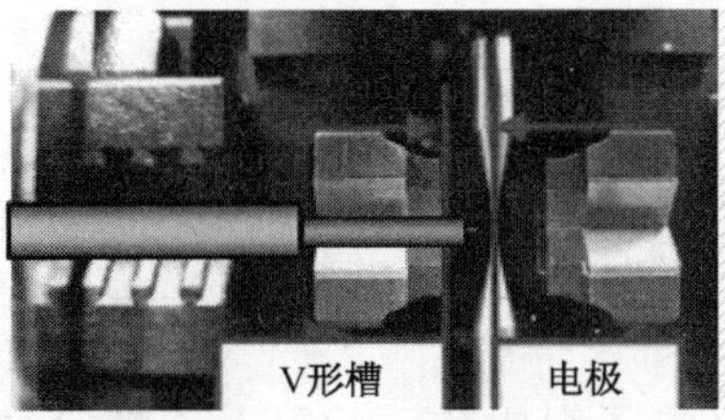

图 3-59　光纤放置在 V 形槽中的位置

图 3-60　热缩套管加热

（7）盘纤并固定。科学的盘纤方法可以使光纤布局合理，附加损耗小，经得住时间和恶劣环境的考验，可以避免因积压造成的断纤现象。在盘纤时，盘纤的半径越大，弧度越大，整个线路的损耗就越小。所以，一定要保持一定的半径，使激光在纤芯中传输时，避免产生一些不必要的损耗。根据纤盘的规格，将熔好的纤芯规范摆放在纤盘中并固定，纤芯的摆放弧度要保证是光缆直径的 15 倍以上，以避免纤芯损坏，如图 3-61 所示。

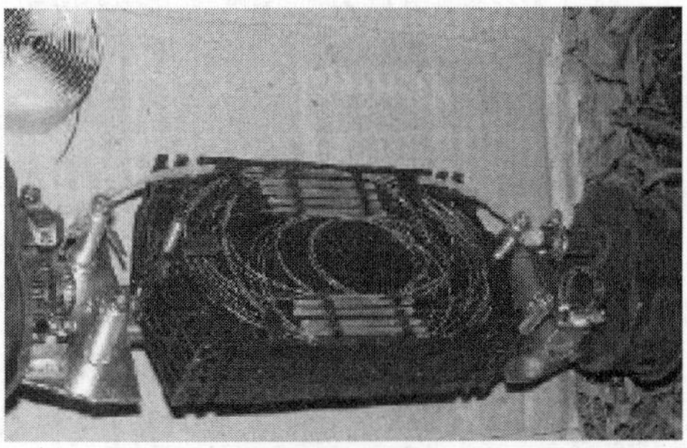
图 3-61　盘纤

（8）密封接头盒。野外接头盒一定要密封好。如果接头盒进水，由于光纤以及光纤熔接点长期浸泡在水中，可能会导致光纤衰减增大。

任务4 光 器 件

在光通信系统中所用到的各种器件称为光器件。光器件可以分为有源器件与无源器件两种类型。需要外加电源（直流或交流）驱动工作，可以将电信号转换成光信号或将光信号转换成电信号的光电子器件，就是有源器件。不需要外加电源驱动工作，就能够独立表现出其外特性的器件，就是无源器件。

有源器件包括光源、光电检测器和光放大器，这些器件是光发射机、光接收机和光中继器的关键器件，和光纤一起决定着基本光纤传输系统的水平。

无源器件主要有光纤连接器、光纤耦合器、波分复用器、光衰减器、光开关和光隔离器等，这些器件对光纤通信系统的构成、功能的扩展和性能的提高都是不可缺少的。

3.4.1 有源器件

一、光源

（一）光源的定义和类型

在光纤通信系统中，光纤中所传输的光信号是由光源产生的。从光纤通信的意义上来说，将在近红外光谱附近产生电磁场能的发生器称为光源。光源是光纤通信系统中光发射机的核心部件，其作用是将电信号转换成光信号并耦合送入光纤线路中。光源性能的好坏是保证光纤通信系统稳定可靠工作的关键。

目前光纤通信系统使用的光源主要有半导体激光器（LD）和半导体发光二极管（LED）。

（二）激光器的工作原理

半导体激光器是向半导体P-N结注入电流，实现粒子数反转分布，产生受激辐射，再利用谐振腔的正反馈，实现光放大而产生激光振荡输出激光。

1．激光器的物理基础

（1）光子的概念

爱因斯坦的光量子学说认为，光是由能量为 hf 的光量子组成的，其中 $h=6.626\times10^{-34}$ J·s（焦耳·秒），称为普朗克常数，f 是光波频率，人们将这些光量子称为光子。

不同频率的光子具有不同的能量。而携带信息的光波，它所具有的能量只能是 hf 的整数倍。当光与物质相互作用时，光子的能量作为一个整体被吸收或发射。

（2）原子能级

物质是由原子组成的，而原子是由原子核和核外电子构成的。当物质中原子的内部能量变化时，可能产生光波。

电子在原子核外以确定的轨道绕核旋转，电子离核越远，其能量越大，这样就使原子形成不同稳定状态的能级。

最低的能级 E_1 称为基态，能量比基态大的所有其他能级 E_i（i=2，3，4，…）都称为激发态。当电子从较高能级 E_2 跃迁至较低能级 E_1 时，其能级间的能量差为 $\Delta E=E_2-E_1$，并以光子的形式释放出来，这个能量差与辐射光的频率 f_{12} 之间有以下关系式：

$$\Delta E = E_2 - E_1 = hf_{12} \tag{3-8}$$

反之，当处于低能级 E_1 的电子受到一个光子能量 $\Delta E=hf_{12}$ 的光照射时，该能量被吸收，使原子中的电子激发到较高的能级 E_2 上去。

光纤通信用的发光元件和光检测元件就是利用频率与这两个能级之间的能量差（ΔE）成比例的光的辐射和光的吸收现象。

（3）光与物质的三种作用形式

光可以被物质吸收，也可以从物质中发射。光与物质的相互作用，可以归结为光与原子的相互作用，将发生受激吸收、自发辐射、受激辐射三种物理过程。如图 3-62 所示为光与物质的三种作用形式。

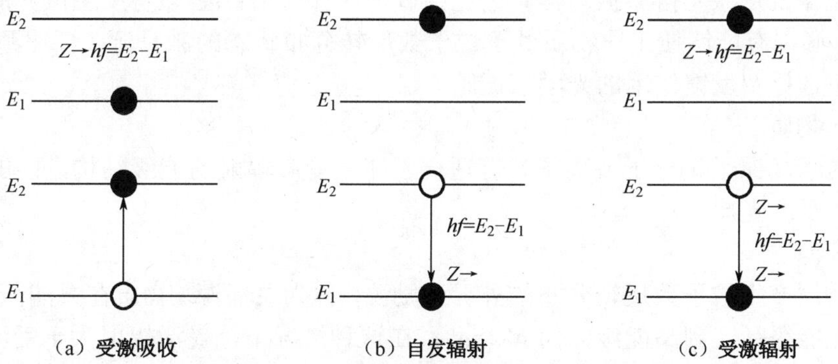

图 3-62　能级和电子跃迁

① 受激吸收

在正常状态下，电子通常处于低能级（即基态）E_1，如图 3-62（a）所示。在入射光的作用下，电子吸收光子的能量后跃迁到高能级（即激发态）E_2，产生光电流，这种跃迁称为受激吸收。半导体光电检测器就是按照这种原理工作的。

受激吸收的特点是：不是自发的，必须在外来光子的激励下才会产生。外来光子的能量等于电子跃迁的能级差，即 $hf_{12}=E_2-E_1$。

② 自发辐射

处于高能级 E_2 上的电子是不稳定的，即使没有外界的作用，也会自发地跃迁到低能级 E_1 上与空穴复合，释放的能量转换为光子辐射出去，这种跃迁称为自发辐射，如图 3-62（b）所示。半导体发光二极管是按照这种原理工作的。

自发辐射的特点是：发光过程是自发的，辐射出的光子频率、相位和方向都是随机的，输出的是非相干光，光谱范围较宽。

③ 受激辐射

处于高能级 E_2 上的电子，受到能量为 hf_{12} 的外来光子激发时，使电子被迫跃迁到低能级 E_1 上与空穴复合，同时释放出一个与外来光子同频率、同相位、同偏振方向、同传播方向的光子（称为全同光子）。由于这个过程是在外来光子的激发下产生的，所以这种跃迁称为受激辐射，如图 3-62（c）所示。半导体激光器是按照这种原理工作的。

受激辐射的特点是：发光过程不是自发的，而是受外来光子的激发引起的。辐射出的光子是外来光子的全同光子，可实现光放大，输出的光是相干光，光谱范围较窄。

（4）粒子数反转分布与光的放大

在正常分布状态下，即热平衡状态下，低能级上的电子多，高能级上的电子少。如设低能级上的粒子密度为 N_1，高能级上的粒子密度为 N_2，在正常状态下，$N_1>N_2$，那么，在单位时间内，从高能级跃迁到低能级上的粒子数，总是少于从低能级跃迁到高能级上的粒子数，因此，总是受激吸收大于受激辐射。即在热平衡条件下，物质不可能有光的放大作用。

要想让物质能够产生光的放大，就必须使受激辐射大于受激吸收，也就是使 $N_2>N_1$（高能级上的电子数多于低能级上的电子数），这种粒子数的反常态分布称为粒子（电子）数反转分布。因此，粒子数反转分布状态是使物质产生光放大而发光的首要条件。

2．激光器的工作原理

所谓激光器就是激光自激振荡器。它包括以下 3 个部分：必须有产生激光的工作物质（激活物质），必须有能够使工作物质处于粒子数反转分布状态的激励源（泵浦源），必须有能够完成频率选择及反馈作用的光学谐振腔。

（1）工作物质

其激活粒子（原子、分子或离子）有适合于产生受激辐射的能级结构，能够实现粒子数反转，产生受激光放大。

（2）泵浦源

使工作物质产生粒子数反转分布的外界激励源，称为泵浦源。物质在泵浦源的作用下，使粒子数从低能级跃迁到高能级，使 $N_2>N_1$，在这种情况下，受激辐射大于受激吸收，从而有光的放大作用。这时的工作物质已被激活，成为激活物质或增益物质。

（3）光学谐振腔

激活物质只能使光放大，只有把激活物质置于光学谐振腔中，以提供必要的反馈及对光的频率和方向进行选择，才能获得连续的光放大和激光振荡输出。

① 光学谐振腔的结构

在激活物质的两端的适当位置，放置两个反射系数分别为 r_1 和 r_2 的平行反射镜 M_1 和 M_2，就构成了最简单的光学谐振腔。如图 3-63 所示为光学谐振腔的结构。

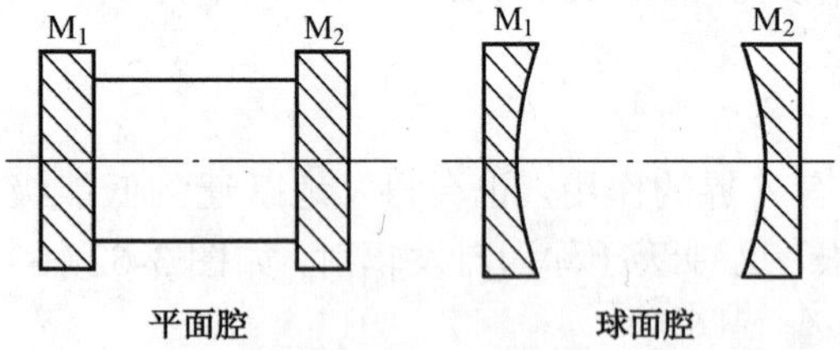

图 3-63　光学谐振腔的结构

如果反射镜是平面镜，就称为平面腔。如果反射镜是球面镜，则称为球面腔。对于两个反射镜，要求其中一个能全反射，另一个为部分反射。例如 M_1 为全反射，其反射系数 $r_1=1$。M_2 为部分反射，其反射系数 $r_2<1$。产生的激光由 M_2 射出。

② 谐振腔产生激光振荡过程

如图 3-64 所示，当工作物质在泵浦源的作用下，实现粒子数反转分布，由于高能级上的粒子不稳定，会产生自发辐射。只有与谐振腔轴线平行的自发辐射光子才能存在，继续前进。当它遇到一个高能级上的粒子时，将使之感应产生受激跃迁，激发出一个全同的光子，这就是受激辐射。这两个光子继续运动，又在激活物质中来回穿行。当受激辐射光在谐振腔内来回反射一次，相位的改变量正好是 2π 的整数倍时，则向同一方向传播的若干受激辐射光相互加强，产生谐振。达到一定的强度后，就从部分反射镜 M_2 透射出来，形成一束笔直的激光。当达到平衡时，受激辐射光在谐振腔中每往返一次由放大所得的能量，恰好抵消所消耗的能量时，激光器即保持稳定的输出。

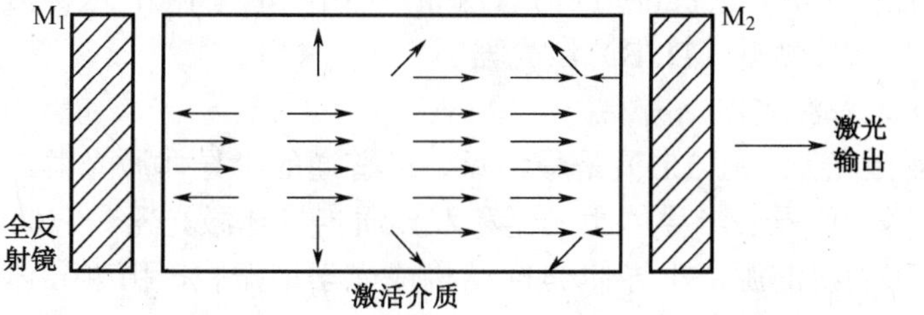

图 3-64　激光器

可见，要构成一个激光器，必须具备 3 个部分：工作物质、泵浦源和光学谐振腔。

激光工作物质在泵浦源的作用下产生粒子数反转分布，成为激活物质，从而具有光的放大作用，激活物质和光学谐振腔是产生激光振荡的必要条件。

（三）半导体激光器

用半导体材料作为工作物质的激光器，称为半导体激光器（LD）。半导体激光器与其他类型的激光器相比，具有体积小、重量轻、电光转换效率高、可以直接调制、使用方便等优点，因此它非常适用于光纤通信中。

1．半导体激光器件的类型

（1）按器件的 P-N 结类型，如图 3-65 所示，可分为同质结半导体激光器、单异质结半导体激光器、双异质结半导体激光器、多异质结（大光腔）半导体激光器，以及量子阱、超晶格激光器。

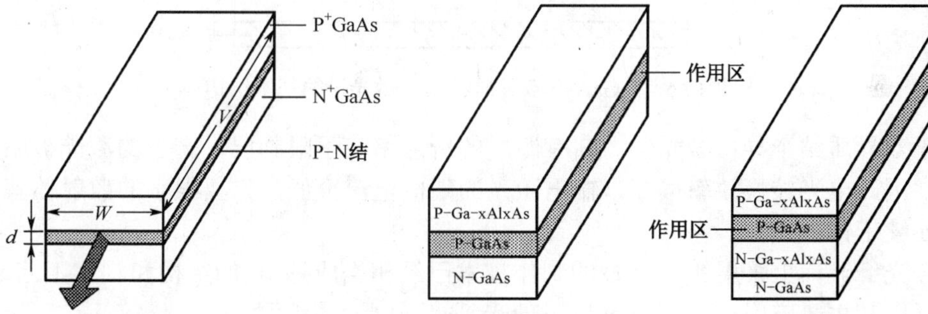

（a）同质结半导体激光器　（b）单异质结半导体激光器　（c）双异质结半导体激光器

图 3-65　半导体激光器的结构

（2）按谐振腔结构，可分为依靠天然解理面的 F-P 腔激光器，分布反馈（DFB）、分布布拉格反射（DBR）以及垂直腔和微腔结构等。

（3）按材料分类，半导体激光器使用的材料主要有Ⅲ-Ⅴ族材料激光器、Ⅱ-Ⅵ族材料激光器、硅基材料激光器。其中最成熟、应用最广泛的是 AlGaAs、GaInAsP 和 InGaAlP。

（4）按输出功率的大小，输出功率在毫瓦数量级的激光器被称为小功率激光器，大功率是指输出功率在百毫瓦以上到数十瓦的激光器，工作在脉冲状态下的激光器阵列甚至可以达到万瓦级的输出功率。

2．半导体激光器的基本结构

在半导体激光器中，从光振荡的形式上来看，主要有两种方式构成的激光器。一种是用天然解理面形成的 F-P 腔（Fabry Perot，法布里-珀罗谐振腔），这种激光器称为 F-P 腔激光器；另一种是分布反馈型（DFB）激光器。

（1）法布里-珀罗激光器

法布里-珀罗激光器（FP-LD）是最常见、最普通的半导体激光器，从结构上可分为同质结半导体激光器、单异质半导体激光器和双异质半导体激光器。它们的共性是在 P-N 结上外加正向偏压作为泵浦源，半导体 P-N 结构成光学谐振腔，由半导体的天然解理面抛光形成两个反射镜。

目前，光纤通信用的激光器大多采用如图 3-66 所示的铟镓砷磷（InGaAsP）双异质结条形激光器。由剖面图中可以看出，它由五层半导体材料构成。其中 N——InGaAsP 是发光的有源区，有源区的上、下两层称为限制层，它们和有源区构成光学谐振腔，限制层和有源层之间形成异质结。最下面一层 N——InP 是衬底，顶层 P^+——InGaAsP 是接触层，其作用是为了改善和金属电极的接触。顶层上面数微米宽的窗口为条形电极。

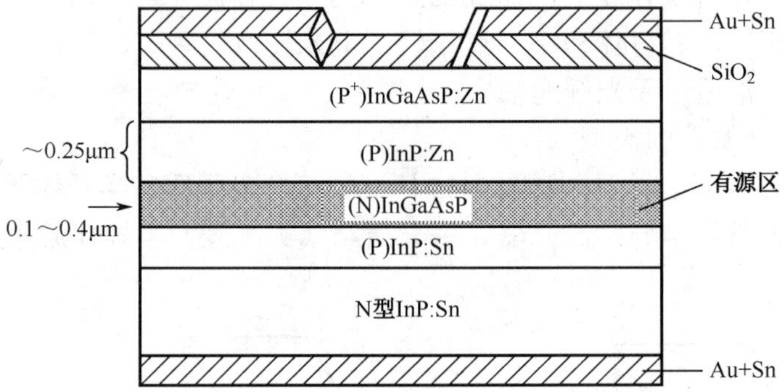

图 3-66　InGaAsP 双异质结条形激光器的基本结构

对于双异质结半导体激光器，其有源层的折射率高于限制层，产生的激光被限制在有源区内，因此电光转换效率很高，输出激光的阈值电流很低，只要很小的散射体就可以在室温下连续工作。

如今光纤通信上采用的 FP-LD 的制作技术已经相当成熟，它的结构和制作工艺最简单，成本最低，其主要应用在 2.5Gbit/s 以下的光纤接入网、本地网。

（2）分布反馈半导体激光器

多纵模的存在将使光纤中的色散增加，在长距离、大容量的光纤通信系统中，为了降低色散的影响，希望激光器工作在单纵模工作状态，以降低光谱宽度。分布反馈半导体激光器是一种可以产生动态控制的单纵模激光器（即动态单纵模激光器），即在高速调制下能以单纵模工作的半导体激光器。它是在异质结激光器具有光放大作用的有源层附近，刻有波纹状的周期光栅而构成。

这种激光器又可以分为分布反馈半导体激光器和分布布拉格反射器激光器两种，这两种激光器的工作原理都是基于布拉格反射原理。布拉格反射是指当光波入射到两种不同介质的交界面时，能够产生周期性的反射。

分布反馈半导体激光器的结构如图 3-67 所示，光栅分布在整个谐振腔中。

分布布拉格反射器半导体激光器（DBR-LD）是将光栅刻在有源区的外面，它相当于在有源区的一侧或两侧加了一段分布式布拉格反射器，起着衍射光栅的作用，因此可以将它看成是端面反射率随波长变化而变化的特殊激光器。分布布拉格反射器半导体激光器的结构如图 3-68 所示。

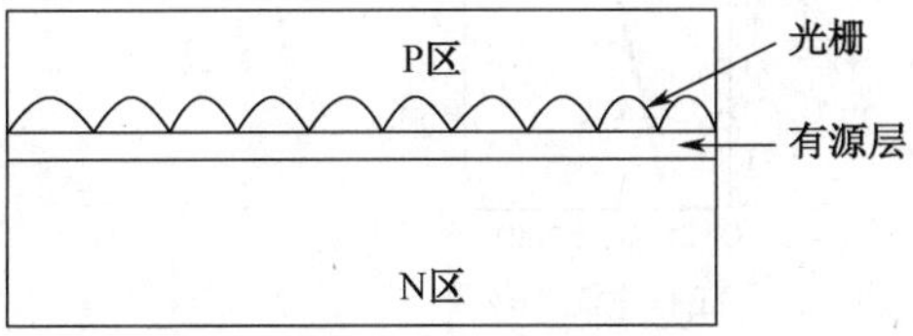

图 3-67　DFB-LD 结构

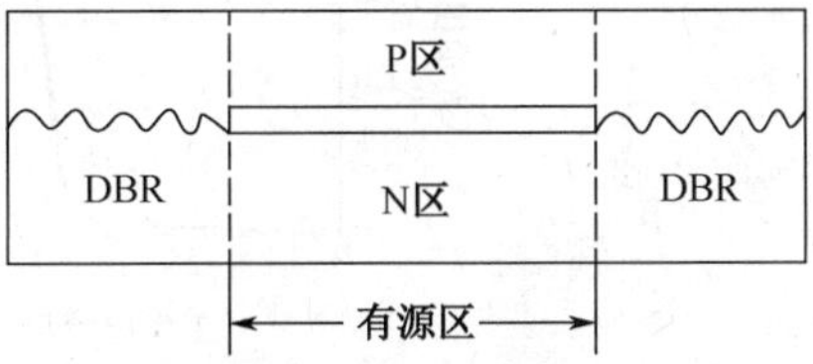

图 3-68　DBR-LD 结构

在中心城市的市区建设城域网中，其传输距离短，信息量大，要求光源速率达到 2.5Gbit/s 乃至 10Gbit/s，需要直接调制的分布反馈（DFB）半导体激光器。而在干线传输网络中，对光源的调制速率和光信号的传输距离都有较高的要求，目前主要用分布反馈半导体激光器（DFB-LD）加电吸收型（EA）外调制器的集成光源。

3．半导体激光器的工作特性

（1）发射波长

半导体激光器的发射波长取决于导带的电子跃迁到价带时所释放出的能量，这个能量近似等于禁带宽度 E_g（eV），由式（3-8）得

$$hf = E_g \tag{3-9}$$

式中：$f = \dfrac{c}{\lambda}$；

f ——发射光的频率，Hz；

λ——发射光的波长，μm；

c——光速，3×10^8m/s；

h——普朗克常数，6.626×10^{-34}J・s；

1eV（电子伏特）=1.60×10^{-19} J，代入式（3-9）得

$$\lambda = \frac{1.24}{E_g(\text{eV})} \tag{3-10}$$

由于能隙与半导体材料的成分及其含量有关，因此根据这个原理可以制成不同发射波长的激光器。目前使用的半导体激光器材料有镓铝砷/砷化镓（GaAlAs/GaAs），适用于 0.85μm 波段；铟镓砷磷/磷化铟（InGaAsP/InP）适用于 1.31～1.51μm 波段。

（2）阈值特性

对于 LD，当外加正向电流达到某个数值时，输出光功率急剧增加，这时将产生激光振荡，这个电流称为阈值电流，用 I_{th} 表示，如图 3-69 所示。

为了使光纤通信系统稳定可靠地工作，阈值电流越小越好。

（3）光谱特性

LD 的光谱随着驱动电流的变化而变化。当 $I<I_{th}$ 时，发出的是荧光，荧光的光谱范围很宽，为几十纳米，如图 3-70（a）所示。当 $I>I_{th}$ 后，发射光谱突然变窄，为几个纳米，

谱线中心强度也急剧增加，表明发出的是激光，如图 3-70（b）所示。

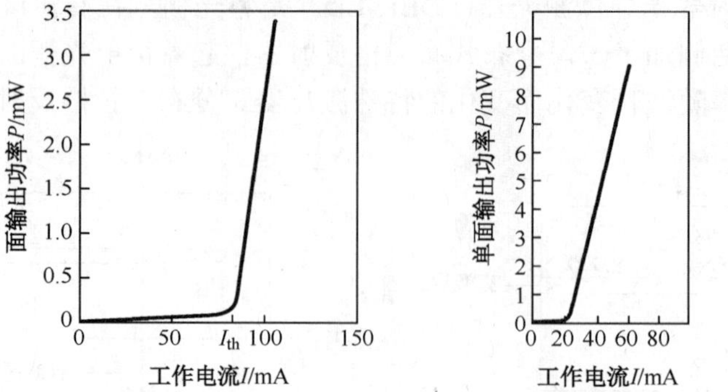

（a）短波长GaAlAs-GaAs （b）长波长InGaAsP-InP

图 3-69　典型半导体激光器的输出特性曲线

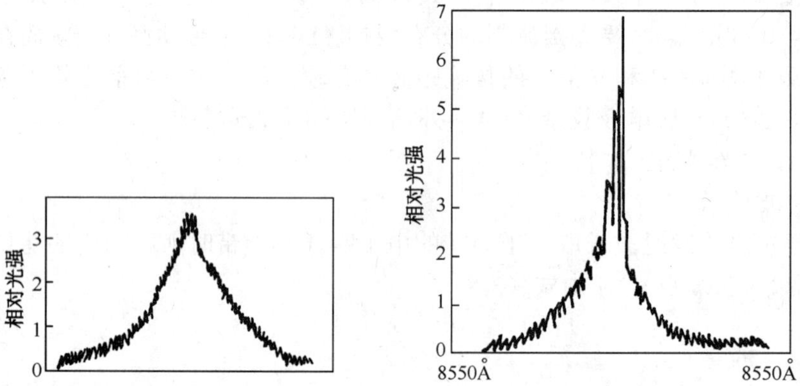

（a）低于阈值时 （b）高于阈值时

图 3-70　GaAlAs-GaAs 激光器的光谱

随着驱动电流的增加，纵模模数逐渐减少，谱线宽度变窄。当驱动电流足够大时，多纵模变为单纵模，这种激光器称为静态单纵模激光器。

普通激光器工作在直流或低码速情况下，它具有良好的单纵模谱线，所对应的光谱只有一根谱线，如图 3-71（a）所示。而在高码速调制情况下，其线谱呈现多纵模谱线，如图 3-71（b）所示。

一般，用 F-P 谐振腔可以得到的是直流驱动的静态单纵模激光器，要得到高速数字调制的动态单纵模激光器，必须改变激光器的结构，例如分布反馈半导体激光器（DFB-LD）。

（4）转换效率

半导体激光器的电光功率转换效率常用微分量子效率 η_d 表示，其定义为激光器达到阈值后，输出光子数的增量与注入电子数的增量之比，其表达式为

$$\eta_d = \frac{(P-P_{th})/hf}{(I-I_{th})/e} = \frac{P-P_{th}}{I-I_{th}} \tag{3-11}$$

由此得式

$$P = P_{th} + \frac{\eta_d hf}{e}(I-I_{th}) \tag{3-12}$$

式中：P——激光器的输出光功率；

I——激光器的输出驱动电流；

P_{th}——激光器的阈值功率；

I_{th}——激光器的阈值电流；

hf——光子能量；

e——电子电荷。

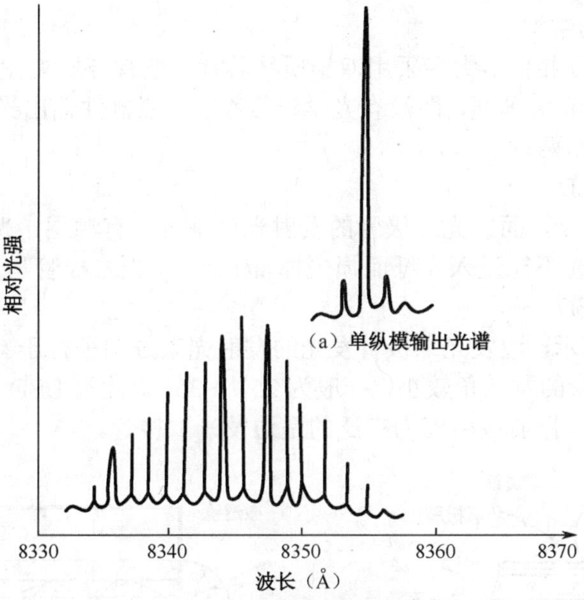

图 3-71　GaAlAs-GaAs 激光器的输出光谱

（5）温度特性

半导体激光器的温度特性是指阈值电流和输出光功率随温度变化而变化的特性，LD 的阈值电流随温度的升高而加大，其变化情况如图 3-72 所示。

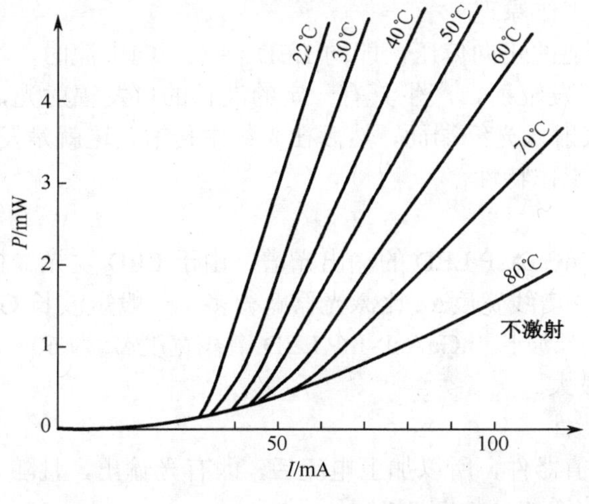

图 3-72　激光器阈值电流随温度变化的曲线

由图 3-72 可以看出，温度升高时，LD 的阈值电流增大，P-I 曲线右移。此时，若激光器的驱动电流不变，则激光器的输出功率下降。所以，在采用 LD 作为光源的光发射机中，一般需采用自动功率控制电路和自动温度控制电路来稳定激光器的输出光功率。

（四）发光二极管

光纤通信中使用的光源，除了半导体激光器（LD）外，还有半导体发光二极管（LED）。它与半导体激光器的区别是，在结构上没有光学谐振腔，是无阈值器件。LED 以自发辐射为主，发出的是非相干的荧光。

1．发光二极管的结构

LED 的结构和 LD 相似，大多采用双异质结芯片，把有源层夹在 P 型和 N 型限制层中间。不同的是 LED 没有解理面，即没有光学谐振腔。按照器件输出光方式的不同，LED 分为面发光型和边发光型两种。

（1）面发光型 LED

如图 3-73（a）所示，面发光二极管的发射光束垂直于有源层，光束发散角很大，一般为 120°，相当一部分光不能进入光纤而损失掉，因此面发光二极管与光纤的耦合效率很低。

（2）边发光型 LED

如图 3-73（b）所示，边发光二极管发光的发射光束方向平行于有源层，发光面一般小于光纤的横截面，光束的发散角较小，一般为 25°～35°。此类 LED 的方向性好，亮度高，与光纤的耦合效率高。目前应用较为广泛的是边发光二极管。

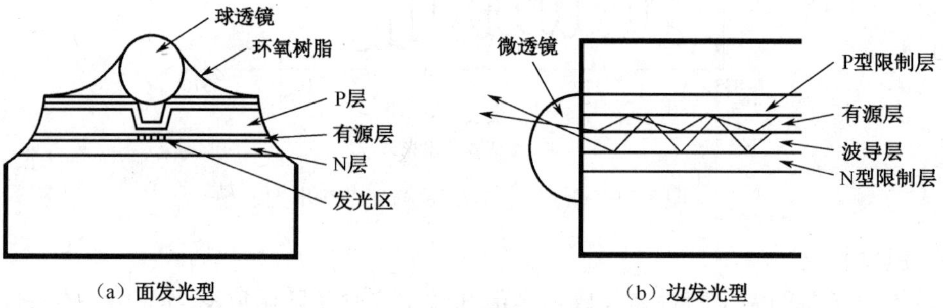

图 3-73　常用的两类发光二极管（LED）

2．发光二极管的工作原理

当给 LED 外加合适的正向偏压，即向 LED 注入正向电流时，注入的载流子在扩散过程中进行复合，发生自发辐射，产生具有一定的波长的自发辐射光，发射光通过透镜的聚焦系统发射出去，直接射入光纤端面，然后在光纤中传输，这就是发光二极管的基本原理。

3．发光二极管的工作特性

（1）光谱特性

如图 3-74 所示为 InGaAsP LED 的输出光谱。由于 LED 发光二极管没有谐振腔，不具有选频特性，所以 LED 谱线宽度$\Delta\lambda$比激光器宽得多。一般短波长 GaAlAs-GaAs LED 谱线宽度$\Delta\lambda$为 30～50nm，长波长 InGaAsP-InP LED 谱线宽度$\Delta\lambda$为 60～120nm，这使光信号在光线中传输时的色散较大。

（2）输出光功率特性

由于 LED 是无阈值器件，所以加上电流后，即有光输出，且随着注入电流的增加，输出光功率近似呈线性地增加，如图 3-75 所示。

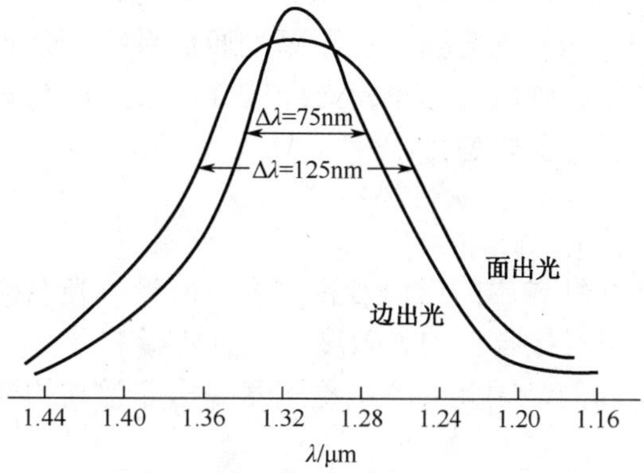

图 3-74　InGaAsP LED 的发光光谱

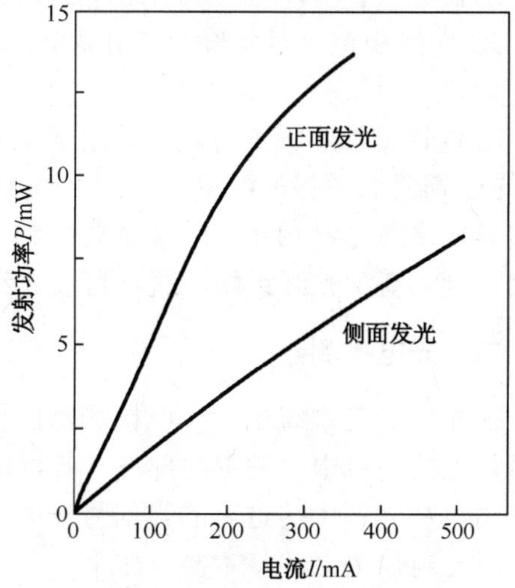

图 3-75　LED 的 *P-I* 特性

当注入电流 *I* 较小时，*P-I* 曲线的线性较好。当 *I* 过大时，由于 P-N 结发热而产生饱和现象，使 *P-I* 曲线的斜率减小。一般情况下，LED 工作电流为 50～100mA，输出光功率为几毫瓦，由于发散角大，入纤光功率只有数百微瓦。

（3）温度特性

温度特性主要影响 LED 的平均发送光功率、*P-I* 特性的线性及工作波长。

当温度上升时，LED 的平均发送光功率会下降。线性工作区变窄，使光发送电路噪声增加，系统性能下降。峰值工作波长向长波长方向漂移，附加损耗增大。

但由于 LED 是无阈值器件，其温度特性比 LD 的要好得多，一般不需加温度控制电路。

（4）耦合效率

由于 LED 是自发辐射发光，因此 LED 发射出光束的发散角较大，为 40°～120°，因此与光纤的耦合效率较低。

4．发光二极管与半导体激光器的比较

在光纤通信系统中，最常用的光源器件是半导体激光器（LD）和半导体发光二极管（LED），两种光源的比较如表 3-9 所示。

表 3-9　LD 与 LED 的比较

项目／光源	半导体激光器（LD）	半导体发光二极管（LED）
输出光功率	大	小
P-I 曲线	存在阈值电流	线性好
谱线宽度	窄	较宽
光束	激光	荧光
发散角	小	大
温度特性	较差	好
寿命	较短	较长
工艺	复杂	简单
价格	贵	便宜
适用范围	长距离、大容量	短距离、小容量

由表可以看出，与 LD 相比，LED 输出光功率较小，谱线宽度较宽，调制频率较低。但 LED 性能稳定，寿命长，使用简单，输出光功率线性范围宽，而且制造工艺简单，价格低廉。

LED 通常和多模光纤耦合，用于 1.31μm 或 0.85μm 波长的小容量、短距离的光通信系统。LD 通常和单模光纤耦合，用于 1.31μm 或 1.55μm 大容量、长距离光通信系统。分布反馈半导体激光器（DFB-LD）主要也和单模光纤或特殊设计的单模光纤耦合，用于 1.55μm 超大容量的新型光纤系统，这是目前光纤通信发展的主要趋势。

二、光电检测器

在光纤通信系统中，光电检测器的作用是把光纤输出的光信号转换为电信号。光电检测器是光接收机中很关键的部件，其性能的好坏将对接收机的灵敏度产生重要影响。

由于从光纤中传过来的光信号一般是非常微弱的，因此对光电检测器提出非常高的要求。对光电检测器的基本要求如下。

（1）在系统的工作波长上具有足够高的响应度，具有足够快的响应速度，能够适用于高速或宽带系统。

（2）具有尽可能低的噪声，以降低器件本身对信号的影响。

（3）具有良好的线性关系，以保证信号转换过程中的不失真。

（4）具有较小的体积、较长的工作寿命。

（5）工作电压尽量低，使用简便。

最简单的光电检测器就是 P-N 结。在光纤通信系统中，常用的半导体光电检测器有 PIN 光电二极管和 APD 雪崩光电二极管。

（一）光电检测器的工作原理

光电检测器由半导体材料 P-N 结组成，是利用半导体材料的光电效应实现光电转换的。

半导体材料的光电效应是指光照射到半导体的 P-N 结上，若光子能量 hf 足够大，大于或等于半导体材料的禁带宽度 E_g 时，则占据低能级（价带）的电子吸收光子能量，越过禁带到达较高能级（导带），在导带中出现光电子，在价带中出现光空穴，即光电子–光空穴对，又称为光生载流子，如图 3-76（a）所示。这种现象称为半导体的光电效应。

光生载流子在外加负偏压和内建电场的作用下，光电子向 N 区漂移，光空穴向 P 区漂移，于是 P 区有过剩的空穴，N 区有过剩的电子积累，即在 P-N 结两边产生光生电动势，如果 P-N 结外电路构成回路，就会形成光电流。如图 3-76（b）所示，从而在电阻 R 上有信号电压产生。这样，就实现了输出电压跟随光信号变化的光电转换作用。负偏压是指 P 区接负极，N 区接正极。由图 3-77 可见，外加负偏压产生的电场方向与内建电场方向一致，有利于耗尽层的加宽。

光电效应的发生具有一定的条件。当入射光子能量 hf 小于禁带宽度 E_g 时，不论入射光有多强，光电效应也不会发生，即产生光电效应必须满足以下条件：

$$hf \geqslant E_g \tag{3-13}$$

即光频 $f_c < \dfrac{E_g}{h}$ 的入射光是不能产生光电效应的，将 f_c 转换为波长，则 $\lambda_c = \dfrac{hc}{E_g}$。即只有波长 $\lambda < \lambda_c$ 的入射光，才能使这种材料产生光生载流子，故 λ_c 为产生光电效应的入射光的最

大波长，又称为截止波长，相应的f_c称为截止频率。

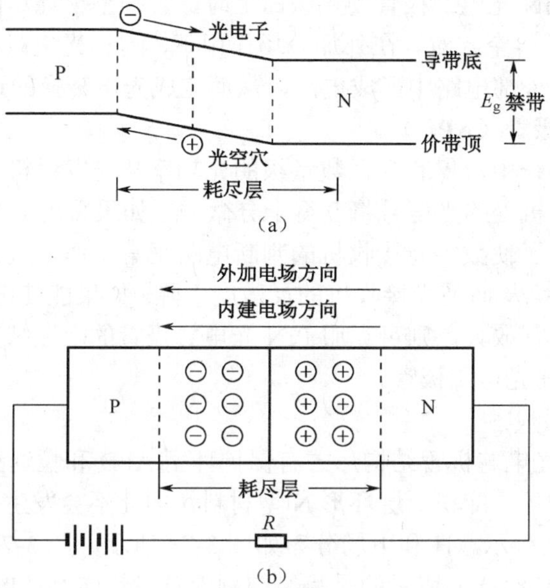

图 3-76　半导体材料的光电效应

（二）PIN 光电二极管

利用上述光电效应可以制造出简单的 P-N 结光电二极管，但光电转换效率低。为此，在制造时，在 P 型、N 型材料之间，加一层轻掺杂的 N 型材料或不掺杂的本征材料来改善光电检测器的性能，这就是 PIN 光电二极管。

1．PIN 光电二极管的结构

PIN 光电二极管是在掺杂浓度很高的 P 型、N 型半导体之间加一层轻掺杂的 N 型材料，称为 I（Intrinsic，本征的）层，如图 3-77（a）所示。

由于是轻掺杂，因此电子浓度很低，经扩散作用后可形成一个很宽的耗尽区。同时，为了降低 P-N 结两端的接触电阻，以便与外电路连接，将 P 区和 N 区做成重掺杂的P^+层和N^+层。将这种结构的光电二极管称为 PIN 光电二极管，如图 3-77（b）所示。其光电转换效率和响应速度大大提高了。制造这种晶体管的本征材料是 Si 或 InGaAs，通过掺杂后形成 P 型材料和 N 型材料。

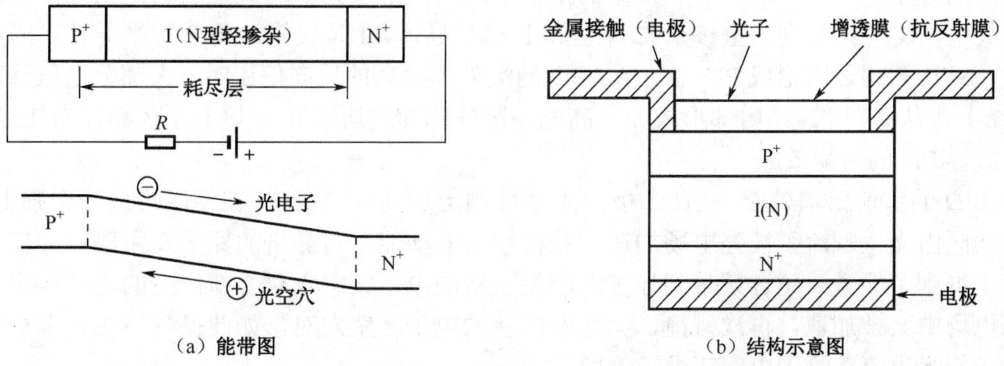

图 3-77　PIN 光电二极管

2．PIN 光电二极管的工作原理

当入射光照射到 PIN 光电二极管的光敏面上时，会在整个耗尽区及附近引起受激跃迁现象，从而产生光生电子-空穴对。在外加电场作用下，这种光生载流子运动到电极。当外部电路闭合时，就会在外部电路中形成电流，从而完成光电转换的过程。

（三）雪崩光电二极管（APD）

在长途光纤通信系统中，仅有毫瓦数量级的光功率从光发射机输出后，经过几十千米光纤衰减，到达光接收机处的光信号将变得十分微弱，如果采用 PIN 光电二极管，则输出的光电流仅几毫安。为了使数字光接收机的判断电路正常工作，就需要采用多级放大。但放大的同时会引入噪声，从而使光接收机的灵敏度下降。如果能使电信号进入放大器之前，先在光电二极管内部进行放大，则可克服 PIN 光电二极管的上述缺点。这就引出了一种光电二极管，即 APD 雪崩光电二极管。

1．APD 的结构

常见的 APD 雪崩光电二极管结构形式有保护环型 APD 和拉通型 APD。保护环型 APD 在极间边缘设置了保护环，淀积一层环形 N 型材料，因此不会发生击穿现象。下面主要介绍拉通型 APD，它的结构示意图和电场分布如图 3-78 所示。图 3-78（a）所示的是纵向剖面的结构示意图，图 3-78（b）所示的是将纵向剖面顺时针转 90° 的示意图，图 3-78（c）所示的是它的电场强度随位置变化的分布图。

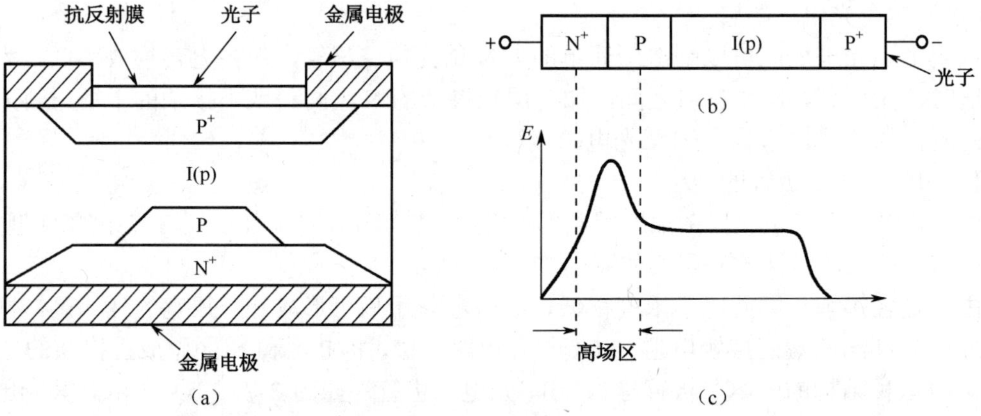

图 3-78　拉通型雪崩光电二极管的结构图和能带示意图

由图可见，它仍然是一个 P-N 结的结构形式，只不过其中的 P 型材料是由三部分构成的。其中，N^+、P^+分别为重掺杂的 N 型和 P 型半导体，I 是轻掺杂的 P 型半导体。未加电压时，N^+与 P 层之间形成 PN 结。当 APD 两端外加很高的反向偏压时，大部分电压降落在 PN^+结上，从而在 PN 结内部形成一个高电场区（称为雪崩区），P 区和 I 区都称为耗尽区。

2．APD 的雪崩效应

APD 的雪崩倍增效应，是在二极管的 P-N 结上加高反向电压，在结区形成一个强电场。在高场区内光生载流子被强电场加速，获得较高的动能，与晶格的原子发生碰撞，使价带的电子得到了能量。越过禁带到导带，产生了新的电子—空穴对。新产生的电子—空穴对在强电场中又被加速，再次碰撞，又激发出新的电子—空穴对，如此循环下去，形成雪崩效应，使光电流在管子内部获得了倍增。

APD 就是利用雪崩效应使光电流得到倍增的高灵敏度的检测器。

（四）光电检测器的特性

PIN 光电二极管和 APD 雪崩光电二极管的特性都包括响应度、量子效率、响应时间和暗电流。除此之外，由于 APD 中雪崩倍增效应的存在，APD 的特性还包括雪崩倍增特性、温度特性等。PIN 主要用于短距离、小容量的通信系统，APD 主要用于长距离、大容量的通信系统。

1．PIN 光电二极管的特性

（1）响应度

响应度和量子效率是表征光电二极管的光电转换效率的参数。

响应度定义为光电二极管的平均输出电流与平均入射光功率之比，其表达式为

$$R=\frac{I_{\mathrm{p}}}{P_{\mathrm{in}}} \tag{3-14}$$

式中：I_{p}——光电检测器的平均输出电流，mA；

P_{in}——入射到光电二极管上的平均光功率，mW。

一般光电检测器的响应度在 0.3～0.7A/W 范围。

（2）量子效率

量子效率表示入射光子转换为光电子的效率。它定义为单位时间内产生的光电子数与入射光子数之比，即

$$\eta=\frac{\text{光电转换产生的有效电子-电子空穴对}}{\text{入射光子数目}}=\frac{I_{\mathrm{p}}/e}{P_{\mathrm{in}}/ht}=\frac{I_{\mathrm{p}}}{P_{\mathrm{in}}} \tag{3-15}$$

其中，e 为电子电荷，hf 为一个光子的能量，

$$R=\frac{e}{hf}\eta=\frac{e\lambda}{hc}\eta\approx\frac{\lambda\eta}{1.24} \tag{3-16}$$

式中：$c=3\times10^{8}\ \mathrm{m/s}$ 为光速，$h=6.626\times10^{-34}\ \mathrm{J\cdot s}$ 为普朗克常数。

也就是说，光电二极管的响应度和量子效率与光功率无关，与负载也无关，但与入射光频率（波长）有关。图 3-79 为硅 APD 雪崩管的量子效率与波长的关系。

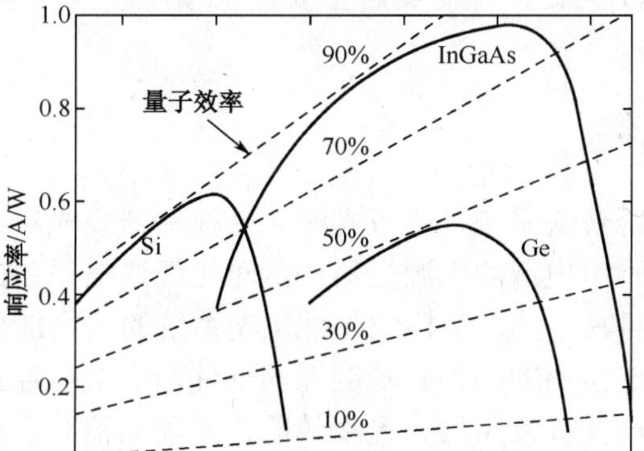

图 3-79　不同材料的光电二极管的响应度曲线

（3）响应速度

响应速度是指光电检测器的光电转换速度，一般用响应时间来表示，即从器件接收到光子时起到能够有光生电流输出的这段时间。显然响应时间越短，响应速度越快，器件性能越好。

（4）暗电流

在理想条件下，当没有光照时，光电检测器应无光电流输出。但是实际上由于热激励等，在无光情况下，光电检测器仍有电流输出，这种电流称为暗电流。

暗电流主要由体内暗电流和表面暗电流组成。PIN-PD 的暗电流大小主要取决于其表面暗电流，而 APD 的暗电流大小主要取决于其体内暗电流。由于倍增作用，APD 的暗电流要比 PIN-PD 的暗电流大得多，且随温度升高，暗电流将会急剧增加。

暗电流会引起接收机噪声增大。因此，器件的暗电流越小越好。

2．APD 的特性

APD 除了 PIN 的特性之外还包括雪崩倍增特性、温度特性等。

（1）倍增因子

倍增因子 G 实际上是电流增益系数。在忽略暗电流影响的条件下，它定义为

$$G=\frac{I_{\mathrm{o}}}{I_{\mathrm{p}}} \tag{3-17}$$

式中：I_{o}——有雪崩倍增时的光电流平均值，mA；

I_{p}——无雪崩倍增时的光电流平均值，mA。

显然，APD 的响应度比 PIN 增加了 G 倍。目前 APD 的 G 值在 40～100。PIN 光电二极管由于无雪崩倍增作用，所以 G=1。

（2）温度特性

这里要指出的是，APD 的倍增因子随着温度的变化而变化，当温度升高时，倍增因子将下降。为了保持稳定的增益，需加控制电路，对 APD 很高的反向偏压进行控制。

（3）噪声特性

噪声直接影响光接收机的灵敏度。PIN 光电二极管的噪声来源主要是散粒噪声（信号电流和暗电流产生的），APD 管的噪声主要是倍增噪声（对初始电流的散粒噪声有倍增作用）。

3.4.2 无源器件

构成一个完整的光纤传输系统，除了光源、光检测器及光纤外，还需许多其他器件，特别是无源器件。这些不用电源的无源光器件，对光纤通信系统的构成、功能的扩展或性能部分的提高，都是不可缺少的，是构成光纤传输系统的重要部分。

无源光器件可分为连接用的部件和功能性的部件两大类。连接用的部件是指各种光连接器，功能性的部件有光波分复用器、光衰减器、光隔离器等，用于光的分路、耦合、复用、衰减等方面。

一、光纤连接器

通过光纤连接器实现的光纤连接俗称活接头，是实现光纤之间稳定但并不是永久连接

的无源组件，是光纤通信系统最简单的器件。

光纤连接器主要用于光端机、光测试仪表等设备与光纤之间的连接以及光纤之间的相互连接，它是组成光纤通信线路不可缺少的重要器件之一。

（一）光纤连接器的基本结构

光纤连接器一般采用某种机械和光学结构，使两根光纤的纤芯对准并接触良好，保证 90%以上的光能够通过。为了满足这个基本要求，有 5 种结构方式得到应用，如图 3-80 所示，我国广泛采用的是套管结构。

1．套管结构

这种连接器由两个插针和一个套筒三部分组成，如图 3-80（a）所示。插针为一个精密套管，用来固定光纤，即将光纤固定在插针里。套筒也是一个加工精密的套管，其作用是保证两个插针在套筒中对接并保证两根光纤的对准，以保证绝大部分的光信号能够通过。由于这种结构设计合理，加工技术能够达到要求的精度，因此得到了广泛应用。

2．双锥结构

这种连接器的特点是利用锥面定位，如图 3-80（b）所示。插针的外端面加工成圆锥面，基座的内孔也加工成双圆锥面，两个插针插入基座的内孔实现纤芯的对接。

3．V 形槽结构连接器

如图 3-80（c）所示，它的对中原理是将两个插针放入 V 形槽基座中，再用盖板将插针压紧，使纤芯对准。

4．透镜耦合结构

它分为球透镜耦合和自聚焦透镜耦合两种，如图 3-80（d）和（e）所示。这种结构通过透镜来实现光纤的对中。用透镜将一根光纤的出射光变成平行光，再由另一个透镜将平行光聚焦并导入另一根光纤中。

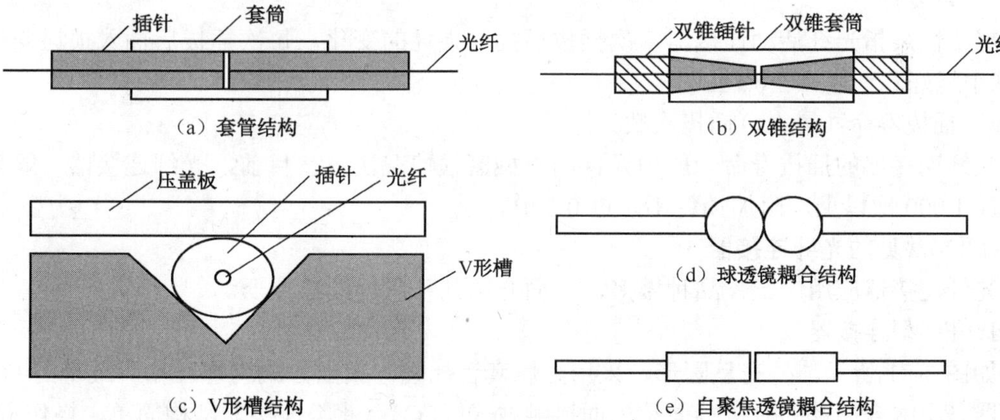

图 3-80　光纤活动连接器的结构

（二）光纤连接器的种类

按照不同的分类方法，光纤连接器可以分为不同的种类。按传输介质的不同可分为单模光纤连接器和多模光纤连接器。按结构的不同可分为 FC、SC、ST、LC、MU、MT 等各种形式。按连接器的插针端面的不同可分为 FC、PC（UPC）和 APC。按光纤端面形状分有 FC、PC（包括 SPC 或 UPC）和 APC。按光纤芯数划分还有单芯和多芯（如 MT-RJ）

之分。

（三）光纤连接器的性能

光纤连接器的主要性能指标有插入损耗、回波损耗、互换性、重复性和稳定性等。

1．插入损耗（介入损耗）

插入损耗是指光信号通过光纤连接器时，光纤连接器的输入光功率与输出光功率之比的对数值，其表达式为

$$L = 10\lg\frac{P_{\mathrm{T}}}{P_{\mathrm{R}}} \tag{3-18}$$

式中：P_{T}——输入光功率，mW；

P_{R}——输出光功率，mW。

对于光纤连接器来说，插入损耗越小越好。目前各种不同结构的单模光纤连接器的插入损耗值应不大于 0.5dB。

2．回波损耗

回波损耗是指光纤连接器的输入光功率和连接处的后向反射光功率之比的对数，其表达式为

$$R_{\mathrm{L}} = 10\lg\frac{P_{\mathrm{T}}}{P_{\mathrm{r}}} \tag{3-19}$$

其中，输入光功率为 P_{T}，后向反射光功率为 P_{r}。对于光纤连接器来说，回波损耗越大越好，以减少反射光对光源和系统的影响。回波损耗的典型值应不小于 25dB。

3．互换性

互换性是指连接器互换时损耗的变化范围。每次互换后，其插入损耗变化量 ΔL 越小越好。一般在±0.1dB。

4．重复性

重复性是指光纤活动连接器多次插拔后插入损耗的变化。每次插拔后插入损耗变化量 ΔL 越小越好。一般在±0.1dB。

5．插拔寿命（最大可插拔次数）

光纤连接器的插拔寿命一般由元件的机械磨损情况决定。目前，光纤连接器一般都可以插拔 1 000 次以上，附加损耗不超过 0.2dB。

（四）常见的光纤连接器

光纤连接器应用广泛，品种繁多，下面介绍几种常用的连接器。

1．FC 型连接器

如图 3-81 所示，外壳呈圆形，采用金属套管加强，紧固方式为螺丝扣。最早的 FC 型连接器采用陶瓷插针的对接端面是平面接触方式（FC）。此类连接器结构简单，操作方便，制作容易，但光纤端面对微尘较为敏感，且容易产生菲涅尔反射，提高回波损耗性能较为困难。后来，对此类连接器做了改进，采用对接端面呈球面的插针（PC），而外部结构没有改变，使插入损耗和回波损耗性能有了较大幅度的提高。一般在配线架上用得最多。

2．SC 型连接器

如图 3-82 所示，外壳呈矩形，采用塑料加强，紧固方式为插拔销闩式。所采用的插针和套筒的结构尺寸与 FC 型完全相同，其插针的端面多采用 PC 或 APC 型研磨方式。此类连接器插拔操作方便，介入损耗波动小，抗压强度较高，安装密度高。一般用于网络设备

端（路由器、交换机）。

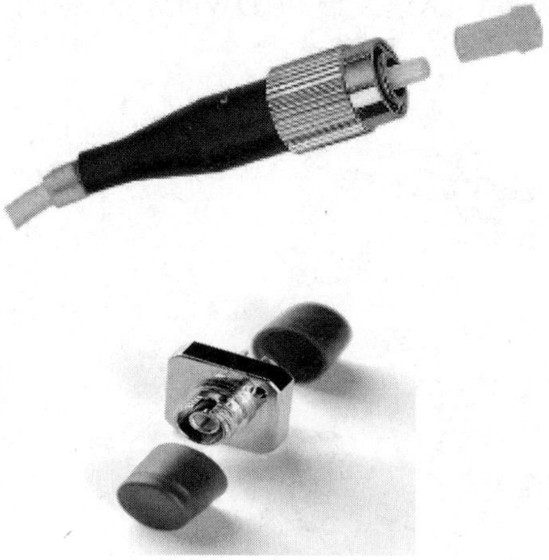

图 3-81 FC 型连接器

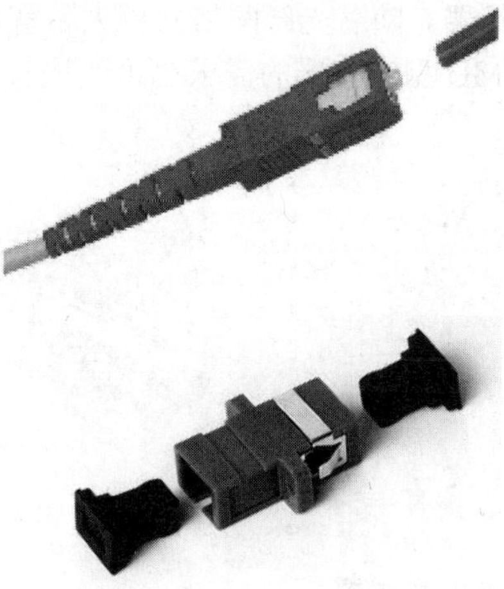

图 3-82 SC 型连接器

3．ST 型连接器

如图 3-83 所示，外壳呈圆形，所采用的插针和套筒的结构尺寸与 FC 型完全相同，其插针的端面多采用 PC 或 APC 型研磨方式。采用带键的卡口式紧锁结构，确保连接时准确对中。此类连接器适用于各种光纤网络，操作简便，具有良好的互换性。

4．LC 型连接器

如图 3-84 所示，采用操作方便的模块化插孔（RJ）闩锁机理制成。其所采用的插针和套筒的尺寸是普通 SC、FC 等所用尺寸的一半，为 1.25mm。这样可以提高光纤配线架中光纤连接器的密度。目前，在单模 SFF 方面，LC 型连接器实际已经占据了主导地位，在多模方面的应用也增长迅速。

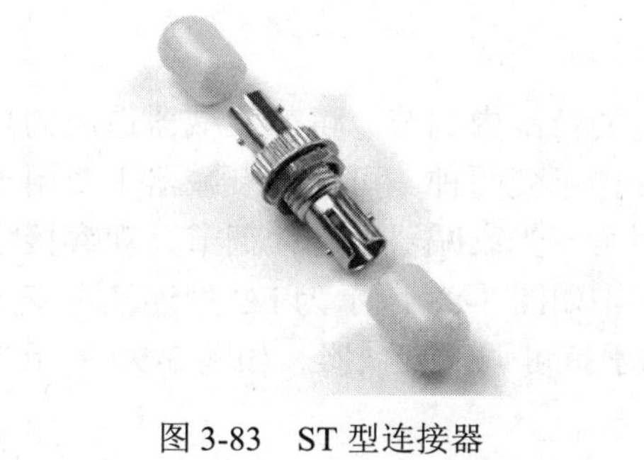

图 3-83 ST 型连接器

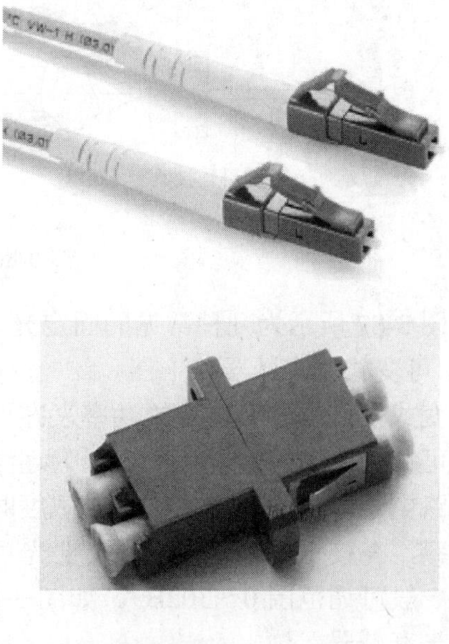

图 3-84 LC 型连接器

5．MU 型连接器

如图 3-85 所示，MU 型连接器以目前使用最多的 SC 型连接器为基础，是最小的单芯光纤连接器。随着光纤网络向更大带宽更大容量方向的迅速发展和 DWDM 技术的广泛应用，对 MU 型连接器的需求也迅速增长。

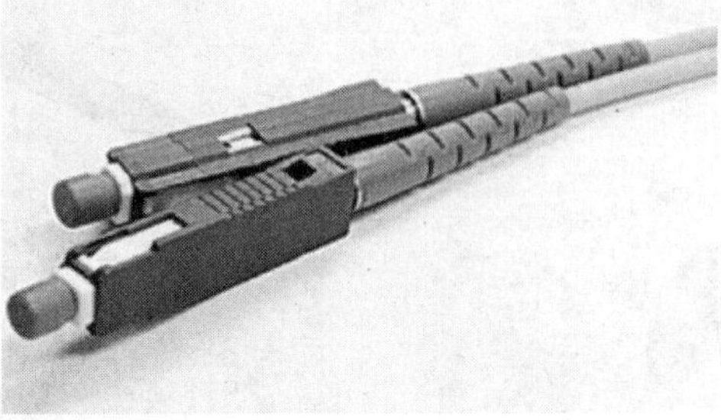

图 3-85　MU 型连接器

二、光衰减器

光衰减器是用来稳定、准确地减小信号光功率的无源光器件。光衰减器主要用于调整中继段的线路衰减，测量光系统的灵敏度及校正光功率计等。

（一）光衰减器的类型

光衰减器根据衰减量是否变化，可分为固定式光衰减器和可变式光衰减器。

1．固定式光衰减器

固定式光衰减造成的功率衰减值是固定不变的，主要用于调节传输线路的光损耗。因为在光接收机端，如果光功率过大，可能会烧坏光电检测器件，或使其饱和。在光接收机的接收端用固定光衰减器给出一定的衰减量，以确保接收光功率大小在合适的范围内。如图 3-86 所示为一种固定光衰减器。固定光衰减器产生衰减的机理是吸收一部分光，从而产生衰减作用。也就是在光纤轴线上设置衰减膜，它是一种半透明的掺杂化合物，在工作波长范围内有一个吸收带，光在吸收带内被吸收，产生衰减。

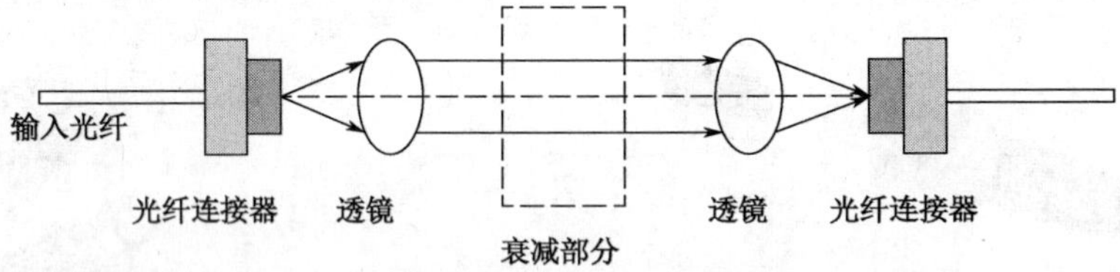

图 3-86　固定光衰减器

如图 3-87 所示为几种常见的固定光衰减器。

2．可变式光衰减器

可变式光衰减器所造成的功率衰减值可在一定的范围内调节。可变衰减器造成的功率损耗值可在一定的范围内调节，分为连续可变和分挡可变两种。可变光衰减器主要用于调节光线路电平，在测量光接收机灵敏度时，需要用可变光衰减器来连续调节、观察接收机的误码率，在校正光功率计时也需要光可变衰减器。如图 3-88 所示为 FC 型连续可变式衰减器（一般可调范围 0～30dB）。如图 3-89 所示为手持可调式衰减器。如图 3-90 所示为分挡可调光衰减器。

（a）FC 法兰式衰减器

（b）FC 阴阳式衰减器

（c）SC 法兰式衰减器

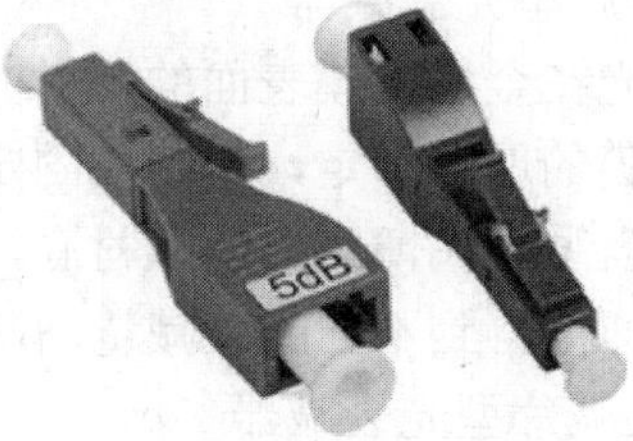

（d）LC 阴阳式衰减器

图 3-87　固定光衰减器

图 3-88　FC 型可调式衰减器

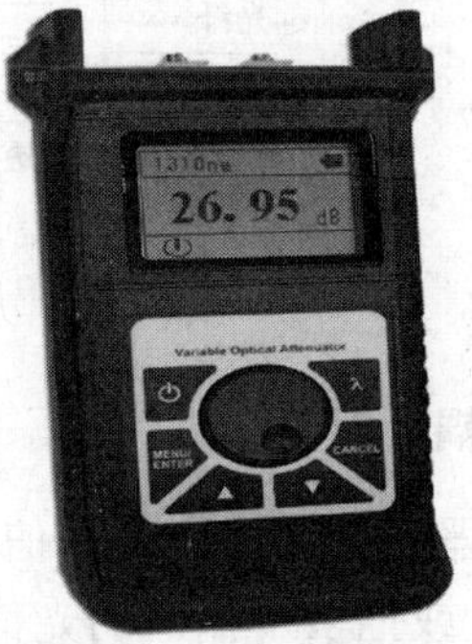

图 3-89　手持可调式衰减器

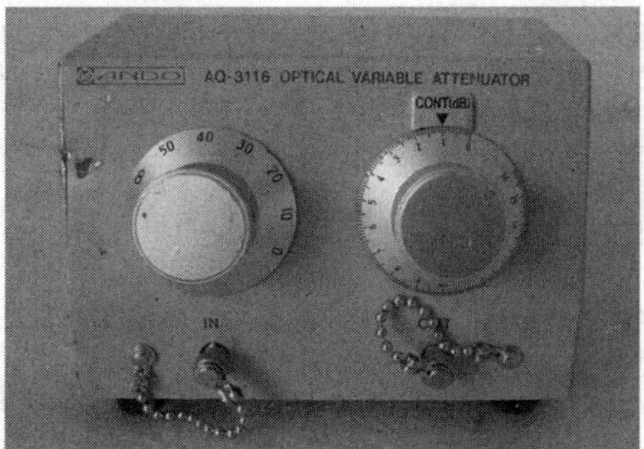

图 3-90　分挡可调式光衰减器

（二）光衰减器的工作原理

光衰减器根据其工作原理，可分为位移型光衰减器、薄膜型光衰减器和衰减片型光衰减器。

1．位移型光衰减器

当两段光纤进行连接时，必须达到相当高的对中精度，才能使光信号以较小的损耗传输过去。反过来，如果将光纤的对中精度做适当的调整，就可以控制其衰减量。位移型光衰减器就是根据这个原理，有意让光纤在对接时发生一定的错位，使光能量发生损失，从而达到控制衰减量的目的，如图 3-91 所示。

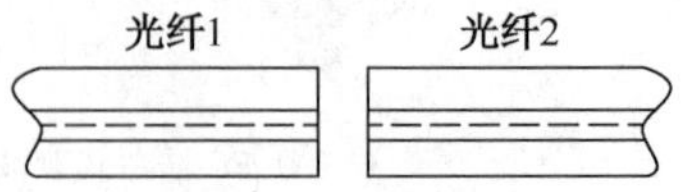

图 3-91　位移型光衰减器

2．薄膜型光衰减器

利用光在金属薄膜表面的反射光强与薄膜厚度有关的原理制成。如果玻璃衬底上蒸镀的金属薄膜的厚度固定，就制成固定光衰减器。如果在光纤中斜向插入蒸镀有不同厚度的一系列圆盘型金属薄膜的玻璃衬底，使光路中插入不同厚度的金属薄膜，就能改变反射光的强度，即可得到不同的衰减量，制成可变衰减器。

3．衰减片型光衰减器

直接将具有衰减特性的衰减片固定在光纤的端面上或光传输通路中，达到衰减信号的目的，可制成固定式光衰减器，也可制成可变式光衰减器。如图 3-92 所示。

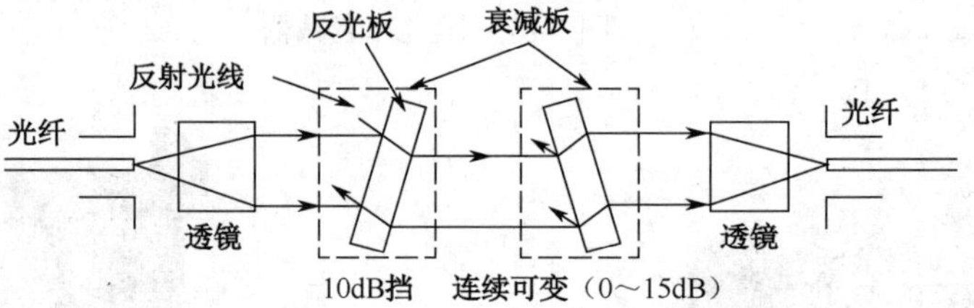

图 3-92　衰减片型光衰减器

三、光耦合器

光耦合器是分路或合路光信号的器件。它的功能是把一个输入的光信号分配给多个输出（分路），或把多个输入的光信号组合成一个输出（耦合）。

（一）光耦合器的分类

目前光耦合器已形成一个多功能、多用途的系列产品。从功能上划分，分为光功率分配器和光波长（合/分波）耦合器。从端口形式上划分，分为 X 形（2×2）耦合器、Y 形（1×2）耦合器、星形（N×N，N>2）耦合器、树形（1×N，N>2）耦合器。从工作带宽的角度划分，分为单工作窗口的窄带耦合器或标准耦合器、单工作窗口的宽带耦合器、双工作窗口的宽带耦合器。从传输模式划分，分为多模耦合器和单模耦合器。下面介绍几种常见的耦合器。

1．T 形耦合器

这是一种 2×2 的 3 端耦合器，如图 3-93（a）所示。其功能是把一根光纤输入的光信号按一定的比例分配给两根光纤，或把两根光纤输入的光信号组合在一起，输入一根光纤。这种耦合器主要用作不同分路比的功率分配器或功率组合器。

2．星形耦合器

这是一种 $n \times m$ 耦合器，如图 3-93（b）所示，其功能是把 n 根光纤输入的光功率组合在一起，均匀地分配给 m 根光纤，m 和 n 不一定相等。这种耦合器通常用作多端功率分配器。

3．定向耦合器

这是一种 2×2 的 3 端或 4 端耦合器，其功能是分别取出光纤中向不同方向传输的光信号。如图 3-93（c）所示，光信号从端 1 传输到端 2，一部分由端 3 耦合，端 4 无输出。光信号从端 2 传输到端 1，一部分由端 4 耦合，端 3 无输出。定向耦合器可用作分路器，不能用作合路器。

4．波分复用器/解复用器

这是一种与波长有关的耦合器，如图 3-93（d）所示。波分复用器的功能是把多个不同波长的发射机输出的光信号组合在一起，输入到一根光纤。解复用器是把一根光纤输出的多个不同波长的光信号，分配给不同的接收机。前者称为合波器，后者称为分波器。

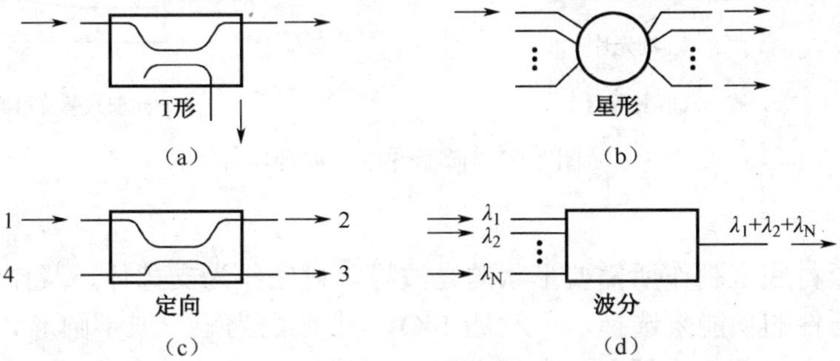

图 3-93　常用耦合器的类型

（二）光耦合器的基本结构

光耦合器的结构有许多种类型，其中比较实用和有发展前途的有光纤型、微器件型和波导型。

1．光纤型

把两根或多根光纤排列，用熔拉双锥技术制作而成的耦合器。具有与传输光纤容易连接且损耗较低、耦合过程不需要离开光纤、不存在任何反射端面引起的回波损耗等优点。如图 3-94 所示为光纤型耦合器。

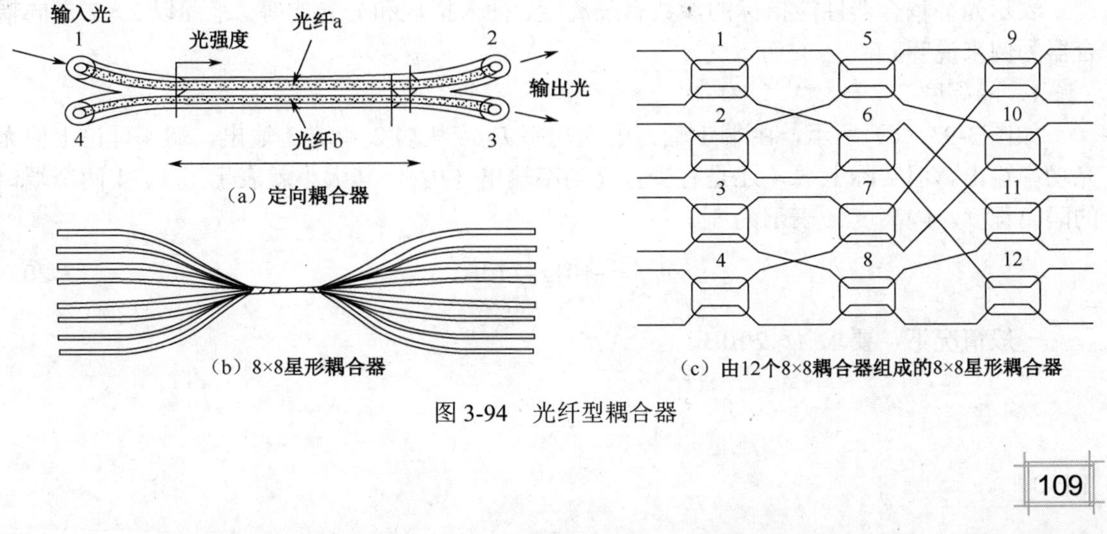

图 3-94　光纤型耦合器

2．微器件型

用自聚焦透镜和分光片（光部分透射，部分反射）、滤光片（一个波长的光透射，另一个波长的光反射）或光栅（不同波长的光有不同的反射方向）等微光学器件构成 T 形、定向耦合器和波分解复用器，如图 3-95 所示。

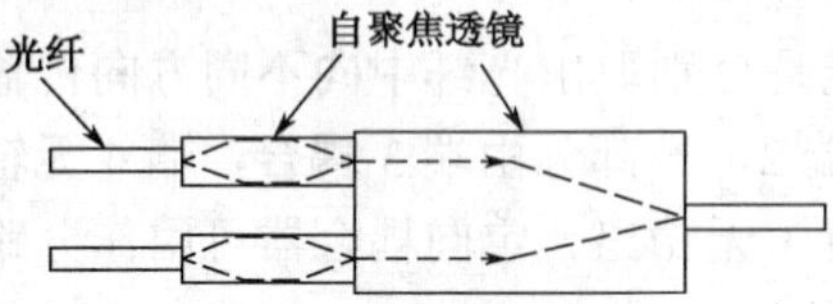

（a）T形耦合器

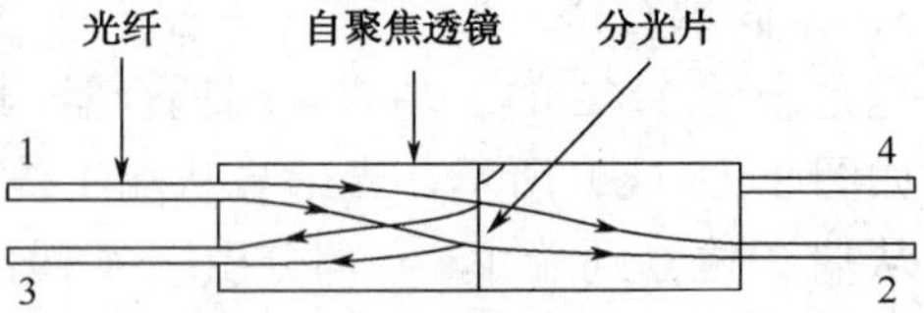

（b）定向耦合器

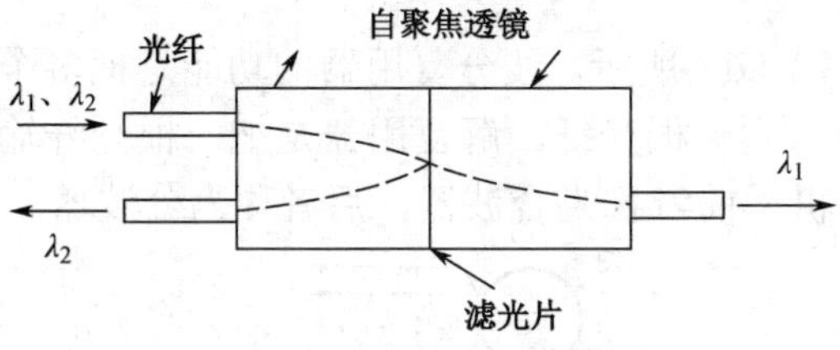

（c）滤光式解复用器

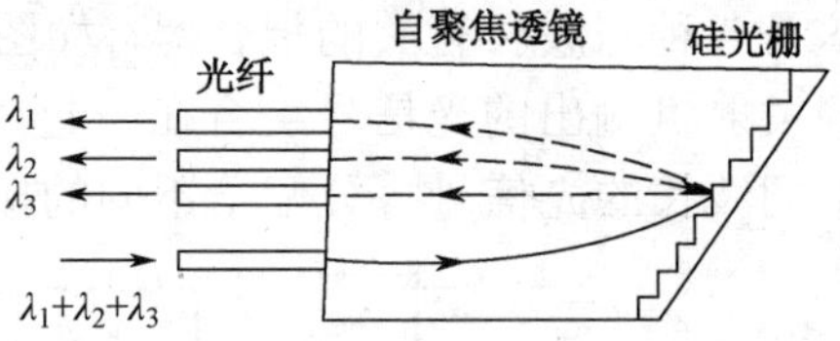

（d）光栅式解复用器

图 3-95　微器件型光耦合器

3．波导型

在一片平板衬底上制作所需要形状的光波导，衬底作为支撑体，又作为波导包层。波导的材料根据器件的功能来选择，一般是 SiO_2，横截面为矩形或半圆形。如图 3-96（a）、（b）所示，分别为 T 形耦合器和定向耦合器。

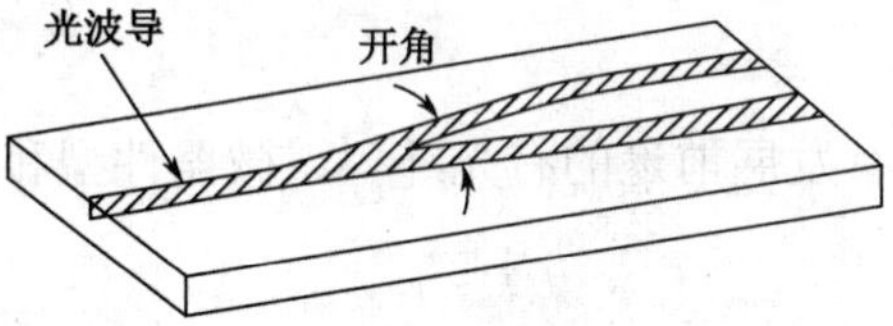

（a）T形耦合器

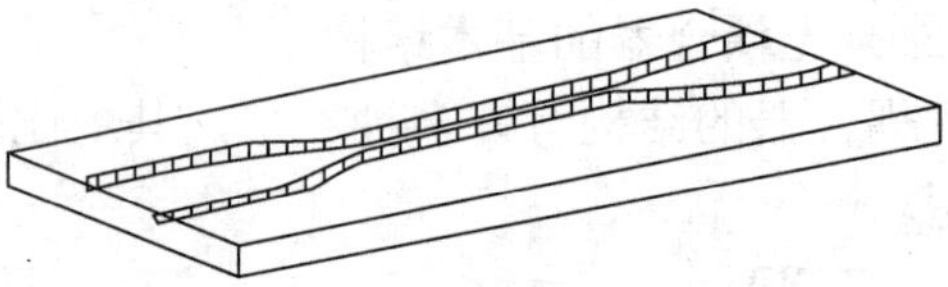

（b）定向耦合器

图 3-96　波导型光耦合器

（三）主要性能指标

表示光纤耦合器性能指标的参数有隔离度、插入损耗和分光比等。下面以 2×2 定向耦合器为例来说明。

1．隔离度

如图 3-93（c）所示，由端 1 输入的光功率 P_1 应从端 2 和端 3 输出，端 4 理论上应无光功率输出。但实际上端 4 还是有少量光功率输出（P_4），其大小就表示了 1、4 两个端口的隔离程度。隔离度 A 表示为

$$A_{1,4} = -10\lg\frac{P_4}{P_1}(\text{dB}) \tag{3-20}$$

一般情况下，要求 $A > 20\,\text{dB}$。

2．插入损耗

插入损耗表示定向耦合器损耗的大小。如由端1输入光功率 P_1，应由端2和端3输出光功率为 P_2 和 P_3，插入损耗等于输出光功率之和与输入光功率之比的分贝值，用 L 表示为

$$L = -10\lg\frac{P_2 + P_3}{P_1}(\text{dB}) \tag{3-21}$$

一般情况下，要求 $L \leqslant 0.5\,\text{dB}$。

3．分光比

分光比等于两个输出端口的光功率之比，如从端1输入光功率，则端2和端3的分光比为

$$T = \frac{P_3}{P_2} \tag{3-22}$$

一般情况下，定向耦合器的分光比为1∶1～1∶10，由需要来决定。

四、波分复用器/解复用器

在一根光纤中能同时传输多个波长光信号的技术，称为光波分复用技术（WDM）。波分复用系统的核心部件是波分复用器件，即光复用器和光解复用器（有时也称为合波器和分波器）。合波器的功能是在系统发送端，将多个不同波长的光信号组合在一起，并注入到一根光纤中传输。分波器的功能是在系统接收端将组合在一起的光信号分离，送入不同的终端，与波分复用器正好相反。

如图3-97所示为DWDM器件。从原理上讲，合波器与分波器是相同的，只需要改变输入、输出的方向即可。

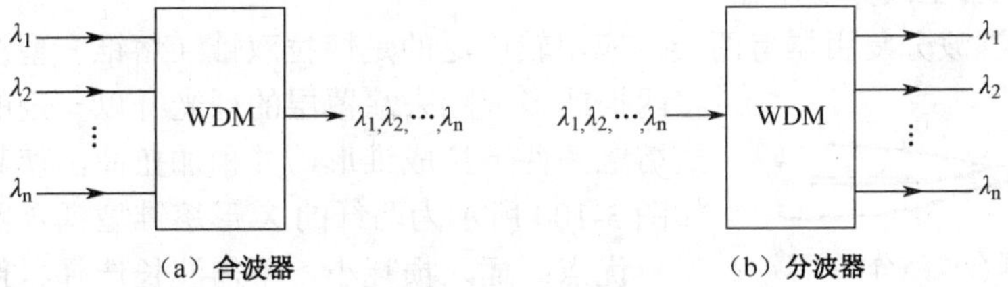

图3-97　DWDM器件

（一）光波分复用器的种类

1．角色散型波分复用器

角色散型波分复用器是利用角色散原件来分离和合并不同波长的光信号，从而实现波分复用功能的器件。角色散原件有棱镜和光栅，但实际中使用的主要是光栅，特别是衍射光栅，最流行的是反射型闪烁光栅，即光栅型波分复用器，如图3-98所示。

闪烁光栅的优点：具有优良的波长选择性；插入损耗不会随复用通路波长数的增加而增加，可以获得较多的复用通路数；隔离度好。

闪烁光栅的缺点：插入损耗较大；光谱利用率不够高；温度漂移比较大。

这类光栅在制造上要求较精密，不适合于大批量生产，在实验室的科学研究中应用较多。

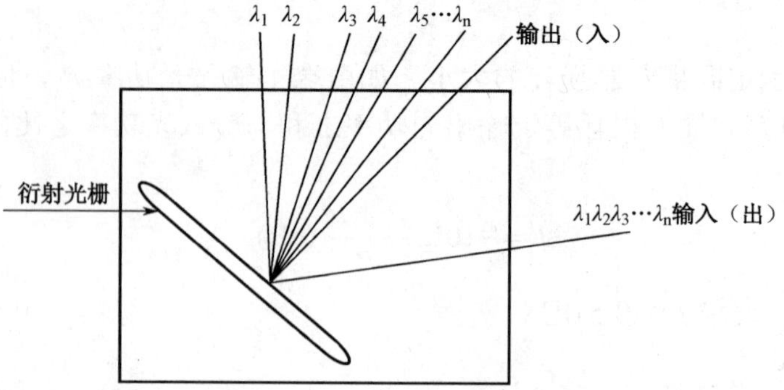

图 3-98　光栅型波分复用器

2．介质薄膜干涉型波分复用器

介质薄膜干涉型波分复用器是由多个介质薄膜干涉滤波器构成的器件，如图 3-99 所示。

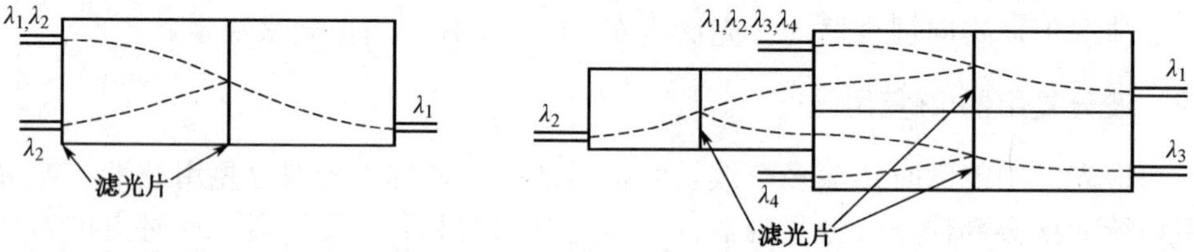

图 3-99　介质薄膜干涉型波分复用器

优点：插入损耗小，隔离度高，信号通带平坦，边沿陡峭，对波长漂移的容差较大。

缺点：当复用路数较多时，各路的插损差异较大。

在 WDM 系统中，当只有 4～8 个波长复用时，使用该种波分复用器件，是比较理想的。

3．光纤耦合型波分复用器

光纤耦合型波分复用器有两类，应用较广泛的是熔拉双锥（熔锥）型波分复用器，即将两根或多根除去涂覆层的裸光纤以一定的方式靠近，在热熔融条件下拉成锥形，并稍加扭曲，使其熔接在一起，如图 3-100 所示为两纤的 X 形熔锥型耦合器。

图 3-100　光纤耦合型波分复用器

优点：插入损耗小，不需波长选择器件，结构紧凑，制造简单，适合批量生产。

缺点：相邻信道的隔离度较差，且尺寸较大。

4．集成光波导型波分复用器

集成光波导型波分复用器是以光集成技术为基础的平面波导型器件，它由输入波导、输出波导、两个星形耦合器和波导阵列光栅组成，其结构如图 3-101 所示。

优点：波长间隔小，信道数多，通带平坦，重复性好，易于批量生产，非常适合超高速、大容量的 WDM 系统使用。

（二）光波分复用器的性能指标

1．插入损耗

插入损耗是指系统接入光波分复用器件后所产生的附加损耗。目前此值可以做到 0.5dB 以下。

2．信道隔离度

信道隔离度是指信道之间的串扰（串扰指某个信道中的信号耦合到了另一个信道中）程度，它表示 i 信道和 j 信道之间最大串扰信号功率的大小。

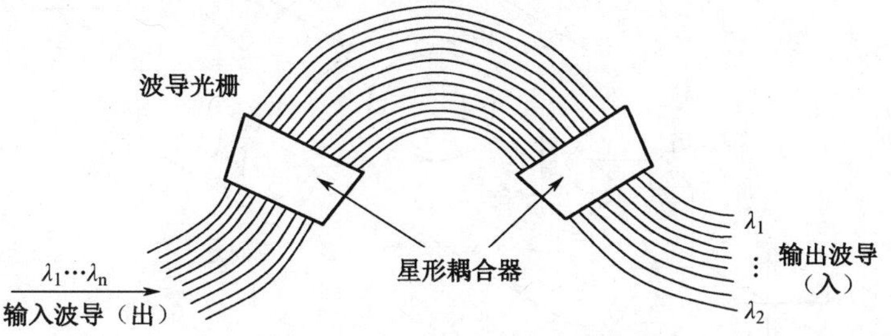

图 3-101　集成光波导型波分复用器

五、光隔离器

光隔离器是一种只允许单向光通过的无源光器件。在光纤通信系统中某些光器件，特别是半导体激光器和光放大器，对光线路中由于各种因素而产生的反射光非常敏感，并导致性能恶化。因此通常将隔离器放在最靠近激光器或光放大器的输出端，以消除反射光的影响，使系统工作稳定。

（一）光隔离器的结构及原理

光隔离器如图 3-102 所示，主要由起偏器、检偏器和法拉第旋转器三部分组成。

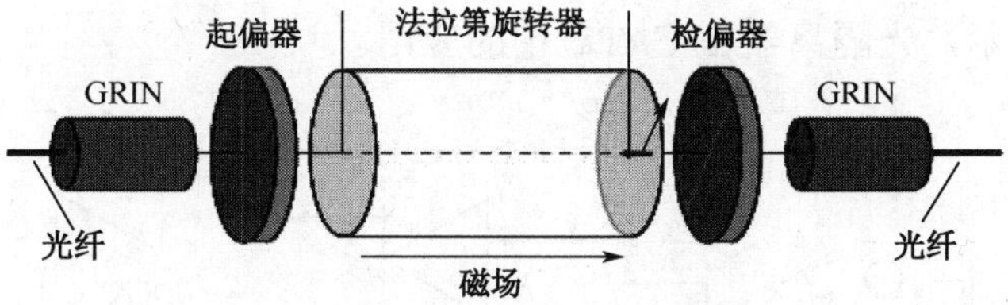

图 3-102　光隔离器的结构

其工作原理是基于法拉第磁光效应。如图 3-103 所示，对于正向入射的信号光，通过起偏器后成为线偏振光，法拉第旋磁介质与外磁场一起使信号光的偏振方向左旋 45°，并恰好使低损耗通过与起偏器成 45° 放置的检偏器。对于反向光，出检偏器的线偏振光经过放置介质时，偏转方向也向左旋转 45°，从而使反向光的偏振方向与起偏器方向正交，完全阻断了反射光的传输。

（二）光隔离器的性能指标

插入损耗和隔离度是光隔离器的两个主要性能参数，它们都希望从输入端口输入的光信号到输出端口时，衰减尽量小，即要求对正向入射光的插入损耗越小越好。对不应有输出的端口，隔离度越大越好。

目前器件典型的插入损耗值约为 1dB，隔离度为 40～50dB。

（三）光隔离器的应用

1．用在激光器与光纤之间

当光纤与激光器耦合时，其端面或接头处的反射将影响激光器的稳定性。为了消除反射波对激光器的影响，需要在激光器与光纤之间加光隔离器。

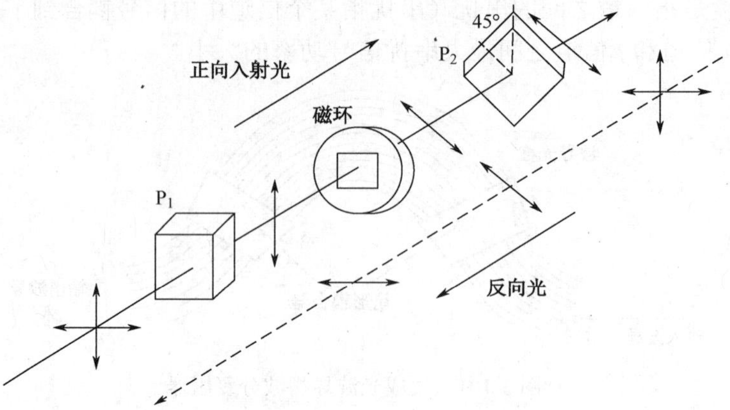

图 3-103　光隔离器的结构及工作原理

2．作为光纤放大器的组成部件

在长距离的光纤通信系统中，需要大量使用光纤放大器。为了使光纤放大器工作稳定，必须在放大器的两端使用隔离器来消除输出光返回的影响。

3．光纤 CATV 网

在光纤 CATV 网中传播多路径信号的时候，必须使用高线性、小畸变、大输出功率和低噪声的 DFB 激光器，光器件上还必须装上光隔离器，以保证反射信号得到足够的衰减。由于模拟信号抗干扰能力较数字信号差，所以对隔离器的隔离度要求高，常采用双级光隔离器。如图 3-104 所示，光隔离器在 CATV 中的应用。

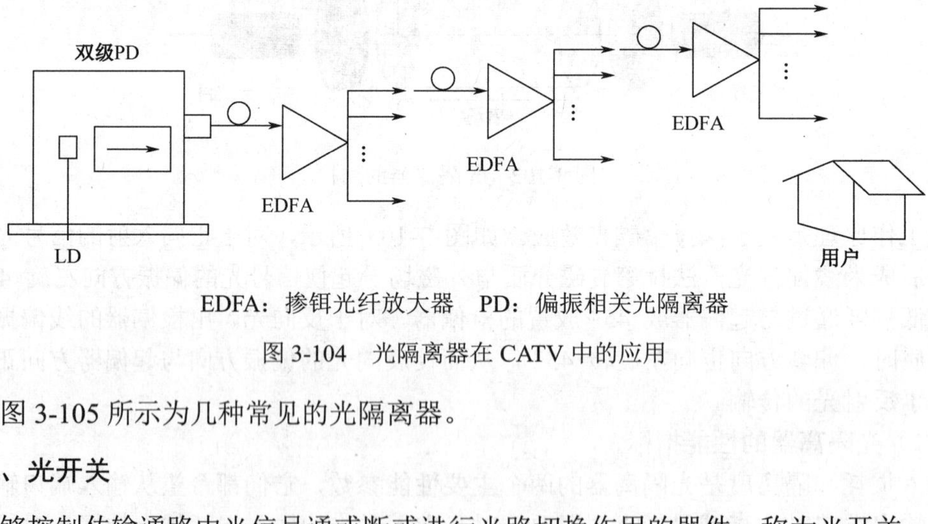

EDFA：掺铒光纤放大器　PD：偏振相关光隔离器

图 3-104　光隔离器在 CATV 中的应用

如图 3-105 所示为几种常见的光隔离器。

六、光开关

能够控制传输通路中光信号通或断或进行光路切换作用的器件，称为光开关。

（一）光开关的种类

（1）根据输入和输出端口数的不同，光开关可分为 1×1，1×2，1×N，2×2，M×N 等多种。

① 1×1 光开关，主要应用于光纤测试技术中，控制光源的接通和断开。

② 1×2 光开关，主要应用于光纤断裂或传输发生故障时，环路中的主备光纤倒换。

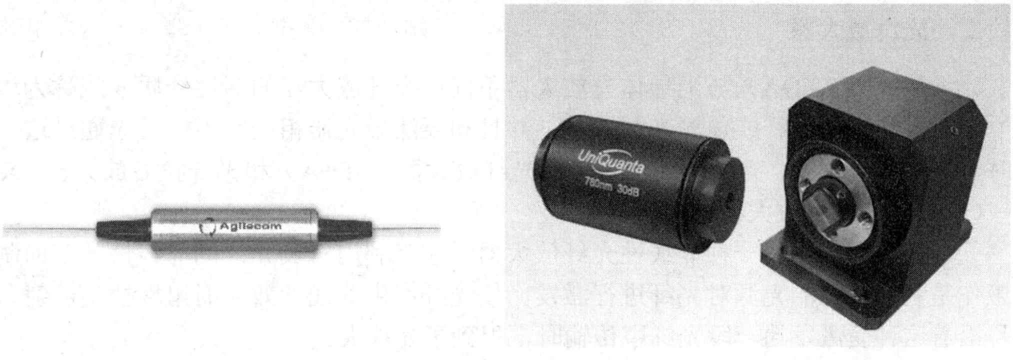

图 3-105　光隔离器

③ 1×N 光开关，可用于光网络监控和光纤通信的测试中。

④ 2×2 光开关，用此开关可组成 M×N 光开关矩阵，主要用在 OXC 中实现动态的光路管理、光网络故障保护等。

（2）根据其工作原理不同，光开关可分为机械式光开关和电子式光开关。

① 机械式光开关的开关功能是通过机械方法实现的，如图 3-106 所示。它是依靠光纤或光学元件移动，使光路发生改变，从而实现光路切换。

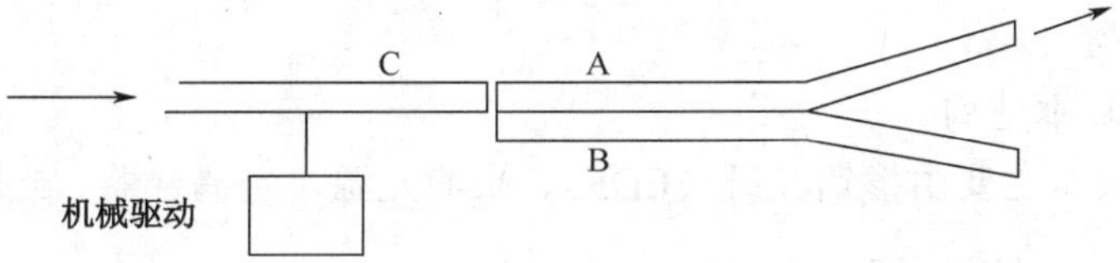

图 3-106　机械式光电开关

② 电子式光开关，利用磁光、电光、声光或热光效应来改变波导折射率，使光路发生改变，完成开关功能，称为电子式光开关或波导光开关。

（二）光开关的性能指标

光开关的性能参数主要有插入损耗、隔离度、开关时间、回波损耗等。由于光开关的接入所引入的插入损耗越小越好，对不应有输出的端口，隔离度越大越好，开关时间越短越好。

3.4.3　光放大器

光放大器是可对微弱的光信号直接进行放大的有源光器件，其主要功能是放大光信号，以补偿光信号在传输过程中的衰减，增加传输系统的中继距离。在光纤通信系统中使用的主要有两种类型的光放大器：半导体光放大器（SOA）和光纤放大器（FOA）。

一、半导体光放大器

半导体光放大器（SOA）是由半导体材料制成的，如果将半导体激光器两端的反射去掉，即变成没有反馈的半导体型波长放大器，它能适合不同波长的光放大。它的优点是体积小，功耗低，结构简单，便于光电集成；缺点是与光纤的耦合损耗较大，放大器的增益受偏振影响较大，噪声及串扰较大等。

二、光纤放大器

光纤放大器（FOA）与半导体光放大器不同，光纤放大器的活性介质（或称为增益介质）是一段特殊的光纤或传输光纤本身，并且和泵浦激光器相连。当信号光通过这一段光纤时，信号光被放大。光纤放大器有掺铒光纤放大器（EDFA）和光纤拉曼放大器（RFA）。

（一）光纤拉曼放大器（FRA）

光纤拉曼放大器是一种非线性光纤放大器，它是利用石英光纤的非线性效应而制成。其工作是利用较强的光源对光纤进行激发，使光纤产生非线性效应而出现拉曼散射，当光信号沿着这种受激发的一段光纤中传输时，得到了光放大。

FRA 的优点是频带宽，增益高，响应快，输出功率大；缺点是需要数瓦的大功率半导体激光器作为泵浦源。

（二）掺铒光纤放大器（EDFA）

铒（Er）是一种稀土元素，将它注入到纤芯中，即形成了一种特殊的光纤，它在泵浦光源的作用下可直接对某个波长的光信号进行放大，因此称为掺铒光纤放大器。

掺铒光纤放大器（EDFA）的主要优点：工作波长在 1 530～1 565nm 范围，与光纤最小损耗窗口一致，可在光纤通信中获得广泛应用；对掺铒光纤进行激励的泵浦功率低，仅需几十毫瓦；耦合效率高；增益高且特性稳定，噪声低，输出功率大；可实现信号的透明传输。

1．EDFA 的基本结构

掺铒光纤放大器主要由掺铒光纤（EDF）、泵浦光源、光耦合器、光隔离器及光滤波器等组成，如图 3-107 所示。

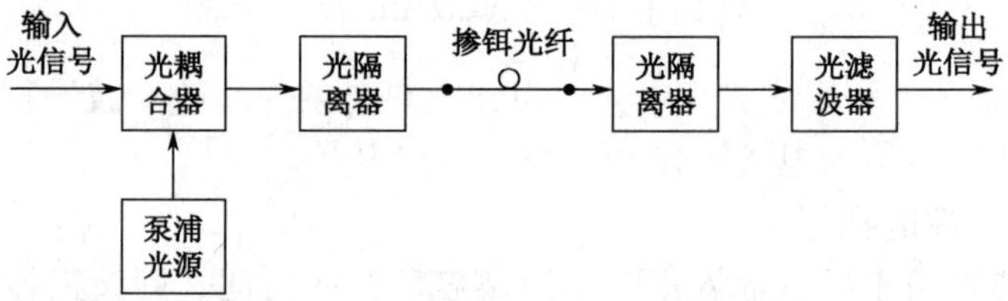

图 3-107　掺铒光纤放大器的结构

各部分的作用：光耦合器将输入光信号和泵浦光源输出的光波耦合到掺铒光纤中，多采用波分复用器；光隔离器的作用是抑制反射光，保证光信号只能正向传输，以确保光放大器稳定工作；掺铒光纤是一段长度为 10～100m 的掺铒石英光纤；光滤波器是滤除光放大器的噪声，降低噪声对系统的影响，提高系统的信噪比；泵浦光源为半导体激光器，输出的光功率为 10～100mW，工作波长约为 980nm 或 1 480nm。

2．EDFA 的工作原理

EDFA 之所以能放大光信号，简单地说，是在泵浦光源的作用下，在掺铒光纤中出现了粒子数反转分布，产生了受激辐射，从而使光信号得到放大。EDFA 的工作原理如图 3-108 所示。

3．光纤放大器的应用

EDFA 在光纤通信系统中主要用作前置放大器（PA）、功率放大器（BA）和线路放大器（LA），如图 3-109 所示。

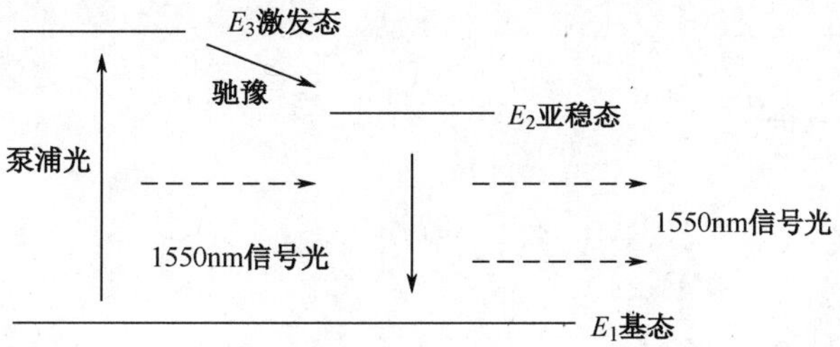

图 3-108　EDFA 的工作原理

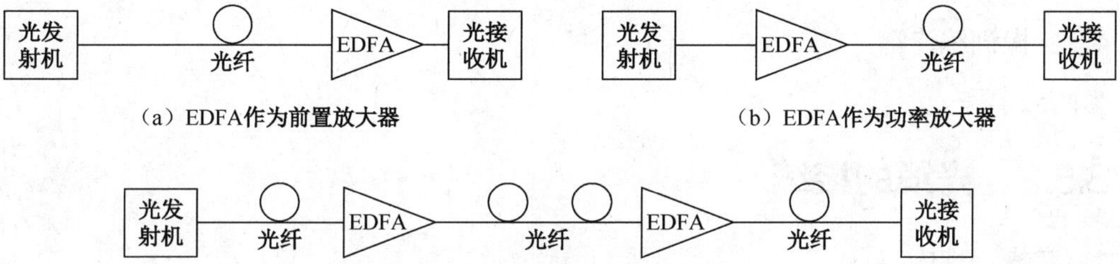

(a) EDFA作为前置放大器　　(b) EDFA作为功率放大器

(c) EDFA作为线路放大器

图 3-109　EDFA 的应用

（1）作为前置放大器

光接收机的前置放大器，一般要求是高增益、低噪声的放大器。由于 EDFA 的低噪声特性，将其用作光接收机的前置放大器时，可提高光接收机的灵敏度。

（2）作为功率放大器

若将 EDFA 接在光发射机的输出端，可用来提高输出功率，增加入纤光功率，延长传输距离。

（3）作为线路放大器

这是 EDFA 在光纤通信系统中的一个重要应用，它可代替传统的光/电/光中继器，对线路中的光信号直接进行放大，延长中继距离。

任务 5　实操训练

3.5.1　光纤的熔接

1．实操训练内容

（1）光纤熔接机的结构、操作。
（2）光纤的熔接。

2．实操训练目的

（1）掌握光纤熔接机的使用方法。
（2）掌握光纤熔接的方法。

3．实操训练器材

（1）光纤熔接机一台。
（2）裸光纤。
（3）切割刀一把。
（4）剥线钳一把。
（5）无水酒精和棉花。
（6）热缩套管一根。

4．实操训练步骤

参照本书3.2.2。

3.5.2 光缆的接续

1．实操训练内容

光缆的接续。

2．实操训练目的

（1）掌握光缆开剥工具的正确使用方法，熟练开剥光缆，掌握松套层绞式光缆缆芯结构，准确排定纤序，了解光缆中各构件的作用。
（2）掌握光缆接续的方法和技巧。

3．实训器材

（1）两根光缆。
（2）光缆接续工具一套。
（3）光纤熔接机、切割刀等。

4．实训步骤

参照本书3.2.2。

项目小结

光纤是由纤芯、包层和涂覆层组成的。纤芯完成信号的传输，包层与纤芯的折射率不同，将光信号封闭在纤芯中传输并起到保护纤芯的作用，涂覆层起到保护纤芯和包层的作用。光纤的类型，按传输模式的不同可分为单模和多模，按折射率的变化不同可分为阶跃型和渐变型。光纤的主要特性有几何特性、光学特性和传输特性，其中传输特性主要是指损耗特性和色散特性，其特性的好坏直接影响光纤通信的中继距离和传输速率（或传输容量）。

光缆按缆芯结构的特点不同，可分为层绞式光缆、中心管式光缆、骨架式光缆和带状式光缆。光缆的种类很多，无论不同种类光缆结构形式如何，其基本的组成结构都是由缆芯、保护层和加强元件构成的。光缆的型号由类型代号和规格代号两部分组成。常用室外、室内所使用的单模光纤的型号表示方法是大家必须掌握的。

正确完成光缆、光纤的接续、测试及维护的前提是准确排定缆中的纤序和判断光缆的A、B端。当光缆同一层中松套管颜色按照蓝、橙、绿、棕、灰、白顺时针排列时就是A端，反之是B端。而对应的蓝管中的蓝、橙、绿、棕、灰、白六根光纤即为1～6号纤，橙管中的蓝、橙、绿、棕、灰、白六根光纤为7～12号纤，依此类推，直至排列完毕。

光缆的接续由内到外分为三个部分：盒内接续部分、护套支撑部分和密封部分，其中后两部分是由接头盒生产厂家已做好的，而盒内的接续主要是光纤接续、加强芯连接和金属保护层连接等。光缆的接续流程及光纤的接续流程是大家必须重点掌握的。

光纤通信系统中所用的光器件有半导体光源、半导体光检测器以及无源光器件。光源的作用是将电信号转换成光信号送入光纤。常用的光源器件有LD和LED两种。半导体光电检测器的作用是将电信号转换成光信号。常用的光电检测器有PIN和APD两种。无源光器件，常用的无源光器件有光连接器、光衰减器、光耦合器、光波分复用器/解复用器、光隔离器和光开关等。光放大器的主要功能是放大光信号，以补偿光信号在传输过程中的衰减，增加传输系统的中继距离。常用的光放大器有SOA和FOA两种。

复习思考题

1. 请分别介绍光纤和光缆的组成结构。
2. 光纤按折射率分布有哪些分类？
3. 多模光纤与单模光纤有什么样的区别？
4. 常用的单模光纤有哪些？请分别简述。
5. 光纤的导光原理是什么？
6. 光纤的损耗有哪些？
7. 什么是光纤的色散？色散有哪些种类？色散对传输信号有什么影响？
8. 光缆如何进行分类？
9. 如何进行光缆的端别判断及纤序的排定？规定端别的目的是什么？在我国长途干线和本地网中光缆的端别分别应如何摆放？
10. 请分别介绍下列光缆型号表示的意义。

（1）GYTAW－12A1。

（2）GYTA53－12B1。

（3）GJFBZY－144B1。

（4）GYTA03－12B1。

（5）GYXTY－24B2。

（6）GYXTW53－36B1.2。

11. 简述光缆接续操作的步骤。
12. 架空光缆接头盒的安装规范有哪些？
13. 光纤通信中常用的光源有哪些？各有什么特点？
14. 光检测器的作用、性能参数及常用的有哪些？各自的特点是什么？
15. 常用的无源光器件有哪些？各器件的功能作用（至少写出4种）有哪些？
16. 光放大器有三种基本的应用方式，分别是什么？

项目4　SDH 传输网

项目描述

随着科学技术的发展，准同步数字体系 PDH 已不能适应现代通信网络的传输要求，因此同步数字体系 SDH 应运而生。SDH 是一种全新的传输体制，它显著提高了网络资源的利用率，并大大降低了管理和维护费用，实现了灵活、可靠和高效的网络运行、维护与管理，因此在现代信息传送网络中占据重要地位。

教学目标

1．知识目标

掌握 SDH 传输系统的基本概念、SDH 的复用方式、SDH 的开销、SDH 的指针、SDH 网元、SDH 的组网、自愈网的概念、MSTP 概念。

2．技能目标

SDH 传输设备的认知、SDH 传输网络误码率的测试、SDH 链形网络的组建、单板的配置。

教学安排

项目总学时（24）=理论学时（16）+实操训练（8）。

任务1　SDH 的基本概念

4.1.1　PDH 的缺点

PDH 传输体制的缺点主要体现在以下几个方面。

一、没有全世界统一的数字信号标准

由于历史的原因，目前世界上的准同步数字体系 PDH 存在两大体系或三种地区性标准（日本、北美和欧洲），由于没有统一的世界性标准，所以造成了国际间互通、互连困难。

二、没有标准的光接口规范

PDH 仅制定了电接口（G.703）的技术标准，但没有世界性的标准光接口规范，导致各个厂家自行开发的专用光接口大量滋生，导致不同厂家生产的设备在光缆线路上不能互通，

必须转换为标准的接口后才能互通，增加了设备的成本。

三、上下电路困难

现行的 PDH 中只有 1.544Mb/s 和 2.048Mb/s 的基群信号采用同步复用，其他速率的高次群信号均采用准同步复用。这种复用难以从高速信号中直接识别和提取低速支路信号。为了上下电路，唯一的方法是逐级码速调整来实现复用/解复用，这不仅增加了设备的复杂性，而且也缺乏灵活性，使信号产生损伤。

四、网络管理能力不强

PDH 中用于网络运行、管理和维护（OAM）的比特很少，只有通过线路编码来安排一些插入比特用于监控，因此用于网管的通道明显不足，难以满足电信管理网（TMN）发展的要求。

五、网络结构缺乏灵活性

PDH 是建立在点到点连接的基础之上的，网络结构简单，缺乏灵活性，造成网络的调度性较差，同时也很难实现良好的自愈功能。

4.1.2 SDH 的优点

SDH 是完全不同于 PDH 的一种全新的传输体制，它主要具有以下特点。

一、具有全世界统一的帧结构标准

SDH 把北美、日本和欧洲、中国采用的两大准同步数字体系、三个地区性标准在 STM-1 上实现了统一，数字传输体制实现了世界性标准。

二、具有标准的光接口

SDH 具有标准的光接口规范，它可使不同厂家的设备在同一网络中互连互通，真正实现同速率等级上光接口的横向兼容。

三、灵活的分插功能

SDH 采用了同步复用方式和灵活的复用映射结构，各种不同速率等级的码流在帧结构中净负荷内的排列是有规律的，并且支路信号在 SDH 帧结构中的位置是透明的，因此可以直接从 STM-N 信号中灵活地上、下支路信号，无须通过逐级复用/解复用实现分插功能，使上、下业务十分容易，从而减少了设备的数量，简化了网络结构。

四、强大的网络管理能力

SDH 帧结构中安排了丰富的开销比特（约占信号的 5%），因此使系统的运行、管理和维护（OAM）能力大大加强。智能化管理，使信道分配、路由选择最佳化。许多网络单元的智能化，通过嵌入在段开销（SOH）中的控制通路可以使部分网络管理功能分配到网络单元，实现分布式管理。

五、具有前向和后向兼容性

所谓后向兼容性是指SDH网络与现有的PDH网络完全兼容，可兼容PDH的各种速率。而前向兼容性是指SDH网络能兼容各种新的数字业务信号，如ATM信元、IP包等。

六、强大的自愈功能

SDH具有智能检测的网管系统和网络动态配置管理功能，使网络容易实现自愈，在设备或系统发生故障时，无须人为的干预，就能在极短的时间内迅速恢复业务，从而提高网络的可靠性和生存性，降低了网络的维护费用。

七、频带利用率低

SDH具有许多优良的性能，但也存在不足之处。如SDH为了得到丰富的开销功能，造成频带利用率不如传统的PDH系统高。例如，在PDH中，速率为139.264Mb/s的四次群含有64个2.048Mb/s或4个34.368Mb/s，而SDH中速率为155.520Mb/s的STM-1中却只含有63个2.048Mb/s 或3个34.368Mb/s。

4.1.3 SDH的速率

SDH具有一套标准化的信息结构等级，称为同步传递模块STM-*N*（*N*=1、4、16、64），其中最基本的模块是STM-1，其传输速率是155.520Mb/s，更高等级的STM-*N*是将*N*个STM-1按字节间插同步复用后所获得的。ITU-T G.707建议规范的SDH标准速率如表4-1所示。

表4-1 同步数字系列的速率等级

同步数字系列等级	比特率/（Mb/s）	容量/路
STM-1	155.520	1 920
STM-4	622.080	7 680
STM-16	2 488.320	30 720
STM-64	9 953.280	122 880

任务2 SDH帧结构

SDH信号在传输过程中，是以帧为基本单元进行传送的。STM-*N*信号帧结构的安排应尽可能使支路低速信号在一帧内均匀、有规律地分布，以便于方便的从高速信号中直接上/下低速支路信号。ITU-T规定了STM-*N*的帧是以字节（8bit）为单位的矩形块状帧结构，如图4-1所示。

从图中可以看到，STM-*N*的信号是9行×270×*N*列的帧结构。此处的*N*与STM-*N*的*N*相一致，取值范围是1、4、16、64。STM-*N*信号由*N*个STM-1信号通过字节间插复用而成。由此可知，STM-1信号的帧结构是9行×270列的块状帧，当*N*个STM-1信号通过字节间插复用成STM-*N*信号时，仅仅是将STM-1信号的列按字节间插复用，行数恒定为9行不变。

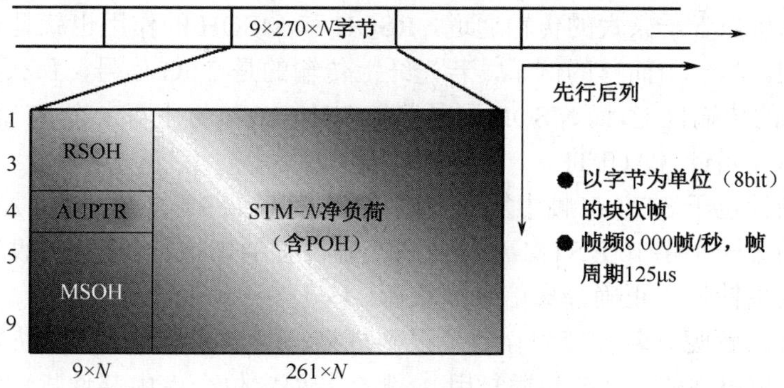

图 4-1　SDH 帧结构

信号在线路上传输时是一个比特跟着一个比特地进行传输的，STM-*N* 信号的传输也遵循按比特的传输方式。SDH 信号帧传输的原则是，帧结构中的字节（8bit）从左到右，从上到下，一个字节跟着一个字节（即一个比特跟着一个比特）地传输，传完一行再传下一行，传完一帧再传下一帧。

ITU-T 规定对于任何级别的 STM-*N* 帧，帧频都是 8 000 帧/秒，也就是帧的周期为恒定的 125μs。而且 PDH 的 E_1 信号也是 8 000 帧/秒。

STM-1 的传送速率为

270（每帧 270 列）×9（共 9 行）×8bit（每个字节 8bit）×8 000（每秒 8 000 帧）= 155 520kbit/s = 155.520Mbit/s。

从图 4-1 中可以看出，STM-*N* 帧结构是由三部分组成的，分别是段开销（SOH），包括再生段开销（RSOH）和复用段开销（MSOH）、管理单元指针（AUPTR）、信息净负荷。

一、信息净负荷

信息净负荷是在 STM-*N* 帧结构中存放用户信息码块的地方。信息净负荷区相当于 STM-*N* 这辆运货车的车厢，车厢内装载的货物就是经过打包的低速信号——待运输的货物。为了实时监测货物（打包的低速信号）在传输过程中是否有损坏，在将低速信号打包的过程中加入了监控开销字节——通道开销（POH）字节。POH 作为净负荷的一部分与信息码块一起装载在 STM-*N* 这辆货车上在 SDH 网络高速公路上传送，POH 负责对打包的货物（低阶通道）进行通道性能监视、管理和控制。

二、段开销（SOH）

段开销是为了保证信息净负荷正常传送所必须附加的网络运行、管理和维护（OAM）字节。例如段开销可进行对 STM-*N* 这辆运货车中的所有货物在运输过程中是否有损坏进行监控，而通道开销（POH）的作用是当车上有货物损坏时，通过它来判定具体是哪一件货物出现损坏。也就是说 SOH 完成对货物整体的监控，POH 是完成对某一件特定的货物进行监控。当然，SOH 和 POH 还有一些其他管理功能。

段开销又分为再生段开销（RSOH）和复用段开销（MSOH），可分别对相应的段层进行监控。再生段开销在 STM-*N* 帧中的位置是第一到第三行的第一到第 9×*N* 列，共 3×9×*N* 个字节。复用段开销在 STM-*N* 帧中的位置是第 5 到第 9 行的第一到第 9×*N* 列，共 5×9×*N* 个字节。RSOH 和 MSOH 的区别在于监管的范围不同。

段，其实也相当于一条大的传输通道，RSOH 和 MSOH 的作用也就是对这一条大的传输通道进行监控。举一个简单的例子，若光纤上传输的是 2.5G 信号，那么，RSOH 监控的是 STM-16 整体的传输性能，而 MSOH 则是监控 STM-16 信号中每一个 STM-1 的性能情况。

三、管理单元指针（AUPTR）

管理单元指针位于 STM-*N* 帧中第 4 行的 9×*N* 列，共 9×*N* 个字节，AUPTR 是用来指示信息净负荷的第一个字节在 STM-*N* 帧内的准确位置的指示符，以便接收端能根据这个位置指示符的值（指针值）正确分离信息净负荷。

这句话怎样理解呢？若仓库中存放了很多货物，每堆货物中的各件货物（低速支路信号）的摆放是有规律性的（字节间插复用），那么若要定位仓库中某件货物的位置就只要知道这堆货物的具体位置就可以了，也就是说只要知道这堆货物的第一件货物放在哪儿，然后通过本堆货物摆放位置的规律性，就可以直接定位出本堆货物中任一件货物的准确位置，这样就可以直接从仓库中搬运（直接分/插）某一件特定货物（低速支路信号）。AUPTR 的作用就是指示这堆货物中第一件货物的位置。

其实指针有高、低阶之分，高阶指针是 AUPTR 管理单元指针，低阶指针是 TUPTR（支路单元指针），TUPTR 的作用类似于 AUPTR，只不过所指示的信息负荷更小一些而已。

任务 3　SDH 映射与同步复用

4.3.1　复用方式

一、SDH 的复用情况

SDH 的复用包括两种情况：一种是低阶的 SDH 信号复用成高阶 SDH 信号；另一种是低速支路信号（例如 2Mbit/s、34Mbit/s、140Mbit/s）复用成 SDH 信号 STM-*N*。

（一）低阶的 SDH 信号复用成高阶 SDH 信号

复用主要通过字节间插复用方式来完成的，复用的个数是 4 个复用成 1 个，即 4×STM-1 可以复用成一个 STM-4，4×STM-4 可以复用成一个 STM-16，依次类推。在复用过程中保持帧频不变（8 000 帧/秒），在进行字节间插复用过程中，各帧的信息净负荷和指针字节按原值进行间插复用，而段开销则会有一些取舍。具体的复用方法在后面会做详细讲述。

（二）低速支路信号复用成 SDH 信号

ITU-T 规定了一整套完整的复用结构（也就是复用路线），通过这些路线可将 PDH 的 3 个系列的数字信号以多种方法复用成 STM-*N* 信号。ITU-T 规定的复用路线如图 4-2 所示。

在这种复用结构中，各种业务信号复用进 STM-*N* 帧的过程都要经历映射（相当于信号打包）、定位（相当于指针调整）、复用（相当于字节间插复用）三个步骤。

尽管一种信号复用成 SDH 的 STM-*N* 信号的路线有多种，但是对于一个国家或地区的复用路线必须唯一化。我国的光同步传输网技术体制规定了以 2Mbit/s 信号为基础的 PDH 系列作为 SDH 的有效负荷，并选用 AU-4 的复用路线，其结构如图 4-3 所示。

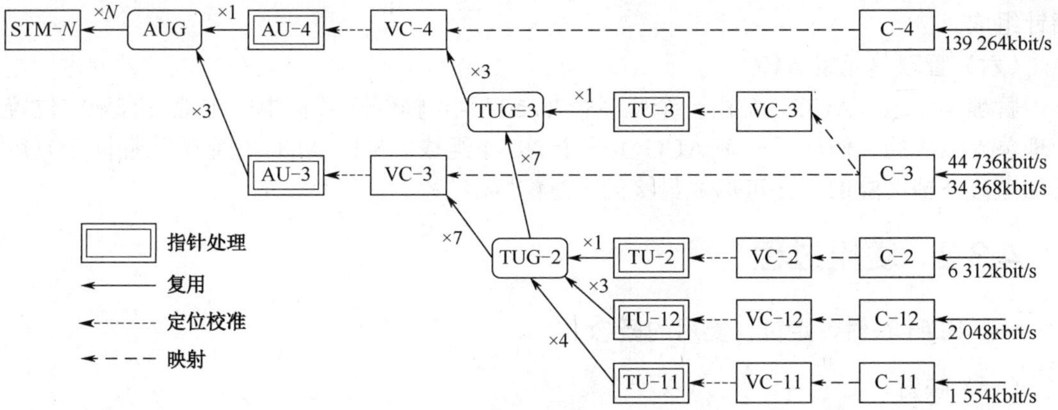

图 4-2　ITU-T 规定的 SDH 复用线路

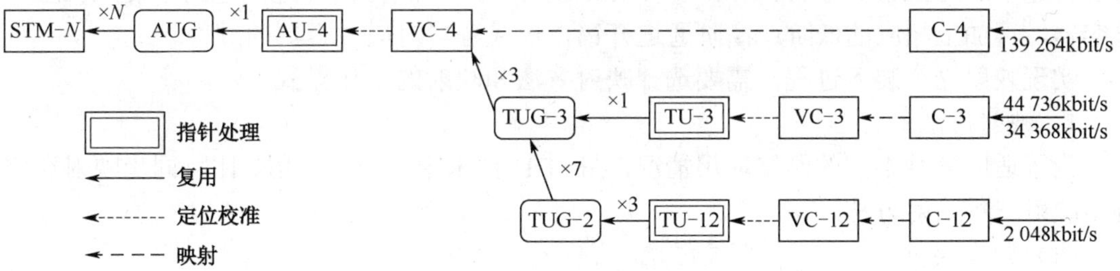

图 4-3　我国的 SDH 复用线路

二、SDH 的基本复用单元

在图 4-2 中可以看到复用线路图中包括了一些基本的复用单元。这些分别是 C —— 容器、VC —— 虚容器、TU —— 支路单元、TUG —— 支路单元组、AU —— 管理单元、AUG —— 管理单元组，复用单元的下标表示与此复用单元相应的信号级别。

（一）容器 C

容器的主要作用就是进行速率调整。用来装载各种速率业务信号的信息结构，主要完成适配功能（例如码速调整），以便让那些最常使用的 PDH 准同步数字信号能够进入有限数目的标准容器中。

（二）虚容器 VC

虚容器内部允许装载来自不同容器的异步净负荷。虚容器这种信息结构在 SDH 网络传输中保持其完整性不变，也就是可将其看成独立的单位（信息包），十分灵活和方便地在通道中任一点插入或分出，或进行同步复用和交叉连接处理。

（三）支路单元 TU

它提供低阶通道层和高阶通道层之间的桥梁，它是高阶通道（高阶 VC）拆分成低阶通道（低阶 VC），或低阶通道复用成高阶通道的中间过渡信息结构。

（四）支路单元组 TUG

支路单元组（TUG）是由一个或多个在高阶 VC 净负荷中固定地占有规定位置的支路单元组成的。

（五）管理单元 AU

管理单元（AU）为高阶通道层和复用段层提供适配功能，它由高阶虚容器和管理单元指针组成。

（六）管理单元组 AUG

管理单元组（AUG）是由一个或多个在 STM-*N* 帧的净负荷中固定地占有规定位置的管理单元组成的。例如，一个 AUG 由一个 AU-4 组成。*N* 个 AUG 按字节间插同步复用后再加上段开销（SOH）便可形成最终的 STM-*N* 帧结构。

4.3.2 复用过程

一、SDH 映射、定位、复用的概念

（一）映射

映射即装入，是一种在 SDH 网络边界处，把支路信号适配进相应虚容器的过程。例如将各种速率的 PDH 信号（140Mb/s、34Mb/s、2Mb/s）先分别经过码速调整装入相应的标准容器，再加上相应的低阶或高阶通道开销，形成各自对应虚容器的过程。

实现映射这个装入过程，需要选择映射方法和映射的工作模式。

1．映射方法

为了适应各种不同的网络应用情况，在 SDH 技术中有异步映射、比特同步映射和字节同步映射三种映射方法。

（1）异步映射

异步映射是一种对映射信号的结构无任何限制（即信号有无帧结构均可），也无须与网络同步（例如 PDH 信号与 SDH 网不完全同步）。仅利用码速调整将信号适配进 VC 的映射方法。

这种映射方法的通用性大，可直接从高速信号（STM-*N*）中分出/插入一定速率级别的低速信号（例如 140Mb/s、34Mb/s、2Mb/s）。因为映射的最基本的不可分割单位是这些低速信号，所以分/插出来的低速信号的最低级别也就是相应的这些速率级别的低速信号。目前我国的 2Mbit/s 和 34Mbit/s PDH 支路信号都采用正/零/负码速调整的异步映射方法，45Mbit/s 和 140Mbit/s 则都采用正码速调整的异步映射方法。

（2）比特同步映射

比特同步映射是一种对支路信号的结构无任何限制，但要求低速支路信号与网络同步，无须通过码速调整即可将低速支路信号打包成相应的 VC 的映射方法。比特同步映射类似于将以比特为单位的低速信号（与网同步）进行比特间插复用进 VC 中，在 VC 中每个比特的位置是可预见的。我国不采用比特同步映射方法。

（3）字节同步映射

字节同步映射是一种要求映射信号具有字节为单位的块状帧结构，并与网络同步，无须任何速率调整即可将信息字节装入 VC 内规定位置的映射方式。因此，这种映射方式可以直接从 STM-*N* 信号中上/下 64kbit/s 或 *N*×64kbit/s 的低速支路信号。我国只在少数将 64kbit/s 交换功能也设置在 SDH 设备中时，2Mbit/s 信号才采用锁定模式的字节同步映射方法。

2．工作模式

SDH 网中映射的工作模式有浮动 VC 和锁定 TU 两种模式。

（1）浮动 VC 模式

浮动 VC 模式是指 VC 净负荷在 TU 帧内的位置不固定，并由 TUPTR 指示 VC 起点位

置的一种工作模式。它采用 TUPTR 和 AUPTR 两层指针来容纳 VC 净负荷与 STM-*N* 帧的频差和相差，引入的信号时延最小（约 10μs）。

在浮动 VC 模式下，VC 帧内可安排相应的 VC POH，因此可进行通道级别的端对端性能监控。三种映射方法都能以浮动 VC 模式工作。前面介绍的映射方法：140Mb/s、34Mb/s、2Mb/s 映射进相应的 VC，就是异步映射浮动模式。

异步映射浮动模式最适用于异步/准同步信号映射，包括将 PDH 信号映射进 SDH 通道的应用，它能直接上/下低速 PDH 支路信号，但是不能直接上/下 PDH 支路中的 64kbit/s 信号。异步映射接口简单，引入映射时延少，可适应各种结构和特性的数字信号，是一种最通用的映射方式，也是 PDH 向 SDH 过渡期内必不可少的一种映射方式。当前各厂家的设备绝大多数采用的是异步映射浮动模式。

浮动字节同步映射接口复杂但能直接上/下 64kbit/s 和 *N*×64kbit/s 信号，主要用于不需要一次群接口的数字交换机互连和两个需直接处理 64kbit/s 和 *N*×64kbit/s 业务的节点间的 SDH 连接。

（2）锁定 TU 模式

锁定 TU 模式是一种信息净负荷与网络同步并处于 TU 帧内固定位置，因此无须 TU PTR 来定位的工作模式。PDH 基群只有比特同步和字节同步两种映射方法才能采用锁定 TU 模式。

通过前面的介绍，可以看出三种映射方法和两类工作模式共可组合成五种映射方式。当前最通用的是异步映射浮动模式。异步映射接口简单，引入映射时延少，可适应各种结构和特性的数字信号，是一种最通用的映射方式，也是 PDH 向 SDH 过渡期内必不可少的一种映射方式。

（二）定位

定位是把 VC-*N* 放进 TU-*N* 或 AU-*N* 中，同时将其与帧参考点的偏差也作为信息结合进去的过程。它依靠支路单元指针和管理单元指针功能加以实现灵活和动态的定位，即在发生相对帧相位偏差使 VC 帧起点浮动时，支路单元指针和管理单元指针值亦随之调整，从而始终保证指针值准确指示 VC 帧的起点。通俗地说，定位是指通过指针调整，使指针的值时刻指向低阶 VC 帧的起点在 TU 净负荷中或高阶 VC 帧的起点在 AU 净负荷中的具体位置，使接收端能据此正确地分离相应的 VC。

（三）复用

复用是一种使多个低阶通道层的信号适配进高阶通道层或把多个高阶通道层信号适配进复用层的过程。复用也就是通过字节交错间插方式把 TU 组织进高阶 VC 或把 AU 组织进 STM-*N* 的过程。由于经过 TU 和 AU 指针处理后的各 VC 支路信号已相位同步，因此该复用过程是同步复用。

二、140Mbit/s 信号到 STM-*N* 的封装过程

（一）140Mbit/s 的 PDH 信号速率适配进 C-4

首先将 140Mbit/s 的 PDH 信号经过正码速调整（比特塞入法）适配进 C-4，C-4 是用来装载 140Mbit/s 的 PDH 信号的标准信息结构。140Mbit/s 的信号装入 C-4 也就相当于将其打了个包封，使 139.264Mbit/s 信号的速率调整为标准的 C-4 速率。C-4 的帧结构是以字节为单位的块状帧，帧频是 8 000 帧/秒，也就是说经过速率适配，139.264Mbit/s 的信号在适配

成 C-4 信号后就已经与 SDH 传输网同步了。这个过程也就是将异步的 139.264Mbit/s 信号装入 C-4。其结构如图 4-4 所示。

C-4 信号的帧有 260 列×9 行（PDH 信号在复用进 STM-*N* 中时，其块状帧总是保持 9 行），那么 E4 信号适配速率后的信号速率（也就是 C4 信号的速率）为

8 000 帧/秒×9 行×260 列×8bit=149.760Mbit/s

所谓对异步信号进行速率适配，其实际含义就是指当异步信号的速率在一定的范围内变动时，通过码速调整可将其速率转换为标准速率。

（二）C-4 映射到 VC-4

为了能够对 140Mbit/s 的通道信号进行监控，在复用过程中要在 C-4 的块状帧前加上一列通道开销字节（高阶通道开销 VC-4 POH），此时信号构成 VC-4 信息结构，如图 4-5 所示。

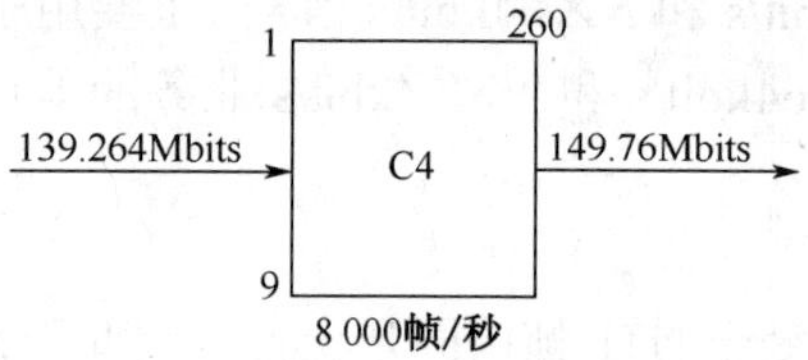

图 4-4　C-4 的帧结构

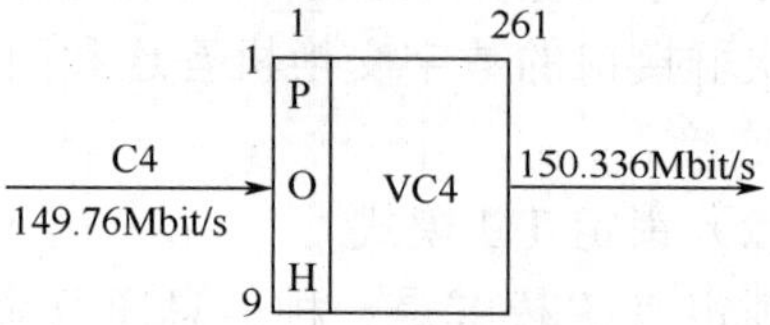

图 4-5　VC-4 的结构

VC-4 是与 140Mbit/s PDH 信号相对应的标准虚容器，此过程相当于对 C-4 信号又打一个包，将对通道进行监控管理的开销（POH）打入包封中去，以实现对通道信号的实时监控和管理。

从高速信号中直接定位上/下的是相应信号的虚容器这个信息包，然后通过打包/拆包来上/下低速支路（PDH）信号。

在将 C-4 打包成 VC-4 时，要加入 9 个开销字节，它们位于 VC-4 帧的第一列，这时 VC-4 的帧结构，就成了 9 行×261 列。STM-*N* 的帧结构中，信息净负荷为 9 行×261×*N* 列，当为 STM-1 时，即为 9 行×261 列，VC-4 其实就是 STM-1 帧的信息净负荷。将 PDH 信号经打包形成容器，再加上相应的通道开销而形成虚容器这种信息结构，这个过程就叫“映射”。

（三）VC-4 到 STM-*N* 的装载

信息被“映射”进入虚容器之后，就可以往 STM-*N* 帧中装载了。装载的位置是其信息净负荷区。在装载虚容器的时候会出现这样一个问题，当被装载的 VC-4 速率和装载它的载体 STM-1 帧的速率不一致时，就会使 VC-4 在 STM-1 帧净荷区内的位置浮动。

SDH 采用在 VC-4 前附加一个管理单元指针（AUPTR）来解决这个问题。此时信号包由 VC-4 变成了管理单元 AU-4 这种信息结构，如图 4-6 所示。

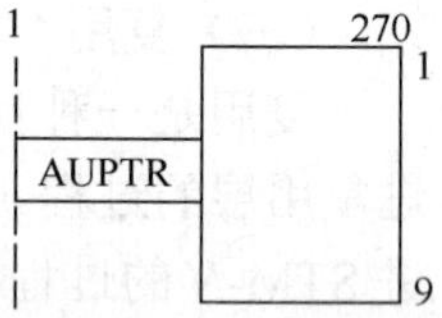

图 4-6　AU-4 的结构

AU-4 这种信息结构与 STM-1 帧结构相比，只不过缺少段开销（SOH）而已。只要将 VC-4 信息包再加 9 个字节的管理单元指针即可构成 AU-4，AU-4 再加上段开销就形成 STM-1 帧结构。

管理单元指针的作用是指明高阶虚容器在 STM-*N* 帧中的位置，也就是说指明虚容器信息包在 STM-*N* 车箱中的具体位置。通过指针的作用，允许高阶虚容器在 STM-*N* 帧内浮动，

也就是说允许 VC-4 和 AU-4 有一定的频差和相差。这种差异性不会影响接收端正确地辨认和分离 VC-4。尽管 VC-4 在信息净负荷区内“浮动”，但是管理单元指针本身在 STM-*N* 帧内的位置是固定的，不在净负荷区，而是在段开销的中间。这就保证了接收端能准确地找到管理单元指针，进而通过其定位 VC-4 的位置，进而从信号中分离出 VC-4。

一个或多个在 STM-*N* 帧内占用固定位置的 AU-4 组成 1 个管理单元组（AUG）。

将 AU-4 加上相应的段开销合成完整的 STM-1 帧信号，而后 *N* 个 STM-1 信号通过字节间插复用形成 STM-*N* 帧信号。

三、34Mbit/s 信号到 STM-*N* 的封装过程

（一）34Mbit/s 信号到 TUG-3 的过程

PDH 的 34Mbit/s 的支路信号先经过码速调整将其适配到标准容器 C-3 中，然后加上相应的通道开销，形成 VC-3，此时的帧结构是 9 行×85 列。为了便于接收端辨认 VC-3，以便能将它从高速信号中直接拆离出来，在 VC-3 的帧前面加了 3 个字节（H1～H3）的指针形成支路单元指针（TUPTR），管理单元指针是 9 个字节，而 TU-3 的指针仅占 H1、H2、H3 三个字节，如图 4-7 所示，此时的信息结构是支路单元 TU-3。

TUPTR 用以指示低阶 VC 的首字节在支路单元 TU 中的具体位置。这与 AUPTR 的作用很相似，AUPTR 是指示 VC-4 起点在 STM-*N* 帧中的具体位置。在图 4-7 中的 TU-3 的帧结构中，余下的 6 个字节都填充有信息（R），形成如图 4-8 所示的帧结构，这就是 TUG-3 支路单元组。

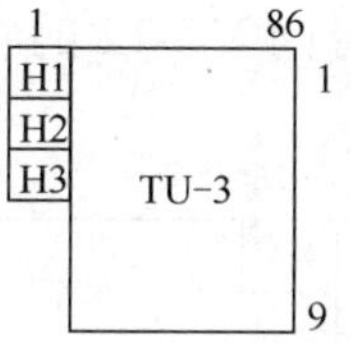

图 4-7　TU-3 的结构

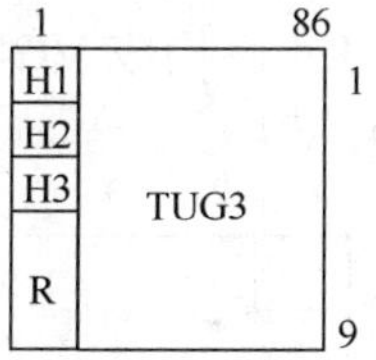

图 4-8　TUG-3 的结构

（二）TUG-3 复用到 VC-4 的过程

三个 TUG-3 通过字节间插复用方式，复合形成 C-4 信号结构，复合的结果如图 4-9 所示。3 个 TUG3 通过字节间插复用方式复合后的信息结构是 9 行×258 列的块状帧结构，而 C4 是 9 行×260 列的块状帧结构。于是在 3×TUG3 的合成结构前面加上 2 列塞入比特，使其成为 C4 的信息结构。

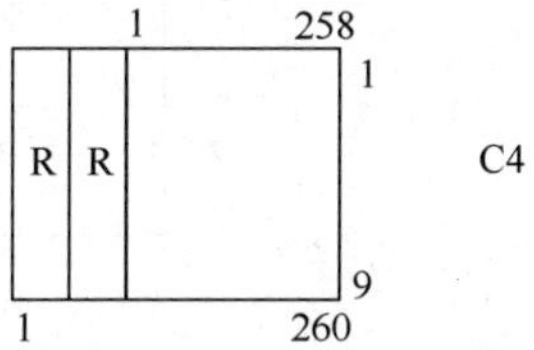

图 4-9　C-4 的结构

（三）VC-4 到 STM-*N* 的装载

剩下的工作就是将 C4 装入 STM-*N* 中去了，过程与前面所讲的将 140Mbit/s 信号复用进 STM-*N* 信号的过程类似：C4→VC4→AU-4→AUG→STM-*N*，大家可以自行完成。

四、2Mbit/s 信号到 STM-*N* 的封装过程

（一）C-12 的帧结构

将异步的 2Mbit/s PDH 信号经过正/零/负速率调整装载到标准容器 C12 中，为了便于速率的适配采用了复帧的概念，将 4 个 C12 基帧组成一个复帧。C12 的基帧帧频也是 8 000 帧/秒，其复帧的帧频就是 2 000 帧/秒。

例如，E1 速率是 2.046Mbit/s 时，那么将此信号装入 C12 基帧时平均每帧装入的比特数是（2.046×10^6bit/秒）/（8 000 帧/秒）=255.75bit 有效信息，比特数不是整数，无法进行装入。若此时取 4 个基帧为一个复帧，那么正好一个复帧装入的比特数为（2.046×10^6bit/秒）/（2 000 帧/秒）=1 023bit，可在前三个基帧中每帧装入 256bit（32 字节）有效信息，在第 4 帧装入 255bit 的有效信息，这样就可将此速率的 E1 信号完整地适配进 C12 容器中。其中第 4 帧中所缺少的 1 个比特是填充比特。C12 基帧结构是 34 个字节带缺口的块状帧，4 个基帧组成一个复帧，C12 复帧结构如图 4-10 所示。

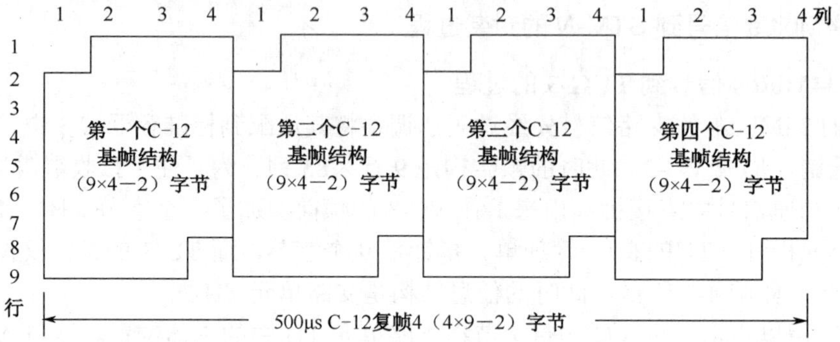

图 4-10　C-12 复帧结构

（二）C-12 装入 VC-12

在 C-12 复帧中的每个 C-12 基本帧前分别依次插入低阶通道开销（VC-12 POH）字节 V5、J2、N2、K4 就构成 VC-12 复帧，完成了 2.048Mb/s 信号向 VC-12 的映射，如图 4-11 所示。

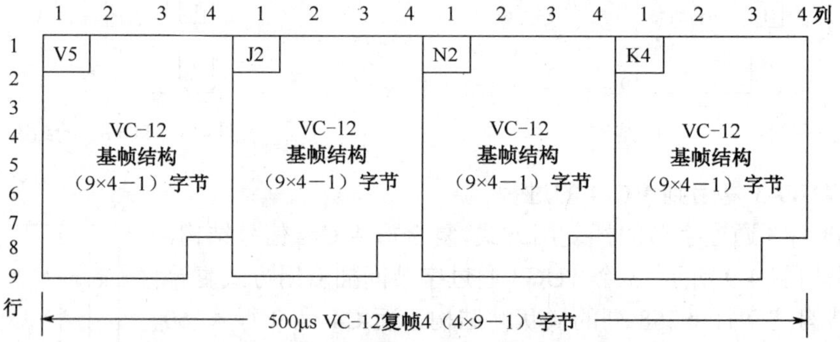

图 4-11　2.048Mb/s 支路信号的异步映射

（三）VC-12 复用到 TUG-3

为了使接收端能正确定位 VC-12 的帧，在复帧的 4 个缺口上再加上 4 个字节（V1～V4）的开销，这就形成了 TU-12 信息结构（完整的 9 行×4 列）。V1～V4 就是 TUPTR，它指示复帧中第一个 VC-12 的首字节在 TU-12 复帧中的具体位置。3 个 TU-12 经过字节间插复用合成 TUG-2，此时的帧结构是 9 行×12 列。7 个 TUG-2 经过字节间插复用合成 TUG-3 的信息结构。在 7 个 TUG-2 合成的信息结构前加入 2 列固定塞入比特，满足 TUG-3 的信息结构 9 行×86 列，如图 4-12 所示。

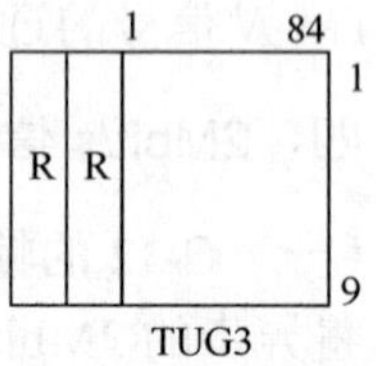

图 4-12　TUG-3 的信息结构

TUG-3 信息结构再复用进 STM-*N* 中的步骤与前面所讲的一样，大家可以自行完成。

从 2Mbit/s 复用进 STM-*N* 信号的复用步骤可以看出 3 个 TU-12 复用成一个 TUG-2，7 个 TUG-2 复用成 1 个 TUG-3，3 个 TUG-3 复用进 1 个 VC-4，1 个 VC-4 复用进 1 个 STM-1，也就是说 2Mbit/s 的复用结构是 3×7×3 结构，如图 4-13 所示。

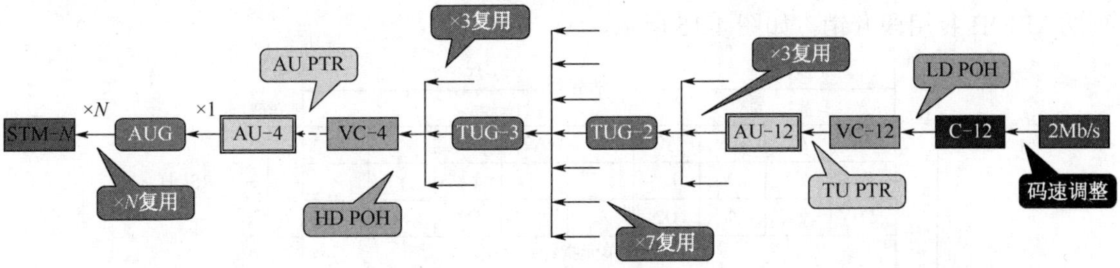

图 4-13　2M 映射复用过程

由于复用的方式是按字节间插，所以在一个 VC-4 中的 63 个 VC-12 的排列方式不是顺序来排列的。第一个 TU-12 的序号和紧跟其后的 TU12 的序号相差 21。计算同一个 VC-4 中不同位置 TU-12 的序号的公式：

VC-12 序号＝TUG-3 编号+（TUG-2 编号−1）×3+（TU-12 编号−1）×21

TU-12 的位置在 VC-4 帧中相邻是指 TUG-3 编号相同，TUG-2 编号相同，而 TU-12 编号相差为 1 的两个 TU-12。排列方式如图 4-14 所示。

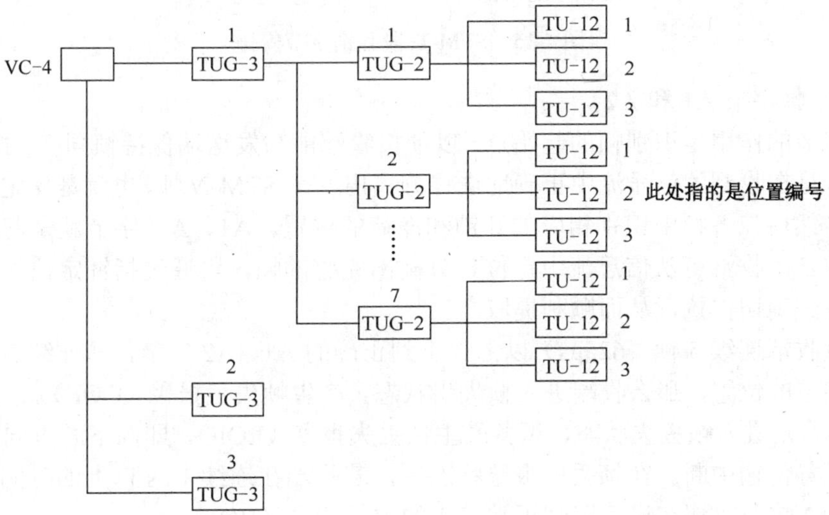

图 4-14　VC-4 中 TUG-3、TUG-2、TU-12 的排列结构

4.3.3　SDH 的开销

开销是开销字节或开销比特的统称，指帧结构中除了承载业务信息（净荷）以外的其他字节。开销用于支持传输网的运行、管理和维护（OAM）。开销的功能是实现 SDH 的分层监控管理，而 SDH 的 OAM 可分为段层和通道层监控。段层的监控又分为再生段层和复用段层的监控、通道层监控可分为高阶通道层和低阶通道层的监控。由此实现了对 STM-*N* 分层的监控。

一、SDH 的段开销

STM-*N* 帧的段开销位于帧结构的（1～9）行×（1～9*N*）列（其中第 4 行为 AUPTR 除外）。我们以 STM-1 信号为例来讲述段开销中各字节的用途，对于 STM-1 信号，段开销包括位于帧中的（1～3）行×（1～9）列的 RSOH 再生段开销和位于（5～9）行×（1～9）列的 MSOH 复用段开销，如图 4-15 所示。

9字节；9行

A1	A1	A1	A2	A2	A2	J0	×*	×*	RSOH
B1	△	△	E1	△		F1	×	×	RSOH
D1	△	△	D2	△		D3			RSOH
管理单元指针									
B2	B2	B2	K1			K2			MSOH
D4			D5			D6			MSOH
D7			D8			D9			MSOH
D10			D11			D12			MSOH
S1				M1	E2	×	×		MSOH

△　为与传输介质有关的特征字节（暂用）
×　为国内使用保留字节
*　为不扰码国内使用字节
所有未标记字节待将来国际标准确定（与介质有关的应用，附加国内使用和其他用途）

图 4-15　STM-1 段开销字节安排

（一）定帧字节 A1 和 A2

定帧字节的作用是识别帧的起始点，以便接收端能与发送端保持帧同步。接收 SDH 码流的第一步是在收到的信号流中正确地选择分离出各个 STM-*N* 帧，也就是先定位每个帧的起始位置，然后在各帧中识别相应的开销和净荷的位置。A1、A2 字节就是起这种定帧的作用。通过它，收端可从信息流中定位、分离出完整的帧，再通过指针定位找到该帧中某一个信息包的确切位置，从而顺利提取之。

如果接收端连续 5 帧（625μs）以上收不到正确的 A1、A2 字节，即连续 5 帧以上无法判定出帧字节的位置，那么收端进入帧失步状态，产生帧失步报警（OOF）。若帧失步报警持续了 3ms，则进入帧丢失状态，设备产生帧丢失报警（LOF），即向下游方向发送 AIS 信号，整个业务传输中断。在帧丢失报警状态下，若收端在连续 1ms 以上的时间内又收到正确的 A1、A2 字节，那么设备回到正常工作的定帧状态（IF）。

（二）再生段踪迹字节：J0

该字节用于确定再生段是否正确连接。该字节用来重复地发送“段接入点识别符”，接收端能据此确认与指定的发送端处于持续的连接状态。

若收到的值与所期望的值不一致，则产生再生段踪迹标识失配报警（RS-TIM）。在同一个运营者的网络内该字节可为任意字符，而在不同两个运营者的网络边界处要使设备收、发两端的 J0 字节相同。通过 J0 字节可使运营者提前发现和解决故障，缩短网络恢复时间。

（三）数据通信通路（DCC）字节：D1～D12

SDH 系统这些用于运行、管理和维护的数据是通过帧中的 D1～D12 字节传送的。D1～

D12 字节构成数据通信通路（DCC）信道。数据通信通路作为嵌入式控制通路（ECC）的物理层，在网元之间传输操作、管理和维护信息，构成 SDH 管理网（SMN）的传送通路。其中，D1～D3 字节是再生段数据通路（DCCR），速率为 3×64kbit/s＝192kbit/s，用于再生段终端间传送信息；D4～D12 字节是复用段数据通路（DCCM），其速率为 9×64kbit/s=576kbit/s，用于在复用段终端间传送信息。数据通信通路的传输速率总计为 768kbit/s，它们为 SDH 网络管理提供了强大的专用数据通信通路。

（四）公务联络字节：E1 和 E2

E1 和 E2 分别提供一个 64kbit/s 的公务联络语音通道，语音信息放入这两个字节中传输。E1 属于再生段开销，用于再生段的公务联络。E2 属于复用段开销，用于复用段终端间直达公务联络。

（五）使用者通路字节：F1

F1 提供速率为 64kbit/s 的数据/语音通路，保留给使用者（通常指网络提供者）用于特定维护目的的公务联络，或可通 64kbit/s 专用数据。

（六）比特间插奇偶校验 8 位码 BIP-8：B1

B1 字节是用于再生段层误码监测的（B1 位于再生段开销中第 2 行第 1 列）。

（七）比特间插奇偶校验 *N*×24 位的（BIP-*N*×24）字节：B2

B2 字节检测的是复用段层的误码情况。

（八）复用段远端误码块指示（MS-REI）字节：M1

M1 字节载荷的是误码对告信息，由接收端回送给发送端。M1 字节用来传送接收端由 B2 字节所检出的误块数，并在发送端当前性能管理中上报 B2 远端背景误码块（B2-FEBBE），发送端据此了解接收端的收信误码情况。

（九）自动保护倒换（APS）通路字节：K1、K2（b1～b5）

K1、K2（b1～b5）字节用作传送自动保护倒换（APS）信息，支持设备在故障时进行自动切换，使网络业务能够自动恢复（自愈），其专门用于复用段自动保护倒换。

（十）复用段远端失效指示（MS-RDI）字节：K2（b6～b8）

K2 字节的 b6～b8 这 3 个比特用于传输复用段远端报警的反馈信息，由接收端（信宿）回送给发送端（信源），表示接收端检测到接收方向故障或收到复用段报警指示信号。也就是说当接收端收信劣化时，由这 3 个比特向发送端发送报警信号，以使发端知道收端的接收状况。

接收机接收信号失效或接收到信号中的 K2 字节 b6～b8 为“111”时，表示接收到复用段报警指示信号（MS-AIS），接收机认为接收到无效净荷，并向终端发送全“1”信号。复用段远端缺陷指示（MS-RDI）用于向发送侧回送一个指示，表示收端已检测到上游段（比如再生段）失效或收到 MS-AIS。复用段远端缺陷指示用 K2 字节在扰码前的 b6～b8 位插入“110”码来产生。

（十一）同步状态字节：S1（b5～b8）

SDH 复用段开销利用 S1 字节的 b5～b8 传输 ITU-T 规定的不同时钟质量级别，以使设备据此判定接收到的时钟信号的质量，从而决定是否切换时钟源，即切换到较高质量的时钟源上。S1 字节如图 4-16 所示，S1（b5～b8）的值越小，表示相应的时钟质量级别越高。

在 SDH 的开销进行复用时，*N* 个 STM-1 帧通过字节间插复用成 STM-*N* 帧，但段开销的复用并非是简单的字节间插，除段开销中的 A1、A2、B2 字节是按字节交错间插复用进入 STM-*N* 外，其他字节只保留第一个 STM-1 的开销字节，再重新插入 STM-*N* 帧中。

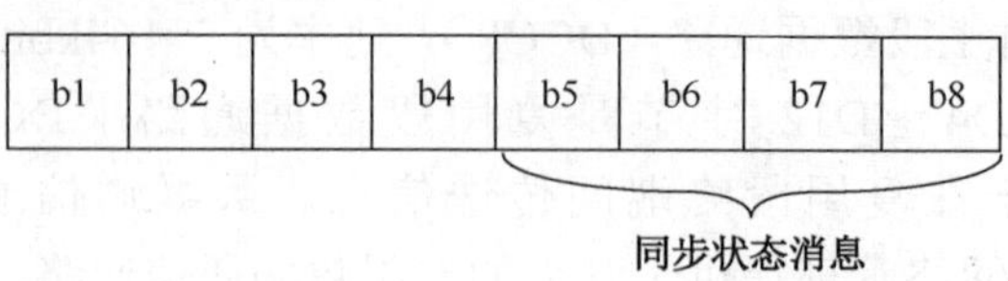

图 4-16　S1 字节的内容

二、SDH 的通道开销

通道开销负责的是通道层的运行、管理和维护功能。这就是所谓的 SDH 分层管理。通道开销又分为高阶通道开销（HPOH）和低阶通道开销（LPOH）。高阶通道开销是对 VC-4 级别的通道进行监测，可对 140Mbit/s 在 STM-*N* 帧中的传输情况进行监测。低阶通道开销则是完成 VC-12 通道级别的运行、管理和维护功能，也就是监测 2Mbit/s 在 STM-*N* 帧中的传输性能。

（一）高阶通道开销

高阶通道开销的位置在 VC-4 帧中的第 1 列，共 9 个字节，如图 4-17 所示。

J1	高阶通道踪迹字节
B3	高阶通道误码监视BIP-8字节
C2	高阶通道信号标记字节
G1	通道状态字节
F2	高阶通道使用者通路字节
H4	位置指示字节
F3	高阶通道使用者通路字节
K3	自动保护倒换（APS）通路，备用字节
N1	网络运营者字节　　VC-3 或 VC-4

图 4-17　高阶通道开销的结构

1．通道踪迹字节：J1

J1 用来重复发送高阶通道接入点标识符，使通道接收端能据此确认与指定的发送端处于持续连接状态，即该通道处于持续连接状态。要求收发两端 J1 字节相匹配。J1 字节可按需要进行重新设置与更改。

2．B3：高阶通道误码监视字节（BIP-8）

B3 字节负责监测 VC-4 在传输中的误码性能，即监测 140Mbit/s 的信号在传输中的误码性能。监测原理与 B1、B2 相类似，只不过 B3 是对 VC-4 帧进行 BIP-8 校验。

3．C2：信号标记字节

C2 用来指示 VC 帧的复接结构和信息净负荷的性质，如通道是否已装载、所载业务种类和它们的映射方式。例如 C2=00H 表示这个 VC-4 通道未装载信号。C2=02H，表示 VC-4

所装载的净荷是按 TUG 结构的复用路线复用来的，我国的 2Mbit/s 复用进 VC-4 采用的是 TUG 结构。

4．通道状态字节：G1

G1 用来将通道终端状态和性能情况回送给 VC-4 通道源设备，从而允许在通道的任一端或通道中任一点对整个双向通道的状态和性能进行监视。G1 字节实际上传送对告信息，即由收端向发端回传信息，使发端能据此了解收端接收相应 VC-4 通道信号的情况，如图 4-18 所示。

1	2	3	4	5	6	7	8
远端误码块 REI				远端报警 RDI	保留		备用

图 4-18　G1 字节各比特安排

G1 字节的 b1～b4 用于回传给发端由 B3（BIP-8）检测 VC-4 通道的误码块数，也就是高阶通道的误码指示（HP-REI）。当收端收到报警指示信号（AIS）、误码超限、J1，C2 失配时，由 G1 字节的第 5 比特回送发端一个高阶通道远端缺陷指示（VC4-RDI），使发端了解收端接收相应 VC-4 的状态，以便及时发现和定位故障。

G1 字节的 b6 和 b7 比特留作选用比特。如果不用，应将其置为“00”或“11”。如果使用，则由产生 G1 字节的路径源段自行处理，建议参考表 4-2。

表 4-2　G1（b5～b7）代码和解释

b5 b6 b7	意　义	引 发 条 件
0 0 0	无远端缺陷	无缺陷
0 0 1	无远端缺陷	无缺陷
0 1 0	远端净荷缺陷	LCD（注 1）
0 1 1	无远端缺陷	无缺陷
1 0 0	远端缺陷	AIS、LOP、TIM、UNEQ（或 PLM、LCD）（注 1）
1 0 1	远端服务器缺陷	AIS、LOP（注 3）
1 1 0	远端连接缺陷	TIM、UNEQ
1 1 1	远端缺陷	AIS、LOP、TIM、UNEQ（或 PLM、LCD）（注 1）

注 1　表中缩语的含义：AIS：报警指示信号，LCD：信元图案丢失，LOP：指针丢失，PLM：净荷失配，TIM：路径识别失配，UNEQ：未装载信号。

5．TU 位置指示字节：H4

H4 字节指示有效负荷的复帧类别和净负荷的位置，作为 TU-12 复帧指示字节，或 ATM 净负荷进入一个 VC-4 时的指示器。

当 PDH 的 2Mbit/s 信号复用进 VC-4 时，H4 字节起位置指示作用。因为 2Mbit/s 的信号装进 C-12 时是以 4 个基帧组成一个复帧的形式装入的，在收端为了准确定位分离出 E1 信号就必须知道当前的基帧是复帧中的第几个基帧。H4 字节就是指示当前的 TU-12（VC-12/C-12）是当前复帧的第几个基帧，起着位置指示的作用。

H4 字节的范围是 01H～04H，若接收端收到的 H4 不在此范围内，则会产生一个支路单元复帧丢失报警（TU12-LOM）发向发端。

6．自动保护倒换通道：K3

K3 字节的 b1～b4 用于传送高阶通道保护倒换（APS）指令。

7．网络运营者字节：N1

用于高阶通道的串联连接监视功能。

（二）低阶通道开销

低阶通道开销指的是 VC-12 中的通道开销，监控的是 VC-12 通道级别的传输性能，也就是监控 2Mbit/s 的 PDH 信号随 STM-*N* 帧传输的情况。

如图 4-19 所示，显示了一个 VC-12 的复帧结构，由 4 个 VC-12 基帧组成，低阶通道开销就位于每个 VC-12 基帧的首字节，一组低阶通道开销共有 4 个字节：V5、J2、N2、K4。

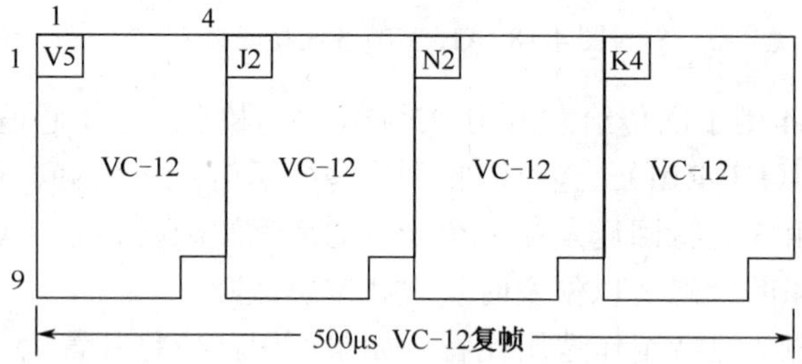

图 4-19　低阶通道开销结构

1．通道状态和信号标记字节：V5

V5 是 TU-12 复帧的第一个字节，支路单元指针指示 VC-12 复帧的起点在 TU-12 复帧中的具体位置，也就是 V5 字节在 TU-12 复帧中的具体位置。

V5 具有误码检测、信号标记和 VC-12 通道状态显示等功能，因此 V5 字节具有与高阶通道开销 G1 和 C2 两个字节类似的功能。若收端通过 BIP-2 检测到误码块，则在本端性能事件 V5 背景误码块（V5-BBE）中显示出由 BIP-2 检测出的误码块数。同时，由 V5 的 b3 回送给发端 V5 远端误块指示（V5-FEBBE）。这时，可在发端性能事件中显示出相应的误块数。V5 的 b8 是 VC-12 通道远端失效指示，当收端收到 TU-12 的报警指示信号，或信号失效条件时，回送给发端 1 个低阶通道远端缺陷指示（VC12-RDI）信号。

当失效条件持续期超过了传输系统保护机制设定的门限时，缺陷转变为故障。这时，收端通过 V5 的 b4 回送给发端一个低阶通道远端故障指示（VC12-RFI）信号，表示发端到收端的相应 VC-12 通道出现故障。

b5～b7 提供信号标记功能，只要收到的值不是 0 就表示 VC-12 通道已装载，即 VC-12 容器不是空载。若 b5～b7 为 000，表示 VC-12 未装载。这时收端设备出现低阶通道未装载（VC12-UNEQ）报警。若收发两端 V5 的 b5～b7 不匹配，则接收端出现低阶通道信号标记失配（VC12-SLM）报警。

2．VC-12 通道踪迹字节：J2

J2 的作用类似于 J0、J1，它被用来重复发送收发两端商定的低阶通道接入点标识符，使接收端能据此确认与发送端在此通道上处于持续连接状态。

3．网络操作者字节 N2

N2 字节用于特定的管理目的。

4．自动保护倒换通道：K4

K4 的 b1～ b4 比特用于通道保护，b5～b7 比特是增强型低阶通道远端缺陷指示，b8 为备用比特。

4.3.4 SDH 的指针

一、指针的概念

指针是一种指示符，起到定位的作用，通过指针使收端能准确地从 STM-*N* 码流中拆离出相应的 VC 容器，进而通过拆分容器分离出 PDH 低速信号，即能实现从 STM-*N* 信号中直接拆分出低速支路信号的功能。

（一）指针的作用

（1）当网络处于同步工作状态时，指针用于进行同步的信号之间的相位校准。

（2）当网络失去同步时，指针用作频率和相位校准。当网络处于异步工作时，指针用作频率跟踪校准。

（3）指针还可以用来容纳网络中的相位抖动漂移。

（二）指针的类型

指针有两种 AUPTR 和 TUPTR，分别进行高阶 VC（这里指 VC-4）和低阶 VC（这里指 VC-12）在 AU-4 和 TU-12 中的定位。

二、管理单元指针的位置

AU-PTR 的位置在 STM-1 帧的第 4 行 1～9 列共 9 个字节，用以指示 VC-4 的首字节 J1 在 AU-4 净负荷的具体位置，以便接收端能据此准确分离 VC-4，如图 4-20 所示。

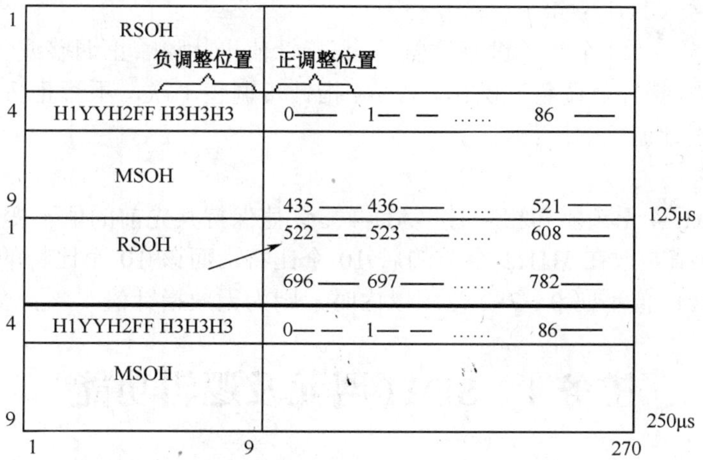

图 4-20　AU-PTR 在 STM-1 帧中的位置

管理单元指针由 H1YYH2FFH3H3H3 九个字节组成，Y＝1001SS11，其中 S 比特未规定具体的值，F＝11111111。指针的值放在 H1、H2 两字节的后 10 个 bit 中。AU-4 的指针调整，每调整 1 步为 3 个字节，它表示每当指针值改变 1，VC-4 在净荷区中的位置就向前或往后跃变了 3 个字节。

为了便于定位 VC-4 在 AU-4 净负荷中的位置，给每个调整单位（3 个字节）赋予一个位置值，规定将紧跟第三个 H3 字节之后的那 3 个字节（一个调整单位）位置值设为 0，然后依次后推。这样一个 AU-4 净负荷区就有 261×9/3＝783 个位置值，而 AUPTR 指的就是 J1 字节所在 AU-4 净负荷的某一个位置的值。显然，AUPTR 的范围是 0～782。

三、指针调整

（一）负调整

当 VC-4 的速率（帧频）高于 AU-4 的速率（帧频）时，此时将 3 个 H3 字节（一个调整步长）的位置用来存放信息；紧跟着 FF 两字节的 3 个 H3 字节所占的位置叫作负调整位置。这 3 个 H3 字节就像货车临时加挂的一个备份车厢，可以缓冲一下运送能力不足的矛盾。这时下一个 VC-4 在下一个 AU-4 净荷中的位置就向前跳动了 1 步（3 个字节），相应的指针值就减少 1。这就实现了 1 次指针负调整。当指针值等于 0 时，再减 1 即为 782。

（二）正调整

当 VC-4 的速率低于 AU-4 的速率时，可在净荷区内靠着 3 个 H3 字节处再插入 3 个字节的塞入比特，填充伪随机信息。这可插入 3 个字节塞入比特的位置叫作正调整位置。这时 VC-4 的首字节就要向后退 1 个步长（3 字节），于是下一个 VC-4 在下一个 AU-4 净荷中的位置就往后跳动了 1 步（3 个字节）。随着指针值就增加 1，这就实现了 1 次指针正调整。当指针值等于 782 时，再加 1 即为 0。

（三）正负调整

不管是正调整和负调整都会使 VC-4 在 AU-4 的净负荷中的位置发生改变，也就是说 VC-4 首字节在 AU-4 净负荷中的位置发生了改变。这时 AU 指针值也会做出相应的正、负调整。AUPTR 的范围是 0～782，否则为无效指针值，当收端连续 8 帧收到无效指针值时，设备即产生 AU 指针丢失报警（AU4-LOP），触发高阶报警指示信号（AU4-AIS），并往下插送 AIS 报警信号（TU12-AIS）。

正/负调整是按每次 1 个步长进行调整的，那指针值也就随着正调整或负调整进行+1（指针正调整）或－1（指针负调整）操作。AU-4 指针每调整 1 次，不管正负，至少有 3 个后续帧不允许再做指针调整的操作。

（四）无调整

当 VC-4 与 AU-4 无频差和相差时，AU-4 指针值保持其先前的值不变。

AU-4 的指针值是放在 H1H2 字节的后 10 个比特，而该 10 个比特的取值范围是 0～1 023，当 AUPTR 的值不在 0～782 范围以内时，则为无效指针值。

任务 4　SDH 网元及逻辑功能

4.4.1　SDH 网络常见网元

SDH 传输网是由不同类型的网元设备通过光缆线路的连接组成的，通过不同的网元完成 SDH 网的传送功能：上/下业务、交叉连接业务、网络故障自愈等。

SDH 网络常见网元有终端复用器（TM）、分/插复用器（ADM）、再生中继器（REG）、数字交叉连接设备（DXC）。

一、终端复用器（TM）

TM 终端复用器位于网络的终端站点上，例如一条链的两个端点上，它是具有两个侧面的设备，如图 4-21 所示。

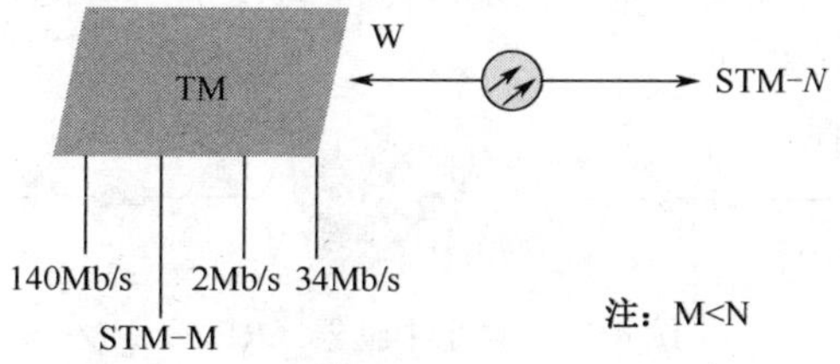

图 4-21　终端复用器（TM）

它的作用是将支路端口的低速信号复用到线路端口的高速信号 STM-*N* 中，或从 STM-*N* 的信号中分出低速支路信号。请注意它的线路端口输入/输出一路 STM-*N* 信号，而支路端口却可以输出/输入多路低速支路信号。在将低速支路信号复用进 STM-*N* 帧（将低速信号复用到线路）时，有一个交叉的功能。例如，可将支路的一个 STM-1 信号复用进线路上的 STM-16 信号中的任意位置上，也就是指复用在 1～16 个 STM-1 的任一个位置上。将支路的 2Mbit/s 信号可复用到一个 STM-1 中 63 个 VC-12 的任一个位置上去。

二、分/插复用器（ADM）

ADM 分/插复用器用于 SDH 传输网络的转接站点处，例如链的中间节点或环上节点，是 SDH 网上使用最多、最重要的一种网元设备，它是一种具有三个侧面的设备，如图 4-22 所示。

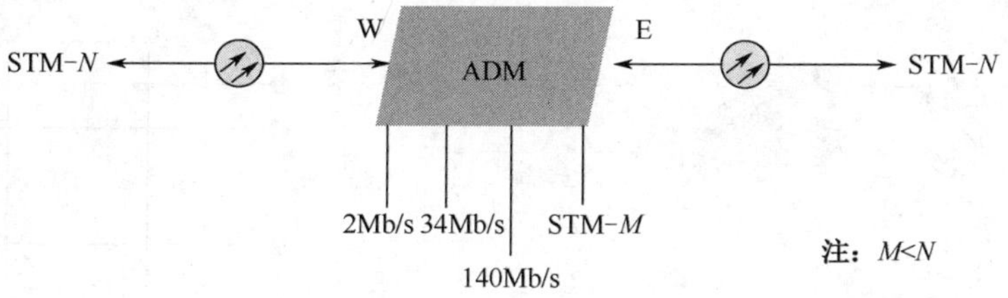

图 4-22　分/插复用器（ADM）

ADM 有两个线路侧面和一个支路侧面。两个线路侧面，分别接一侧的光缆（每侧收/发共两根光纤），为了描述方便我们将其分为西（W）向、东（E）向两侧线路端口。ADM 的支路侧面连接的都是支路端口，这些支路端口信号都是从线路侧 STM-*N* 中分离得到的和将要插入到 STM-*N* 线路码流中去的“落地”业务。因此，ADM 的作用是将低速支路信号交叉复用进东或西向线路上去，或从东或西侧线路端口接收的线路信号中拆分出低速支路信号。另外，还可将东/西向线路侧的 STM-*N* 信号进行交叉连接，例如将东向 STM-16 中的 3#STM-1 与西向 STM-16 中的 15#STM-1 相连接。

ADM 是 SDH 最重要的一种网元设备，它可等效成其他网元，即能完成其他网元设备的功能。例如，一个 ADM 可等效成两个 TM 设备。

三、再生中继器（REG）

REG 的最大特点是不上下（分/插）电路业务，只放大或再生光信号。SDH 光传输网中的再生中继器有两种，一种是纯光的再生中继器，主要对光信号进行功率放大以延长光传输距离；另一种是用于脉冲再生整形的电再生中继器，主要通过光/电变换、电信号抽样、判决、再生整形、电/光变换，消除积累的线路噪声，保证线路上传送信号波形的完好性。在此介绍的是后一种再生中继器，REG 是双侧面的设备，每侧与一个线路端口——W、E 相接，如图 4-23 所示。

图 4-23　再生中继器（REG）

它的作用是将 W/E 侧的光信号经 O/E、抽样、判决、再生整形、E/O 在 E 或 W 侧发出。REG 与 ADM 相比仅少了支路端口，所以 ADM 若本地不上/下话路（支路不上/下信号）时完全可以等效一个 REG。

真正的 REG 只需处理 STM-*N* 帧中的 RSOH，且不需要交叉连接功能（W—E 直通即可），而 ADM 和 TM 因为要完成将低速支路信号分/插到 STM-*N* 中，所以不仅要处理 RSOH，而且还要处理 MSOH。另外，ADM 和 TM 都具有交叉复用能力（有交叉连接功能），因此用 ADM 来等效 REG 有点儿大材小用了。

四、数字交叉连接设备（DXC）

数字交叉连接设备 DXC 完成的 STM-*N* 信号的交叉连接功能，是一个多端口器件，实际上相当于一个交叉矩阵，完成各个信号之间的交叉连接，如图 4-24 所示。

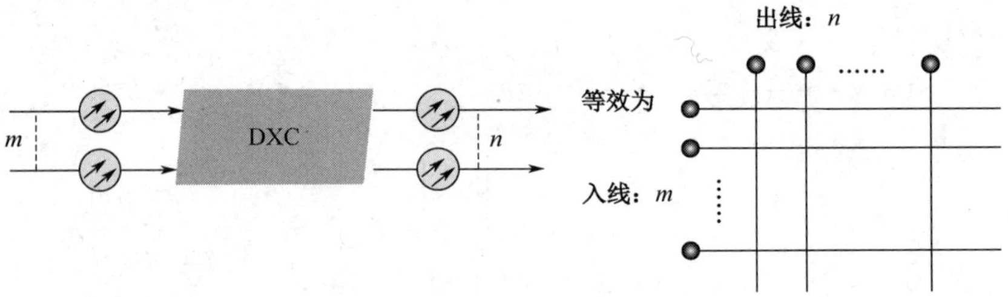

图 4-24　数字交叉连接设备（DXC）

DXC 可将输入的 *m* 路 STM-*N* 信号交叉连接到输出的 *n* 路 STM-*N* 信号上，图 4-24 表示有 *m* 条输入光纤和 *n* 条输出光纤。DXC 的核心功能是交叉连接，功能强的 DXC 能完成高速（例 STM-16）信号在交叉矩阵内的低级别交叉（例如 VC-4 和 VC-12 级别的交叉）。

通常用 DXC*m*/*n* 来表示一个 DXC 的类型和性能（$m \geqslant n$），*m* 表示可接入 DXC 的最高速率等级，*n* 表示在交叉矩阵中能够进行交叉连接的最低速率级别。*m* 越大表示 DXC 的承载容量越大，*n* 越小表示 DXC 的交叉灵活性越大。数字 0 表示 64kbit/s 电路速率，数字 1，2，3，4 分别表示 PDH 体制中的 1～4 次群速率，其中 4 也代表 SDH 体制中的 STM-1 等级，数字 5 和 6 分别代表 SDH 体制中的 STM-4 和 STM-16 等级。例如 DXC1/0 表示接入端口的最高速率为 PDH 一次群信号，而交叉连接的最低速率为 64kbit/s。DXC4/1 表示接入端口的最高速率为 STM-1，而交叉连接的最低速率为 PDH 一次群信号。

五、SDH 网元的连接

SDH 网中不含交换设备，它只是交换局之间的传输手段。SDH 网的基本网络单元有终端复用器（TM）、分插复用器（ADM）、再生中继器（REG）和数字交叉连接设备（DXC）等，其功能各异，但都有统一的标准光接口，能够在光路上实现横向兼容。

几种基本网络单元在 SDH 网中的连接方法之一如图 4-25 所示。图中标出了实际系统组成中的再生段、复用段和通道。

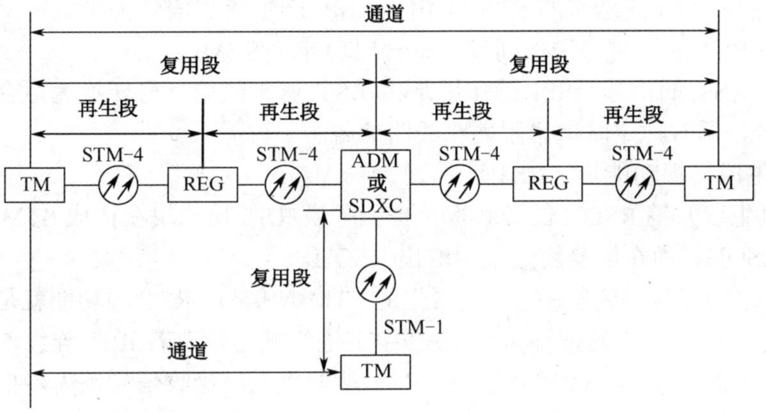

图 4-25　基本网络单元在 SDH 网中的应用

4.4.2　SDH 设备的逻辑功能

SDH 网要求不同厂家的产品实现横向兼容，为此，ITU-T 采用功能参考模型的方法对 SDH 设备进行规范，它将设备所应完成的功能分解为各种基本的标准功能块，功能块的实现与设备的物理实现无关，不同的设备由这些基本的功能块灵活组合而成，以完成设备不同的功能。通过基本功能块的标准化，来规范设备的标准化。

终端复用器 TM 的典型功能块组成如图 4-26 所示，它主要由基本功能块和辅助功能块构成。

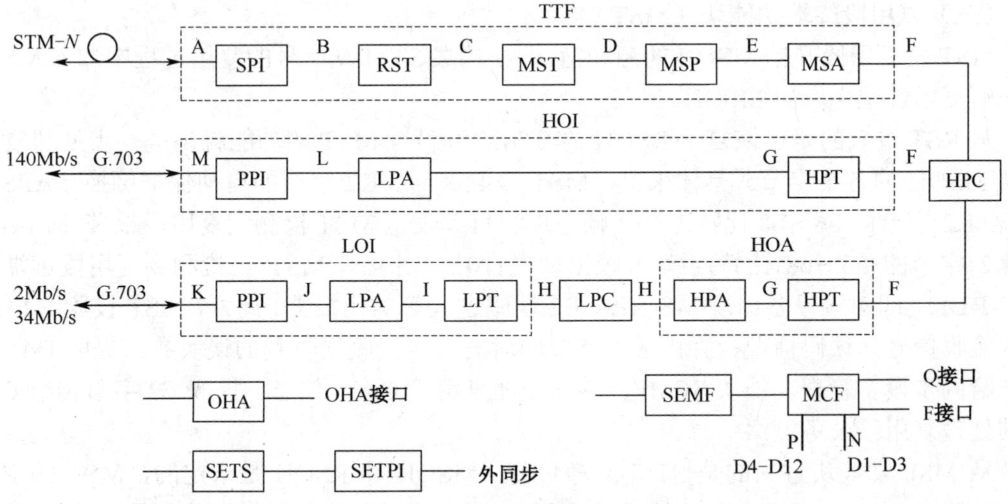

图 4-26　SDH 设备的逻辑功能

一、基本功能块

（一）SDH 物理接口功能块（SPI）

SPI 的作用是完成 STM-*N* 线路接口信号与逻辑电平信号之间的相互转换，提取线路定时信号，以及相应报警的检测。

对于来自 SDH 传输线路的信号，SPI 的作用是将 STM-*N* 光信号转换为电信号，同时从接收信号中提取定时信号并将其传给同步设备定时源 SETS。

如果 SPI 收不到线路送来的 STM-*N* 信号，SPI 产生接收信号丢失报警（R-LOS），并将 R-LOS 传送给 RST 的同时，送往同步设备管理功能块 SEMF。

对于来自 RST 的信号，SPI 的作用是将 RST 送来的电信号转换为适合光通道传输的 STM-*N* 光信号，同时，定时信息附着在线路信号中。

（二）再生段终端功能块（RST）

RST 是再生段开销 RSOH 的源和宿，也就是说 RST 功能块在构成 STM-*N* 信号的复用过程中产生 RSOH，而在解复用过程中取出 RSOH。

从 SPI 过来的信号是完整的、经过再生的 STM-*N* 信号。RST 的功能就是处理再生段开销 RSOH 的各个字节。首先搜寻 A1 和 A2 字节进行帧定位，若 RST 连续 5 帧以上无法正确定帧，设备进入帧失步（OOF）状态，RST 功能块上报接收信号帧失步报警（R-OOF）。若 R-OOF 持续了 3ms 以上，则设备进入帧丢失状态，RST 上报帧丢失（R-LOF）报警，并产生全“1”信号送往 MST。

RST 对输入信号进行正确定帧之后，RST 对除 RSOH 第一行字节外的所有字节进行解扰，解扰后提取 RSOH 并进行处理。RST 校验 B1 字节，检测接收信号的误码情况；提取 E1、F1 字节传给 OHA 处理公务联络电话；提取 D1～D3 字节传给 SEMF，为网管人员提供 SDH 网络的运行、维护和管理信息。

从 MST 过来的是带有 MSOH 的 STM-*N* 信号，但尚未加入再生段开销。RST 的作用就是确定 RSOH，形成完整的 STM-*N* 信号及定时信号。如产生帧定位字节 A1、A2 和再生段踪迹字节 J0、计算误码监测字节 B1、插入数据通路字节 D1～D3 和公务联络字节 E1 等，并对除 RSOH 第一行字节外的所有字节进行扰码。

（三）复用段终端功能块（MST）

MST 是复用段开销 MSOH 的源和宿，即在构成 STM-*N* 信号的复用过程中加入 MSOH，而在解复用过程中取出 MSOH。

从 RST 过来的是已恢复了 RSOH 的 STM-*N* 信号，MST 的功能就是进一步处理复用段开销 MSOH 的各个字节。具体来讲，MST 提取 K1 和 K2 字节的自动保护倒换（APS）信息，若 K2 字节的 b6～b8 比特连续 3 帧出现“111”，表示 MST 检测到复用段报警（MS-AIS）。若 K2 字节的 b6～b8 比特连续 3 帧出现“110”，则表示 MST 已检测到复用段远端失效（MS-RDI），即对端设备出现 MS-AIS、B2 误码过大等劣化报警。此外，MST 校验 B2 字节，获取接收信号的误码情况，并由 M1 字节向对方回告接收端收到的误块数。提取 D4～D12 字节给同步设备管理功能块 SEMF，供其处理复用段 OAM 信息。提取 E2 字节传给 OHA，供其处理复用段公务联络信息。

从 MSP 功能块过来的是 STM-*N* 净负荷，MSOH 和 RSOH 是未定的，MST 的主要功能就是确定 MSOH 字节，如计算误码监测字节 B2、插入公务联络字节 E2、数据通路字节

D4～D12 字节及 M1 字节等，并将其写入接收信号中，形成复用段信号传至 RST。

（四）复用段保护功能块（MSP）

MSP 用以在复用段内保护 STM-*N* 信号，防止随路故障，它通过对 STM-*N* 信号的监测、系统状态评价，将故障信道的信号切换到保护信道上去（复用段倒换）。复用段倒换的故障条件是 R-LOS、R-LOF、MS-AIS 和 MS-EXC（B2）。要进行复用段保护倒换，设备必须有冗余（备用）的信道。

（五）复用段适配功能块（MSA）

MSA 功能块的主要功能是提供了高阶通道 VC-4 进入 AU-4 的适配、AUG 的组合/分解、字节间插复用和解复用，以及指针的产生、解释和处理等。

从 MSP 过来的信号为带定时的 STM-*N* 净负荷，在 MSA 中首先进行消间插处理，分成多个独立的 AU-4，然后进行 AU-4 指针处理，恢复 VC-4 信号。若 AU-4 指针丢失，MSA 将产生 AU-LOP 报警，并向 HPC 发全“1”信号。

对于从 HPC 过来的信号，MSA 对接收的 VC-4 信号进行定位，加入 AUPTR 形成 AU-4，多个 AU-4 经过字节间插复用后形成 AUG，进而构成 STM-*N* 净负荷。

（六）高阶通道连接功能块（HPC）

HPC 实际上相当于一个交叉矩阵，它完成对高阶通道 VC-4 进行交叉连接的功能，除了信号的交叉连接外，信号流在 HPC 中的传输是透明的（所以 HPC 的两端都用 F 点表示）。HPC 是实现高阶通道在 DXC 和 ADM 中交叉连接的关键，其交叉连接功能仅指选择或改变 VC-4 的路由，不对信号进行处理。

（七）高阶通道终端功能块（HPT）

HPT 是高阶通道开销的源和宿，即在构成 STM-*N* 净负荷过程中加入高阶通道开销（POH），而在分解过程中取出 POH。

HPT 将从 HPC 接收的 VC-4 信号中取出高阶通道开销 POH，进行通道开销的处理，并向 LPA 输出高阶容器数据流 C-4。反方向，HPT 接收的是来自 LPA 的 C-4 信号，HPT 的功能之一就是确定高阶 POH 并将其装入 C-4，以形成 VC-4。

（八）高阶通道适配功能块（HPA）

HPA 的主要功能是完成高阶通道与低阶通道之间的组合和分解以及指针处理等工作。HPA 的作用有点儿类似 MSA，只不过 HPA 进行的是通道级的处理，产生 TUPTR，将 C-4 这种信息结构拆分成 VC-12（对 2Mb/s 的信号而言）。

对于从 HPT 过来的信号，HPA 首先将接收的 C-4 进行消间插处理，分解成 63 个 TU-12，然后处理 TUPTR，进行 VC-12 在 TU-12 中的定位、分离，向 LPC 输出 63 个 VC-12 信号。若 TUPTR 丢失，则 HPA 产生相应通道的 TU-LOP 报警，并向 LPC 输出全“1”信号。对于从 LPC 过来的信号，HPA 的作用是对输入的 VC-12 进行定位——加入 TUPTR，形成 TU-12，然后将 63 个 TU-12 通过字节间插复用，产生 TUG-2、TUG-3，最后形成 C-4。

（九）低阶通道连接功能块（LPC）

与 HPC 类似，LPC 也是一个交叉连接矩阵，只不过它完成的是对低阶 VC（如 VC-12）进行交叉连接的功能，可实现低阶 VC 之间灵活的分配和连接。一个设备若要具有全级别交叉能力，就一定要包括 HPC 和 LPC。

（十）低阶通道终端功能块（LPT）

LPT 是低阶通道开销的源和宿，即对来自 LPC 的信号，LPT 的作用是读出和解释低阶通道开销（POH），恢复 C-12。对来自 LPA 的信号，LPT 的作用是产生低阶通道开销（POH），加入到 C-12 中，构成完整的低阶 VC-12 信号。

（十一）低阶通道适配功能块（LPA）

LPA 是通过映射和去映射的方式，完成 PDH 信号与 SDH 信号网络之间的适配过程。如把 2.048Mb/s 或 139.268Mb/s 的 PDH 信号映射进 C-12 或 C-4 中，或做相反的处理。

（十二）PDH 物理接口功能块（PPI）

PPI 功能块的主要作用是把 G.703 标准的 PDH 信号通过码型变换转换成内部的普通二进制信号、提取支路定时信号，或做相反的处理。

二、复合功能块

多个基本功能块经过灵活组合，可形成复合功能块，以完成一些较复杂的工作。

（一）传送终端功能块（TTF）

TTF 由 SPI、RST、MST、MSP、MSA 构成。它的主要作用是将接收到的 STM-*N* 信号转换成信息净负荷信号（VC-4），并终结段开销，或做相反的处理，是 SDH 设备必不可少的部分。

（二）高阶接口（HOI）

HOI 由 HPT、LPA、PPI 三个基本功能块组成。它的主要功能是将 140Mb/s 的 PDH 信号映射形成 VC-4 信号，或将 VC-4 信号去映射形成 140Mb/s 的 PDH 信号。

（三）高阶组装器（HOA）

HOA 由 HPT、HPA 两个基本功能块组成。其主要作用是将低阶通道信号 VC-12 复用成高阶通道信号 VC-4，或做相反的处理。

（四）低阶接口功能块（LOI）

LOI 由 PPI、LPA、LPT 三个基本功能块组成。低阶接口功能块的主要作用是将 VC-12 信号去映射形成 2Mb/s 的 PDH 信号，或将 2Mb/s 的 PDH 信号经映射处理适配进 VC-12 信号。

三、辅助功能块

SDH 设备除了要完成数据的同步复用功能之外，还包括定时、开销和管理等辅助功能块，这些辅助功能块是 SEMF、MCF、OHA、SETS、SETPI。

（一）同步设备管理功能块（SEMF）

SEMF 的作用是收集其他功能块的状态信息，进行相应的管理操作。主要包括向本站各个功能块下发命令，收集各功能块的报警、性能事件，通过 DCC 通道向其他网元传送 OAM 信息，向网络管理终端上报设备报警、性能数据以及响应网管终端下发的命令。

（二）消息通信功能块（MCF）

MCF 功能块实际上是 SEMF 和其他功能块和网管终端的一个通信接口，通过 MCF，SEMF 可以和网管进行消息通信（F 接口、Q 接口），以及通过 N 接口和 P 接口分别与 RST 和 MST 上的 DCC 通道交换 OAM 信息，实现网元和网元之间的 OAM 信息的互通。

MCF 上的 N 接口传送 D1～D3 字节（DCCR），P 接口传送 D4～D12 字节（DCCM），

F 接口和 Q 接口都是与网管终端的接口，通过它们可使网管能对本设备乃至整个网络的网元进行统一管理。

（三）同步设备定时源功能块（SETS）

数字网都需要一个定时时钟以保证网络的同步，使设备能正常运行。而 SETS 功能块的作用就是提供 SDH 网元乃至 SDH 系统的定时时钟信号。

（四）同步设备定时物理接口（SETPI）

同步设备定时物理接口用作 SETS 与外部时钟源的物理接口，SETS 通过 SETPI 接收外部时钟信号或提供外部时钟信号。

（五）开销接入功能块（OHA）

OHA 的作用是从 RST 和 MST 中提取或写入相应的 E1、E2、F1 公务联络字节，进行相应的处理。

4.4.3 SDH 时钟和公务

数字网首要解决的问题是网同步问题。若要保证发端在发送数字脉冲信号时，能够将脉冲放在特定时间位置上（即特定的时隙中），则需要收端能在特定的时间位置处提取、解读该脉冲，以保证收发两端的正常通信。这种功能是由收/发两端的定时时钟来实现的。可见，网同步的目的是使网中各节点的时钟频率和相位都限制在预先确定的容差范围内，以免由于数字传输系统中收/发定位的不准确导致传输性能的劣化（误码、抖动）。

一、同步方式

解决数字网同步有两种方法：伪同步和主从同步。

（一）伪同步

伪同步是指数字交换网中各数字交换局在时钟上相互独立，毫无关联，而各数字交换局的时钟都具有极高的精度和稳定度，一般用铯原子钟。由于时钟精度高，网内各局的时钟虽不完全相同（频率和相位），但误差很小，接近同步，于是称之为伪同步。主从同步指网内设一个时钟主局，配有高精度时钟，网内各局均受控于该全局（即跟踪主局时钟，以主局时钟为定时基准），并且逐级下控，直到网络中的末端网元——终端局。

一般伪同步方式用于国际数字网中，也就是一个国家与另一个国家的数字网之间采取这样的同步方式，例如中国和美国的国际局均各有一个铯时钟，二者采用伪同步方式。主从同步方式一般用于一个国家、地区内部的数字网，它的特点是国家或地区只有一个主局时钟，网上其他网元均以此主局时钟为基准来进行本网元的定时，主从同步和伪同步的原理如图 4-27 所示。

为了增加主从定时系统的可靠性，可在网内设一个副时钟，采用等级主从控制方式。两个时钟均采用铯时钟，在正常情况下，主时钟起网络定时基准作用，副时钟亦以主时钟的时钟为基准。当主时钟发生故障时，改由副时钟给网络提供定时基准。当主时钟恢复后，再切换回由主时钟提供网络基准定时。

（二）主从同步

我国采用的同步方式是等级主从同步方式。其中主时钟在北京，副时钟在武汉。

在采用主从同步时，上一级网元的定时信号通过一定的路由——同步链路或附着在线路信号上从线路传输到下一级网元。该级网元提取此时钟信号，通过本身的锁相振荡器跟踪锁定此时钟，并产生以此时钟为基准的本网元所用的本地时钟信号，同时通过同步链路或通过传输线路（即将时钟信息附在线路信号中传输）向下级网元传输，供其跟踪、锁定。若本站收不到从上一级网元传来的基准时钟，那么本网元通过本身的内置锁相振荡器提供本网元使用的本地时钟并向下一级网元传送时钟信号。

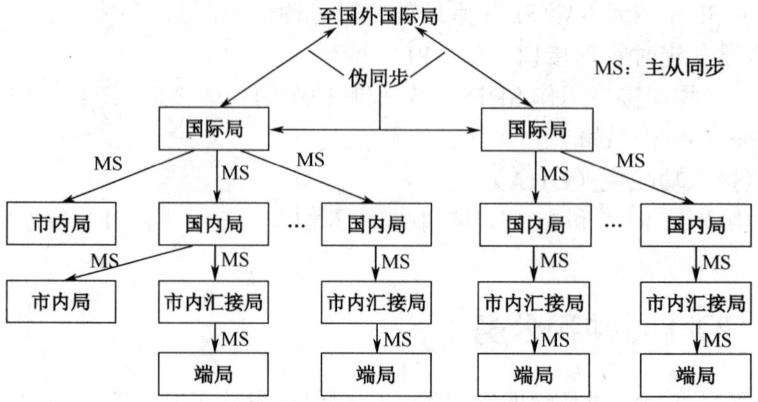

图 4-27　伪同步和主从同步原理

数字网的同步方式除伪同步和主从同步外，还有相互同步、外基准注入、异步同步（即低精度的准同步）等。

二、主从同步网中从时钟的工作模式

主从同步的数字网中，从站（下级站）的时钟通常有三种工作模式。

（一）正常工作模式——跟踪锁定上级时钟模式

此时从站跟踪锁定的时钟基准是从上一级站传来的，可能是网中的主时钟，也可能是上一级网元内置时钟源下发的时钟，也可以是本地区的 GPS 时钟。

与从时钟工作的其他两种模式相比较，此种从时钟的工作模式精度最高。

（二）保持模式

当所有定时基准丢失后，从时钟进入保持模式，此时从站时钟源利用定时基准信号丢失前所存储的最后频率信息作为其定时基准而工作。也就是说从时钟有“记忆”功能，通过“记忆”功能提供与原定时基准较相符的定时信号，以保证从时钟频率在长时间内与基准时钟频率只有很小的频率偏差。但是由于振荡器的固有振荡频率会慢慢地漂移，故此种工作方式提供的较高精度时钟不能持续很久。此种工作模式的时钟精度仅次于正常工作模式的时钟精度。

（三）自由运行模式——自由振荡模式

当从时钟丢失所有外部基准定时，也失去了定时基准记忆或处于保持模式太长，从时钟内部振荡器就会工作于自由振荡方式，此种模式的时钟精度最低，实属万不得已而为之。

4.4.4　SDH 的时钟和定时

一、SDH 网元时钟源的种类

SDH 网元时钟源的设置一共有四种，分别是由 SETPI 功能块提供输入接口的外部时钟

源；由 SPI 功能块从 STM-*N* 线路信号中提取的线路时钟源；由 PPI 功能块从 PDH 支路信号中提取的支路时钟源，不过该时钟一般不用，因为 SDH/PDH 网边界处的指针调整会影响时钟质量；由 SETPS 功能块提供的设备内置时钟源，同时，SDH 网元通过 SETPI 功能块向外提供时钟源输出接口。

二、SDH 网络常见的定时方式

SDH 网络是整个数字网的一部分，它的定时基准应是这个数字网的统一的定时基准。通常，某个地区的 SDH 网络以该地区高级别局的转接时钟为基准定时源，这个基准时钟可能是该局跟踪的网络主时钟、GPS 提供的地区时钟基准（LPR）或干脆是本局的内置时钟源提供的时钟（保持模式或自由运行模式）。

4.4.5　公务电话

一、公务电话的作用

会议电话的主要作用是使排障时沟通更方便。

公务电话能够实现会议电话的功能，最多可举办三个会议电话，每个会议电话最少可处理 12 个方向的会议电话，最多处理 28 个方向的会议电话。

二、公务电话的呼叫方式

公务电话的呼叫功能是由 SDH 传输设备上的公务板来实现的，公务板可以支持三种呼叫方式：点呼、群呼和主呼（强插）。

（一）点呼

呼叫号码设置为三位数 $P_1P_2P_3$，其中每一位数取值为 0～9。通过拨对方点呼号码来呼叫对方站。

摘机后，若听到拨号音则可以拨所设 3 位号码，进行点呼。若摘机后听到忙音表示目前无空闲信道。若拨“000”为本站振铃测试。若拨号错误或等待 30 秒仍未拨号，则将听到忙音提示挂机。拨号后听到回铃音表示呼叫成功，对方摘机即可通话。若等待 30 秒对方仍未摘机，或对方站正与他站通话，则将听到忙音提示挂机。点呼只能在对方站空闲的时候才能建立通话连接，对方站挂机后将听到忙音。

（二）群呼

群呼号码设置为 $Q_1Q_2Q_3$，每一位数取值为 0～9 和通配符*，其中通配符指任意号码，如*12 是指呼叫所有后两位为 12 的站点，***为呼叫所有站点。群呼密码为 888。

摘机后，若听到拨号音则可以拨所设号码进行群呼。若摘机后听到忙音表示目前无空闲信道。若拨号后听到回铃音表示呼叫成功，对方摘机即可通话。群呼只能与空闲的各被呼站建立通话连接，某被呼站挂机不会回送忙音。

拨#888$Q_1Q_2Q_3$ 七位号码呼叫各对方站，若密码或号码错误，或等待 30 秒仍未拨号，则将听到忙音提示挂机。

（三）主呼

主呼又称为强插。主呼号码设置为 AAA，若 AAA = 111，表示强插入 E1。若 AAA = 222，表示强插入 E2。主呼密码为 999。

摘机后，无论听到忙音或拨号音均可进行强插拨号，拨号成功后对方摘机即可通话。若被强插的站点正在与他站进行通话，主呼站可直接加入其通话，即主呼可与无论忙闲的任何站建立通话连接，某被呼站挂机不会回送忙音。

拨#999AAA 七位号码呼叫各对方站，若密码或号码错误，或等待 30 秒仍未拨号，则将听到忙音提示挂机。

三、公务控制点及保护字节设置

控制点是指可发送本点级别的检测信令的网元。非控制点是只能转发收到的检测信令的网元。

由于公务电话工作于总线广播方式，当网络为环形组网时，公务信号反复叠加，引起啸叫。通过设置公务控制点可以切断网络环路，如图 4-28 所示，公务保护的基本目标是将环形网络打破，以保证公务正常。

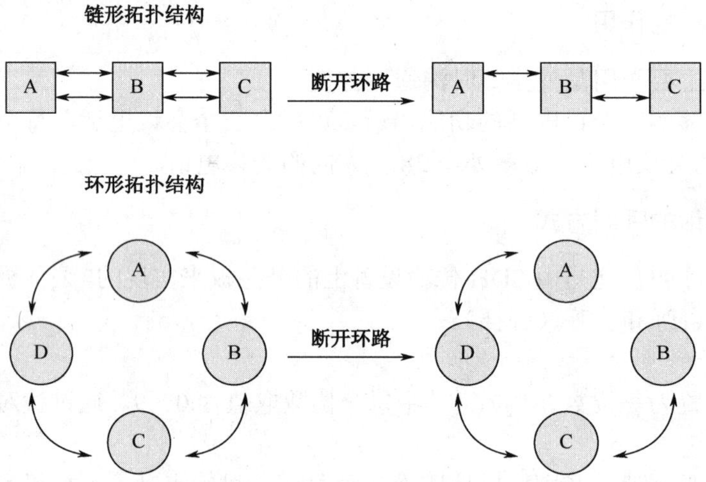

图 4-28 利用公务保护实现自动破环

（一）公务控制点设置原则

设置公务控制点时，要遵循一定的原则，首先要分析组网图中每一个环路，通过设置控制点将网络中所有的环路打断。控制点要尽量少，尽量选取光方向少的网元为控制点。

特别要注意的是，同一网络中设置的控制点网元必须少于 15 个，并且一个环网只能有一个控制点网元，否则会造成通信的断路，对于多个环结构的复杂组网，通常将位于网络相切点或相交点的网元设为公务控制点。

（二）公务保护字节

公务控制点利用保护字节承载测试信息发送出去，通过是否能收到自己发送出去的信息来检测网络是否成环。保护字节的设置是以光方向为单位的，各个光方向可以设置使用不同的字节。可设置的保护字节有 E2，F1，R2C9（第 2 行第 9 列），D12。

（三）保护字节配置的基本原则

光纤连接的 2 个光口使用的保护字节必须一致。

任务 5　SDH 传送网

4.5.1　SDH 网络拓扑结构

SDH 网是由 SDH 网元设备通过光缆互连而成的，网络节点（网元）和传输线路的几何排列就构成了网络的拓扑结构。网络的有效性（信道的利用率）、可靠性和经济性在很大的程度上与其拓扑结构有关。SDH 网络拓扑的基本结构有链形、星形、树形、环形和网孔形。

一、链形网

该网络拓扑是将网中的所有节点一一串联，而首尾两端开放。这种拓扑的特点是较经济，在 SDH 网的早期用得较多，主要用于专网（如铁路网）中，如图 4-29（a）所示。

二、星形网

该网络拓扑是将网中一网元作为特殊节点与其他各网元节点相连，其他各网元节点互不相连，网元节点的业务都要经过这个特殊节点转接。这种网络拓扑的特点是可通过特殊节点来统一管理其他网络节点，利于分配带宽，节约成本，但存在特殊节点的安全保障和处理能力的潜在瓶颈问题。特殊节点的作用类似交换网的汇接局，此种拓扑多用于本地网（接入网和用户网），如图 4-29（b）所示。

三、树形网

该网络拓扑可看成是链形拓扑和星形拓扑的结合，也存在特殊节点的安全保障和处理能力的潜在瓶颈，如图 4-29（c）所示。

四、环形网

环形拓扑实际上是指将链形拓扑首尾相连，从而使网上任何一个网元节点都不对外开放的网络拓扑形式。这是当前使用最多的网络拓扑形式，主要是因为它具有很强的生存性，即自愈功能较强。环形网常用于本地网（接入网和用户网）、局间中继网，如图 4-29（d）所示。

五、网孔形网

将所有网元节点两两相连，就形成了网孔形网络拓扑。这种网络拓扑为两网元节点之间提供多个传输路由，使网络的可靠性更强，不存在瓶颈问题和失效问题。但是由于系统的冗余度高，必会使系统有效性降低，成本高且结构复杂。网孔形网主要用于长途网中，以提供网络的高可靠性，如图 4-29（e）所示。

4.5.2　复杂网络的拓扑结构及特点

通过链和环的组合，可构成一些较复杂的网络拓扑结构。下面将讲述几个在组网中要经常用到的拓扑结构。

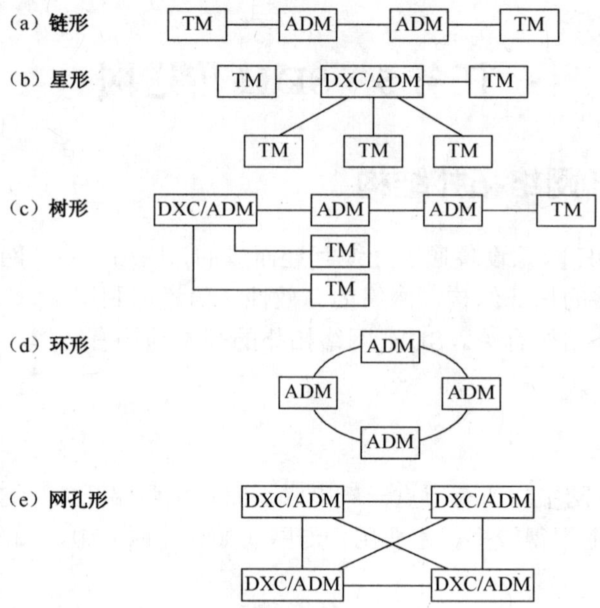

图 4-29　基本网络拓扑

一、T 形网

T 形网实际上是一种树形网，如图 4-30 所示。

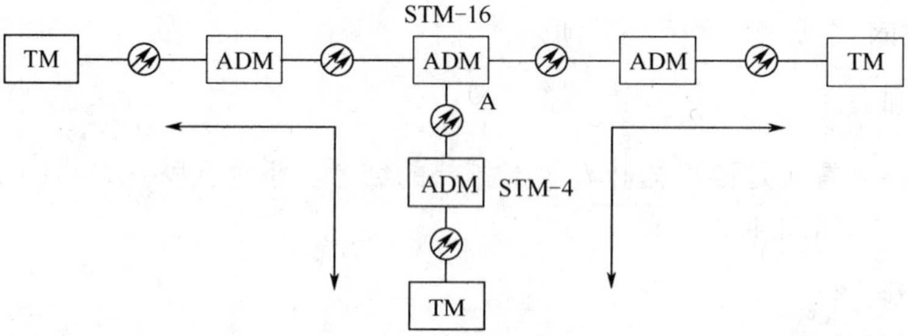

图 4-30　T 形网拓扑

设干线上为 STM-16 系统，支线上设为 STM-4 系统，T 形网的作用是将支路的业务 STM-4 通过网元 A 分支/插入到干线 STM-16 系统上去。此时支线接在网元 A 的支路上，支线业务作为网元 A 的低速支路信号，通过网元 A 进行分支/插入。

二、环带链

网络结构如图 4-31 所示。环带链是由环网和链网两种基本拓扑形式组成，链接在网元 A 上。链的 STM-4 业务作为网元 A 的低速支路业务，并通过网元 A 的分/插功能上/下业务。STM-4 业务在链上无保护，上环的业务会享受环的保护功能。例如，网元 C 和网元 D 互通业务，如果 A-B 段光缆中断，链上业务传输中断。如果 A-C 段光缆中断，通过环的保护功能，网元 C 和网元 D 的业务不会中断。

三、环形子网的支路跨接

网络结构如图 4-32 所示。两个 STM-16 环通过 A、B 两网元之间的支路通道连接在一起。两环中任何两网元都可通过 A、B 之间的支路互通业务，且可选路由多，系统冗余度高。两环之间互通的业务都要经过 A、B 两网元之间的低速支路传输，存在一个低速支路的速率瓶颈问题和安全保障问题。

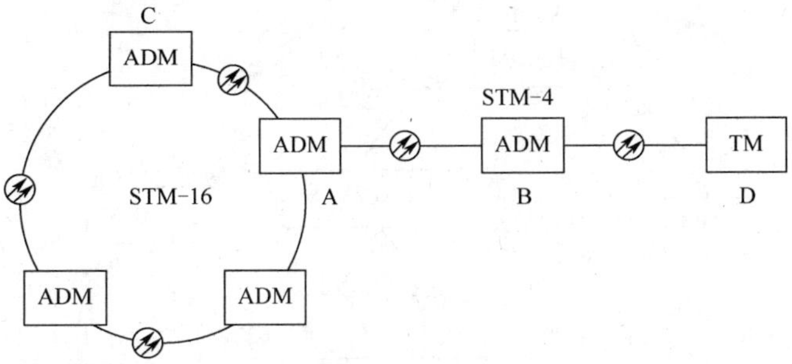

图 4-31　环带链拓扑

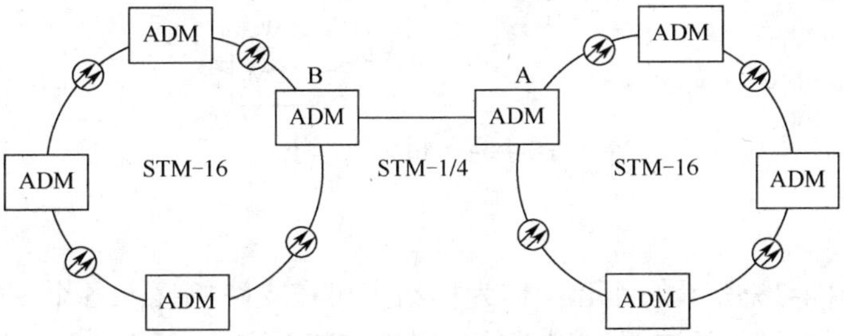

图 4-32　环形子网的支路跨接网络拓扑

（一）相切环

网络结构如图 4-33 所示。图中三个环相切于公共节点网元 A，网元 A 可以是 DXC，也可用 ADM 等效（环 II、环III均为网元 A 的低速支路）。这种组网方式可使环间业务任意互通，具有比通过支路跨接环网更大的业务疏导能力，业务可选路由更多，系统冗余度更高。不过这种组网存在中心节点（网元 A）的安全保护问题。

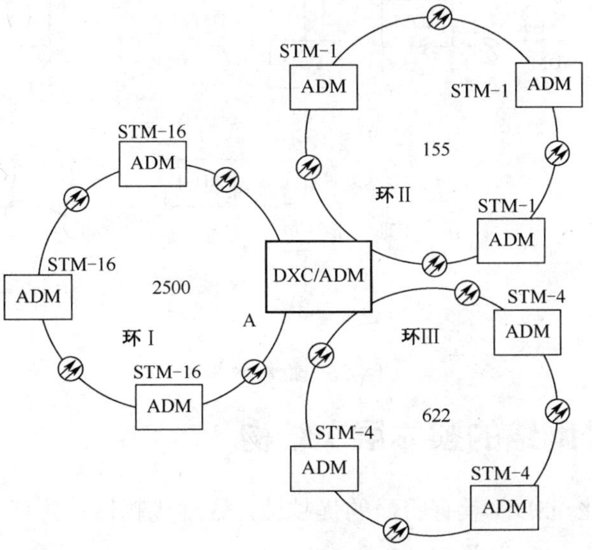

图 4-33　相切环拓扑

（二）相交环

为备份中心（重要）节点及提供更多的可选路由，加大系统的可靠性和冗余度，可将相切环扩展为相交环，如图 4-34 所示。

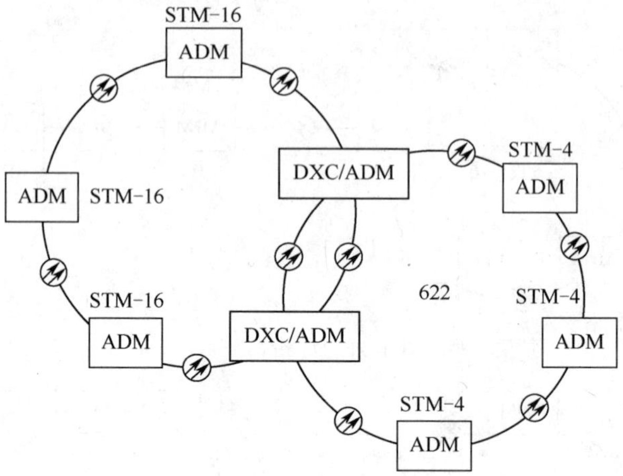

图 4-34　相交环拓扑

四、枢纽网

网络结构如图 4-35 所示。网元 A 作为枢纽点可在支路侧接入各个 STM-1 或 STM-4 的链路或环路，通过网元 A 的交叉连接功能，提供支路业务上/下主干线，以及支路之间业务互通。支路之间业务的互通经过网元 A 的分支/插入，可避免支路之间铺设直通路由和设备，也不需要占用主干网上的资源。

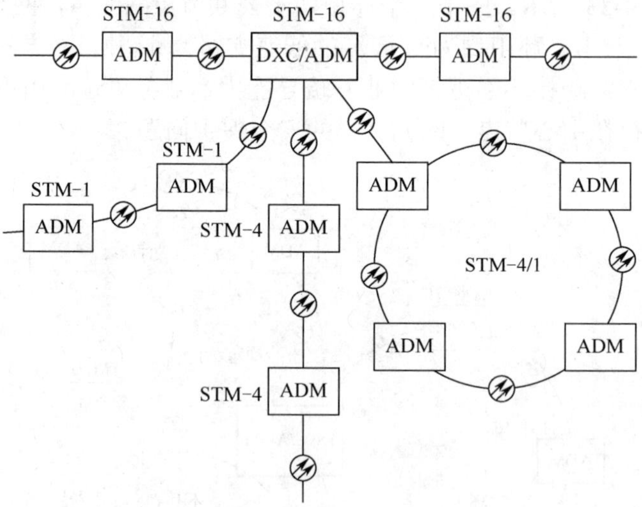

图 4-35　枢纽网拓扑

4.5.3　SDH 网络的整体层次结构

与 PDH 技术相比，SDH 具有明显的优越性，这种优越性在组成 SDH 网时得到了充分的体现。

在传统的组网概念中，传输设备利用率是衡量传输网性能的重要指标。为了增加线路的利用率和安全性，在每个节点之间都建立了许多直达通道，这导致传输网络结构非常复杂。而现代通信的发展，最重要的任务是简化网络结构，建立强大的运营、维护和管理（OAM）功能，降低传输费用并支持新业务的发展。

我国的 SDH 网络结构分为四个层面，如图 4-36 所示。

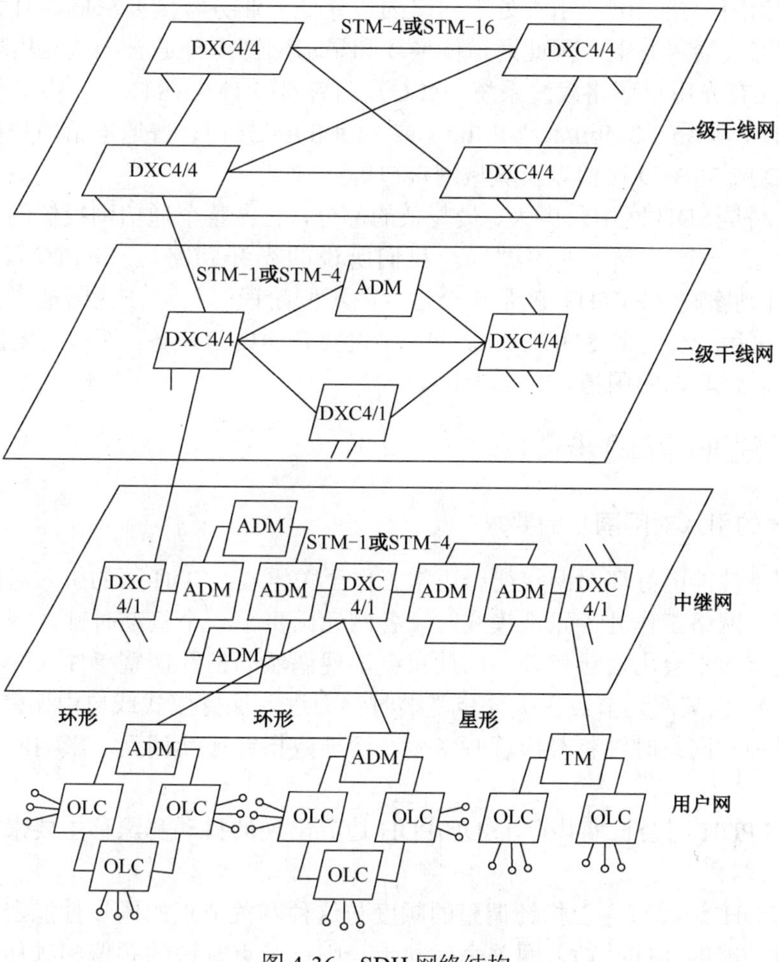

图 4-36 SDH 网络结构

最高层面为长途一级干线网，主要省会城市及业务量较大的汇接节点城市装有 DXC4/4，其间由高速光纤链路 STM-4/STM-16 组成，形成了一个大容量、高可靠的网孔形国家骨干网结构，并辅以少量线形网。由于 DXC4/4 也具有 PDH 体系的 140Mbit/s 接口，因此原有的 PDH 的 140Mbit/s 和 565Mbit/s 系统也能纳入由 DXC4/4 统一管理的长途一级干线网中。

第二个层面为二级干线网，主要汇接节点装有 DXC4/4 或 DXC4/1，其间由 STM-1/STM-4 传输链组成，形成省内网状或环形骨干网结构并辅以少量线性网结构。由于 DXC4/1 有 2Mbit/s、34Mbit/s 或 140Mbit/s 接口，因此原来的 PDH 系统也能纳入统一管理的二级干线网，并具有灵活调度电路的能力。

第三个层面为中继网（即长途端局与市局之间以及市话局之间的传输部分），可以按区域划分为若干个环，由 ADM 组成速率为 STM-1/STM-4 的自愈环，也可以是路由备用方式的两节点环。这些环具有很高的生存性，又具有业务量疏导功能。环形网中主要采用复用段保护倒换环方式，但究竟是四纤还是二纤取决于业务量和经济的比较。环间由 DXC4/1 沟通，完成业务量疏导和其他管理功能。同时也可以作为长途网与中继网之间以及中继网和用户网之间的网关或接口，最后还可以作为 PDH 与 SDH 之间的网关。

最低层面为用户接入网。由于处于网络的边界处，业务容量要求低，且大部分业务量汇集于一个节点（端局）上，因此通道倒换环和星形网都十分适合于该应用环境，所需设备除 ADM 外还有光用户环路载波系统（OLC）。速率为 STM-1/STM-4，接口可以为 STM-1 光/电接口、PDH 体系的 2Mbit/s、34Mbit/s 或 140Mbit/s 接口、普通电话用户接口、小交换机接口、2B+D 或 30B+D 接口以及城域网接口等。

用户接入网是 SDH 网中最庞大、最复杂的部分，它占整个通信网投资的 50%以上，用户网的光纤化是一个逐步渐进的过程。我们所说的光纤到路边（FTTC）、光纤到大楼（FTTB）、光纤到家庭（FTTH）就是这个过程的不同阶段。目前在我国推广光纤用户接入网时必须考虑采用一体化的 SDH/CATV 网，不仅要开通电信业务，而且还要提供 CATV 服务，这样比较适合我国的国情。

4.5.4 SDH 网同步

一、SDH 的引入对网同步的要求

数字网同步性能的好坏对网络能否正常工作至关重要，SDH 网的引入对网的同步提出了很高的要求。网络工作处于正常模式时，各网元同步于一个基准时钟，网元节点时钟之间只存在相位差而不会出现频率差，因此只会出现偶然的指针调整事件（网同步时，指针调整不常发生）。当某网元节点丢失同步基准时钟而进入保持模式或自由振荡模式时，该网元节点本地时钟与网络时钟将会出现频率差，而导致指针连续调整，影响网络业务的正常传输。

SDH 网与 PDH 网会长期共存，SDH/PDH 边界出现的抖动和漂移主要来自指针调整与净负荷映射过程。

在 SDH/PDH 边界节点上指针调整的频度与这种网关节点的同步性能密切相关。如果执行异步映射功能的 SDH 输入网关丢失同步，则该节点时钟的频偏和频移将会导致整个 SDH 网络的指针持续调整，恶化同步性能。如果丢失同步的网络节点是 SDH 网络连接的最后一个网络单元，则 SDH 网络输出仍有指针调整会影响同步性能。如果丢失同步的是中间的网络节点，只要输入网关仍然处于与基准时钟（PRC）的同步状态，则紧随故障节点的仍处于同步状态的网络单元或输出网关可以校正中间网络节点的指针移动，因此不会在最后的输出网关产生净指针移动，从而不会影响同步性能。

二、SDH 网同步原则

我国数字同步网采用分级的主从同步方式，即用单一基准时钟经同步分配网的同步链路控制全网同步，网中使用一系列分级时钟，每一级时钟都与上一级时钟或同一级时钟同步。

SDH 网的主从同步时钟可按精度分为四个级别，分别对应不同的使用范围：作为全网

定时基准的主时钟、作为转接局的从时钟、作为端局（本地局）的从时钟、作为 SDH 设备的时钟（即 SDH 设备的内置时钟）。ITU-T 将各级别时钟进行规范（对各级时钟精度进行了规范），时钟质量级别由高到低分列于下：

（1）基准主时钟——满足 G.811 规范。

（2）转接局时钟——满足 G.812 规范（转接局时钟）。

（3）端局时钟——满足 G.812 规范（本地局时钟）。

（4）SDH 网络单元时钟——满足 G.813 规范（SDH 网元内置时钟）。

在正常工作模式下，传到相应局的各类时钟的性能主要取决于同步传输链路的性能和定时提取电路的性能。在网元工作于保护模式或自由运行模式时，网元所使用的各类时钟的性能，主要取决于产生各类时钟的时钟源的性能（时钟源相应地位于不同的网元节点处），因此高级别的时钟必须采用高性能的时钟源。

三、在数字网中传送时钟基准应注意的问题

（1）在同步时钟传送时不应存在环路。如图 4-37 所示。若 NE_2 跟踪 NE_1 的时钟，NE_3 跟踪 NE_2，NE_1 跟踪 NE_3 的时钟，这时同步时钟的传送链路组成了一个环路，这时若某个网元时钟劣化，就会使整个环路上网元的同步性能连锁性的劣化。

（2）尽量减少定时传递链路的长度，避免由于链路太长影响传输的时钟信号的质量。

（3）从站时钟要从高一级设备或同一级设备获得基准。应从分散路由获得主用时钟、备用时钟基准，以防止当主用时钟传递链路中断后，导致时钟基准丢失的情况。

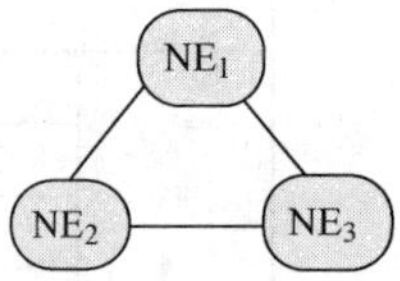

图 4-37　网络图

（4）选择可用性高的传输系统来传递时钟基准。

任务 6　SDH 自愈网

4.6.1　网络保护

随着科技的发展，我们的生活和工作对通信的依赖程度越来越大。据统计，通信中断 1 小时可使保险公司损失 2 万美元，使航空公司损失 250 万美元，使投资银行损失 600 万美元；通信中断 2 天足以让银行倒闭。所以通信网络的生存性已成为现代网络规划设计和运行的关键性指标之一。所以在 SDH 传输网中提出了自愈网的概念。

一、自愈的概念

所谓自愈是指在网络发生故障（例如光纤中断）时，无须人为干预，在极短的时间内（ITU-T 规定为 50ms 以内），业务能自动从故障中恢复传输，使用户几乎感觉不到网络出了故障。

自愈的基本原理是，网络中要具备冗余路由，当网络发生故障时，网络能够自动发现冗余路由，并重新建立通信的机制，满足全部或指定优先级业务的恢复。

由上可知网络具有自愈能力的先决条件是有冗余的路由、网元强大的交叉能力以及网元一定的智能。

自愈是通过备用信道恢复失效的业务，不涉及具体故障的部件和线路的修复或更换。所以故障的修复仍需人工干预才能完成，正如断了的光缆还需人工接续一样。

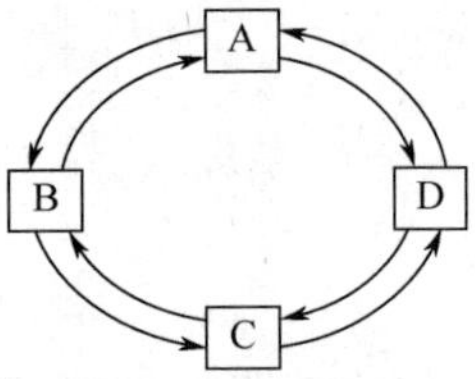

图 4-38 环形网络

二、业务方向

传输网上的业务按流向可分为单向业务和双向业务。以环网为例说明单向业务和双向业务的区别，如图 4-38 所示。

若 A 和 C 之间互通业务，A 到 C 的业务路由假设是 A→B→C，若此时 C 到 A 的业务路由是 C→B→A，则业务从 A 到 C 和从 C 到 A 的路由相同，称为一致路由。

若此时 C 到 A 的路由是 C→D→A，那么业务从 A 到 C 和业务从 C 到 A 的路由不同，称为分离路由。

我们把一致路由的业务称为双向业务，分离路由的业务为单向业务。常见组网的业务方向和路由如表 4-3 所示。

表 4-3 常见组网的业务方向和路由

组网类型		路 由	业务方向
链形网		一致路由	双向
环形网	双向通道环	一致路由	双向
	双向复用段环	一致路由	双向
	单向通道环	分离路由	单向
	单向复用段环	分离路由	单向

三、自愈网的分类

自愈网的分类方式分为多种，按照网络拓扑的方式可以分为链形网络业务保护方式、环形网络业务保护方式和环间业务保护方式。其中，链形网络业务保护方式包括 1+1 通道保护、1+1 复用段保护、1:1 复用段保护三种，环形网络业务保护方式包括二纤单向通道保护环、二纤双向通道保护环、二纤双向复用段保护环、四纤双向复用段保护环，环间业务保护方式包括双节点互连的 DNI 保护方式、多节点互连的转化为双节点互连。

4.6.2 链形网保护

链形网的特点是具有时隙复用功能，即线路 STM-N 信号中某个序号的 VC 可在不同的传输光缆段上重复利用。链网达到业务容量最大的条件是链网中只存在相邻网元之间的业务，这时时隙可重复利用，那么在每一个光缆段上业务都可占用整个 STM-N 的所有时隙，若链网有 M 个网元，此时网上的业务最大容量为（M−1）×STM-N，M−1 为光缆段数。

一、常见的链网

（一）二纤链

不提供业务的保护功能（不提供自愈功能）。

（二）四纤链

一般提供业务的 1＋1 或 1∶1 保护，四纤链中两根光纤收/发作为主用信道，另外两根光纤收/发作为备用信道。

二、链形网保护的基本类型

1+1 通道保护，1+1 复用段保护和 1:1 复用段保护。1+1 保护就是通道业务信号同时馈入工作通路和保护通路，而 1:1 保护业务信号并不总是同时跨接在工作通路和保护通路上。

（一）1+1 通道保护

1+1 通道保护是以通道为基础的，倒换与否按分出的每一个通道信号质量的优劣而定。通道 1+1 保护使用并发优收原则。插入时，通道业务信号同时馈入工作通路和保护通路。分出时，同时收到工作通路和保护通路两个通道信号，按其信号的优劣来选择一路作为分路信号。

通常利用简单的通道 PATH-AIS 信号作为倒换依据，而不需 APS 协议，倒换时间不超过 10ms。

（二）1+1 复用段保护

复用段保护是以复用段为基础的，倒换与否按每两站之间的复用段信号质量的优劣而定。当复用段出故障时，整个站间的业务信号都转到保护通路，从而达到保护的目的。在复用段 1+1 保护方式中，业务信号发送的同时跨接在工作通路和保护通路。

正常时工作通路接收业务信号，当系统检测到 LOS、LOF、MS-AIS 以及误码＞10^{-3} 报警时，则切换到保护通路接收业务信号。

（三）1∶1 复用段保护

1∶1 复用段保护与 1+1 复用段保护不同，业务信号并不总是同时跨接在工作通路和保护通路上的，所以还可以在保护通路上开通低优先级的额外业务。当工作通路发生故障时，保护通路将丢掉额外业务，根据 APS 协议，通过跨接和切换的操作，完成业务信号的保护。

正常工作时，1∶1 相当于 2+0。

4.6.3　二纤单向/双向通道保护环

一、自愈环的分类

（1）按环上业务的方向可将自愈环分为单向环和双向环两大类。

（2）按网元节点间的光纤数可将自愈环划分为二纤环（一对收/发光纤）和四纤环（两对收发光纤）。

（3）按保护的业务级别可将自愈环划分为通道保护环和复用段保护环两大类。

通道保护环和复用段保护环的区别如表 4-4 所示。

表 4-4　通道环与复用段环的区别

项　目	通道保护环	复用段倒换环
保护单元	业务的保护是以通道为基础的，也就是保护的是 STM-*N* 信号中的某个 VC（某一路 PDH 信号），倒换与否按环上的某一个别通道信号的传输质量来决定	以复用段为基础的，倒换与否是根据环上传输的复用段信号的质量决定
倒换条件	PATH-AIS； 通常利用收端是否收到简单的 TU-AIS 信号来决定该通道是否应进行倒换	倒换是由 K1、K2 字节所携带的 APS 协议来启动的，复用段保护倒换的条件是 LOF、LOS、MS-AIS、MS-EXC 报警信号

续表

项　目	通道保护环	复用段倒换环
倒换方式	例如在 STM-16 环上，若收端收到第 4 个 VC4 的第 48 个 TU-12 有 TU-AIS，那么就仅将该 TU-12 通道切换到备用信道上去	当复用段出现问题时，环上整个 STM-*N* 或 1/2STM-*N* 的业务信号都切换到备用信道上
光纤利用率	通道保护环往往是专用保护，在正常情况下保护信道也传主用业务（业务的 1+1 保护），信道利用率不高	而复用段保护环使用公用保护，正常时主用信道传主用业务，1∶1 保护的保护方式备用信道传额外业务，信道利用率高

由于 STM-*N* 帧中只有 1 个 K1 和 1 个 K2，所以复用段保护倒换是将环上的所有主用业务 STM-*N*（四纤环）或 1/2STM-*N*（二纤环）都倒换到备用信道上去，而不是仅仅倒换其中的某一个通道。

二、二纤单向通道保护环

二纤单向通道保护环由两根光纤组成两个环，其中一个为主环 S1，另一个为备环 P1。两环的业务流向一定要相反，通道保护环的保护功能是通过网元支路板的倒换功能来实现的，也就是支路板将支路上的环业务并发到主环 S1、备环 P1 上，两环上业务完全一样且流向相反，平时网元支路板从主环下支路的业务，如图 4-39（a）所示。

若环网中网元 A 与 C 互通业务，网元 A 和 C 都将上环的支路业务并发到环 S1 和 P1 上。S1 为顺时针。在网络正常时，网元 A 和 C 都选收主环 S1 上的业务。那么 A 与 C 业务互通的方式是 A 到 C 的业务经过网元 B 穿通，由 S1 光纤传到 C（主环业务）。由 P1 光纤经过网元 D 穿通传到 C（备环业务）。在网元 C 支路板选收主环 S1 上的 A→C 业务，完成网元 A 到网元 C 的业务传输。网元 C 到网元 A 的业务传输与此类似，S1：C→D→A；P1：C→B→A。

收端选用 S1：C→D→A。

当 BC 光缆段的光纤同时被切断时，网元支路板的并发功能没有改变，也就是此时 S1 环和 P1 环上的业务还是一样的，如图 4-39（b）所示。

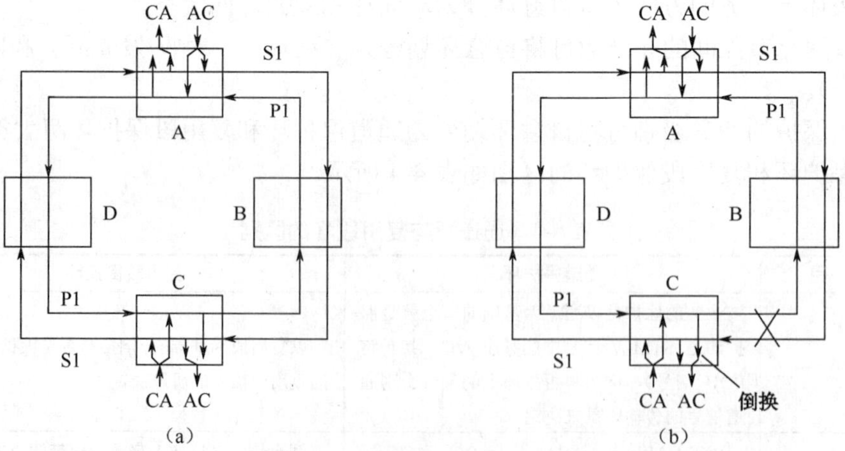

图 4-39　二纤单向通道保护环

网元 A 与网元 C 之间的业务如何被保护。网元 A 到网元 C 的业务由网元 A 的支路板并发到 S1 和 P1 光纤上，其中 S1 光纤的业务经网元 B 穿通传至网元 C，P1 光纤的业务经网元 D 穿通，由于 BC 间光缆中断，所以光纤 S1 上的业务无法传到网元 C，由于网元 C 默认选收主环 S1 上的业务，此时由于 S1 环上的 A→C 的业务传不过来，这时网元 C 的支路板就会收到 S1 环上 TU-AIS 的报警信号。网元 C 的支路板收到 S1 光纤上的 TU-AIS 报警后，立即切换到选收备环 P1 光纤上的 A 到 C 的业务，于是 A→C 的业务得以恢复，完成环上业务的通道保护，此时网元 C 的支路板处于通道保护倒换状态——切换到选收备环方式。

网元 C 的支路板将到网元 A 的业务并发到 S1 环和 P1 环上，其中 S1 光纤的业务经网元 D 穿通传至网元 A，P1 光纤的业务经网元 B 穿通，由于 BC 间光缆中断，所以光纤 P1 上的业务无法传到网元 C，由于网元 C 默认选收主环 S1 上的业务，这时网元 C 到网 A 的业务并未中断，网元 A 的支路板不进行保护倒换。

二纤单向通道保护环的优点是倒换速度快（中兴通讯设备倒换时间≤15ms）。由于上环业务是并发选收，所以通道业务的保护实际上是 1+1 保护。业务流向简捷明了，便于配置维护。

二纤单向通道保护环的缺点是网络的业务容量不大。二纤单向保护环的业务容量恒定是 STM-*N*，与环上的节点数和网元间业务分布无关。

在组成通道环时要特别注意的是主环 S1 和备环 P1 光纤上业务的流向必须相反，否则该环网无保护功能。通道保护环是仅仅倒换其中的某一个通道。

三、二纤双向通道保护环

二纤双向通道保护环上的业务为双向（一致路由），保护机理也是支路的“并发优收”，业务保护是 1+1 的，网上业务容量与单向通道保护二纤环相同，如图 4-40 所示。

二纤双向通道环与二纤单向通道环之间可以相互转换。中兴通讯的设备在配置通道环时按照二纤双向通道环方式配置，当只有一端发生倒换时，则转变成二纤单向通道环。若两端都发生倒换，则仍然是二纤双向通道环。

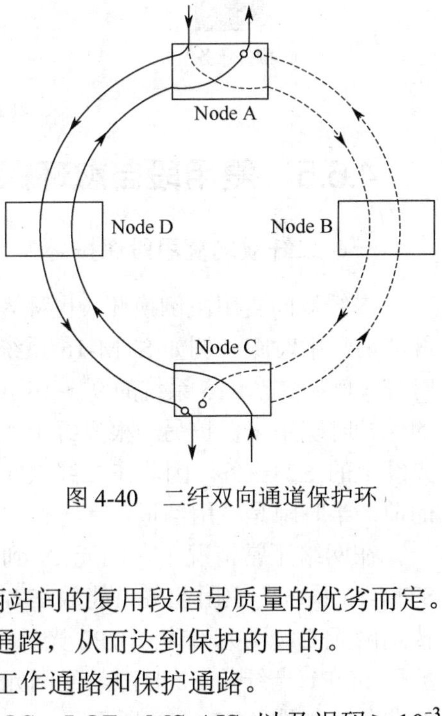

图 4-40　二纤双向通道保护环

4.6.4　复用段保护链

一、1+1 复用段保护

复用段保护是以复用段为基础的，倒换与否按每两站间的复用段信号质量的优劣而定。当复用段出故障时，整个站间的业务信号都转到保护通路，从而达到保护的目的。

复用段 1+1 保护方式中，业务信号发送时跨接在工作通路和保护通路。

正常时工作通路接收业务信号，当系统检测到 LOS、LOF、MS-AIS 以及误码＞10^{-3} 报警时，则切换到保护通路接收业务信号，如图 4-41 所示。

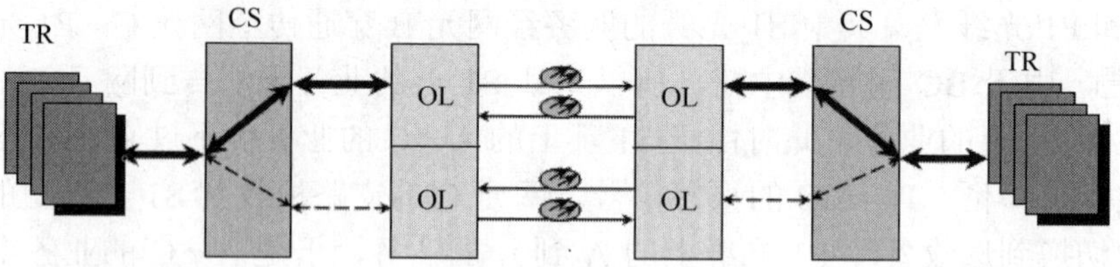

图 4-41　1+1 复用段保护链

二、1∶1 复用段保护

复用段 1∶1 保护与复用段 1+1 保护不同，业务信号并不总是同时跨接在工作通路和保护通路上的，所以还可以在保护通路上开通低优先级的额外业务。

当工作通路发生故障时，保护通路将丢掉额外业务，根据 APS 协议，通过跨接和切换的操作，完成业务信号的保护，如图 4-42 所示。

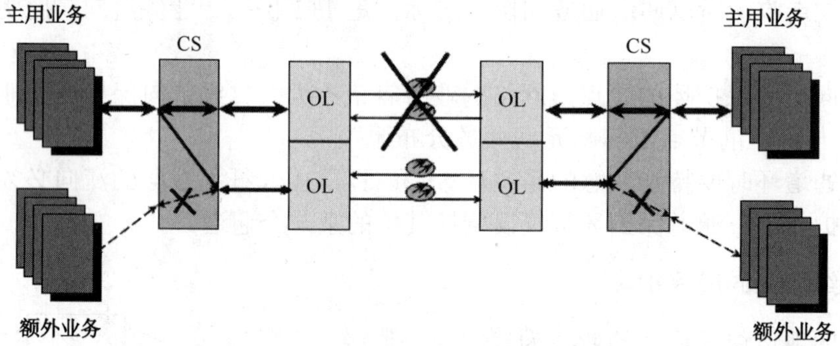

图 4-42　1∶1 复用段保护链

4.6.5　复用段自愈环保护

一、二纤双向复用段保护环

二纤双向复用段倒换环（也称为二纤双向复用段共享环）是一种时隙保护。即将每根光纤的前一半时隙（例如 STM-16 系统为 $1^{\#}$～$8^{\#}$AU4）作为工作时隙，传送主用业务，后一半时隙（例如 STM-16 系统的 $9^{\#}$～$16^{\#}$AU4）作为保护时隙，传送额外业务，也就是说一根光纤的保护时隙用来保护另一根光纤上的主用业务。例如，S1/P2 光纤上的 P2 时隙用来保护 S2/P1 光纤上的 S2 业务，因此在二纤双向复用段保护环上无专门的主用、备用光纤，每一条光纤的前一半时隙是主用信道，后一半时隙是备用信道，两根光纤上的业务流向相反。

在网络正常情况下，网元 A 到网元 C 的主用业务放在 S1/P2 光纤的 S1 时隙（对于 STM-16 系统，主用业务只能放在 STM-16 的 $1^{\#}$～$8^{\#}$AU4 中），沿 S1/P2 光纤由网元 B 穿通传到网元 C，网元 C 从 S1/P2 光纤上的接收 S1 时隙所传的业务。网元 C 到 A 的主用业务放于 S2/P1 光纤的 S2 时隙，经网元 B 穿通传到网元 A，网元 A 从 S2/P1 光纤上提取相应的业务，如图 4-43（a）所示。

当图 4-43（b）中的环网 B-C 间光缆段被切断时，网元 A 到网元 C 的主用业务沿 S1/P2 光纤传到网元 B，在网元 B 进行倒换（故障邻近点的网元倒换），将 S1/P2 光纤上的 S1 时隙的业务全部倒换到 S2/P1 光纤上的 P1 时隙上去（例如 STM-16 系统是将 S1/P2 光纤上的

$1^{\#}$～$8^{\#}$AU4 全部倒到 S2/P1 光纤上的 $9^{\#}$～$16^{\#}$AU4），然后，主用业务沿 S2/P1 光纤经网元 A 和 D 穿通传到网元 C，在网元 C 同样执行倒换功能（故障端点站），即将 S2/P1 光纤上的 P1 时隙所载的网元 A 到网元 C 的主用业务倒换回到 S1/P2 的 S1 时隙，网元 C 提取该时隙的业务，完成接收网元 A 到网元 C 的主用业务。

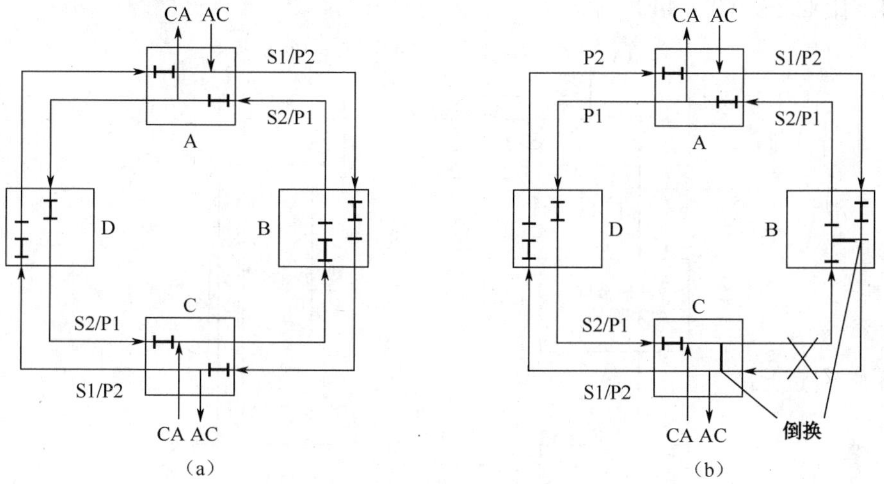

图 4-43　二纤双向复用段保护环

网元 C 到网元 A 的业务先由网元 C 将其主用业务 S2 倒换到 S1/P2 光纤的 P2 时隙上，然后，主用业务沿 S1/P2 光纤经网元 D 和 A 穿通到达网元 B，在网元 B 处同样执行倒换功能，将 S1/P2 光纤的 P2 时隙业务倒换到 S2/P1 光纤的 S2 时隙上去，经 S2/P1 光纤传到网元 A 落地。这样就完成了环网在故障时业务的自愈。

P1、P2 时隙在线路正常时也可以用来传送额外业务。当光缆故障时，额外业务被中断，P1、P2 时隙作为保护时隙传送主用业务。

与通道保护环比较起来，复用段环需要用到 APS 协议，因此保护倒换时间稍长，中兴通讯设备的保护倒换时间小于 30ms。

二纤双向复用段保护环的业务容量即最大业务量为（$K/2$）×STM-N，K 为网元数（$K\leqslant16$）。这是在一种极限情况下的最大业务量，即环网上只存在相邻节点的业务，不存在跨节点业务。这时每个光缆段均为相邻互通业务的网元专用，例如 A-D 光缆只传输 A 与 D 之间的双向业务，D-C 光缆段只传输 D 与 C 之间的双向业务等。相邻网元间的业务不占用其他光缆段的时隙资源，这样各个光缆段都最大传送 1/2×STM-N 的业务（时隙可重复利用），而环上的光缆段的个数等于环上网元的节点数，所以这时网络的业务容量达到最大（$K/2$）×STM-N。

二、四纤双向复用段保护环

四纤环由 4 根光纤组成，这 4 根光纤分别为 S1、P1、S2、P2。其中，S1、S2 为主纤传送主用业务；P1、P2 为备纤传送保护业务，当主纤故障时分别用来保护 S1、S2 上的主用业务。

S1、P1、S2、P2 光纤的业务流向是这样的，S1 与 S2 光纤业务流向相反（一致路由，双向环），S1、P1 和 S2、P2 两对光纤上的业务流向也相反。四纤环上每个节点设备的配置要求是双 ADM 系统因为一个 ADM 只有东/西两个线路端口（一对收发光纤称之为一个线路端口），而四纤环上的网元节点是东/西向各有两个线路端口，所以要配置成双 ADM 系统。

在环网正常时，网元 A 到网元 D 的主用业务从 S1 光纤经 B 网元到 C，网元 D 到网元 A 的业务经 S2 光纤经网元 B 到 A（双向业务）。网元 A 和 D 通过收主纤上的业务互通两网元之间的主用业务如图 4-44 所示。

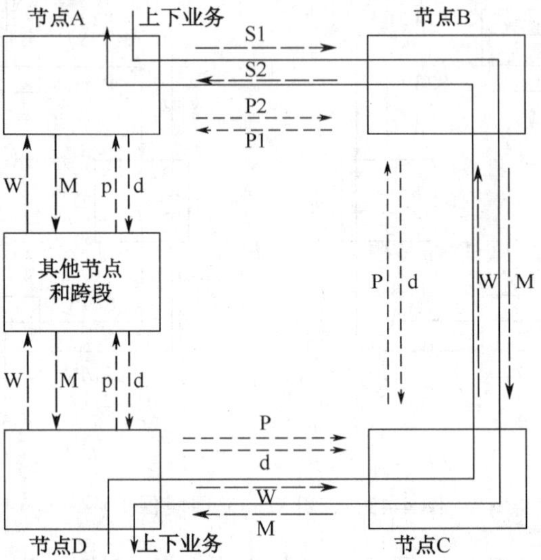

图 4-44　正常情况下节点 A、D 之间的业务经节点 B、C

当 B-C 间光缆发生故障时，环上业务会发生跨段倒换或跨环倒换，倒换触发条件和倒换过程如下。

（一）跨段倒换

对于四纤环，如果故障只影响工作信道，业务可以通过倒换到同一跨段的保护信道来进行恢复。如图 4-45 所示，当节点 B→C 间的工作光纤 S1 断开，而 S2、P1、P2 光纤都是正常的，则 A 到 D 的业务经 S1 光纤传到 B 点后在 B 点发生跨段倒换，即业务由 S1 倒换到 P2，在 C 点再发生跨段倒换，业务由 P2 倒换回 S1，继续经 S1 传到 D 点落地。而 D 到 A 的业务同样在 C、B 两点发生跨段倒换。因此，在发生跨段倒换前后，业务经过的路由没有改变，仍然是 A→B→C→D 和 D→C→B→A。

（二）跨环倒换

四纤环如果故障既影响工作信道，又影响保护信道，则业务可以通过跨环倒换来进行恢复。如图 4-46 所示，当节点 B→C 间的工作光纤 S1 和 P1 都断开时，A 到 D 的业务经 S1 光纤传到 B 点后在 B 点发生跨环倒换，即业务由 S1 倒换到 P1，由 P1 传回到 A 点，在继续传到 D 点、C 点，在 C 点再发生跨环倒换，业务由 P1 倒换回 S1，继续经 S1 传到 D 点落地。而 D 到 A 的业务同样在 C、B 两点发生跨环倒换。因此，在发生跨环倒换后，A—D 的双向业务经过的路由发生了改变，分别是 A→B→A→D→C→D 和 D→C→D→A→B→A。

跨段倒换的优先级高于跨环倒换，对于同一段光纤如果既有跨段倒换请求又有跨环倒换请求时，会响应跨段请求，因为跨环倒换后会沿着长径方向的保护段到达对端，会挤占其他业务的保护通路，所以优先响应有跨段请求的业务。只有在跨段倒换不能恢复业务的情况下才使用跨环倒换。

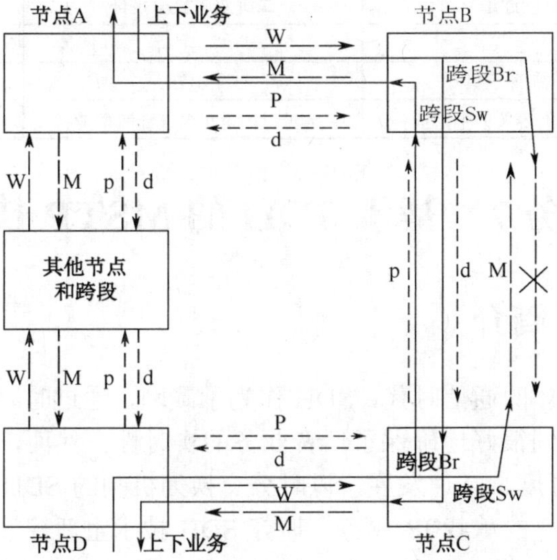

图 4-45　故障状态下跨段倒换时的路由示例

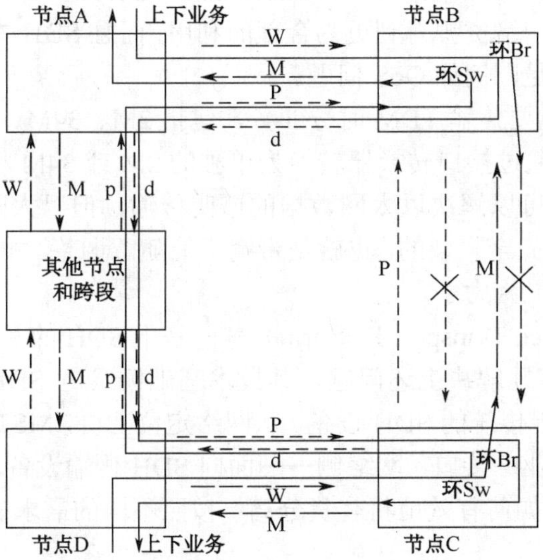

图 4-46　故障状态下跨环倒换时的路由示例

以上所介绍的五种自愈环保护方式中，有三种方式是设备组网时常用到的，在此将这三种常用的保护方式做一个比较，如表 4-5 所示。

表 4-5　三种常用的自愈环保护方式特点比较

项　目	二纤单向通道环	二纤双向复用段环	四纤双向复用段环
节点数	K	K	K
线路速率	STM-N	STM-N	STM-N
环传输容量	STM-N	K/2*STM-N	k*STM-N
APS 协议	不用	用	用
倒换时间	＜ 30ms	50～200ms	50～200ms

续表

项　目	二纤单向通道环	二纤双向复用段环	四纤双向复用段环
节点成本	低	中	高
系统复杂性	简单	复杂	复杂
主要应用场合	接入网、中继网等（集中型业务）	中继网、长途网等（分散型业务）	中继网、长途网等（分散型业务）

任务 7　基于 SDH 的 MSTP 技术

4.7.1　MSTP 简介

在以话音业务为主体的通信时代，SDH 作为承载网，通过时隙映射和交叉连接功能以及端到端的质量保证机制很好地确保了话音业务的实时性。然而，随着以包交换为传送机制的 IP 数据业务的大幅度、高速发展，以时分交换为机制的 SDH 网络很难在满足话音业务的同时，再实现高效率的承载 IP 业务。摒弃 SDH 技术重新建设承载网还是引入一些新的技术对 SDH 进行改造，将问题解决在网络的边缘（接入端），使 IP 业务在 SDH 网络中也能有良好的通过性，曾经是业界人士讨论的焦点。无疑，后者具有更大的操作价值，因为这不仅可以使现有的网络资源得到更为合理的利用，而且 SDH 本身具有的一些特性也可以弥补以太网的一些不足，例如 QoS 问题。

传统的 SDH 设备主要传输 TDM 时分业务，包括 2M、34M、140M。如果想传输以太网业务，那么需要将其通过接口转换器转换为单独的 2M 或 34M 标准信号，然后再进行传输，这样在一定程度上可以解决以太网数据的透明传输，但以太网信号并不是单个 VC-3 或单个 VC-12 刚好可以完全封装的，也就是带宽不能随意调整。如果遇到复杂的组网要求，那么此方法就更显得无能为力了。

MSTP（Multi-Service Transport Platform）——基于 SDH 的多业务平台（基于 SDH 的多业务节点），能够较好地解决上述问题，其技术基础仍然是 SDH，还有人称其为新一代的 SDH。总之，它有别于传统的 SDH 设备。从网络定位上讲，MSTP 应处在网络接入部分，用户侧——面向不同的业务接口，网络侧——面向 SDH 传输设备。形象地讲，MSTP 就像一个长途客/货枢纽站，如何有效地将客货分离，按照不同的需求安全、快捷地运送到目的地，是其追求的目标。

一、MSTP 的基本概念

近年来，随着电子商务、局域网互连、高速数据传送、上网浏览、点播电视、会议电视等业务的应用和发展，通信网的业务由原来的电路交换越来越多地转向 IP 业务需求。同时，接入网的发展也进一步推动了通信网尤其是城域网多业务的应用，除了传统的话音业务，对数据业务的接入能力的要求也越来越高，这就使通信网在提供传统语音业务的同时还必须能够承载数据业务。

传统 SDH 光传输系统主要针对语音业务，无法适应以 IP 业务为主流的网络所需的扩展性和灵活性。但数据业务的增长使业务提供商和运营商们正在寻求一种方案，从现有的静态 TDM 复用时代过渡到动态 IP 业务网时代。早期的 SDH 架构并不适宜传输 IP 业务，反映在 IP 包带宽与 SDH 虚容器带宽不匹配，SDH 采用固定的速率等级难以扩展，具有不适宜 IP 环境的开销等。

随着新技术的发展，例如虚容器级联技术弥补了速率间的不匹配，提高了 SDH 带宽利用率。GFP/LAPS（通用成帧规程/链路接入规程）等链路层协议有利于高速 IP 业务的传送。基于下一代 SDH 技术的多业务传输平台（MSTP）必将成为重要的业务承载主体，使 IP over SDH 方案更为可行，MSTP 能同时实现 TDM、ATM、以太网等业务的接入、处理和传送，提供统一网管的多业务节点。它将 SDH 的高可靠性、严格的 QoS 和 ATM 的统计复用以及 IP 网络的带宽共享、统计复用特征集于一身，可以针对不同的服务质量业务提供最佳的传送方式。

二、MSTP 的发展驱动力

促使 MSTP 得到发展的原因主要有以下几个方面。

（一）网络演进的需求

目前 IP 业务正在迅速增长，但在进入核心 IP 网传送之前，IP 业务仍然通过时分复用、ATM 和帧中继（FR）网进行传输。在传送网中，TDM、ATM、FR 技术仍然承载大多数的业务量，而且是业务提供商和运营商们收入的主要来源。对这些业务和其他传统业务的支持依然是极其重要的，因为它们的规模很大，作为传送技术已被广泛认同，而且在目前和可见的将来仍然为运营商提供巨大的收入和利润。

为了保护已有的投资并继续从现有的服务中获利，许多电信服务供应商更希望能在支持现有 TDM 系统的基础上构建面向未来 IP 业务的网络体系结构，新一代 MSTP 就可以满足这些需求。从功能上讲，MSTP 是一种在 SDH 平台之上传送 IP、ATM、TDM 等多种业务，具有协议终结和转换功能，可以在网络边缘提供多种不同业务，其网络体系结构既具有传统的底层功能（电路交换和复用），又要能实现二层、三层功能（基于信元和分组的交换和路由选择）的设备，它能够允许运营商借助不断变化的技术无缝地升级网络，从基于 TDM 的传输网平滑过渡为更为灵活的数据密集型高速网络。

传统的 SDH 光网络中，IP 业务是通过多层协议栈映射至 SDH 帧中，然后在 SDH/WDM 系统中传送，所以它很难对不同种类的 IP 业务进行区分。同时多层协议堆栈也增加了开销，降低了网络的传送效率。运营商和业务提供商目前需要能够在同一个基础设施的同一平台上提供 TDM 业务、MAC 层业务和 IP 业务的光通信设备，并且成本要比现有设备显著降低。城域接入设备不仅要能支持新接入网基础设施，同时还要能支持现有的传统业务，能把许多分立的、功能相对单一的通信业务平台整合在一个多业务平台，用来代替功能各不相同的大量传输和接入设备。

未来的网络结构将是一种灵活高效的简化的 IP over DWDM 结构，这种结构可以极大地简化配置，降低成本，但从目前来看，为了保护已有投资，需要一个过渡性的设备，以 SDH 为基础的多业务平台的出发点是充分利用已经成熟的 SDH 技术，特别是其保护恢复能力和良好的延时性能，对其加以改进以适应多业务应用。其基本思路是将多种不同业务通过 VC 级联等方式映射进不同级别的虚容器，将 SDH 设备与二层和三层分组设备在物理上集成为一个实体。这样做的目的是减少机架数、机房占地、功耗、架间互连，简化了电路指配，加快了业务提供速度，改进了网络扩展性，节省了运营维护成本，还可以提供诸如虚拟专网（VPN）或视频点播等新的增值业务。特别是集成了 IP 选路、以太网、帧中继或 ATM 后，网络可以通过统计复用和预订业务来提高 TDM 通路的带宽利用率和减少局端设备的端口数，使现有 SDH 基础设施最佳化。

MSTP 的组网结构如图 4-47 所示，该网络能够对 TDM 业务采用传统方式进行传送，对以太网业务通过 VLAN、汇聚、透传、GFP 封装等技术实现带宽的有效管理，同时对 ATM 业务可以通过 VP-RING 等技术实现带宽共享。

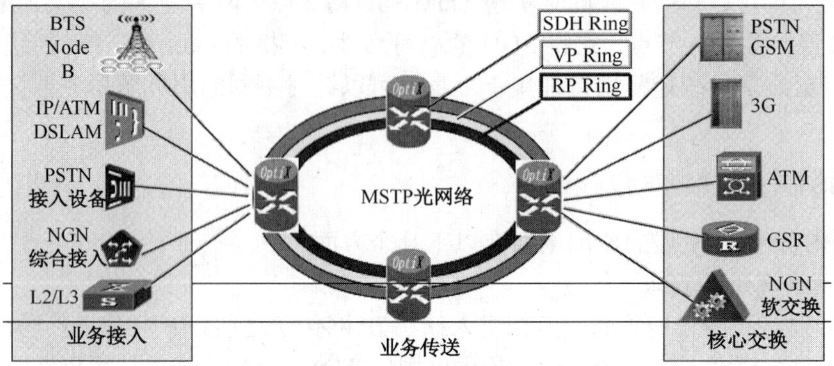

图 4-47 MSTP 组网结构

（二）业务发展的需求

城域网（Metropolitan Area Network）是在一个城市范围内所建立的计算机通信网，简称 MAN。它的传输介质主要采用光缆，传输速率在 100Mbit/s 以上。MAN 的一个重要用途是用作骨干网，通过它将位于同一城市内不同地点的主机、数据库，以及 LAN 等互相连接起来，这与 WAN 的作用有相似之处，但两者在实现方法与性能上有很大差别。MAN 不仅用于计算机通信，同时可用于传输话音、图像等信息，它是一种综合利用的通信网，但属于计算机通信网的范畴，而又不同于综合业务数字网 ISDN。

从上面 MAN 的定义可以看出，构建城域传输网仍然主要使用光纤传输设备。目前城域网建设的主要问题首先是带宽瓶颈。在其用户侧，由于低成本吉比特以太网的出现和发展，局域网的速率上了一个大台阶。在其长途网侧，由于 DWDM 技术的发展，容量已经扩展了几个量级。目前商用化系统的容量已达 3.2T bit/s，中间的城域网/接入网成为全网的带宽瓶颈。另外，面对城域网内如此丰富的业务，现有的解决方法是建设多个重叠的网络。

一方面，目前多数运营公司通过 SDH 和电路交换机提供话音和专线业务，而通过 SDH 和分离的帧中继、ATM 和 IP 网提供数据业务，分离的网络和网络技术往往需要分离的网管系统和人员，以及不同的配置和计费系统，导致高设备成本、高运行成本以及费时耗力的业务提供。

另一方面，用户必须通过不同的接入技术和线路获取不同的业务，不仅麻烦，而且费用高。再有，目前城域网底层多数采用 SDH 作为传送平台，利用这种为电话业务设计的 SDH 固定带宽来传送突发数据业务时不仅效率低下，而且改变带宽往往意味着改变物理接口甚至改变了业务类型，进而常常不得不重新设计和重新建设网络。

作为数据骨干网和长途电话网在城域范围内的延伸覆盖，城域网承担着集团用户、商用大楼、智能小区的业务接入和电路出租任务，具有覆盖面广、投资量大、接入技术多样、接入方式灵活的特点。城域网业务的发展必须在立足窄带话音业务的基础上，考虑通信网络发展的需求（Internet/宽带接入网/3G 网络等），大力发展宽带数据业务，从提供单一的话音业务向多业务转变，必须引入一个能够适应多种业务，又能够提供多种服务的传输网络，以适应综合业务的开展。

城域网提供的业务可分为以下三类。

（1）传统的TDM业务，包括N×64k、2M、34M、140M、155M、622M等，既有交换机中继线、基站业务，也有传送图像的34/45Mbit/s接口。

（2）ATM业务，ATM业务既可以是34/45M，155Mbit/s接口，也可以是VC4-XC级联接口，或者是IP over ATM/SDH方式。

（3）IP业务，一般以10M/100M/FE/GE信号为主，因此城域网是以宽带光传输为开放平台，通过各类网关实现话音、数据、图像、多媒体、IP接入和各种增值业务及智能业务，并与各运营商长途网互通的本市（地）综合业务网络。

按照用户类型，我们把城域网中的业务分为企业集团用户、行业集团用户、写字楼用户、智能化住宅小区、出租业务等几大类，如图4-48所示为基于MSTP平台的城域网接入层。下面以两个具有代表性的用户来进行说明。

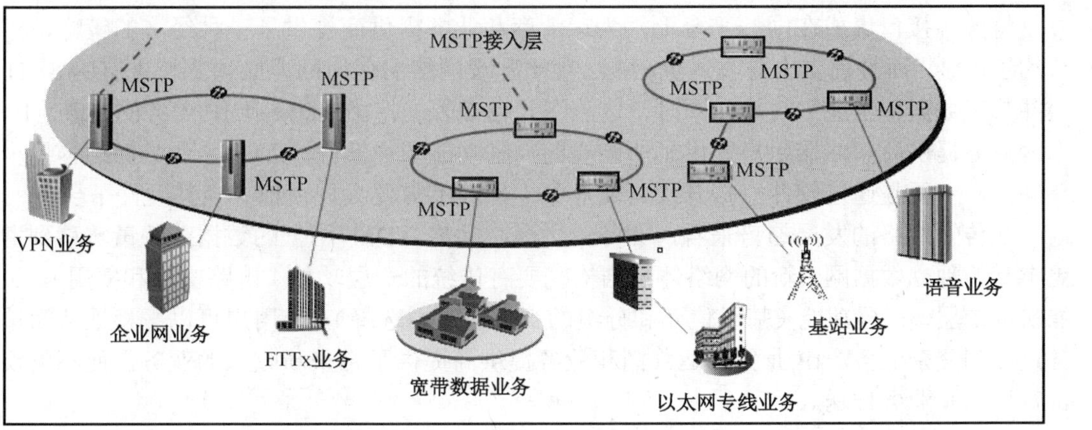

图4-48 城域网接入层业务

1．企业集团用户

作为经济生活中最重要的单元，企业用户将是运营商收入的最主要来源之一。它的业务流有集团内部各个分公司和总部之间、分公司之间（通常也经过总部转发）的数据传输，包括电子邮件、电子办公平台、会议电视等信息。由于企业集团用户业务量大，业务需求首先是根据线路带宽的需求。其次，网络的可用性、安全性、扩展性也是考虑的重要因素。

2．智能化住宅小区

新建小区能否提供良好的宽带上网业务已经成为房地产开发商的“杀手锏”，上海、深圳、北京、广州等大城市已经率先建设了一批智能化住宅区。

10M/100M/以太网接入到网络社区，除提供传统的上网业务外，更多的是一些增值业务，如社区公告牌、网上购物、水表/电表/煤气等计费业务，等等。网络社区的出现不仅改变了人们的生活方式，也进一步为在家办公做好了物理硬件上的准备。

城域网需要一个完整的基础网络作为承载平台。从网络建设角度看，采用单一的基础网络形式构建传输网络，承载业务，可以大大简化网络结构，降低传送成本。从网络维护角度看，通过独立的传输平面，可以实现有效的分层管理，便于故障的快速定位。

城域网所承载的主要业务是数据业务，而数据业务正处于高速发展时期，从提高竞争力的角度考虑，网络建设必须不断地引入新技术，而从网络发展的角度考虑，网络必须处于相对稳定的状态，以便管理和维护。引入传统SDH传输网络并加以改进，可以很好地解决这个矛盾。

三、技术发展的需求

SDH技术最初是为了传送基于电路交换的时分复用（TDM）业务类型而设计的，其严格的 TDM 结构可以有效地汇聚和传送话音及专线等业务，但这种基础结构不能十分有效地适应IP数据业务的发展。

利用新一代的多业务平台就可以解决以上的问题。为了适应数据业务的发展需要，SDH的最新发展趋势是支持IP和以太网业务的接入，并不断地融合ATM和路由交换功能，构成以SDH为基础的多业务网络平台。级联技术是SDH设备接入数据业务的一个重要工具。VC-4的级联就是将X个C-4的容量拼在一起，相当于形成一个大的容器，来满足大于C-4容量的大容量客户信号传输的要求。

将各种接口集成在同一平台上，为运营商和业务提供商提供了一种经济的策略，不仅节约了资金，而且使支出与收入更相配。用于建设网络的任何网元必须支持现有的SDH功能并具有数据整合能力，与此同时，这些网元也必须支持由TDM向IP业务的过渡。IP技术为业务提供商和终端用户提供了所需要的控制功能和灵活性。实现IP业务必须尽量少用新硬件，主要是通过软件直接升级，使业务提供商不需要大规模地更换其硬件平台。

从传输网络的发展趋势来看，业务提供商必须将 TDM 网上的数据业务量转移到资源更丰富的独立数据网。新的网络体系结构既要有传统的一层功能（电路交换和复用），又要能实现二层、三层功能（基于信元和分组的交换与路由选择），使用户可以平稳地从简单业务过渡到复杂业务。IP业务为运营商和业务提供商提供了带来新收入的业务，而不仅仅是带宽控制和业务传送。

可扩展性的一个含义是在一个单一的平台上开放多种接口（例如，从VC-12、VC-3到VC-4，包括10M/100M/GE以太网），以及在单一平台上支持大量的接口的能力。

表4-6对传统的传输网络与新一代的传输网络在数据业务的兼容性方面进行了比较。

表4-6　传统网络与新一代网络在数据业务兼容性方面的区别

数据业务特点	传统SDH网	新一代MSTP传输网
实现方式多样，接口种类丰富	接口速率不匹配	采用IP/ATM方式直接接入、多种业务接口
维护复杂	成本高、效率低	采用混合网络统一维护
突发业务为主	带宽容量不足或过大	动态统计复用

从上表可以看出，新一代的多业务传输平台能够实现多业务的接入，而且对于IP等动态业务能够实现动态的传输，能够灵活地进行统计复用。这样提高了网络的灵活性，降低了成本。但多业务传送平台是通过复杂的映射来降低速率的数据业务汇聚和复用到SDH帧结构中，因此SDH不能提供下一代网络所需要的网络效率。此外，基于SDH的基础网络结构不能及时支持灵活的业务定义，延长了业务的提供时间。

4.7.2　MSTP的结构和功能模型

对于多业务传输平台 MSTP，要求其数据业务处理能力非常强大。同时，一个新产品不仅要与现有的操作方法相适应，还必须节省初期投资费用和提高网络效率。要实现这个目标，应将传统的分插复用器（ADM）的传输功能与数字交叉连接器（DXC）集成在一起（目前各大设备生产商对此项功能已经做得非常完善）。这可显著地减少机架数量、占地面积和耗电量，从而减少操作和维护工作量。

在专线 TDM 需求不断增长的同时，运营商和业务提供商们也希望更有效地利用网络。这意味着多业务平台中必须包含数据交换层的关键属性，如业务量整合（统计复用功能）和 LAN 功能（如透明的 LAN 和虚拟 LAN 业务）。业务的整合必须在多种业务接口上实现，而且必须包括 ATM、FR 和以太网，尤其是以太网接口，作为一种廉价的互联接口，其数量在持续地增长。统计复用使业务提供商能够充分利用数据业务的突发性对网络施加超量负荷，使平均业务流几乎能够占用全部可用的带宽。

具体实施时可以将 ATM 边缘交换机、IP 边缘路由器、终端复用器 TM、分插复用器 ADM、数字交叉连接设备 DXC 和波分复用设备 WDM 结合在一个物理实体上，统一控制和管理。将各种接口集中在同一个平台上，以及在需要的时候才增加处理能力的方案，为运营商和业务提供商提供了一种经济的策略，不仅节约了资金，且使支出与收入更相配。MSTP 设备的结构组成框图如图 4-49 所示。

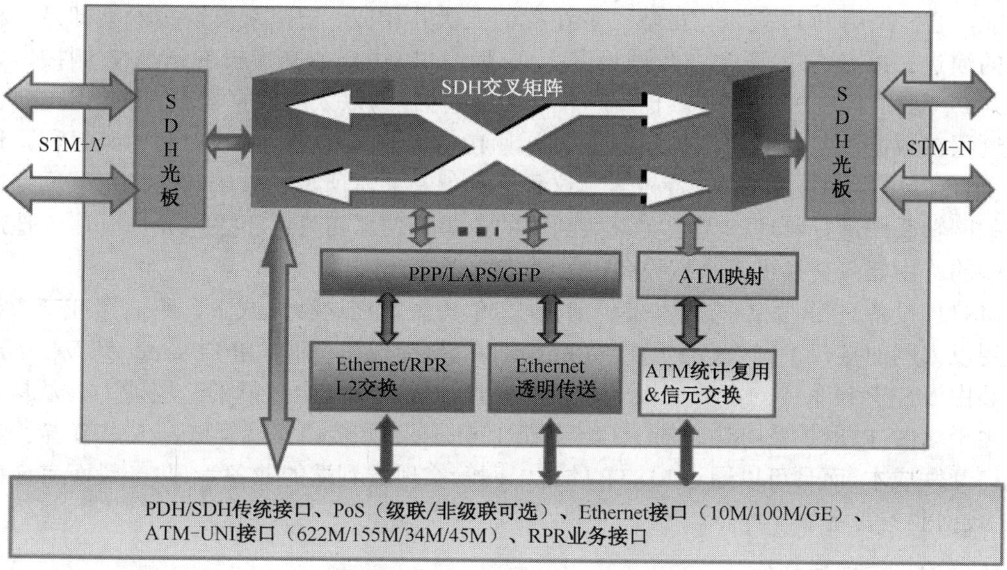

图 4-49　MSTP 设备的结构

从图 4-49 可以看出，不管是数据业务（IP/ATM）还是 TDM 业务，最终都进入 VC 交叉矩阵进行交换，只是在进入之前，两种业务的处理方式不同。TDM 业务的映射、定位、复用过程已在前面任务中学习，此处不再重复。对于交换式以太网业务和 ATM 业务，先是进行一个二层分组/ATM 信元交换，然后用相关协议 PPP/LAPS/GFP 封装数据，进入交叉矩阵。若是以太网数据透传，则不进行二层交换而是直接封装，然后映射成 VC 虚容器。

在实际中，允许 MSTP 只具备 IP/Ethernet 接口或 ATM 接口中的任意一种即可，具体要求如下。

（1）应满足国际标准中规定的 SDH 节点的基本功能要求。

（2）应至少支持 ATM 业务或以太网业务中的一种。

（3）当支持 ATM 业务时，基于 SDH 的多业务传送节点应支持 ATM 业务的统计复用和 VP/VC（虚通道/虚连接）交换处理功能。

（4）当支持以太网业务时，基于 SDH 的多业务传送平台应支持以太网业务的透明性，保证对所有的二/三层以上的协议透明，包括 IEEE 802.1q 等二层协议和 IPv4、IPv6 等下层协议。

对于 ATM 业务，基于 SDH 的多业务传送设备应至少处理到 ATM 层。对于以太网业务，基于 SDH 的多业务传送设备可以进行透明传送或经二层/三层交换后再进行传送。对于 POS（Packet over SDH）业务，基于 SDH 的多业务传送设备应能提供三层处理或交换功能，仅对 ATM 业务或 POS 业务进行透传的 SDH 设备不能称作多业务传送设备。

4.7.3 MSTP 的以太网特性

传统的电信网采用 TDM 和电路交换技术，主要是为话音业务而设计。为了传送 IP 数据业务和视频，实现话音、数据和视频的多业务“三网融合”，必须将 IP 数据包或以太网帧映射到 SDH 的帧结构中进行传输。目前，POS 和 MSTP 设备是两种较为常见的 SDH 传输网承载 IP 业务的实现方式。在以 EOS（Ethernet Over SDH）技术为特征的 MSTP 设备出来以前，通常采用 POS 技术。虽然二者在称谓上极其相似，但是从实现技术上却是一种革命性的演进。POS 技术通常在数据设备上实现，即路由器或交换机的 WAN 侧接口采用 STM-1 或 STM-4 的 POS 光口。也就是说从 IP 数据包或以太网数据帧到 SDH 的虚容器的处理过程在数据设备中实现，在路由器中实现 IP/PPP/HDLC/VC 的映射和封装过程，通过 SDH 的光口与传统的 SDH 设备相连。这种结构就是通常所说的叠层网络，每层网络需要不同的网管系统进行管理，无法实现端到端的业务管理。而且由于采用光口互联，造成在接入端的路由器或交换机等数据设备的投资成本较高。

MSTP 设备对 IP 数据的接入采用的是 EOS 模式，在这种方式下，路由器或交换机直接采用以太网的接口，如 RJ-45 的接口和 MSTP 设备相连，而从 IP/Ethernet 到 VC 的映射和封装由 MSTP 设备中的多业务板卡实现。而且该板卡具有全功能的二层能力，从接口考虑，由于 MSTP 也是采用普通的 RJ-45（10/100Base-T）接口实现互联，大大节省了 POS 的光口互联成本，而且可以通过 MSTP 的统一网管实现端到端的业务管理。一般而言，MSTP 对 IP 数据业务具备如下特点。

一、以太网透传功能

以太网透传功能是指将来自以太网接口的信号不经过二层交换，直接映射到 SDH 的虚容器 VC 中，然后通过 SDH 设备进行点到点传送。功能块模型如图 4-50 所示。

基于 SDH 的具备以太网透传功能的多业务传送设备必须具备以下功能。

（1）传输链路带宽可配置。

（2）所有从接口处接收下来的正常数据帧必须能完整地映射到虚容器中。

（3）应保证以太网业务的透明性，包括以太网 MAC 帧、ULAN 标记等的透明传送。

（4）以太网数据帧的封装应采用 PPP 协议或者 LAPS 协议或者 GFP 协议。

（5）数据帧可以采用 ML-PPP 协议封装或采用 VC 通道的级联/虚级联映射来保证数据帧在传输过程中的完整性。

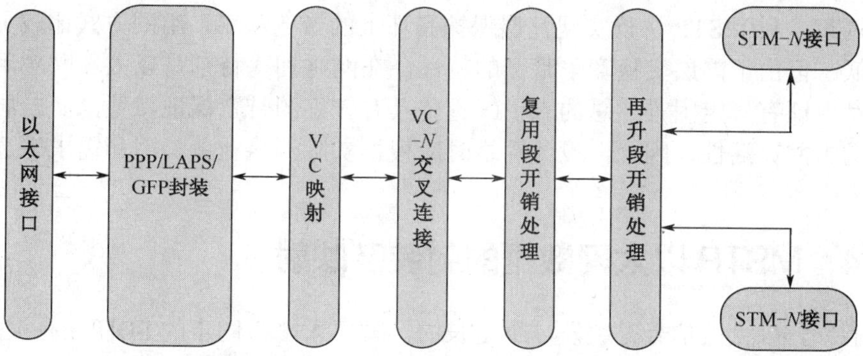

图 4-50　以太网业务透传功能基本模型

二、以太网二层交换功能

基于 SDH 的多业务传送节点支持二层交换功能是指在一个或多个用户侧以太网物理接口与一个或多个独立的系统侧的 VC 通道之间，实现基于以太网链路层的数据帧交换。其功能块模型如图 4-51 所示。

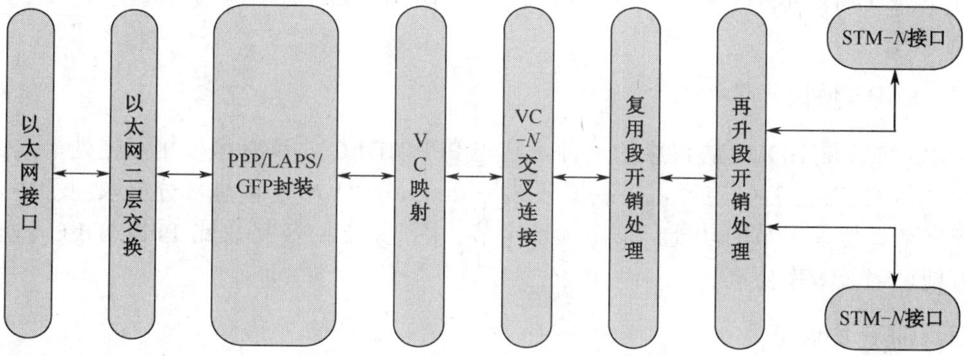

图 4-51　以太网业务二层交换功能基本模型

基于 SDH 的具备二层交换功能的多业务传送设备应具备以下功能。

（1）传输链路带宽可配置。

（2）应保证以太网业务的透明性，包括以太网 MAC 帧 VLAN 标记等的透明传送。

（3）以太网数据帧的封装可采用 PPP、LAPS 或 GFP 协议。

（4）数据帧可以采用 Multilink-PPP 协议封装或采用 VC 通道的连续级联、虚级联映射来保证数据帧在传输过程中的完整性。

（5）应实现转发/过滤以太网数据帧的功能，该功能应符合 IEEE 802.1d 协议的规定。

（6）必须能够识别 IEEE 802.lq 规定的数据帧，并根据 VLAN 信息转发/过滤数据帧。

（7）提供自学习和静态配置两种可选方式维护 MAC 地址表。

（8）实现转发/过滤数据帧信息的功能。

（9）支持 IEEE 802.1d 生成树协议 STP。

（10）可以支持多链路聚合来实现灵活的高带宽和链路冗余。

透传和二层交换方式应当说各有其优势和缺陷。透传方式具有较好的用户带宽保证和安全隔离功能，比较适合于有 QoS 要求的数据租线业务，但带宽利用率较低，不支持端口汇聚等应用，缺乏灵活性。二层交换方式具有带宽共享、端口汇聚能力，通过 VLAN 可以实现用户隔离，利用 STP 协议实现几层保护和环上的带宽共享，组网方式比较灵活，每端口成本较低；但由于二层交换竞争带宽的特性，在网络拥塞特别是以太环网应用中，对用户实际带宽保证有一定困难。总的来说，透传具有较好的带宽保证特性，而二层交换则提供了更大的组网灵活性，因此，设计网络时应根据实际网络业务类型和需求来选择相应的传送方式。

4.7.4 MSTP 以太网数据的封装及映射

众所周知，以太网信号是突发、不定长的，与要求严格同步的 SDH 帧有很大的区别，因此需要采用合适的链路层适配协议来完成从以太网到 SDH 之间的帧映射。目前 MSTP 设备对以太网数据封装到 SDH 帧中的协议主要有 PPP/HDLC、LAPS 和 GFP 三种。

一、PPP/HDLC 协议

PPP/HDLC 协议是最常用的 IP over SDH 链路层协议。它是将 IP 数据包通过 PPP（点对点协议）进行分组，然后使用 HDLC（高级链路控制）协议根据 RFC1662 规范对 PPP 分组进行定界装帧，最后将其映射到基于字节的 SDH 虚容器中，再加上相应的开销置入 STM-*N* 帧中。

二、LAPS 协议

LAPS 协议是 HDLC 协议族的一种，它与 PPP/HDLC 协议有很多相似之处，比如都采用标志字节 0x7E 进行帧定界，控制域依然是 0x03，但 LAPS 信息部分已取消了协议字节和填充字节。协议字节的功能已移至地址字节。因此，LAPS 协议比 PPP/HDLC 协议更加简单方便，封装效率更高。

三、GFP 协议

GFP 协议是由 ITU-T G.7041 标准化的一种面向无连接的新型数据链路层封装协议，能灵活支持现在和将来的各种数据协议的传送。GFP 协议的基本思想来源于简单数据链路，它为高层客户信号适配到字节同步的物理传输通道提供了一种通用机制。GFP 封装的高层客户信号可以是面向协议数据单元（PDU）的数据流，也可以是面向块编码的固定比特速率数据流。

目前 GFP 协议是各设备制造商在技术上主要使用的封装协议，本书主要介绍 GFP 协议的帧结构以及以太网 MAC 帧到 GFP 帧的映射过程。

GFP 基本的帧结构主要由两部分组成：4 字节的帧头（Core Header）和 GFP 净负荷（其范围从 4 到 65 535 字节）。帧头由 2 字节的帧长度指示（PLI：PDU Length Indicator）和 2 字节的帧头错误检验（HEC：Header Error Check）组成。

GFP 方式把以太网分组数据（包括 PPP、IP、PRP 等）封装到 GFP 负荷信息区中，对封装数据不做改动并根据要求来决定是否添加负荷区检测域。这种方式实现起来较为简单，如图 4-52 所示，其过程大致如下。

（1）接收以太网 MAC 帧，并计算其长度。

（2）确定 GFP 帧头中 PLI 域的值并生成相应的 HEC 字节。

（3）确定类型域的值及其相应的 HEC 字节。

（4）确定扩展头中各项的值。

（5）将以太网 MAC 帧从 SFD 后所有的字节作为 GFP 的净负荷。

（6）对 GFP 的净负荷域（包括 Payload Header）进行扰码。

（7）如果需要，发送空闲帧（Idle Frame）作为帧间隔字节。

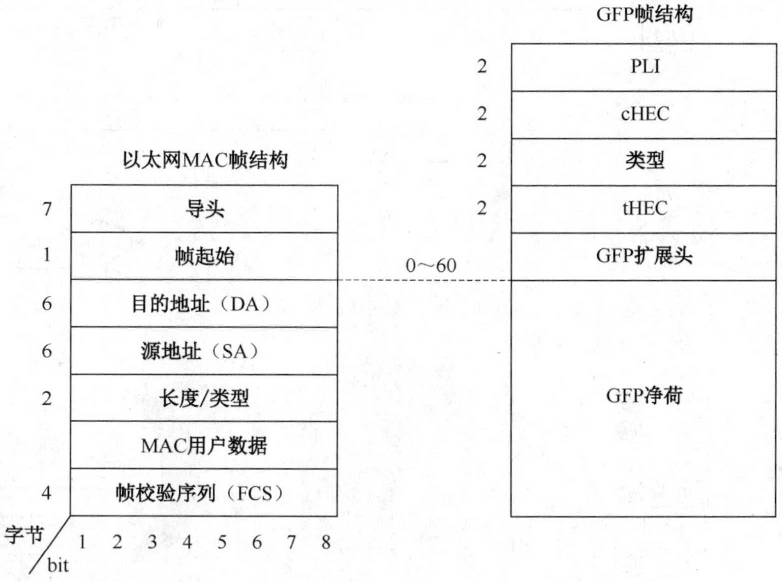

图 4-52　以太网 MAC 帧向 GFP 的映射关系

同样，接收端的解封装与发送端相反，要进行去扰码、CRC 错误检验、去除 GFP 帧头的字节以恢复出以太网 MAC 帧。

四、连续级联与虚级联

级联是在 MSTP 上实现的一种数据封装映射技术，它可将多个虚容器组合起来，作为一个保持比特序列完整性的单容器使用，实现大颗粒业务的传输，比如传输 10Mb/s 的以太网数据，可以将 5 个 VC-12 进行级联。

级联分为相邻级联（也称为连续级联）和虚级联。相邻级联是将同一 STM-*N* 数据帧中相邻的虚容器级联成 C-4/3/12-Xc 格式，作为一个整体结构进行传输。虚级联则是将分布于不同 STM-*N* 数据帧中的虚容器（可以同一路由或不同路由），按照级联的方法，形成一个虚拟的大结构 VC-4/3/12-Xv 格式，进行传输。

最初的 MSTP 只是为了解决 IP 数据包在 SDH 上实现端到端的透传，SDH 的不同容器的净荷装载单元大小是固定的，无论是 10/100M Base-T 还是 GE（千兆以太网）都很难理想地装载到 SDH 的容器中。而且作为端到端的透传机制，也无法实现流量控制、以太业务 QoS、不同以太业务流的统计复用等功能，所以不具备任何商用价值。最早应用到的就是相邻级联技术，将多个虚容器捆绑在一起，作为一个整体在传输网中进行传输。如图 4-53 所示为 VC-4 连续级联。

相邻级联的好处在于它所传输的业务是一个整体，数据的各个部分不产生时延，信号传输质量高。但是，相邻级联方式的应用存在着一定的局限性，它要求业务所经过的所有网络、节点均支撑相邻级联方式，如果涉及与原网络设备混合应用的情况，那么原有设备则可能无法支持相邻级联，因此无法实现全程的业务传输。此时，可以采用虚级联方式来完成级联业务的传输，其示意图如图 4-54 所示。

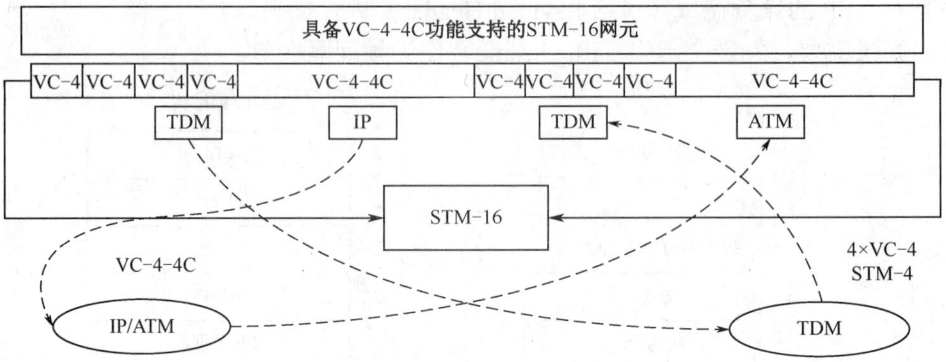

图 4-53　VC-4 连续级联

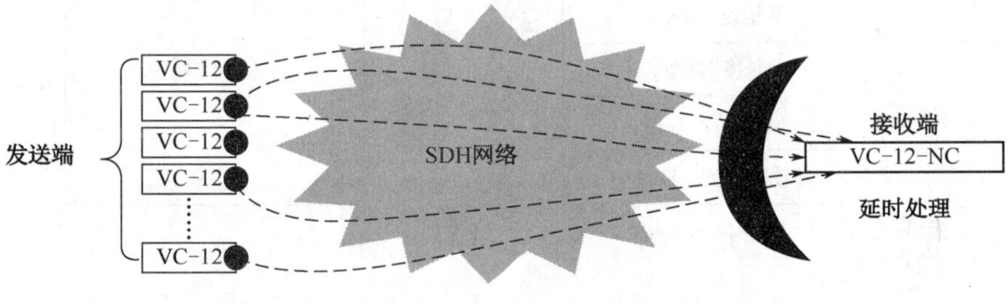

图 4-54　VC-12 虚级联

虚级联具有以下特点。

（一）穿通网络无关性和多径传输

由于级联业务与现有不能处理级联业务的设备关于指针的解释是不一样的，因此原有的 SDH 设备一般都不能传输相邻级联业务，引入虚级联方式则可以满足宽带业务对传输带宽的要求。

一般来说，虚级联要完成发送和接收两个方向的功能。在发送方向实现 C-4/3/12-Xc 到 C-4/3/12-Xv 的转换，将相邻级联业务转化为可在现有 SDH 设备上传输的虚级联业务。在接收方向实现 C-4/3/12-Xv 到 C-4/3/12-Xc 的转换，将线路上传输的虚级联业务转换成相邻级联业务，完成虚级联业务到相邻级联业务的转换。通过这两个方向的转换，可以实现虚级联功能，进而完成相邻级联业务在现有 SDH 设备上的传输。

（二）支持 LCAS 功能

在虚级联技术基础下可以实现 LCAS（Link Capacity Adjustment Scheme）功能，它允许无损伤地调整传输网中虚级联信号的链路容量，LCAS 能够实现在现有带宽的基础上动态地增减带宽容量，满足虚级联业务的变化要求。此外，LCAS 还可进一步增强虚级联业务的强壮性，提高业务质量。

（三）时延

相对于相邻级联，虚级联在技术上需要考虑的主要问题是时延。由于虚级联每个虚容器的传输所通过的路径有可能不同，因此在各虚容器之间可能出现传输时差，在极端情况下，可能会出现序列号偏后的虚容器比序列号偏前的虚容器先到达宿节点，这无疑给信号的还原带来了困难。目前，解决这个问题的有效方法是采用一个大的延时对齐存储器对数据进行缓存，达到重新整理数据序列的目的。

4.7.5　LCAS 技术的引入

虚级联技术只是提供一个更为有效的组合装载单元的可能方案，保证 IP 数据业务在 SDH 承载网上实现端到端的高效传送还需要一种真正的管理机制，就像有了四通八达的公路，有了各式各样的汽车，却没有一个好的调度站，依然无法形成一个良好的运输体系一样，关键的环节在于如何有效地管理和调配，特别是虚级联不像相邻级联，虚容器 VC-*n* 可以属于不同的 STM-*N* 中，存在着各种各样的组合方式，没有一种良好的调配机制，后果将不堪想象。这就引入了 LCAS 技术——链路容量调整机制。

简单地说，LCAS 技术就是建立在源和目的之间双向往来的控制信息系统。这些控制信息可以根据需求，动态地调整虚容器组中成员的个数，以此来实现对带宽的实时管理，从而在保证承载业务质量的同时，大大提高网络利用率。

从整体技术角度讲，虚级联技术和 LCAS 机制使 SDH 高效承载 IP 业务成为了可能，也就形成了具有实际应用价值的第一代 MSTP。

MSTP 设备的出现，促进了 SDH 网络的进一步发展，同时其本身作为一种很有效的城域组网技术，在网络的接入段也发挥了重要的作用，特别是它秉承了 SDH 良好的质量保证特性，大大提升了 IP 业务的可靠性。LCAS 配合 MAC 层的流量控制功能，在网络正常状态下，人工增减虚容器组中的成员个数，不会使网络造成 IP 业务丢包。即便当光接收端判断光信号强度达不到光接收灵敏度（或断纤故障）或误码率高于门限的时候，借助 SDH 本身所具有的保护倒换能力，系统也能在 50ms 内实现保护倒换，利用 LCAS 动态带宽调整机制和流量控制仅会造成少量丢包，不会影响业务正常进行，这是以太网络所不具备的。

任务 8　实 操 训 练

4.8.1　SDH 传输系统的误码特性测试

1．实操训练内容

（1）误码以及误码产生的原因。
（2）SDH 误码性能参数的测试。

2．实操训练目的

（1）了解 SDH 传输系统产生误码的原因。
（2）掌握对 SDH 传输系统误码测试的方法。

3．实操训练原理

（1）误码的定义：当承载信息的光脉冲信号被光接收机接收后，由于信号本身的畸变或接收机的噪声影响会使判决后的再生数字流的某些比特发生差错。

（2）对于 SDH 传输系统误码性能测试通常包括以下四种误码性能参数。

① 平均误码率 BER：一般是指在一段较长的时间内出现误码的个数和传输的总码元数的比值。

$$BER = \frac{\text{误码个数}}{\text{传输的总码元数}}$$

② 误码秒比 ESR：当某 1 秒钟出现背景块差错时即可记为误码秒 ES。误码秒与总的可用时间之比为误码秒比 ESR。

③ 严重误码秒比 SESR：当 1 秒内包含有不少于 30%的差错块或者至少出现 1 个严重扰动期（SDP）时，认为该秒为严重误码秒 SES。严重误码秒与总的可用时间之比为严重误码秒 SESR。

④ 背景块差错比 BBER：背景块差错比 BBER 是指扣除不可用时间和 SES 期间所有块数后与总块数之比。

4．系统误码测试原理

将 SDH 传输系统中的本端设备的电路支口基于 SDH 分析仪，对端将设备的电路接口回环，观察误码数，其原理框图如图 4-55 所示。

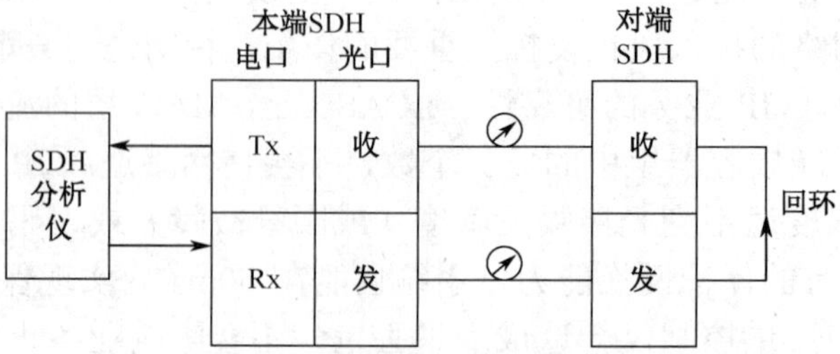

图 4-55　SDH 传输系统误码测试原理

由 SDH 分析仪向本端 SDH 设备发送测试码，然后经对端设备将信号回环后送入本端有 SDH 分析仪记录传输系统中信号的误码值。

5．实操训练器材

（1）SDH 分析仪一台。
（2）SDH 传输设备两套。
（3）跳线若干。
（4）光纤若干。

6．实操训练步骤

（1）用跳线将 SDH 分析仪与 SDH 设备的电接口进行连接。
（2）将本端和对端的 SDH 设备分别与光纤相连。
（3）将对端 SDH 设备的电接口用跳线回环。
（4）测试以后，记录 SDH 分析仪上的误码数值。

4.8.2　SDH 组网

1．实操训练内容

（1）SDH 链形网络的组网。
（2）SDH 网管软件操作。

2．实操训练目的

（1）掌握 SDH 传输系统中链形网络的软硬件配置。
（2）掌握对 SDH 传输系统网管软件的操作。

3．实操训练器材

（1）SDH 传输设备四套。
（2）光纤跳线若干。

4．实操训练内容

2009 年，中国联通赣州分公司进行“村村通”电信业务覆盖时，需在 105 号公路沿线的 A、B、C、D 四个村镇建立光纤传输网络，如图 4-56 所示。

图 4-56　SDH 网络的构建

业务要求：

（1）A 镇为主站，B、C、D 村为远端站（其业务均到 A 站汇接），采用中兴通讯 ZXMPS320 设备（属于 SDH 光纤传输设备），传输速率为 155.520Mb/s。

（2）A 站与 B 站有 3 条 E1 业务。

（3）A 站与 C 站有 3 条 E1 业务。

（4）A 站与 D 站有 4 条 E1 业务。

5．实训内容分析

首先，了解一下配置流程，如图 4-57 所示。

A、B、C、D 四个站组成二纤链形网，链路速率为 STM-1，各站之间的距离均在 40~80km 之间，各站业务均采用 SDH 系统进行传输。A 站为中心站，设置为网管监控中心。

（1）各站所需要的业务类型及数量

① A 站上下的业务：10 条 E1 业务，其中对 B 站有 3 条 E1 业务，对 C 站有 3 条 E1 业务，对 D 站有 4 条 E1 业务。

② B 站上下的业务：对 A 站有 3 条 E1 业务。B 站直通的业务：7 条 E1 业务，其中有 3 条是 A 到 C 的 E1 业务，4 条 A 到 D 的 E1 业务。

③ C 站上下的业务：对 A 站有 3 条 E1 业务。C 站直通的业务：有 4 条 A 到 D 的 E1 业务。

④ D 站上下的业务：对 A 站有 4 条 E1 业务。

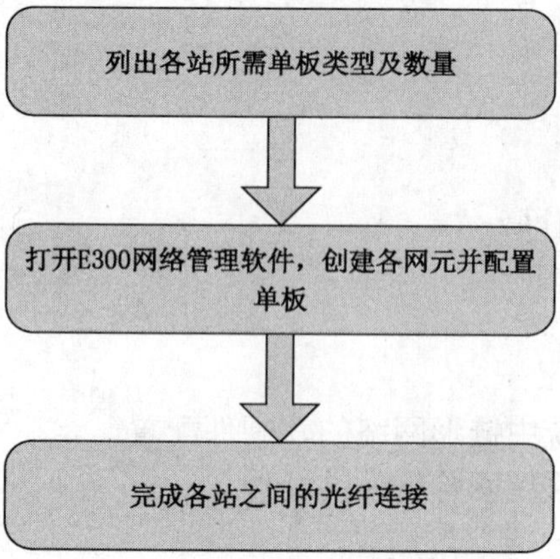

图 4-57　SDH 系统组网配置流程

（2）各站所需要的光接口数量

A、D 为 STM-1 单光方向，各需 1 个光口，设备可配置成 ADM 或 TM 类型。B、C 为中间网元，各需 2 个光口，设备可配置成 ADM 或 REG 类型。

（3）各站设备及单板的选择

由于是链形网络，并且链路的速率为 STM-1，所以各站均可选用 ZXMP S320 设备。

对于 ZXMP S320 设备，系统分为必配件和选配件两大类。其中电源板、背板、时钟板、网元控制处理板为必配件，业务单板和公务板是选配件。

在安装 ZXMP S320 的交叉板时，当设备使用的是 STM-1 光接口板（0IB1S/D）时，则必须安装一块交叉板（CSB 或 CSBE）。如果设备安装了 STM-4 光接口板（O4CSS/D），由于 STM-4 光接口板已集成了交叉连接的功能，所以此时无法再安装单独的交叉板。

根据各站业务类型和数量，列出各站所需的单板类型及数量，如表 4-7 所示。

表 4-7　各站配置明细表

站名 / 单板类型	A	B	C	D
网元控制处理板（NCP）	1	1	1	1
电源盘（Power B）	1	1	1	1
交叉板（CSB）				
系统时钟板（SCB）	1	1	1	1
2M 电业务板（ET1）	1	1	1	1
STM-1 光接口板（OIB1S）	1			1
STM-1 光接口板（OIB1D）		1	1	

6．实操训练步骤

第一步，打开 ZXONM-E300 网管软件，输入用户名“root”，密码为空，点击“登录”，出现如图 4-58 所示的界面（注：root 是具有最高权限的用户，可完成设备所有的操作）。

第二步，创建站 A。单击“设备管理”→“创建网元”，或单击工具条中的 按钮，弹出创建网元对话框。在出现的界面中按如下信息输入。

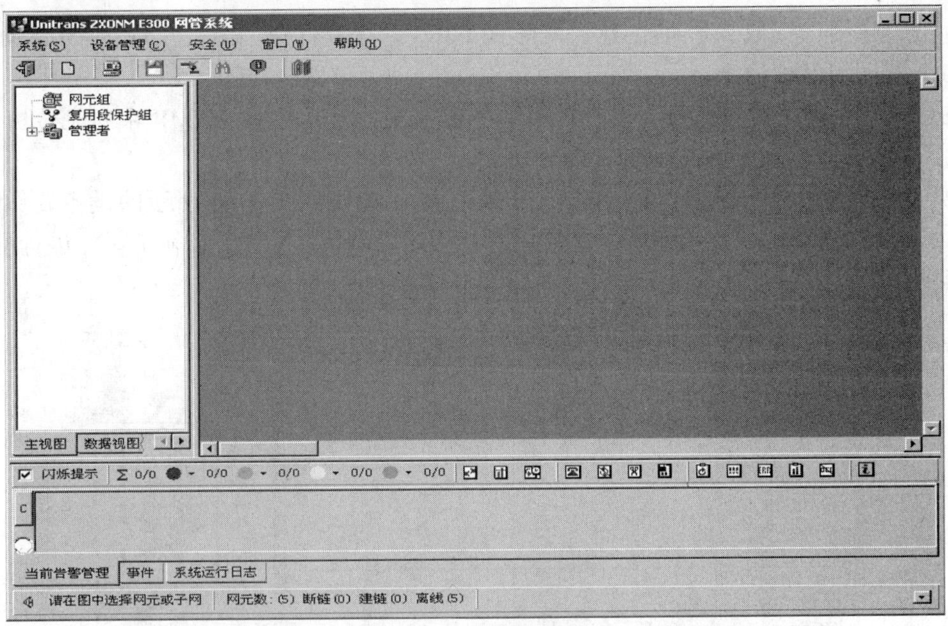

图 4-58　系统界面

网元名称	A
网元标识	1
网元地址	192.1.1.18
系统类型	ZXMP S320/ZXSM150（VII）
设备类型	ZXMP S320
网元类型	ADM
速率等级	STM-4
网元状态	离线

其余的选项保持默认状态，如图 4-59 所示。

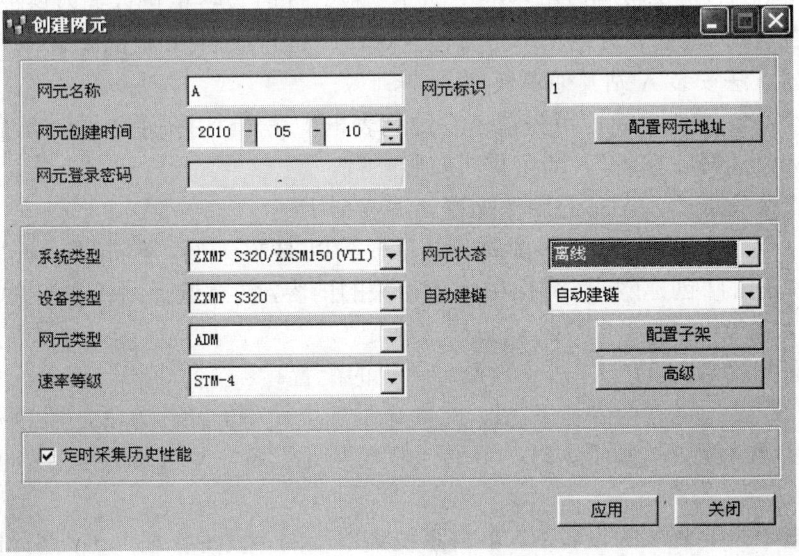

图 4-59　A 站的创建

单击“应用”完成 A 站的创建，此时在 E300 系统软件桌面上会出现一个 ZXMP S320 设备的小图标，名称为 A。

注意：配置网元的 IP 地址时，IP 地址不能重复。对于中兴 ZXMP 系列光传输设备，建议网元 IP 地址最后一位配置为（10～100）。

第三步，配置 A 站的单板。单击 A 站小图标，出现如图 4-60 所示的设备硬件配置界面。对于中兴 ZXMP S320 设备，配置单板时，网元控制板（NCP）必须是首先进行配置的，对于其他厂商的设备则不一定这样。

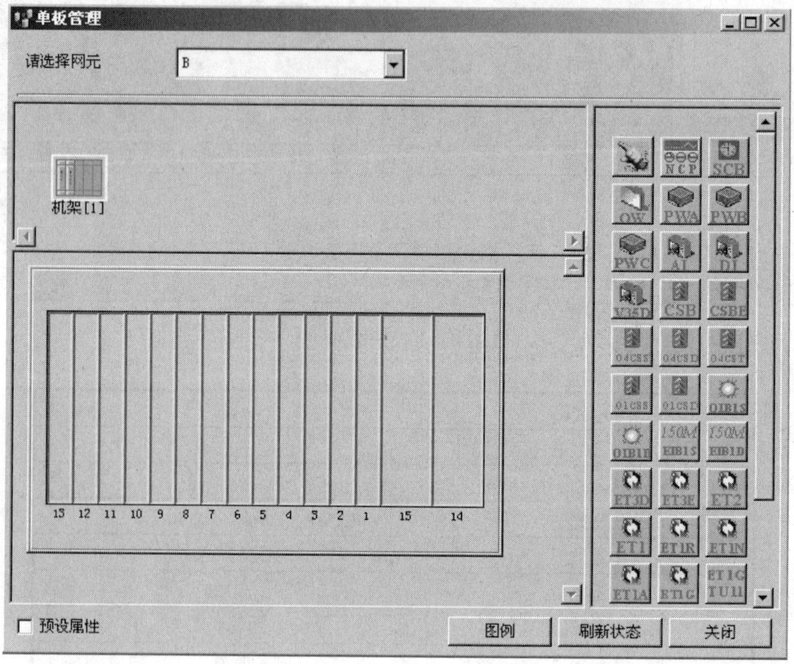

图 4-60　ZXMP S320 设备硬件配置

单击图 4-60 右边单板列表框中的“NCP”板，此时设备框可以插入该板的位置区（1 号板位），该位置区将变成黄色。单击黄色区域，即可完成 NCP 板的配置。

按照上述方法安装 A 站其他单板。

如果不小心安装错单板，可先单击右边列表框中第一个手形图标，然后在错误的单板上右击鼠标，选择“拔板”，即可重新安装配置。

所有板安装完成后，A 站的硬件配置如图 4-61 所示。

第四步，创建 B、C、D 站并配置各站单板。以 B 站为例，单击“设备管理”→“创建网元”，在弹出的“创建网元”界面中填入相关的内容，注意选择网元类型为 ZXMP S320，IP 地址为 192.1.2.18，网元 ID 为 2，点击“确定”。

按照前面配置 A 站的方法完成 B 站各单板的配置。

对于 C、D 站，可完全参考 B 站，此处介绍一个简单的操作方法，即当网络中各站设备类型一致且硬件配置差别不大时，可通过复制网元设备，局部修改业务单板来进行设备的硬件配置。

用鼠标选中需要复制的设备 B，单击系统菜单上的“设备管理”→“网元配置”→“复制网元”，在弹出的界面中输入新网元的 ID，如图 4-62 所示（注意：网元 ID 不能重复）。

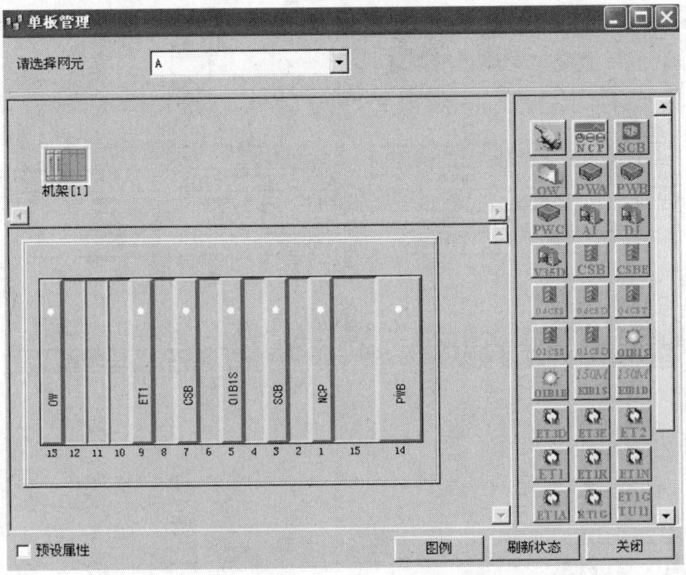

图 4-61　A 站配置

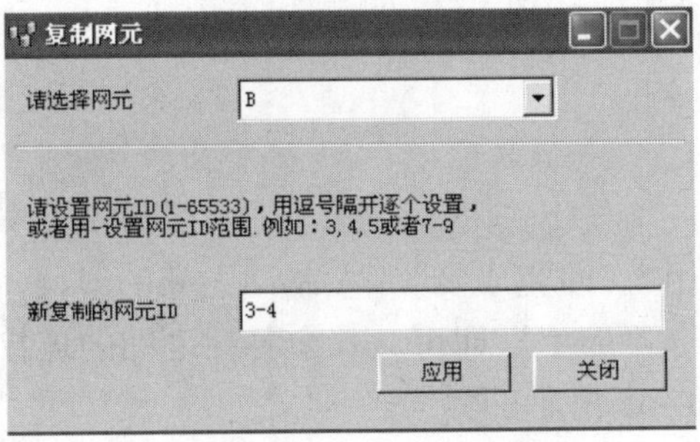

图 4-62　复制网元

此时桌面上出现了名称为 3、4 的 2 个 SDH 设备的小图标，单击鼠标右键→“网元属性”。将网元名称依次改为 C、D。

根据实际单板配置（表 4-7 列出），按照前面所讲的方法稍做修改，即可较为快捷地完成各站的单板配置。

第五步，完成各站之间的光纤连接。在进行光纤连接之前，最重要的准备工作是做好光接口连接的规划，在本任务中，我们可按照如图 4-63 所示进行连接。

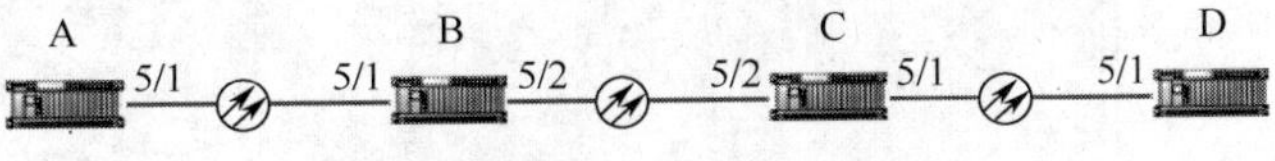

图 4-63　网元间连接

上图的标注中，5/1、5/2 表示的意思是：前面的数字表示光接口板所在的设备槽位号，后面的数字表示光接口板上的第几个光接口。例如，5/2 表示设备 5 号板位所插光接口板的第 2 个收发全双工口。

用鼠标拖选全部网元，单击菜单栏“设备管理”→“公共管理”→“网元间连接配置”，或单击快捷图标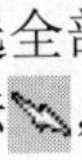，出现如图 4-64 所示的界面。

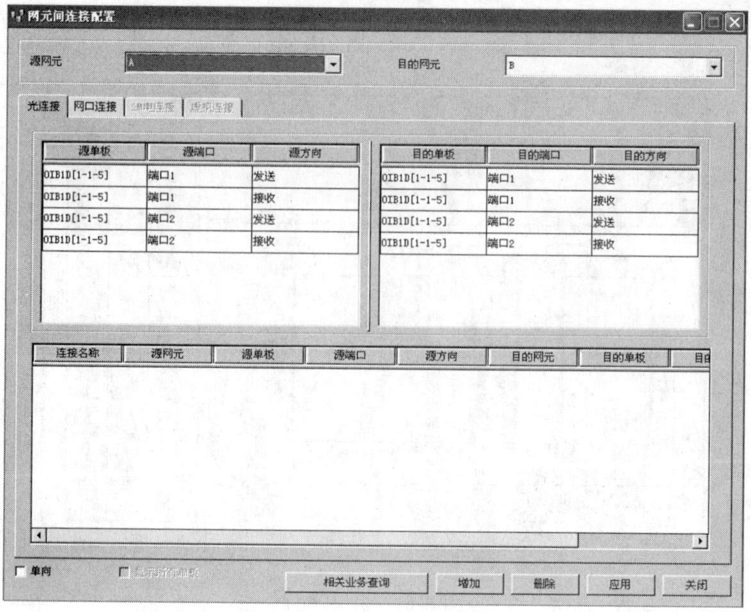

图 4-64　网元间连接配置

以连接 A 站和 B 站为例。

A 站：5 号光板端口 1。

B 站：5 号光板端口 1。

单击“增加”→“应用”，即完成 A 站与 B 站之间的连接。如果连接错误，可选定错误的连接，单击“删除”→“应用”即可。其余各站之间的连接，请读者自己进行操作演练，完成连接后出现如图 4-65 所示的界面。

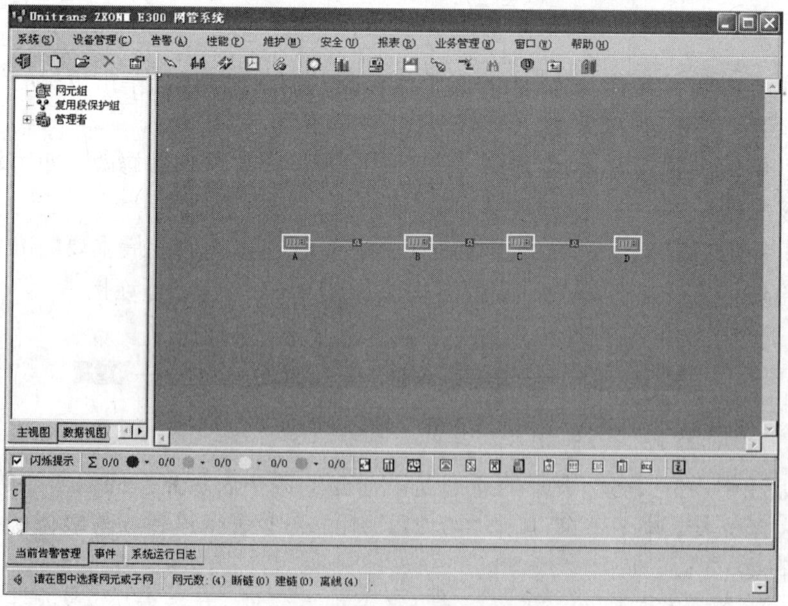

图 4-65　组网

项目小结

在本项目中，主要介绍的是 SDH 传输技术，对 SDH 传输理论介绍得非常详细，包括 SDH 的基本概念，重点介绍了 SDH 的复用过程，详细分析了 SDH 的每个开销字节的作用，SDH 的网元、组网方式，在 SDH 网络中自愈网的提出和功能的实现，SDH 技术发展的 MSTP 技术，并且设置了两个在 SDH 传输系统中经常要完成的实验。

复习思考题

1. SDH 的帧结构是由哪几个部分组成的？
2. SDH 的帧结构的大小是多少？帧频是多少？
3. SDH 复用过程包括哪些？
4. 多少个 2M 信号可以复用进一个 STM-1？多少个 34M 信号可以复用进一个 STM-1？多少个 140M 信号可以复用进一个 STM-1？
5. 在中国采用的 SDH 复用结构中，如果按 2.048Mbit/s 信号直接映射入 VC-12 的方式，一个 VC-4 中最多可以传送多少个 2.048Mbit/s 信号？
6. 为了群呼号码在 300～399 之间的公务号码，需拨什么号码？
7. 在 SDH 各种复用单元类型中，能够作为独立的实体在通道中任一点取出或插入，进行同步复用或交叉连接处理的是什么？
8. 绘图简述 2M 信号复用到 STM-1 的过程。
9. 哪些字节完成了 SDH 分层的误码监视和报警？
10. 什么是自愈？其原理是什么？
11. 自愈环按环上业务的方向将自愈环分为什么？
12. 1+1 复用段保护和 1:1 复用段保护有什么区别？
13. 1+1 通道保护和 1+1 复用段保护有什么区别？
14. 什么是 MSTP？
15. MSTP 的多业务特性主要体现在哪些方面？

项目5　波分复用 WDM

项目描述

光纤的传输容量很大，波分复用 WDM 可以充分利用光纤的带宽资源，增加光纤的传输容量。WDM 技术有许多显著优点，得到了快速的发展与应用，并向全光网方向发展。

教学目标

1. 知识目标

掌握 WDM 的概念，掌握 WDM 的工作原理和基本类型，了解 WDM 的应用，了解 OTN 技术的组网方式。

2. 技能目标

能够进行简单的 OTN 组网。

教学安排

项目总学时（6）=理论学时（6）。

任务1　WDM 的基本概念

传统的光纤通信系统都是在一根光纤中传输一路光信号，而光纤的传输容量是极其巨大的，这样光纤巨大的带宽实际上只使用了很少的一部分。为了充分利用光纤的巨大带宽资源，增加光纤的传输容量，以波分复用技术 WDM 为核心的新一代光纤通信技术已经产生。

波分复用（WDM）技术是在一根光纤中同时传输多路波长光信号的一项技术。其基本原理是在发送端将多个不同波长的光信号组合起来，并且耦合到光缆线路上的同一根光纤中进行传输，在接收端又将组合波长的光信号分开，并做进一步处理，回复出原信号后送入不同的终端，因此将此项技术称为光波长分割复用，简称波分复用技术。

一、波分复用技术的发展

（一）1 310nm/1 550nm 窗口的波分复用技术

早期的波分复用技术采用 1 310nm/1 550nm 窗口的波分复用，也就是说采用光纤的两个低损耗窗口：1 310nm 和 1 550nm，每个窗口各传送一路光波长信号。

这种系统比较简单，仍用于接入网，但很少用于长距离传输。

（二）1 550nm 窗口的密集波分复用技术

随着工作于 1 550nm 窗口的掺铒光纤放大器（EDFA）的实用化，WDM 系统的应用进入了一个新时期，在 1 550nm 窗口传送 8 波、16 波或更多波长的光信号。这些相邻波长间隔比较窄，一般为 1.6nm、0.8nm 或更低，它们工作在一个窗口内共享一个 EDFA。由于波长间隔更紧密，人们把这种波分复用技术叫作密集波分复用技术（DWDM）。

这种系统广泛用于长距离传输，用于建设全光网络。

二、DWDM 的特点

DWDM 技术在近几年得到了快速发展，它具有以下特点。

（一）充分利用光纤的巨大带宽，实现超大容量传输

DWDM 系统可复用的光信道可以是 4、8、16、32，甚至更多，系统传输容量可达 300～400Gbit/s。目前（8-32）*2.5Gbit/s 和 32*10Gbit/s 的 DWDM 系统已经达到商用水平。

（二）节约大量光纤，扩容方便

整个复用系统只需 1 对光纤。例如，对于 32 个 2.5Gbit/s 系统来说，单波长系统需要 64 根光纤，而 DWDM 系统只需要两根光纤。特别是对于远距离传输来说大大节约了光纤资源，并且系统扩容也更方便。

（三）可透明传输业务

DWDM 系统的各个复用通路是彼此独立的，各光通路可以分别透明地传送不同的业务信号，如语音、数据和图像等，彼此互不干扰。

（四）可组成全光网络

全光网是光传输的发展方向。在全光网络中，各种业务的上下、交叉连接等都是在光路上通过对光信号的调制来实现的，从而消除了 E/O 转换中电子器件的瓶颈问题。

DWDM 技术对网络的扩容升级、发展宽带业务、充分挖掘光纤带宽潜力、实现超高速通信等都具有十分重要的意义。

三、DWDM 的分类

（一）集成式 DWDM

集成式 DWDM 系统就是指 SDH 终端设备具有满足 G.692 建议的光接口，发出的光波波长符合标准波长，无须采用波长转换技术，发端只需波分复用器即可完成合波的功能。如图 5-1 所示。

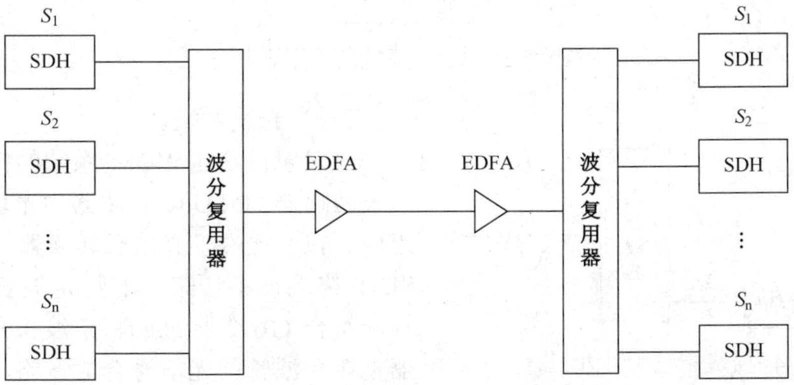

图 5-1　集成式 DWDM 系统

（二）开放式 DWDM

与集成式 DWDM 不同，开放式 DWDM 系统必须通过波长转换器（OTU），将 SDH 设备发出的非标准光波波长转换为标准光波波长。同一 DWDM 系统可接入不同厂家的 SDH 系统，如图 5-2 所示。

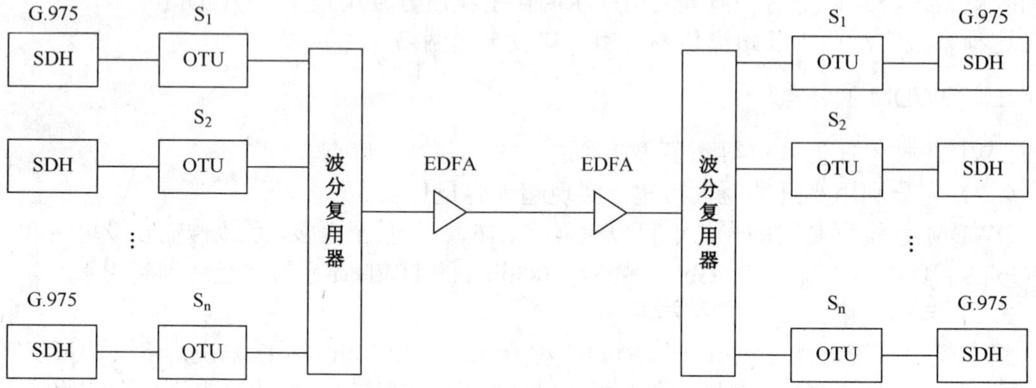

图 5-2　开放式 DWDM 系统

任务 2　WDM 的系统结构

一、WDM 系统的总体结构

一般来说，WDM 系统主要由光发射机、光中继器、光接收机、光监控信道和网络管理系统五个部分组成，如图 5-3 所示。

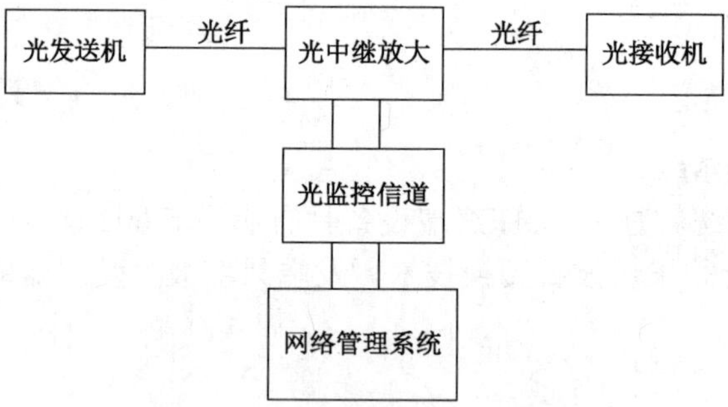

图 5-3　WDM 系统的总体结构

（一）光发射机

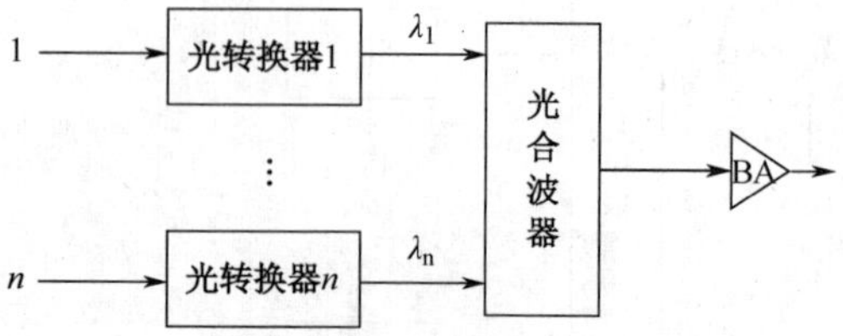

图 5-4　光发射机的结构

光发射机是 DWDM 系统的核心，它由光波长转换器（OTU）、合波器和光功率放大器等组成。在发送端，光波长转换器（OTU）先将 SDH 终端设备送来的非特定波长的光信号转换成符合 G.692 标准的特定波长光信号，合波器把多个波长的光信号合成一路，然后通过光功率放大器（BA）放大输出，注入光纤。

（二）光中继器

光中继器用来放大光信号，以弥补光信号在远距离传输中所产生的光损耗。光中继距离一般为80～120km。目前光中继器用的大多为掺铒光纤放大器（EDFA）。在DWDM系统中，必须采用增益平坦技术，使EDFA对不同波长的光信号具有相同的放大增益。

在应用中，根据EDFA放置的位置不同，可将EDFA用作“中继放大或线路放大（LA）”“后置功率放大（BA）”和“前置放大（PA）”。

（三）光接收机

光接收机由光前置放大器、分波器和光接收器等组成。在接收端，光前置放大器（PA）对传输衰减的光信号放大后，利用分波器从主信道光信号中分出特定波长的光信号送往各个终端设备。接收机不但要满足接收灵敏度、过载功率等参数的要求，还要能承受有一定光噪声的信号，并要有足够的带宽性能。

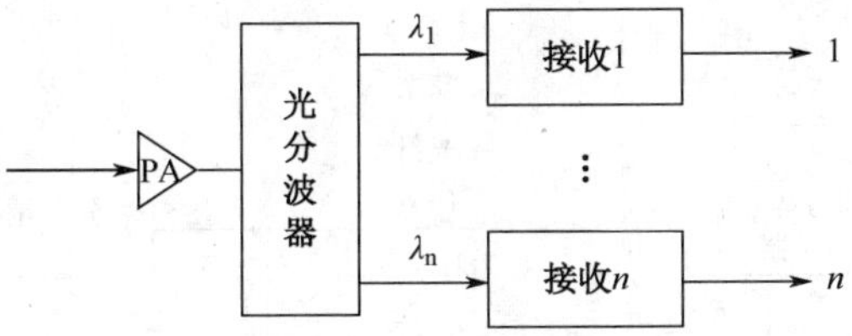

图5-5　光发射机的结构

（四）光监控信道

光监控信道的主要功能就是监控DWDM系统内各个信道的传输情况。由于传统系统自身用的监控通路无法对线路放大器进行监控，因此对于使用线路放大器的波分复用系统需要一个额外的光监控通路，这个通路能在每个光中继器/光放大器处以足够低的误码率进行分插。

对于采用EDFA技术的光线路放大器，EDFA的增益区为1 530～1 560nm，光监控通路选择位于EDFA有用增益带宽的外面，我国规定选用1 510nm。因此这种技术也称为带外波长监控技术。此时的监控信号不能通过EDFA，必须在EDFA前取出（下光路），在EDFA之后插入（上光路），如图5-6所示。

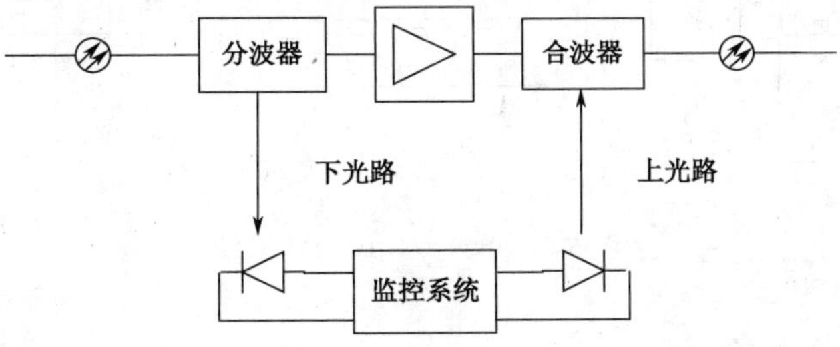

图5-6　光发射机的结构

（五）网络管理系统

网络管理系统通过光监控信道物理层传送开销字节到其他节点或接收来自其他节点的开销字节对DWDM系统进行管理，实现配置管理、故障管理、性能管理、安全管理等功能，并与上层管理系统相连。

二、WDM 系统的基本结构

（一）双纤单向 WDM

一根光纤只完成一个方向光信号的传输，反向光信号由另外一根光纤进行传输，如图 5-7 所示。

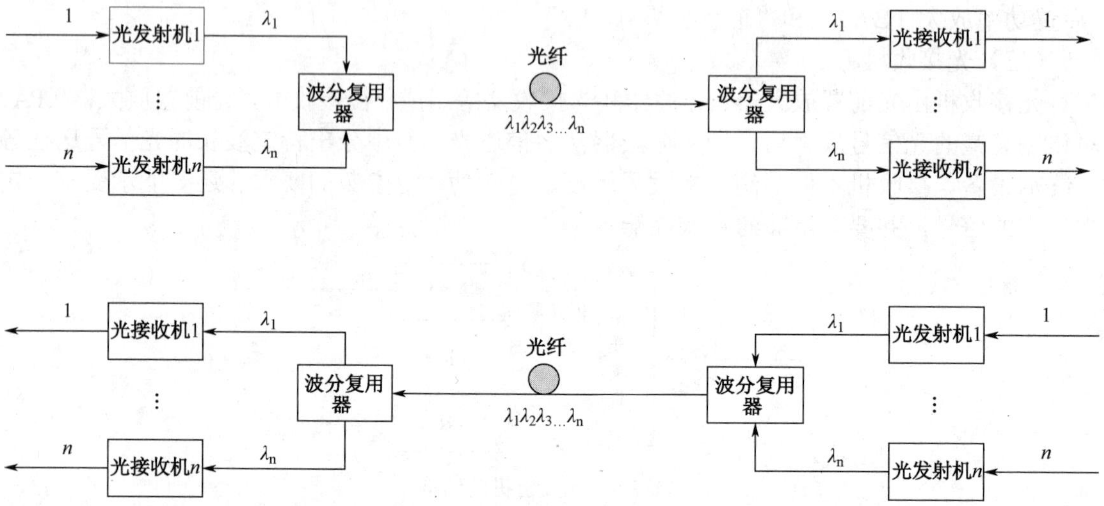

图 5-7　双纤单向 WDM 系统

（二）单纤双向 WDM

光信号同时在一根光纤上向两个不同的方向传输，如图 5-8 所示。

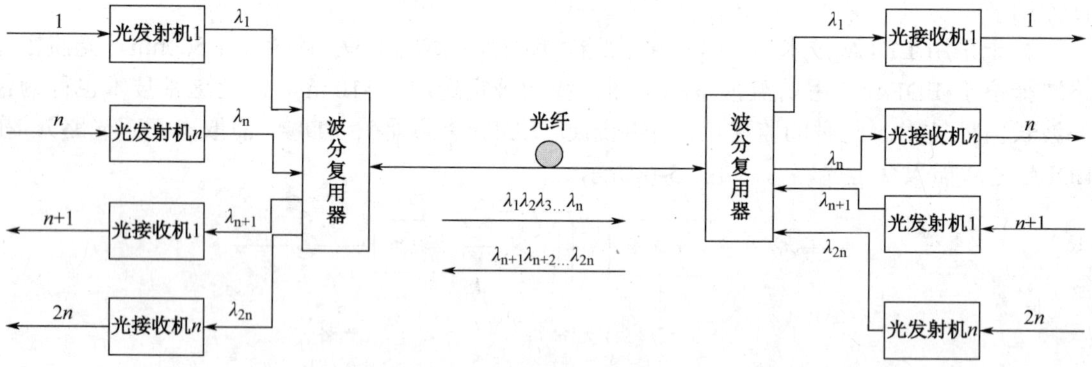

图 5-8　单纤双向 WDM 系统

（三）光分路插入传输

光分路插入传输是通过解复用器将信号 λ_1 从线路中分离出来，利用复用器将光信号 λ_1 插入线路中进行传输。通过分插复用器或光交叉连接器，能使各个波长的光信号进行合流和分流，从而实现光信号的上/下通路与路由分配。这种传输方式的优点是可以根据光纤通信线路和光网的业务量分步情况合理地插入或分出信号，如图 5-9 所示。

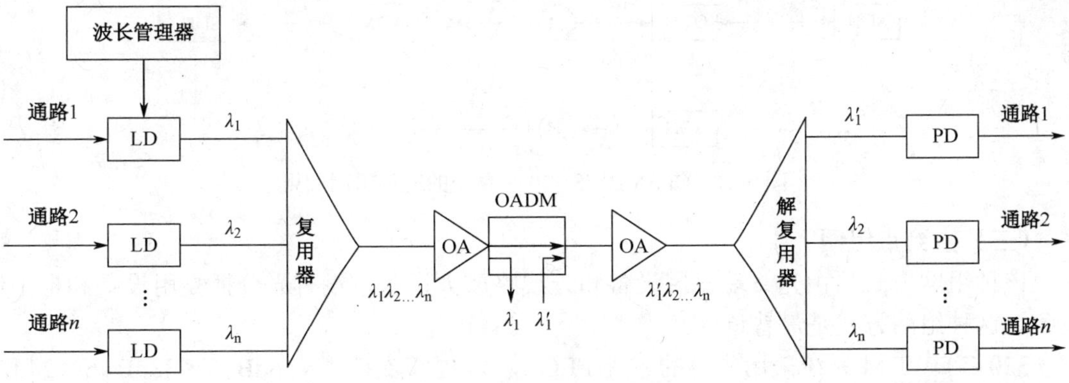

图 5-9　光分路插入系统

任务 3　WDM 的应用

以华为 OptiX BWS 320 G DWDM 设备为例来说明 WDM 的应用情况。

OptiX BWS 320 G DWDM 设备采用的是双纤单向方式实现的传输，采用的技术有光复用/解复用技术、波长稳定技术、掺铒放大技术、色散补偿技术等。它系统稳定性很好，组网也较灵活，网络结构有环形、链形、点到点形等，由这三种结构还可以组成其他更复杂的结构。

一、组网结构

（一）环形组网

由光分插复用设备构成环形网，由 SDH 自己进行通道环或复用环保护，其结构如图 5-10 所示。

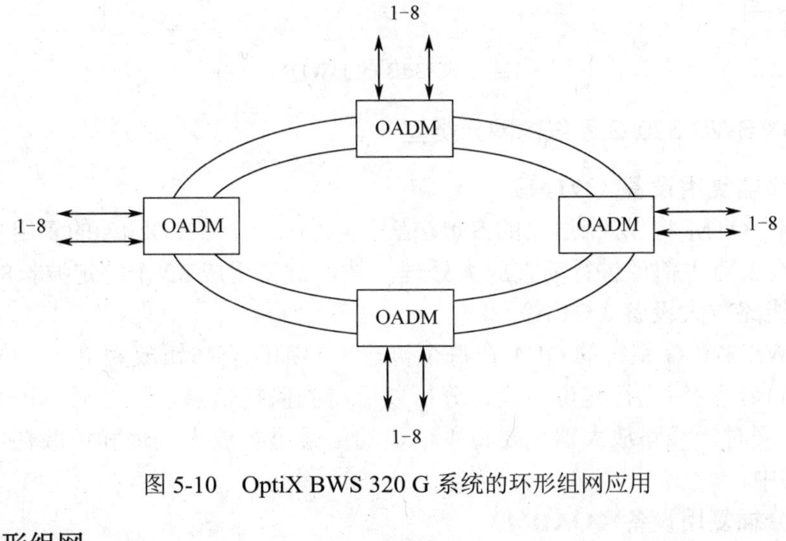

图 5-10　OptiX BWS 320 G 系统的环形组网应用

（二）链形组网

链形组网方式如图 5-11 所示。

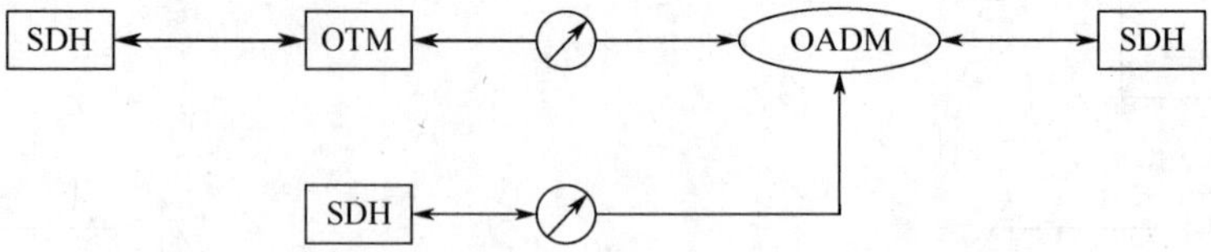

图 5-11 OptiX BWS 320 G 系统的链形组网应用

（三）点到点组网

该种组网方式只由光终端复用设备和光线路放大设备，没有光分插复用设备和电中继设备。这种组网方式是最普遍的。

320 G DWDM 系统采用先进的带外 FEC 技术，能够支持 1×36dB、3×33dB、6×24dB、8×22dB 的传输。以 3×33dB 为例，如图 5-12 所示。

注：WBA：WDM 光功率放大器。

TWF：发送端光转换器。

RWF：接收端光转换板。

WPA：WDM 光前置放大器。

OTM：光终端复用设备。

OLA：光线路放大设备。

STM-64：10G 设备。

1×32M32/D32：合波器/分波器。

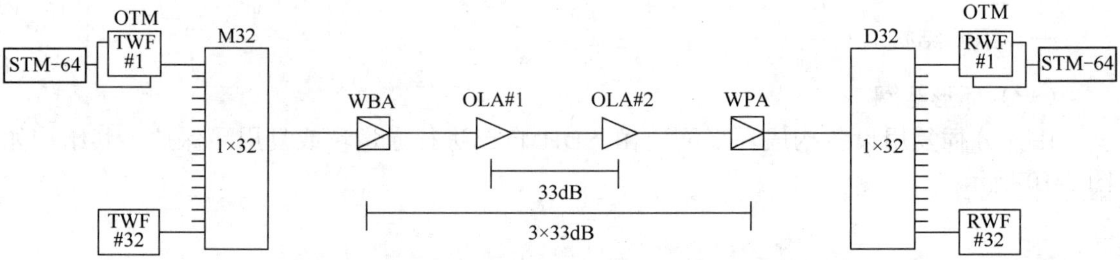

图 5-12 3×33dB 的 DWDM 应用

二、OptiX BWS 320 G 系统的网元类型

（一）光终端复用设备（OTM）

在发送端，OTM 将 32 个通路的 SDH 信号复用成一个 320Gbit/s 的复用主信道。在接收端，OTM 设备对主信道进行前置放大处理，然后解复用成 32 个特定波长的信号。

（二）光线路放大设备（OLA）

OptiX BWS 320 G 系统的 OLA 在每个传输方向都配有掺铒放大单元。OLA 先将光监控通道分离出来，然后进行光电转换，分析以后得到监控信息，组帧后再进行电光转换，变成光信号。同时，线路放大器也要将主信道的信号进行放大处理和色散补偿，最后一并送入光纤线路中。

（三）光分插复用设备（OADM）

光分插复用设备放置于 OADM 站，在本地分插最多 8 个业务信道。OptiX BWS 320 G 系统的 OADM 首先是提取光监控信号，然后对信号进行光电转换，分析以后得到监控信息，组帧后再进行电光转换，变成光信号，主信道的信号进行放大处理和色散补偿，再进入光分插复用单元中进行通道的分插，与其他通道合并在一起进行功率放大，最后与光监控信道一起发送。OptiX BWS 320 G 系统的 OADM 在不同传送方向上对信号的处理过程是完全一样的。

（四）电中继设备（REG）

为了改善光信噪比和系统性能，对于需要进行再生段级联的中继站，要用到 REG，进行 O/E/O 转换。

OptiX BWS 320 G 系统的 REG 在不同的传送方向上对信号的处理过程是完全一样的。首先是分离光监控信号和主信道，对主信道进行前置放大、解复用、光电转换、信号处理、电光转换、光复用、主信道功率放大，最后合并沿着原方向继续传输。

其原理如图 5-13 所示。

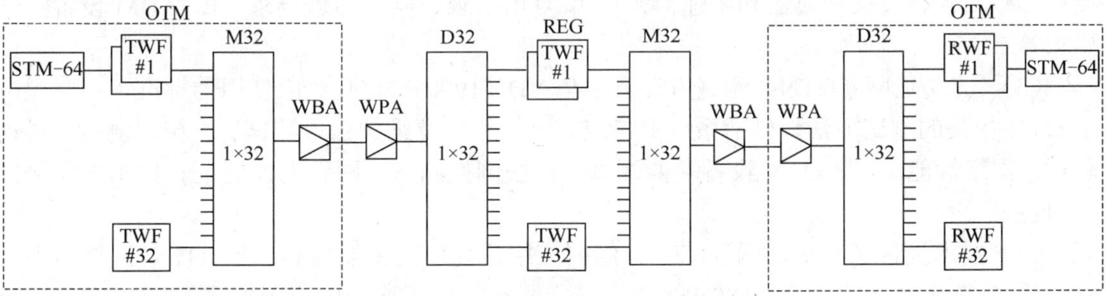

图 5-13　电中继设备原理

任务 4　OTN 技术

光传送网（Optical Transport Network，OTN）是为了克服 SDH 与 WDM 技术的不足而提出来的一种新的光传输技术，一方面它具有 SDH 网络与 WDM 网络的技术优势，既可以像 WDM 网络那样提供超大容量的带宽，又可以像 SDH 网络那样可运营可管理；另一方面它还具有路由功能与信令功能，能够为业务提供更为安全的保护策略和更高的传输效率。

OTN 结合了光域和电域处理的优势，提供巨大的传送容量，代表着光网络未来的技术发展趋势。

一、国内 OTN 标准化现状

国内 OTN 的标准化工作主要由中国通信标准化协会（CCSA）的传送与接入网工作委员会（TC6）的第一工作组（WG1）来完成。从 OTN 标准的制定过程来看，基本可分为两个阶段，即国际标准借鉴采用阶段、国内标准自主创新阶段。总体来说，国内 OTN 标准基本成熟，后续的标准化工作侧重于现有已立项标准体系的逐渐完善和补充，同时根据 OTN 技术最新的发展和应用需求情况，逐步立项并制定相关要求的标准。

第一阶段主要为 OTN 国际标准对应转换阶段，主要完成了 GB/T20187—2006《光传送网体系设备的功能块特性》（对应于 ITU-T G.798、ITU-T G.709 和 ITU-T G.959.1 等标准）。

第二阶段主要为自主创新制定阶段，目前主要完成了标准 YD/T1990—2009《光传送网（OTN）网络总体技术要求》、YD/T2003—2009《可重构的光分插复用（ROADM）设备技术要求》、行业标准《光传送网（OTN）测试方法》《可重构的光分插复用（ROADM）

设备测试方法》《基于 OTN 的 ASON 设备技术要求》、技术报告《OTN 多业务承载技术要求》等。

国内自主制定的标准内容归纳如下。

（1）YD/T1990—2009 标准规定了基于 ITU-T G.872 定义的《光传送网（OTN）网络总体技术要求》。主要内容包括 OTN 功能结构、接口要求、复用结构、性能要求、设备类型、保护要求、SCN 实现方式、网络管理和控制平面要求等，适用于 OTN 终端复用设备和 OTN 交叉连接设备，其中 OTN 交叉连接设备主要包括 OTN 电交叉设备、OTN 光交叉设备和同时具有电交叉和光交叉功能的设备。

（2）YD/T2003—2009 标准规定了《可重构的光分插复用（ROADM）设备技术要求》，内容包括 ROADM 设备的参考模型和参考点、ROADM 设备的基本要求、ROADM 设备光接口参数要求、波长转换器和子速率复用/解复用要求、监控通道要求、ROADM 设备管理要求等。

（3）《光传送网（OTN）测试方法》是与 YD/T1990—2009 对应使用的标准，主要规范了 OTN 相关的测试方法，包括系统参考点定义、开销及维护信号测试、光接口测试、抖动测试、网络性能测试、OTN 设备功能测试、保护倒换测试、网管功能验证和控制平面测试等内容。

（4）技术报告《光传送网（OTN）组网应用研究》的主要内容包括 OTN 网络与现有 SDH 和 WDM 网络的关系；OTN 光电两层交叉在传送网络中的应用方式；OTN 在省际干线、省内干线、城域网中的应用方式；OTN 与 PTN、IP 承载网络的关系；多厂家互联互通方式等。

（5）技术报告《OTN 多业务承载技术要求》主要研究了 OTN 多业务承载的接口适配处理、分组业务处理能力、VC 调度能力、OTN 时钟同步和频率同步要求、OTN 多业务承载性能要求及保护、网络管理、控制平面要求等内容。

二、OTN 组网模型

OTN 是新一代光传送网络技术，OTN 组网总体网络架构分为省际干线传送网、省内干线传送网和城域传送网三部分，如图 5-14 所示。

（一）省际干线传送网 OTN 组网模型

国家干线 IP over OTN 的承载模式可实现 SNCP 保护、类似 SDH 的环网保护、Mesh 网保护等多种网络保护方式，其保护能力与 SDH 相当，而且设备复杂度及成本也大大降低。

省际干线传送网部分边缘省份光缆网络只有两个出口方向，其他省份光缆网有 3 个以上出口方向，OTN 组网时可根据光缆网络拓扑采用网状网（Mesh）结构，部分边缘省份通过环网将业务接入，如图 5-15 所示。

（二）省内干线传送网 OTN 组网模型

省内的骨干路由器承载着各个长途局之间的业务。通过建设省内干线 OTN，可实现以下目的。

（1）颗粒业务的安全、可靠传送。

（2）可组环网、复杂环网、Mesh 网。

（3）网络可按需拓展。

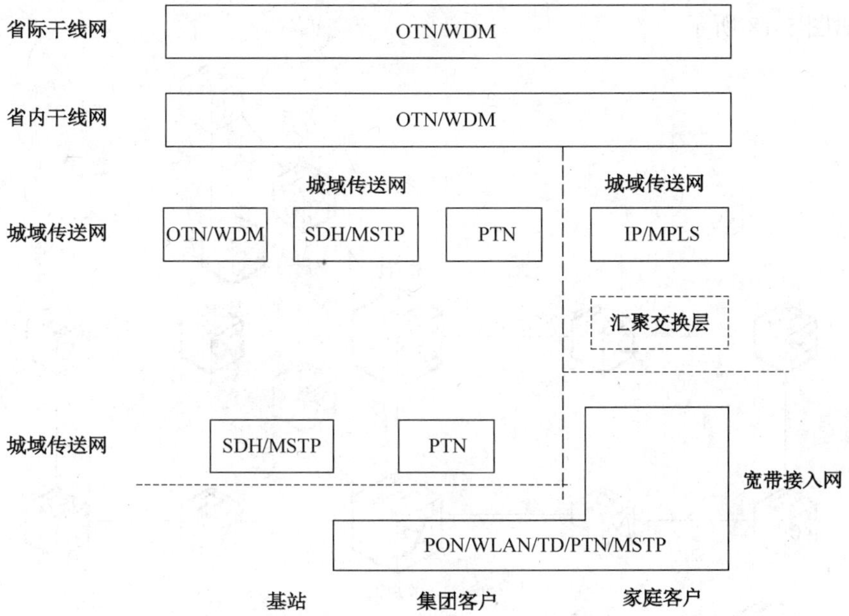

图 5-14　OTN 组网框架

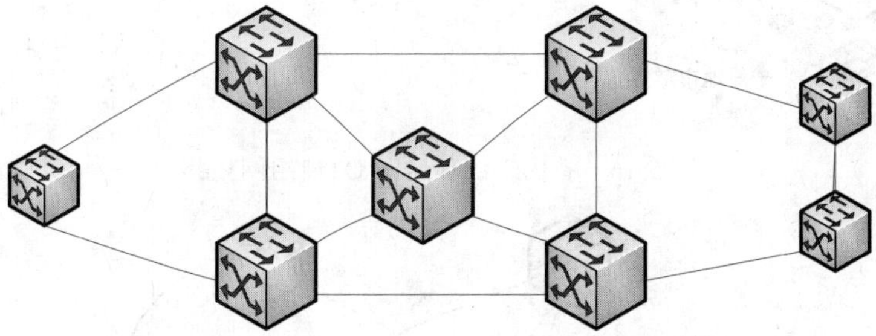

图 5-15　省际干线传送网 OTN 组网拓扑

如图 5-16 所示，OTN 组织为环形结构，省会城市节点支持多维，一般地市节点支持二维。以省会城市节点为中心，各地市节点分布在各个环上。各地市的业务主要向省会城市节点汇聚。

（三）城域传送网 OTN 组网模型

城域网覆盖地理范围相对较小，信号的传输距离并不是光传送网组网的限制因素，所以在城域网 OTN 的建设中主要关注组网结构及业务的多样性和灵活性。

对于大规模城域传送网来说，网络规模较大，核心节点数量较多，整体网络业务量大。核心层负责提供核心节点之间的局间中继电路，并负责各种业务的调度，实现大容量的业务调度和多业务传送功能。汇聚层负责一定的区域内各种业务的汇聚和疏导，汇聚层具有较大的业务汇聚能力及多业务传送能力。用 OTN 组网时核心层采用网状组网结构，汇聚层采用环形组网结构，每个环跨接到两个核心节点上，如图 5-17 所示。

而对于中小规模城域传送网来说，网络规模相对较小，核心节点不多，整体业务量也相对较少。所以在初期建网时核心层与汇聚层合并建一层 OTN，实现业务的汇聚与调度功能，后期根据业务量的增加再进行组网。OTN 组网时采用环形组网，每个环跨接到两个核心节点上，该环完成环上汇聚节点业务汇聚至核心节点的同时实现两个核心节点之间业务的调度，如图 5-18 所示。

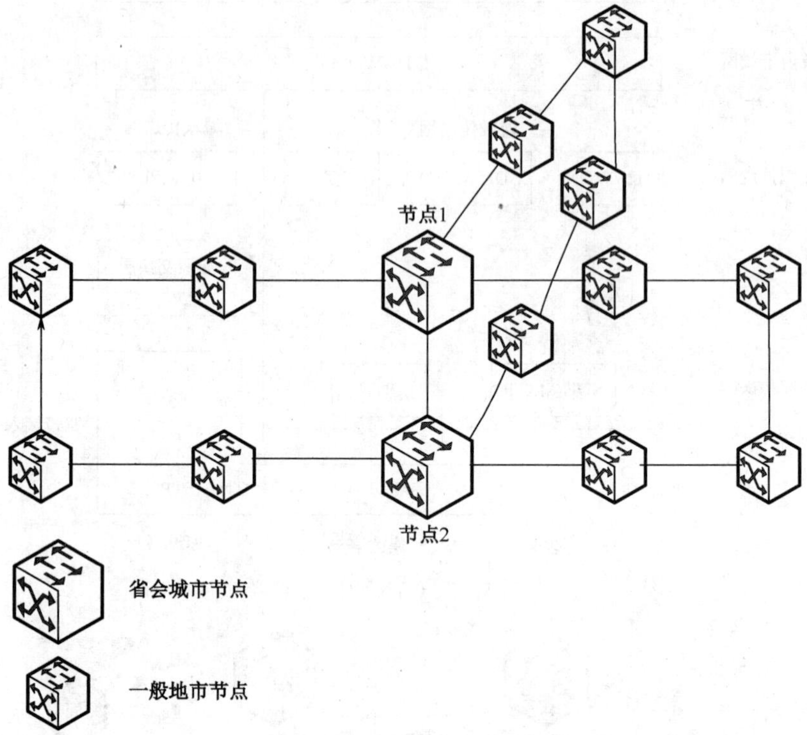

图 5-16　省内干线传送网 OTN 组网拓扑

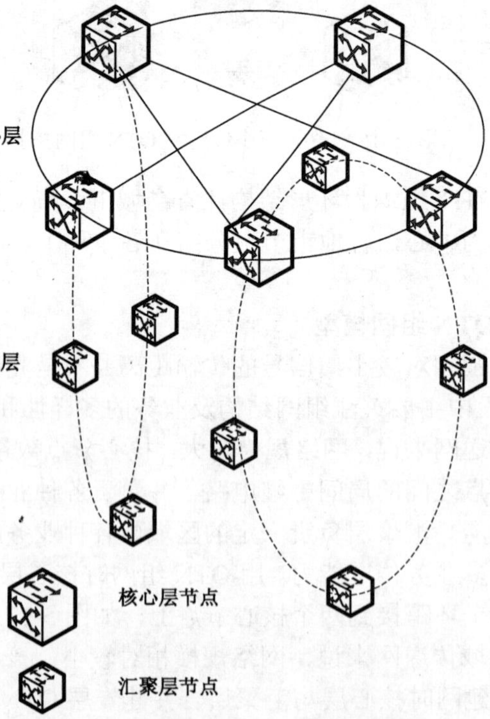

图 5-17　大规模城域传送网 OTN 组网拓扑

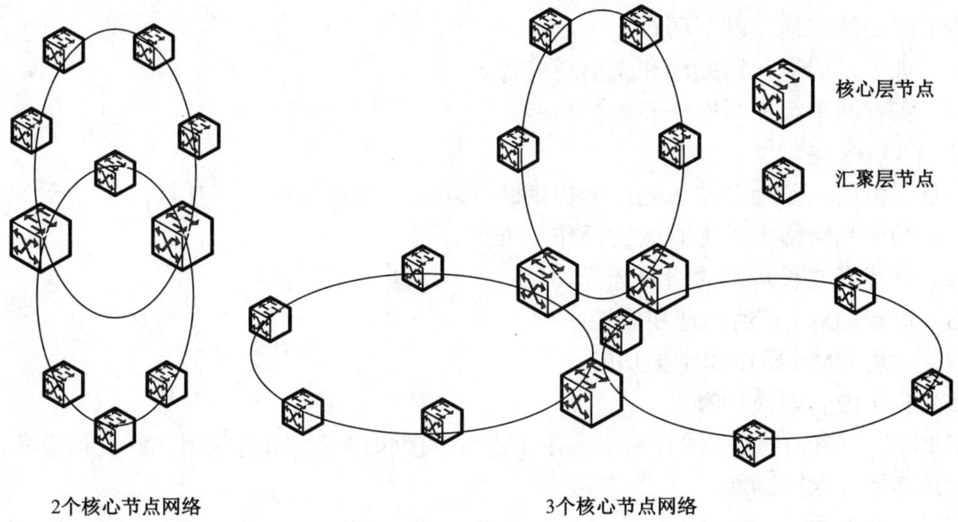

图 5-18 中小规模城域传送网 OTN 组网拓扑

三、OTN 体系架构

OTN 是在光域对客户信号提供传送、复用、选路、监控的功能实体。根据 ITU-T 的 G.872 建议，光通道层（OCH）、光复用层（OMS）和光传送层（OTS） 组成了 OTN 垂直方向的 3 个独立层。OTN 的功能层次如图 5-19 所示。

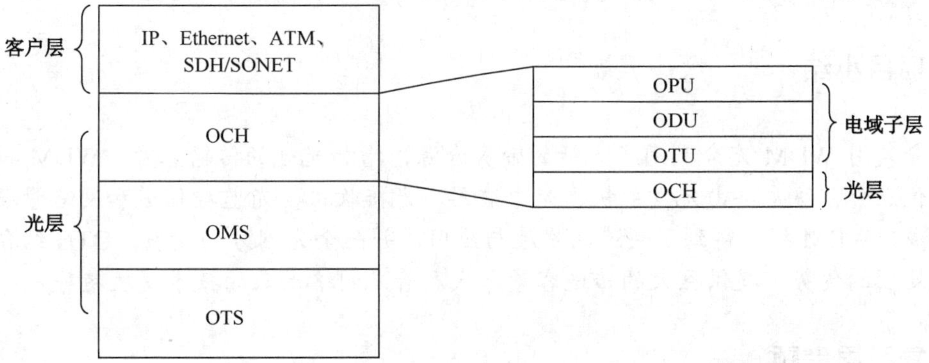

图 5-19 光传送网的功能层次

（一）OCH 层

光通道层主要为来自复用段层的客户信息选择路由和分配波长，为网络选路安排光通道连接，处理光通道开销，提供光通道层的检测与管理功能，在网络发生故障时通过重新选路等。它还能细分为 3 个子层，分别为 OTUk、ODUk、OPUk。光通道层主要的传送实体有网络连接、链路连接、子网连接和路径。通常采用光交叉连接设备为该层提供交叉连接等联网功能。

注：OTUk——OCH 传送单元。

ODUk——OCH 数据单元。

OPUk——OCH 净负荷单元。

其主要功能归纳为以下两点。

（1）进行光信道开销处理和光信道监控。

（2）实现网络级控制操作和维护功能。

（二）OMS 层

光复用段层主要为多波长光信号提供联网功能，主要包括以下几点。

（1）为全光网络提供更有效的操作与维护。

（2）进行多波长网络的路由选择。

（3）进行 OMS 开销处理和监控。

（4）实现 OMS 操作和维护功能。

（5）负责波长转换和管理。

OMS 层主要的传送实体有网络连接、链路连接和路径。通常采用光纤交换设备为该层提供交叉连接等联网功能。

（三）OTS 层

光传送段层为光信号提供在各种不同类型光传输介质上传送的功能。

（1）OTS 开销处理和监控。

（2）对光放大器或中继器进行检测和控制。

（3）提供增益均衡和放大等基本传送功能。

完整的 OTN 包含电域和光域功能，在电层 OTN 借鉴了 SDH 的映射、复用、交叉、嵌入式开销等概念。在光层，OTN 借鉴了传统 WDM 技术体系并有所发展。

项目小结

波分复用 WDM 充分利用了光纤的带宽资源，增加光纤的传输容量。WDM 技术有许多显著优点。系统主要由光发射机、光中继器、光接收机、光监控信道和网络管理系统五部分组成，WDM 技术得到了快速的发展与应用，并向全光网方向发展。OTN 结合了光域和电域处理的优势，提供巨大的传送容量，代表着光网络未来的技术发展趋势。

复习思考题

1. 简述波分复用的分类。
2. 试画出波分复用系统的原理框图，其基本结构有哪些？
3. 简述双纤单向 WDM 系统与单纤双向 WDM 系统的区别和联系。
4. 为什么要引入 OTN 技术？
5. OTN 的组网模型有哪些？

项目 6　传输线路的测试、维护及故障处理

项目描述

通信光缆、电缆线路是当前通信技术中的主要传输介质。为了加强通信线路设备的维护管理，使其处于良好的状态，保证通信网优质、高效、安全运行，掌握光（电）缆线路的常见故障处理及维护技术要求对维护工作极其重要。

教学目标

1. 知识目标

了解通信光（电）缆线路日常维护测试项目及维护周期，掌握通信电缆线路的故障性质判断方法，学习光缆线路故障处理流程、光缆损耗测试方法。

2. 技能目标

掌握通信电缆维护测试中的环路电阻、屏蔽电阻、绝缘电阻测试方法，掌握电缆智能障碍测试仪的作用及使用方法，掌握插入法和后向散射法测试光缆损耗的方法，掌握 OTDR 的测试内容和正确使用方法。

教学安排

项目总学时（14）=理论学时（6）+实操训练学时（8）。

在通信线路的日常维护中，为了更好地完成工作任务，确保通信传输介质的畅通，必须明确维护项目及测试周期。

一、通信电缆线路维护测试项目、周期及维护指标

（一）全塑市话电缆线路设备的维护项目及测试周期

全塑市话电缆路设备的维护项目及测试周期如表 6-1 所示。

表 6-1　全塑市话电缆线路设备的维护项目及测试周期

序　号	测试项目	测试周期
1	绝缘电阻	
1.1	空闲主干电缆线对绝缘电阻	1 次/年，每条电缆抽测不少于 5 对

续表

序　号	测试项目	测试周期
1.2	用户线路全程绝缘电阻（包括引入线及用户终端设备）	自动：1 次/3～7 天
1.3	用户线路绝缘电阻（不包括引入线及用户终端设备）	投入运行时测试，以后按需要进行测试
2	单根导线直流电阻、电阻不平衡、用户线路环阻	投入运行时或障碍修复后测试
3	用户线路衰减	投入运行时及线路传输质量劣化和障碍修复后测试
4	近端串音衰减码，远端串音	投入运行时测试，以后按需要进行测试
5	电缆屏蔽层连通电阻	投入运行时测试，以后每年测试一次

（二）全塑市话通信电缆线路的维护指标

全塑市话通信电缆线路的维护指标如下。

（1）全塑市话电缆绝缘电阻维护指标最小值如表 6-2 所示。

表 6-2　全塑市话电缆绝缘电阻维护指标最小值（20℃）

线路类型	线路情况	维护指标
用户电缆线路	主干电缆空闲线对，测试电压 250V	50MΩ
	用户线路连接有 MDF 保安单元和分线设备，不含引入线，测试电压 100V	30MΩ
	用户线路（包括引入线及用户终端设备），测试电压 100V	500kΩ

注：投入运行维护时，各类电缆线路的绝缘电阻指的是每对导线的导体间或导体与地间的绝缘电阻。

（2）全塑市话电缆直流电阻环阻、电阻不平衡维护指标如表 6-3 所示。

表 6-3　全塑市话电缆直流电阻环阻、电阻不平衡维护指标（20℃）

类　型	维护指标	
环路电阻	用户电缆线路（不含话机内阻）最大值	程控局：1 500Ω
电阻不平衡	其他全塑电缆	平均值≤1.5%[①]
		最大值≤5.0%

注[①]：电阻不平衡，计算公式为：电阻不平衡=$(R_{max}-R_{min})/R_{min}\times100\%$

（3）全塑市话电缆屏蔽层连通电阻维护指标（20℃）如下.

全塑主干电缆屏蔽层连通电阻：≤2.6Ω/km。

全塑架空配线电缆屏蔽层连通电阻：≤5.0Ω/km。

注：电缆屏蔽层连通电阻是指施工中的屏蔽层用连接线全线连通后测试的电阻值。

二、通信光缆线路维护测试项目、周期及维护指标

（一）通信光缆线路的维护项目及测试周期

光缆线路的维护项目及测试周期如表 6-4 所示。

表 6-4　光缆线路的维护项目及测试周期

序　号	测试项目	测试周期
1	中继段光纤通道后向散射信号曲线检查	主用光纤，按需进行；备用光纤，每年一次
2	用户光缆线路光纤衰减	主用光纤，按需进行；备用光纤，每年一次
3	光缆屏蔽层连通电阻	投入运行时测试，以后每年测试一次
4	直埋光缆屏蔽层对地绝缘电阻	投入运行时测试，以后每年测试一次
5	管道光缆屏蔽层对地绝缘电阻	待定

（二）通信光缆线路的维护指标

光缆线路的主要维护指标如表 6-5 所示。

表 6-5　光缆线路的主要维护指标

序　号	测试项目	测试指标
1	中继段光纤通道后向散射信号曲线检查	≤竣工值+0.1dB/km（最大变动值不超过 5dB）
2	用户光纤通道总衰减	≤竣工值+0.1dB/km（最大变动值不超过 5dB）
3	光缆金属保护套对地绝缘电阻	≥2MΩ/单盘
4	直埋接头盒测电极间绝缘电阻	≥5MΩ
5	金属屏蔽层连通电阻（20℃）	≤5.0Ω/km

任务 1　通信电缆线路直流测试

通信电缆主要的电性能测试项目包括导线直流电阻、回路不平衡电阻测试，绝缘电阻和交、直流耐压测试，工作电容测试，电容耦合与电容不平衡测试，串音衰减及串音防卫度的测试，电缆一次及二次传输参数的测试，等等。本文主要介绍市话电缆在使用过程中需要的环阻测试、屏蔽层电阻测试、绝缘电阻测试、接地电阻测试等直流测试。

6.1.1　环阻测试

环路电阻简称环阻，它是指构成通信回路的 A、B 两线电阻之和，是电缆线路工程电气测试的重要内容。对环阻加以测量和限制是控制线路传输衰减、保证传输质量的重要措施。

一、环阻标准

全塑市话电缆线路的环阻值标准如表 6-6 所示。表中所列的单根导线直流电阻最大值的两倍即为线对环阻值。

表 6-6　全塑市话电缆线路的环阻值

参数名称	参数单位	指　标				
单根导线直流电阻最大值（20℃）	Ω/km	0.32	0.4	0.5	0.6	0.8
		236.0	148.0	95.0	65.8	36.6

不同业务对环阻的要求不同，例如，电话业务中对程控交换机用户线环阻值为 2 000Ω（包括话机），对于 ADSL 等宽带业务，要求环阻值在 900Ω 以下。

此外，环阻也是检验线对是否工作良好的一个指标，若发现环阻值过小，则线路一定存在短路（自混）了。若环阻趋于无穷大，则表示线对已经开路（断线）了。

二、环阻测试仪表

（一）数字万用表

使用万用表测试可以粗略地测试环阻值，但是如果作为障碍定点就需要精确测量环阻，这时需用 QJ45 型电桥测试。

（二）QJ45 型直流电桥

QJ45 型直流电桥又称为 QJ45 型线路故障测试器，是通信线路施工维护中广泛使用的仪表。实物如图 6-1 所示。

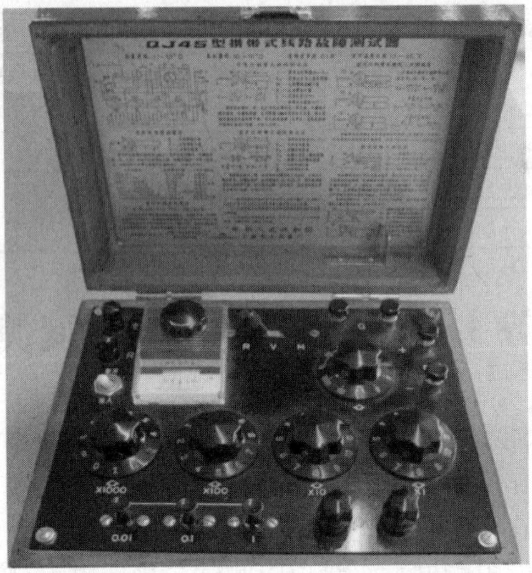

图 6-1　QJ45 型线路故障测试器实物

在测试通信电缆线路的环阻、单根导线电阻及不平衡电阻时采用 QJ45 型便携式线路故障测试器，其测量环阻的准确性要比万用表高得多。QJ45 型线路故障测试器利用惠斯登电桥原理来精确测量被测电阻，电桥原理图如图 6-2 所示。

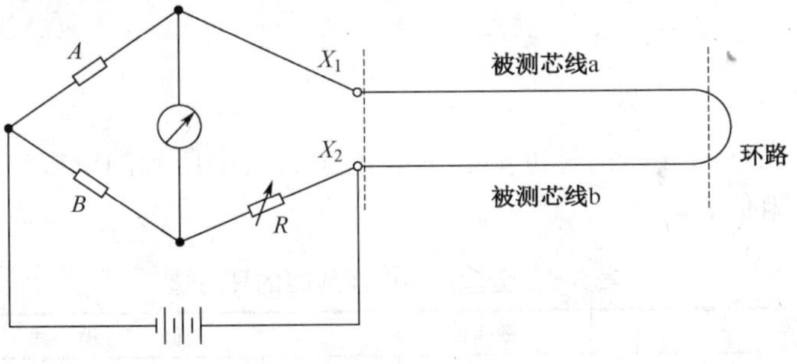

图 6-2　环阻测试原理图

如图 6-2 所示，芯线 a 和 b 的电阻分别为 R_a 和 R_b，将芯线 a、芯线 b 终端短接，其环阻为 R_{ab}，调节可调电阻 R，当惠斯登电桥达到平衡后则

$$R_a + R_b = R_{ab} = \frac{A}{B}R = nR \qquad (6\text{-}1)$$

6.1.2　通信电缆线路屏蔽层电阻的测试

1．屏蔽层电阻的概念

全塑电缆的屏蔽层采用 0.15mm 的铝带，如果不接地，其屏蔽效果会很差。因为全塑电缆的外护套采用塑料，即使埋在土壤中也与大地绝缘，外部感应到金属屏蔽层上的电流

只能在屏蔽层接地处流出，所以保证全塑电缆屏蔽层连接良好并接地有十分重要的作用。在我国曾多次发生雷击全塑电缆的故障以及因屏蔽层没有良好接地而影响信号等现象。

根据电阻定律公式可知，尽管屏蔽层很薄，但它的横截面面积却很大，所以其阻值是很小的。

二、屏蔽层电阻的测量标准

全塑电缆屏蔽层电阻的大小标准为：主干电缆屏蔽层电阻平均值不大于 2.6Ω/km，配线电缆屏蔽层电阻（绕包除外）不得大于 5Ω/km。

三、屏蔽层电阻的测试仪表

屏蔽层电阻的测试仪表与测试环阻相同。

四、屏蔽层电阻的测试方法

采用 QJ45 电桥测试屏蔽层电阻，三次测量法，如图 6-3 所示。分三次测量，第一次测量 a、b 两芯线的环阻，第二次测量屏蔽层与 a 线电阻之和，第三次测量 b 线与屏蔽层电阻之和。于是

$$R_{屏} = \frac{\text{a线与屏蔽层电阻} + \text{b线与屏蔽层电阻} - \text{ab线环阻}}{2} \tag{6-2}$$

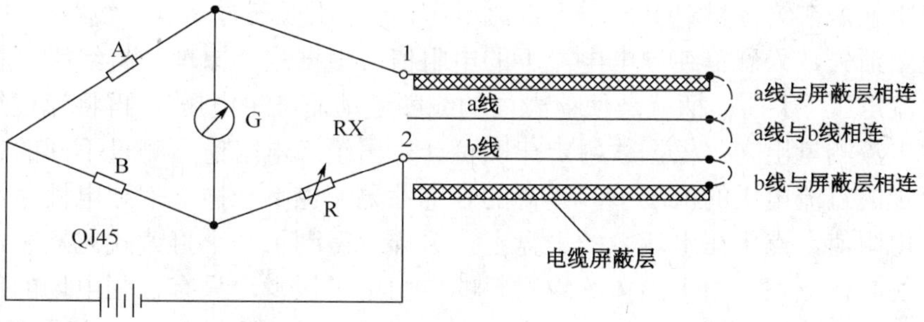

图 6-3　全塑电缆屏蔽层连通电阻测试

6.1.3　绝缘电阻的测试

一、通信电缆绝缘电阻测试

（一）绝缘电阻测试内容

绝缘电阻测试与环阻测试一样，是市内通信全塑电缆线路测试项目之一，绝缘电阻测试是为了发现潜在电缆障碍，当塑料护套破损、受潮、进水时通过绝缘电阻测试能及时发现地气障碍并进行修复。

绝缘电阻测试包括线间绝缘电阻、线地间绝缘电阻（即导线与屏蔽层间绝缘电阻）。

（二）全塑市话电缆绝缘电阻标准

全塑市话电缆绝缘电阻维护指标最小值如表 6-2 所示。

（三）绝缘电阻测试仪表

测试仪表经常使用兆欧表（俗称摇表）或绝缘电阻测试器（高阻计）进行。

通信电缆一般使用输出电压为 250V 和 500V 的兆欧表。测量电缆全程绝缘电阻时用

250V 兆欧表，这是因为各通信保安设备放电管的放电电压为 380V，如果用 500V 兆欧表测量，容易因放电管放电而造成测量误差。测量电缆芯线时用 500V 兆欧表。

兆欧表主要由表盖、手摇直流发电机、接线柱（E）、接线柱（L）及保护环接线柱（G）等构成。其中，E 为接地接线柱，必要时连接接地装置或电缆屏蔽层，G 保护环与相关绝缘层相连，以减少因漏电流而引起的测试误差。如图 6-4 所示为兆欧表实物。

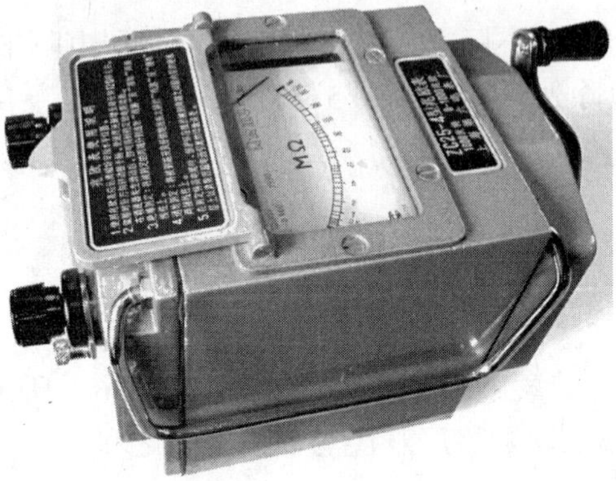

图 6-4　兆欧表实物

（四）兆欧表测试原理

绝缘电阻就是在绝缘材料上加一个直流电压，加电压很长时间以后线路上的充电电流、极化电流完全消失，只剩单纯导电电流下的电阻值。根据这个原理，将绝缘材料两端加一个恒定的直流电压（手摇摇柄就是使摇表内的线圈运动而产生电压），再将流过绝缘材料内部的导电性电流测量出来，根据欧姆定律即可计算出绝缘电阻值。测量不同的绝缘材料，在加同样恒定的直流电压的情况下，测得的导电性电流也不一样，把导电性电流的变化值换算成绝缘电阻值，点化在电流表的表盘上，这样就得到了一个直读式兆欧表，这个过程就是兆欧表的制作原理。由于固体绝缘材料的自由电子极少，只有在强电场的作用下，自由电子的导电性能才较为明显，导电性电流也才能变大以便测量，因此要求兆欧表的测量输出电压比较高。通信电缆一般使用输出电压为 250V 和 500V 的兆欧表。

（五）兆欧表的使用方法

1．检查兆欧表

（1）将兆欧表放置于平整的表面上，以消除重力对测量产生的误差。

（2）开路∞检查：使用前首先清洁仪表接线柱表面的尘土和污垢，在不接测量导线的情况下，手摇摇把，由慢至快，再匀速摇动仪表摇把，直到转速为 120r/min。待表针稳定，指针应指在∞的位置，不得偏离标度线的中心位置±1mm；

（3）短路零位检查：将兆欧表的线路接线柱 L 与接地接线柱 E 短接，先缓慢摇动摇把，观察指针是否缓慢回零，并检查指针在移动过程中是否有卡针现象。指针应指在“0”刻度线上，不得偏离标度线的中心位置±1mm。

若兆欧表开路时能到达“∞”刻度，短路时能到达“0”刻度，则说明兆欧表可正常使用。使用兆欧表测量电器设备的绝缘电阻时，必须在设备不带电的情况下才能进行测量。为此，测量之前必须先将电源切断并进行短路接地放电，方可与兆欧表连接。

2．测试绝缘电阻

（1）测试芯线对地间绝缘电阻

将兆欧表的 L 接线柱与被测芯线相连，兆欧表的 E 端子接地（电缆屏蔽层）。另一端开路，被测芯线对端必须腾空。用单股绝缘导线一根，一端连在兆欧表的保护环 G 上，另一端缠在被测芯线绝缘层上，以减少因漏电流而引起的测试误差。

手摇摇把，先慢摇，观察表针，若无打表现象再加速，直到转速为 120r/min，待表针稳定，从表盘上可直接读出绝缘电阻值。芯线对地绝缘电阻测试连线如图 6-5 所示。

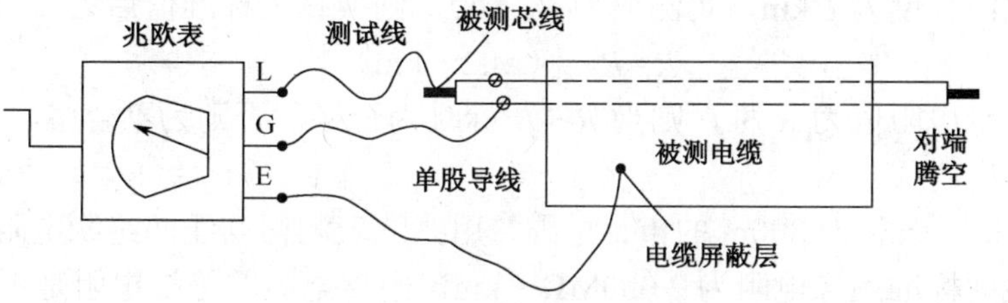

图 6-5　芯线对地绝缘电阻测试连线

这里要说明的一点是，在 YD/T322 标准中，并没有连接保护环 G 与芯线绝缘层，因为工程测试中漏电流的影响一般是忽略不计的。

（2）测试两芯线间的绝缘电阻

将兆欧表的 E、L 接线柱分别与被测两芯线相连，其余非测试芯线在电缆的对端全部短连入地。用绝缘良好的单股导线一端接在兆欧表的保护环 G 上，另一端缠在两芯线绝缘层上，以减少因漏电流而产生的误差。测试过程同（1），从表盘上即可读出绝缘电阻值。电缆芯线间绝缘电阻测试连线如图 6-6 所示。

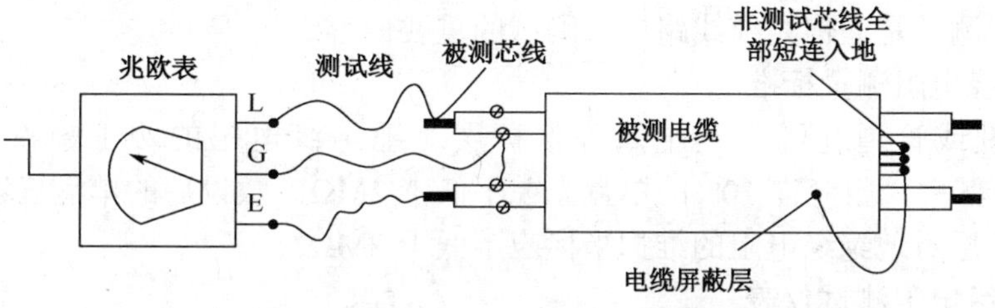

图 6-6　电缆芯线间绝缘电阻测试连线

3．兆欧表使用注意事项

（1）当绝缘电阻测试完了之后，所测的线对上还会带有较高的电压，会影响人身安全，因此应立即放电，其方法是将被测芯线碰触地气即可。

（2）接线柱至被测物的引线，应使用绝缘良好的导线，以防产生误差。

（3）摇动兆欧表时，“E”“L”端子有较高的直流电压（转速越快，电压越高），最高可达 1 000V 以上，应注意勿碰。

（4）摇动手柄后速度不宜太快或太慢，一般要求是 90～150r/min。不能开始摇得很快而后又慢下来，这样，开头输出了很高的电压，使被测的介质上充上高压，后来再减慢时，使绝缘介质上存在的高压反而比表输出电压高，这样容易使电流倒灌，结果会加大表针指示读数的误差。

（5）测试较长段电缆时，表针不容易稳定下来，这时读数可取其平均值。

（6）测试有电容量的机线设备时，如电缆芯线间的电阻，应多摇一会儿，使芯线充满电后再取读数。

（7）测试使用线对时，一定要将配线架上或分线箱里的避雷器甩开，以免击穿，造成地气故障。

（六）绝缘电阻测试值与标准值比较

在前述标准中，绝缘电阻值的单位均为 MΩ • km，而在测试中得到读数为 MΩ，二者如何比较？其换算方法如下。

设被测电缆长度为 L km，实测值为 R_X MΩ，则换算成标准值后为

$$R=R_XL\text{（MΩ • km）} \quad (6\text{-}3)$$

设标准绝缘电阻值为 R 标，则当 $R \geqslant R$ 标时为合格，否则为不合格，即绝缘降低或短路等。

例 1 已知一条长为 800m 的市话电缆，用兆欧表测得其线间绝缘电阻值为 2 300MΩ，而这种电缆线间标准绝缘电阻为 2 000MΩ • km，问该电缆的绝缘电阻是否符合标准。

解 因为 R_X=2 300MΩ；L=800m=0.8km

所以 $R=R_X \cdot L$=2 300 × 0.8=1 840MΩ • km

$R_{标}$=2 000MΩ • km

则 $R<R_{标}$，所以该电缆的绝缘电阻不符合标准。

二、通信光缆的绝缘电阻测试

（一）绝缘电阻的测试内容

通信光缆线路中的绝缘电阻包括加强芯与地之间绝缘电阻和屏蔽层与地之间绝缘电阻两种。绝缘电阻的构成主要是绝缘护套电阻、油膏电阻等。

绝缘电阻测试是通信光缆线路电气测试的重要内容之一。

（二）绝缘电阻测量标准

单盘直埋或管道光缆，其金属外保护层对地绝缘电阻的竣工验收指标应不低于 10MΩ • km，其中，暂允许 10%的单盘光缆不低于 2MΩ。敷设后的单盘直埋或管道光缆，其金属外保护层对地绝缘电阻的维护指标应不低于 2MΩ。

（三）绝缘电阻测试仪表

通信光缆线路绝缘电阻的测试仪表同电缆线路，都是使用兆欧表或高阻计。

（四）绝缘电阻的测量方法

1．测量前的准备工作

测量前的准备工作同电缆线路绝缘电阻测试。

2．光缆线路对地绝缘测试要求与方法

（1）直埋光缆线路的对地绝缘指标，应在光缆埋设并完成接续后于竣工验收和日常维护中通过光缆线路对地绝缘监测装置进行测试。光缆线路对地绝缘监测装置应与光缆中的金属构件相连接。

（2）光缆线路对地绝缘监测装置由监测尾缆、绝缘密闭堵头和接头盒进水监测电极组成。其中，监测尾缆和绝缘密闭堵头应安装在每个光缆接头点的监测标识内，进水监测电极安装在接头盒的内底壁上。无监测电极时，将光缆监测线对中的两根空余线（5、6 号）分开后，放在接头盒底部。

（3）直埋光缆线路对地绝缘电阻测试，应根据被测电阻值的范围，按仪表量程确定使用高阻计或兆欧表。选用高阻计（500V・DC）测试时，应在 2 分钟后读数。选用兆欧表（500V・DC）测试时，应在仪表指针稳定后读数。这里要说明的一点是，高阻计适宜于绝缘电阻较大时的测试，但在低阻值时有盲区。兆欧表适宜于绝缘电阻较小时的测试，最低可到零。在施工过程中，光缆线路对地绝缘指标一般较高，故高阻计比较适宜。维护过程中当光缆线路对地绝缘指标仍保持为高阻值时，应采用高阻计进行测试。当光缆线路对地绝缘指标降到数兆欧及以下时，用兆欧表测试比较适宜。

（4）对地绝缘电阻的测试，应避免在相对湿度大于 80%的条件下进行。

（5）测试仪表引线的绝缘强度应满足测试要求，且长度不应超过 2m。

（6）直埋光缆线路对地绝缘监测装置缆线连接方法如图 6-7 所示。对地绝缘监测装置缆线的连接应符合以下要求。

① 监测尾缆的芯线与光缆金属保护层应电气连通，接续良好。

② 接头盒进水监测电极可用 PVC 塑料胶黏结在接头盒内底壁上，其位置应不影响接头盒的再次开启使用。

③ 采用非金属加强芯光缆时，监测尾缆 3、4 号芯线空置，线头做绝缘处理。

④ 监测尾缆在标石上线孔内应保持松弛状态，避免受力。

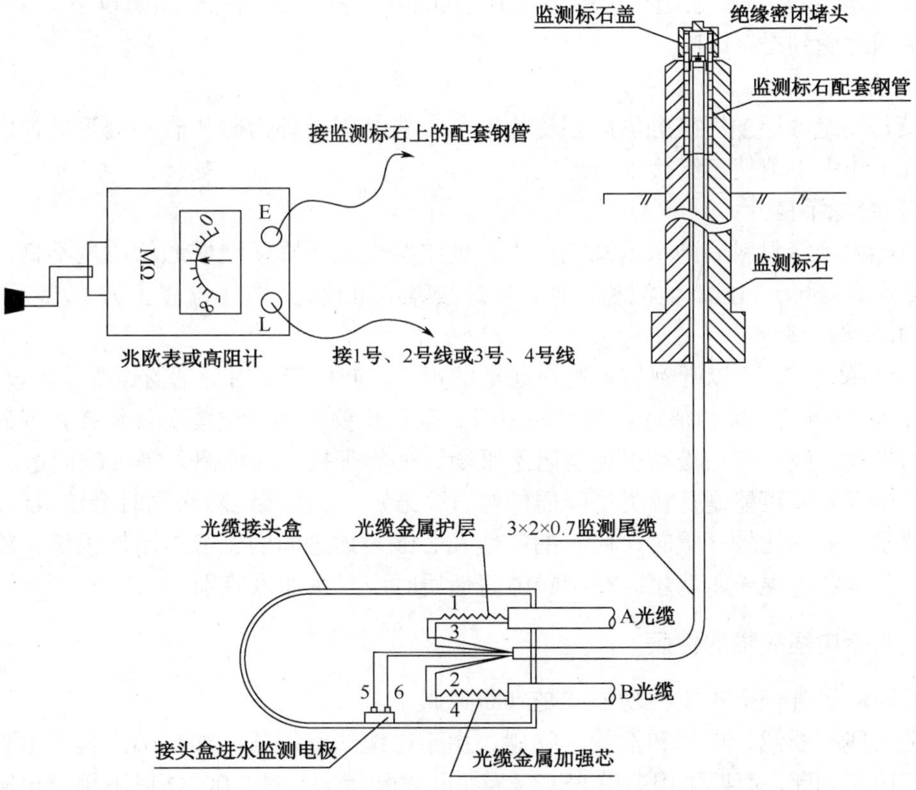

图 6-7　一端进出接头盒对地绝缘监测装置连接

任务 2　通信电缆线路的故障测试

通信电缆由于受到外力的破坏、自然的侵蚀和老化，容易发生混线、断线等故障，快速准确地检测出通信电缆故障，并及时修复，最大限度地降低因电缆故障造成的损失，是一项重要的工作。

6.2.1 通信电缆线路故障性质判断

目前线路设备由电（光）缆及其附属设备（线路设备）组成。

在线路出现障碍后，应首先使用测量台、兆欧表、万用表等确定故障的性质和严重程度。

一、通信电缆常见故障性质分类

（一）断线

电缆芯线一根或数根断开称为断线，这种现象一般是由于接续或敷设时不慎使芯线断裂、受外力损伤、强电流烧断所致。

（二）混线

同一线对的芯线由于绝缘层损坏相互接触称为混线，也叫自混。相邻线对芯线间由于绝缘层损坏相碰称为他混。接头内受过强拉力或受外力碰损使芯线绝缘层受伤的部位常造成混线情况。绝缘层受伤使绝缘电阻下降到很低的程度（几百到几千欧姆以下），甚至短路，通信质量因此受到严重影响。

（三）地气

电缆芯线绝缘层损坏碰触屏蔽层称为地气，它是因受外力磕、碰、砸等磨损破坏缆芯保护套或工作中不慎使芯线接地而形成。

（四）绝缘不良

电缆芯线绝缘材料受到水或潮气侵入，使绝缘电阻下降，造成通信质量不良，甚至阻断。这类故障类同于自混、他混和接地，只是故障电阻较大（几千欧以上），故障程度较轻。

（五）串音、杂音

在一对芯线上，可以听到另外用户通话的声音，叫串音。用受话器试听，可以听到“嗡嗡”或“咯咯”的声音，称为杂音。线路的串音、杂音主要是由于电缆芯线错接，或破坏了芯线电容的平衡、线对接头松动引起电阻不平衡、外界干扰源磁场窜入等影响而造成的。

实际电缆障碍可能是几种类型障碍的组合。比如，芯线接地障碍同时会造成线对自混。在电缆浸水、受潮比较严重时，所有的芯线及芯线对地之间的绝缘电阻均很低，就同时存在自混、接地和他混障碍现象。在判断障碍性质时应注意加以鉴别。

二、判断电缆故障的性质

兆欧表的另外一个重要的功能就是判断障碍。

电缆芯线有断线、地气和混线等障碍，由于电缆线路很长，加上芯线具有电阻，一般不能用万用表判断，而要采用兆欧表，因为兆欧表量程大，对 3 000Ω 以下用户电阻可以说无反应（指针指向“0”）。

（一）断线障碍的判断方法

如图 6-8 所示，A 端以不混线地气为原则呈疏散状态，兆欧表的“E”接线柱可接地也可与两三根芯线相连（不可能这三根线均为断线，只要有一根不为断线就行），B 端将芯线连成良好混线和地气状态（即全部短连入地）。从 A 端抽出一根，测试一根，若表针指“0”，则该线为好线，若指“∞”，则该线为断线。

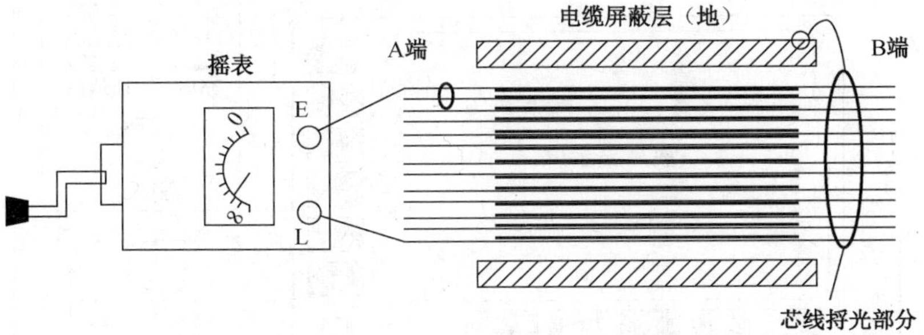

图 6-8 判断断线障碍的连线方法

（二）地气和混线障碍的判断

如图 6-9 所示，A 端将芯线连成良好混线和地气状态（即全部短连入地），兆欧表的“E”接线柱也接地（电缆屏蔽层），“L”接线柱接被测芯线，B 端以不混线地气为原则呈疏散状态。然后从 A 端的混线束中，抽出一根与“L”相连，测试一根，若表针指“0”则为坏线。抽一根，测一根，等全部芯线测试完了以后，甩掉地线校测，以证明是地气还是混线等，再依障碍线对查找。

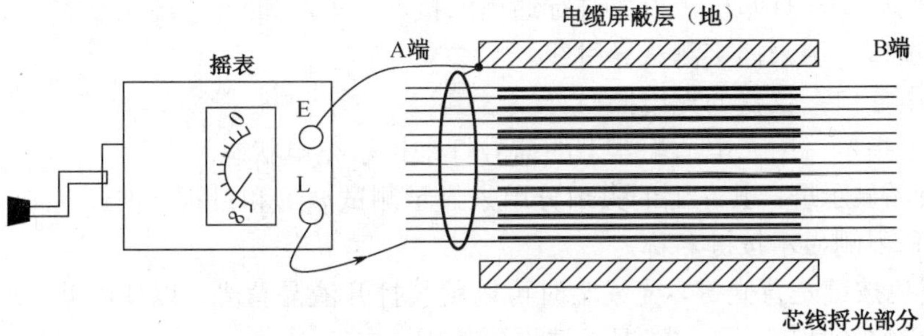

图 6-9 判断地气和混线障碍的连线方法

6.2.2 通信电缆智能障碍测试仪测试故障点

通信电缆智能障碍测试仪是采用现代微电子技术研制成功的高科技产品。具有脉冲反射和智能电桥两种测试方法，适用于测量市话铅皮电缆、全塑电缆、用户皮线的断线、混线、地气、绝缘不良、接触不良等故障的精确位置，是缩短故障查找时间、提高工作效率、减轻线路维护人员劳动强度的得力工具。线路查修人员也可以用其进行线路工程验收和检查电缆电气特性。

本文以 S-630 通信电缆故障全自动综合测试仪为例介绍通信电缆障碍智能测试的方法。

一、整机介绍

（一）面板设置

如图 6-10 所示。

（1）开关键：仪器的电源开关。

（2）自动键：在脉冲反射法下，按动后仪器进行自动测试。

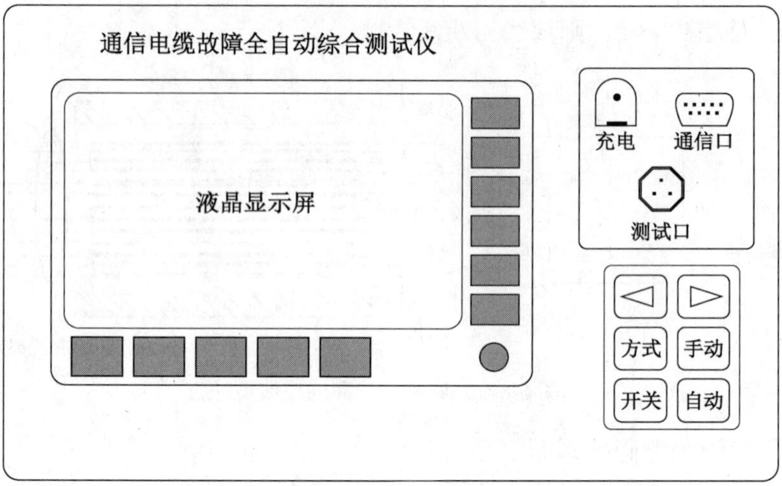

图 6-10　S-630 通信电缆故障全自动综合测试仪面板

（3）方式键：用于循环转换测试法。开机后仪器自动进入脉冲反射测试法界面。

（4）手动键：脉冲法手动测试按键和电桥法测试按键。

（5）◀和▶：为光标移动键，用来左右移动虚线光标，标定故障距离。

（6）通信口：与打印机等设备进行通信的接口（非标准配置）。

（7）测试口：用来插接测试导引线。

（8）充电插口：仪器的充电插口。

（9）充电指示：用充电适配器上的信号灯来指示充电状态。

（10）液晶显示屏：其左上的大部分用来显示测试波形和量程、波速度值、故障距离等信息。右侧和下侧显示按键名称。

（11）黄色按键是背光键，光线暗时可以用其打开液晶背光，以便能够看清楚屏幕上的内容。该功能比较耗电，正常情况下请不要使用。

（12）液晶显示屏的下方和右方一共有 11 个空白蓝色按键，对应并配合液晶下侧和右侧显示的按键名称，对仪器进行各种相应的操作。

在面板上有名称的六个按键和黄色按键的功能固定。围绕着显示屏的 11 个空白按键，下边 5 个，右边 6 个，开机后键名显示在紧邻的液晶屏幕边上。在以后的叙述中，讲到按动“某某”键，意思就是按动屏幕上显示的“某某”键名对应的空白按键。

（二）电桥测试导引线

如图 6-11 所示。

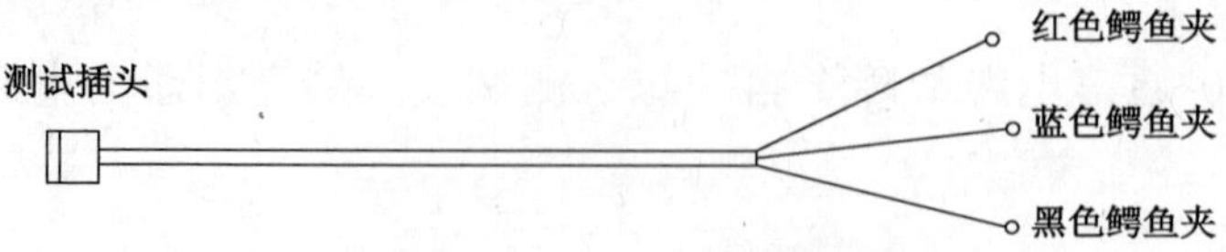

图 6-11　电桥测试导引线

测试导引线的末端一共带有三个鳄鱼夹。

在脉冲反射测试法下，只使用带有红色、黑色鳄鱼夹的两根线。在智能电桥测试法下，使用全部三根线。具体的使用方法在 6.2.2 节后面的内容中有介绍。

二、通信电缆故障测试的基本步骤

（一）故障性质与测试方法的选择

1．断线

电缆的一根或多根芯线断开，通信中断。这种故障用脉冲法测试。

2．混线

分为接地、自混、他混三种类型，通信质量受到严重影响。这种故障可以先用脉冲法测试，当波形难以识别时，再改用电桥法测试。

3．绝缘不良

这种故障类似于自混、他混和接地，只是故障程度较轻。通常，如果绝缘电阻小于2MΩ，就会对通信质量产生影响，需要进行排除。这种故障一般用脉冲法无法测出，需要改用电桥法测试。

测试人员了解线路走向和故障情况，有助于迅速确定故障点。当电缆发生故障后，对故障发生的时间、产生故障的范围、电缆线路所处的环境、接头与人孔井的位置、天气的影响及可能存在的问题等进行综合考虑。根据测量的结果，粗略判断一下故障的段落。

（二）选择测试方法

故障电阻小于几百至几千欧时，称为低阻故障，反之称为绝缘不良或高阻故障。高阻和低阻之间没有明确的界限。

脉冲法适合于测试断线和低阻混线故障。比较严重的绝缘不良故障，有时也能用脉冲法测试。脉冲法操作直观、简便，不需要对端配合，在测试时应首先使用。

电桥法能够测试高阻绝缘不良故障，但需要找出一根好线，而且需要在对端配合，测试的准备工作也比较烦琐。应在确认脉冲测试法不能测出后再使用电桥法。

（三）故障测距

测试时，应首先断开与故障线对相连的局内设备。先在局内测试，确定出故障点的最小段落，然后到现场进行复测，确定故障点的精确位置。

（四）故障定点

根据仪器测试的结果，对照图纸资料，标定出具体的故障点的位置。图纸资料不全或有误时，可以根据所掌握的电缆线路情况，估计出故障点的大致位置，然后根据故障情况，结合周围环境，分析故障原因，直至找到故障点。例如，在估计的范围内有接头，就大致可以判断故障点在接头内。量程越远，测量误差越大。

三、脉冲测试法

脉冲法适合于测试断线和低阻故障。

（一）测试原理

向线路发射一个脉冲电压信号，当线路有故障时，故障点输入阻抗 Z_i 不再是线路的特性阻抗 Z_c 而产生脉冲反射，其反射系数

$$\rho=(Z_i-Z_c)/(Z_i+Z_c) \quad (6\text{-}4)$$

反射脉冲电压幅值：

$$U_n=\rho U_i=[(Z_i-Z_c)/(Z_i+Z_c)]U_i \quad (6\text{-}5)$$

由式（6-4）可知，当线路出现断线故障时 $Z_i\to\infty$，$\rho=1$，反射脉冲的极性为正，故障

点反射脉冲与发射脉冲的相位关系 如图 6-12（a）所示。而当线路出现短路故障时 $Z_i \to 0$，$\rho=-1$，反射脉冲的极性为负，如图 6-12（b）所示。在实际情况中，线路一般是绝缘不良故障，反射系数的绝对值小于 1。

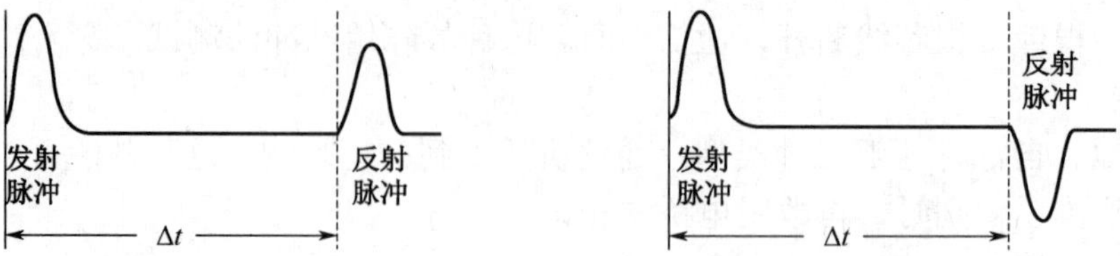

（a）断线故障波形　　（b）混线故障波形

图 6-12　故障点反射脉冲与发射脉冲的相位关系

从仪器发射脉冲开始计时，直至接收到故障点反射脉冲的时间为 Δt，Δt 是脉冲在测试点和故障点之间往返一次的时间。设故障距离为 L，脉冲在线路中的传播速度为 v，则

$$L=V \cdot \frac{\Delta t}{2} \tag{6-6}$$

Δt 由仪器自动计时，并结合设置的波速度 V，得出故障距离 L。实际上脉冲在电缆的传播过程中，遇到所有的阻抗不匹配点，如接头、复接点等，均会产生反射。用波形的方式把被测试电缆的特性显示在屏幕上。用户通过识别反射脉冲的起始位置、形状及幅度，测定故障点或阻抗不匹配点的距离，判别故障及不匹配点的性质。

（二）脉冲测试法的几个基本概念

1．波形

脉冲测试法靠波形来反映电缆的情况，正确理解波形是使用脉冲法的关键。由于仪器内设有自动阻抗平衡电路，可以将发射脉冲的幅度压缩得很小，基本上只显示反射脉冲，更便于观察。因此图 6-12 的波形，在测试时应是图 6-13 的形状。

（a）断线故障波形向上　　（b）混线故障波形向下

图 6-13　脉冲测试法显示断线、混线故障的波形

2．故障点标定

反射脉冲波形的起始点（如图 6-13 中虚线的位置）是故障位置。屏幕的最左侧作为发射脉冲的起始点，将虚线光标移动到故障反射脉冲波形起始点，此时屏幕上显示的距离值就是故障距离。自动测试时仪器能够自动把虚线光标移动到故障反射脉冲的起始点，但有时需要手动修正虚线光标的位置。虚线光标在其他位置时，显示的距离值没有实际意义。

3．量程

仪器的最大测试距离是 8km，开机后自动设定为 200m。屏幕上显示的是选定量程内的电缆测试波形。假如测试一条 1 500m 长的电缆，可以从最小的 200m 开始测试，并逐步增加测试量程，直至能显示全长的 2 000m 量程。自动测试时仪器自动变换测试量程。

4．波速度

从前述测试原理中我们知道，测距实际上是在测时间，时间乘以脉冲传播速度得到距离值，因此必须首先知道精确的波速度。脉冲在电缆中的传播速度称为波速度。经试验得知，波速度只与电缆芯线的绝缘材料有关。例如全塑电缆的波速度为 201m/μs。仪器预存了几种常用电缆的波速度值，可以用选择电缆的方法设定波速度。由于生产厂家和生产工艺的不同，相同类型的电缆的波速度可能略有差异，可以通过测试来校准，详细方法后面有介绍。

5．增益

增益是指仪器对反射脉冲的放大倍数，调节增益可以改变屏幕上显示的波形的幅值，可以通过相应的按键增加或减小增益。反射脉冲的幅值以调到接近于满屏为最佳。自动测试时仪器自动调节增益。

6．阻抗平衡

仪器内部有一个平衡电阻网络，通过调节使之与电缆的特性阻抗相匹配，以尽量减小仪器发射脉冲对接收信号的影响，突出反射脉冲，便于判断故障点。测试时仪器自动调节阻抗平衡。

（三）脉冲测试法界面介绍

按动“开机”键，仪器先显示欢迎画面及当前时间，稍后进入脉冲测试界面。脉冲测试界面采用菜单管理。菜单名在屏幕的最下部显示，共有 5 个，选中时反色显示。相应的菜单功能项在屏幕的最右部显示，共有 6 个，被选中时闪烁。

屏幕上显示的内容主要有测试波形、五个菜单名及相应的功能项，在“量程”“变比”“波速”“认定”“主令”菜单名的上方分别显示的是当前的测试量程、波形显示比例、波速度值、增益值、电池容量以及记忆比较符号等。波形右上角的数字是虚线光标所在位置的距离。

1．量程菜单

用于选择测试量程。按动“量程”键后，屏幕显示如图 6-14 所示，其功能项为“200m”“400m”“1km”“2km”“4km”“8km”。若要选择某个测试量程，只需按动其相对应的空白按键即可。

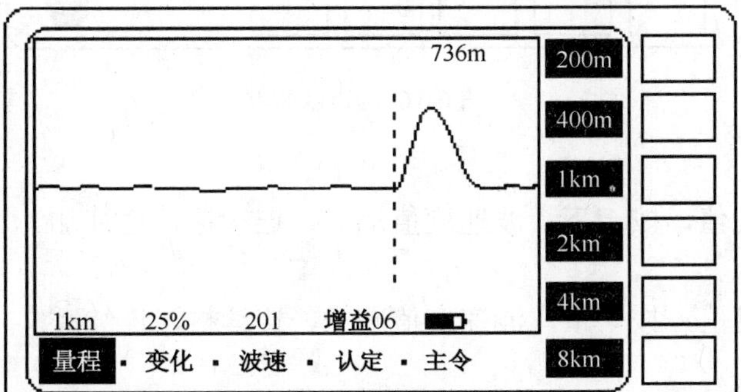

图 6-14　量程菜单

2．变比菜单

用于改变波形的显示比例，对波形进行横向的放大和缩小。按动“变比”键后，屏幕显示如图 6-15 所示。其功能项为“放大”“缩小”“复原”。功能分别是将以虚线光标为中心的波形横向放大、缩小和恢复原状。200m 量程时无须变换显示比例。

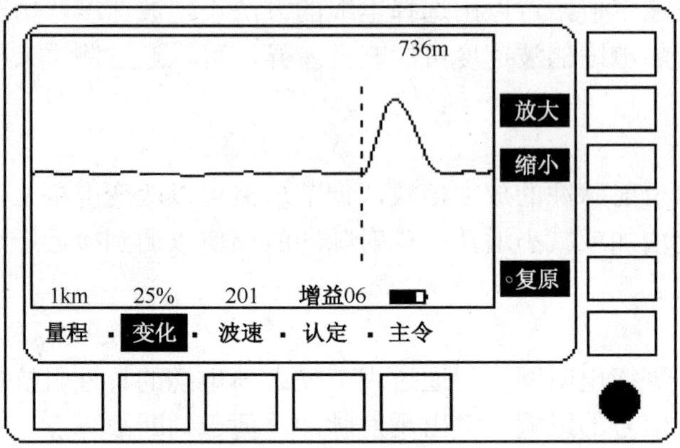

图 6-15 变比菜单

3．波速菜单

调整或选择波速度值。按动“波速”键后，屏幕显示如图 6-16 所示。其功能项如下。

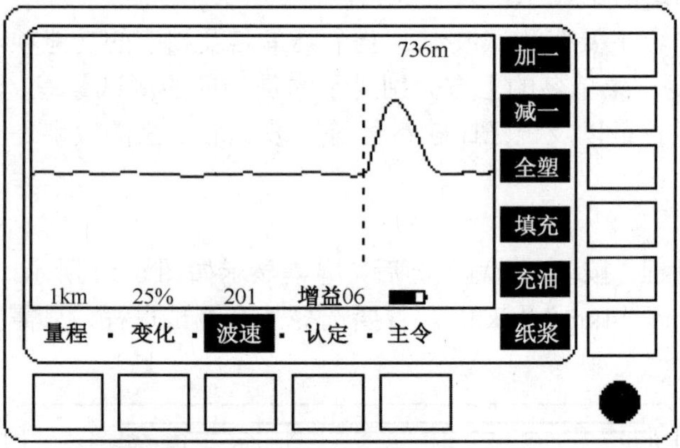

图 6-16 波速菜单

（1）加一

用于增加波速度值，按一下，波速度值加一，连续按，连续加。

（2）减一

用于减小波速度值，按一下，波速度值减一，连续按，连续减。

（3）全塑

预存了全塑（聚乙烯）电缆的波速度：201m/μs。

（4）填充

预存了填充聚乙烯电缆的波速度：192m/μs。

（5）充油

预存了充油电缆的波速度：160m/μs。

（6）纸浆

预存了纸浆电缆的波速度：216m/μs。

4．认定菜单

自动测试完成后，用来翻看可疑点，认定故障点。按动“认定”键后，屏幕显示如图 6-17 所示。其功能项如下。

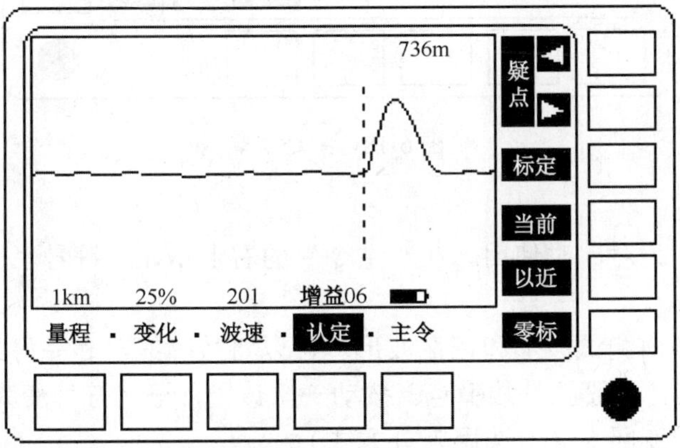

图 6-17　认定菜单

（1）疑点◀

查看前一个可疑点。

（2）疑点▶

查看后一个可疑点。

（3）标定

光标重新自动标定故障反射脉冲起始点。

（4）当前

在当前测试量程下，自动进行阻抗平衡和增益调节，并且自动标定。

（5）以近

搜索当前量程内的电缆故障点。先根据电缆全长，确定最大测试量程，按动“以近”键，仪器从最小量程（200m）到当前量程依次搜索、定位。这样做能够缩小搜索范围，减少测试时间，减少虚假可疑点（如终端二次反射）。

（6）零标

按动一下，虚线光标位置处显示一个实线光标，并且作为坐标零点。如果在故障点前后不远处有接头反射，为了确定故障点和接头的相对位置，可以将接头位置设置为零点，将虚线光标移到故障点，这样显示的距离为接头到故障点的距离。

5．主令菜单

主要的控制功能，一般在手动测试时使用。按动“主令”键后，屏幕显示如图 6-18 所示。其功能项如下。

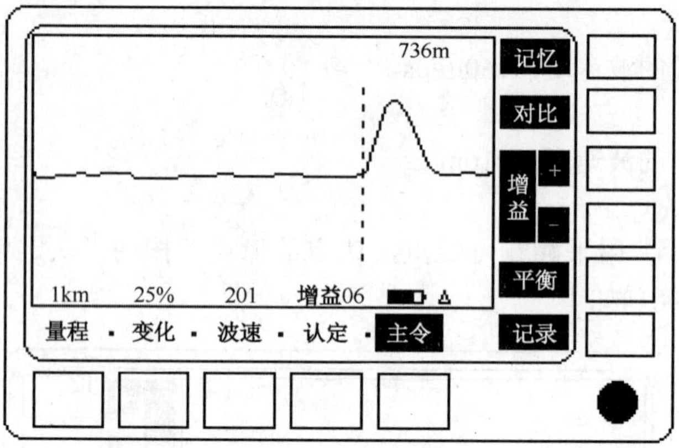

图 6-18　主令菜单

（1）记忆

记忆当前波形，为对比时使用。在“主令”的右上角显示符号“Δ”作为已记忆标示。

（2）对比

用于同时显示当前测试波形和记忆波形。可以将故障线对和完好线对的测试波形进行对比，明显分岔之处，一般就是故障点。按动一次该键，记忆符号变为▲。再次按动该键，放弃对比，记忆符号变回Δ（请选用差分方式）。

（3）增益+

按动一次，增益增加一级，连续按连续加，并显示新的测试波形。

（4）增益-

按动一次，增益减小一级，连续按连续减，并显示新的测试波形。

（5）平衡

在增益、量程等测试条件保持不变的情况下，自动进行阻抗平衡调节，尽量减弱发射脉冲的影响，令故障波形更容易识别。

（6）记录

按一下，进入记录管理。

（四）脉冲测试接线方法

1．接好测试导引线

将测试导引线插到仪器“测试口”上。请注意插头上有定位槽。

2．脉冲测试接线

当芯线间存在故障时，将 Q9 红色、蓝色鳄鱼夹分别夹故障线对的两根芯线。当接地（铅皮）故障时，将红色、蓝色鳄鱼夹分别夹故障芯线和地。

脉冲测试法下电桥测试线不用，红色、蓝色鳄鱼夹不加区分。

（五）自动测试

一般先进行自动测试，当情况比较复杂，自动测试没有得到正确结果时，再改用手动测试。自动测试完成后，仪器给出几个可疑点，根据具体情况（如电缆全长、故障性质等）可以很快找到真正的故障点。

1．自动测试

按动一下“自动”键，进入自动测试。仪器将从小到大，搜索每一个量程。可疑点在波形右上角用符号“∧”标示，最后将距离最近的一个可疑点的波形、故障距离以及故障性质显示出来。故障距离和故障性质显示在波形的右上角。如图 6-19 所示为一个断线故障的自动测试画面。

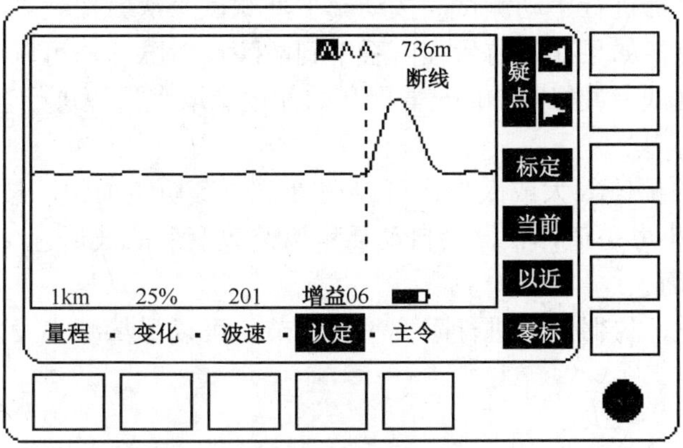

图 6-19　一个断线故障的自动测试画面

2．查看可疑点

自动测试完以后，仪器停在“认定”菜单，并在波形右上角显示一串“∧”符号，表示找到的几个可疑点，其中有一个反显，表示这一个可疑点的波形正在显示。如果要观察前一个可疑点，按动“疑点◀”键，即显示前一个可疑点的波形及故障距离和故障性质。同样，按动“疑点▶”键可以观察后一个可疑点。

3．排除假的可疑点

仪器给出的可疑点，有些不是真正的故障点，需要人工排除。比如，已知电缆全长是 500m，那么故障距离肯定小于 500m，500m 左右的可疑点是电缆末端反射，是电缆全长两倍的可疑点是二次反射，都不是故障点。又比如，已知电缆是混线故障，那么，所有显示为断线故障的可疑点都不可能是故障点。

4．调整波速度

如果当前电缆波速度与实际情况不符，则要进入“波速”菜单，选择电缆类型，或者直接手动调整波速到合适的数值。

5．微调光标，精确定位

如果认为仪器自动标定的故障距离不够精确，可以按动光标移动键，调整光标的位置。

6．平衡和增益调节

如果当前显示波形的平衡或幅值不太理想，可以按动“当前”键进行自动平衡和增益调节。

7．已知电缆全长的自动测试

若知道电缆的全长，可以先设定仪器的测试量程，然后转到“认定”菜单，按动“以近”键，仪器即在这个量程内搜索，得到的可疑点将缩小量程，更易于判断。

（六）手动测试

当线路的情况比较复杂，自动测试没有找出正确的故障点时，就需要进行手动测试。

1．选择测试量程

可以从小到大逐步变化，直到能看到电缆全长。

2．调整波速度

通过在波速菜单中选择电缆类型，或根据仪器附带的波速度表手工调节波速度。

3．测试

按动“手动”键，进行手动测试。按动一下，测试一次。按动光标移动键将光标移动到反射脉冲的起始点。如果在当前量程内看不到故障反射脉冲，可以进入“量程”菜单改变测试量程，重新测试。最好从 200m 量程开始并逐步增大量程进行查找。

4．增益调节

如果反射脉冲的幅值太大或太小，可以在“主令”功能项中，按动“增益+”或“增益-”键，增大或减小增益值，仪器会自动显示增益改变后的波形。

5．自动阻抗平衡

按动“平衡”键，仪器自动进行阻抗平衡调节，可以尽量减小发射脉冲的影响，让反射脉冲更容易识别。

6．记忆、对比

如果不容易判断反射脉冲是故障点还是接头，可以先测试故障线对，并在“主令”功能项中，按动“记忆”键，记忆当前的测试波形。然后不要改变任何参数，测试一条好线对。再按动“对比”键，两个波形将同时显示，两个波形出现明显差异的地方一般就是故障点。如果两个波形在同一个地方出现脉冲反射，可以断定是接头。如图 6-20 所示为主令菜单。

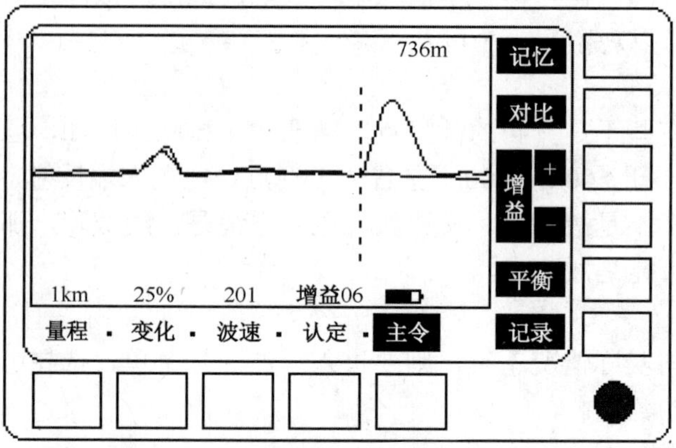

图 6-20　主令菜单

7．波形缩放

如果想看清楚局部波形的细节，可以在“对比”菜单下，按动“放大”键放大虚线光标周围的波形，按动“缩小”键可以逐步恢复，按动“复原”直接恢复原样。

8．光标零点

故障距离较远时，测试分辨率降低。如果故障点前后不远处有接头反射，可以测量故障点和接头之间的距离，这样便于定点。先将虚线光标移动到接头反射脉冲的起始点，在“认定”菜单下，按动“零标”键，虚线光标变为实线光标，再按动光标移动键，将虚线光标移动到故障反射脉冲的起始点。这时显示的距离值为接头到故障点之间的距离（即两个光标之间的距离）。如图 6-21 所示为认定菜单。

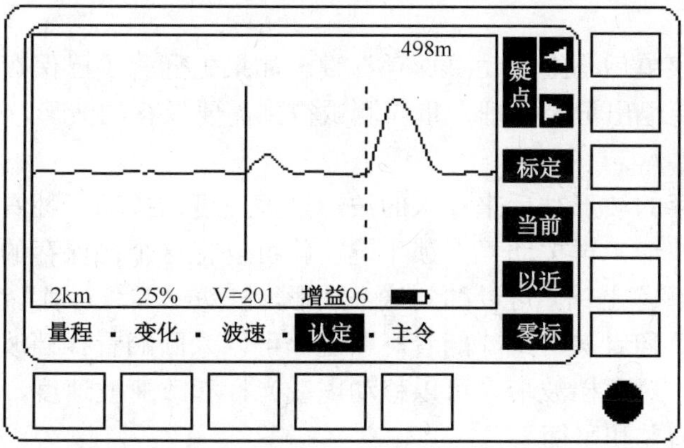

图 6-21　认定菜单

（七）波速度的测量和校准

如果知道电缆的准确长度，可以用仪器来测量和校准电缆的波速度。从电缆中找出一条好线对，测出远端开路的反射波形。如果测量的电缆全长与实际长度有差别，可以在“波速”菜单下，按动“加一”或“减一”键调整波速度，直到测量值和电缆的实际长度相等。此时的波速度值即为这条电缆的实际波速度。

（八）记录管理

仪器能够长期保存 10 个测试波形。该功能在一定的程度上可以替代打印机。

1．进入记录管理

在“主令”菜单下，按动“记录”键，即进入波形记录管理，如图 6-22 所示为波形记录管理菜单，屏幕左上角的一排符号“○”表示已经保存的波形，按测试时间先后排列。其中有一个符号带黑框，表示该波形正在显示。

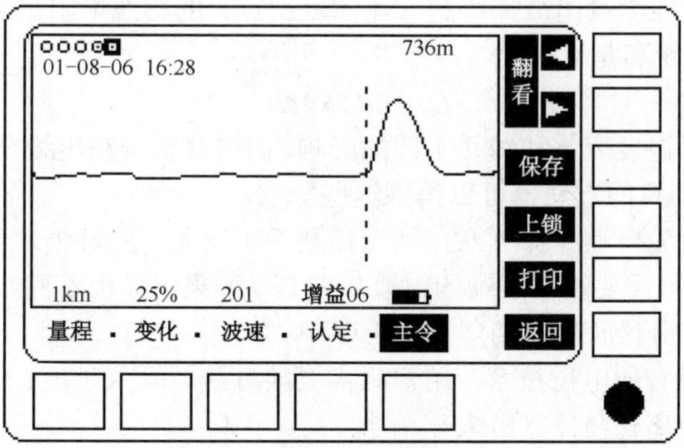

图 6-22　波形记录管理菜单

2．保存当前波形

进入记录管理后，按动“保存”键，当前的测试波形存入永久保存区，保存标志增加一个，当前时间同时在左上角显示。如果 10 个保存区已经占满，则将挤掉最早存入而且没有上锁的一个波形。

3．如果需要保存波形

必须在进入“记录”菜单后马上按动“保存”键。如果先翻看了已保存波形，会将当前的测试波形冲掉，就需要退出记录管理，重新测试得到需要保存的波形。

4．锁定已保存的波形

如果防止一个已经保存的波形被后来存入的波形挤掉，可以按动“翻看◄”或“翻看►”键，翻到需要上锁的波形，再按动“上锁”键，就可以将这个已保存的波形上锁，保存标志变为“⊙”。如果想解除上锁，可以翻到这个波形，按动一下“上锁”键即可以解锁。

翻看存档波形：按动“翻看◄”或“翻看►”键，可以来回翻看存档波形，波形的测试时间同时显示在左上角。对存档波形，可以移动虚线光标和改变波速度，不能改变量程和显示比例，也不能改变增益和平衡。

5．打印

用附带的通信线（和微型打印机一起选配）连接好仪器的“通信口”和微型打印机的串行口，按动“打印”键，当前屏幕上的内容就会被打印出来。

6．退出记录管理

按动“返回”键，可以退出波形记录管理，返回到原来的“主令”菜单。进行手动或自动测试也会退出记录管理。

四、智能电桥测试法

绝缘不良的故障电阻很高（几千欧姆以上），远远大于电缆的特性阻抗，脉冲反射非常微弱，不容易判断故障点。此时需要用电桥法进行测试。本仪器的电桥法附带有简易兆欧表和欧姆表功能。

（一）电桥测试原理

我们知道电缆芯线中有一定的电阻，而且单位长度内的电阻值是相同的，假设整个芯线的电阻是 R，如果能测量出故障点到一端（测试点）的芯线电阻是 R_a，并且知道芯线的准确长度 L，设故障距离是 L_a。则：

$$L_a=(R_a/R)L \tag{6-7}$$

芯线电阻率会受温度变化和线径不同的影响，但这些影响在电缆全长范围内是一样的，使用 R_a/R 这种比例计算的方法，可以消除这些影响。

测试时，仪器首先自动计算 R_a/R，然后需要手工输入一些数据才能计算出 L_a。如果整条电缆的线径一致，只需要输入准确的电缆长度（L）如果电缆由不同线径的电缆分段组成，需要输入分段线径和分段长度。

该仪器采用的是智能电桥技术，用户只需要接好线，输入长度、分段线径等数据，按动几个按键，故障距离就会计算出来。

（二）电桥测试界面介绍

按动“开关”键打开仪器，仪器自检并显示欢迎画面后，按动“方式”键（“方式”键用来转换测试法），进入电桥测试界面。如图 6-23 所示为电桥测试界面。

“故障距离/线路全长=××%”是仪器自动测试出来的比例值（即 R_a/R）。“线路全长=××××m”是需要用户输入电缆的准确长度值（最大 9 999m）。“故障距离=××××m”是仪器最终计算出来的故障距离。在测试过程中绝缘电阻值和环路电阻值显示在屏幕上部。

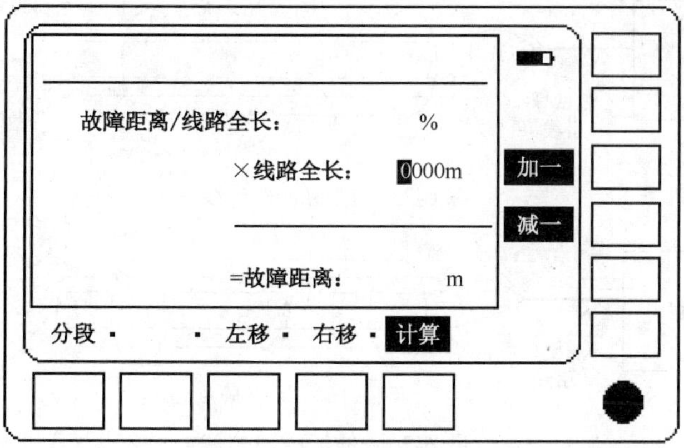

图 6-23 电桥测试界面

按键"分段""左移""右移""加一"和"减一"用于输入线路长度和分段线径等数据。当测试完成，而且输入线路长度等数据后，按动"计算"键得出故障距离值。

（三）电桥法测试接线方法

绝缘不良故障分为芯线对地绝缘不良（接地）、同一线对的两个芯线之间绝缘不良（自混）和不同线对之间绝缘不良（他混）等几种情况，接线前必须有一个明确的判断。

我们先以芯线对地绝缘不良的情况为例进行介绍。

（1）测试前最好能把故障点确定在一个最小的区段内，如两个交接箱之间。我们在此区段的一端进行测试，在另一端做接线配合。在此我们把进行测试的一端叫作测试端，另一端叫作配合端。

（2）找出一根对地绝缘电阻较小的芯线（注意：是单根线）作为测试故障线，将其两端的线路或设备断开。

（3）再找出一根对地绝缘良好的芯线（也是单根线）作为测试辅助线，将其两端的线路或设备断开。好线对地绝缘电阻要大于故障线对地绝缘电阻至少 100 倍以上，越大越好。

（4）在配合端将好线和故障线短接（即配合端环路）。

将测试导引线末端的黑色鳄鱼夹接地，蓝色、红色鳄鱼夹分别接好芯线和故障芯线（蓝色、红色鳄鱼夹可以互换，但红色鳄鱼夹和黑色鳄鱼夹要严格区分）。如图 6-24 所示为接地故障接线。

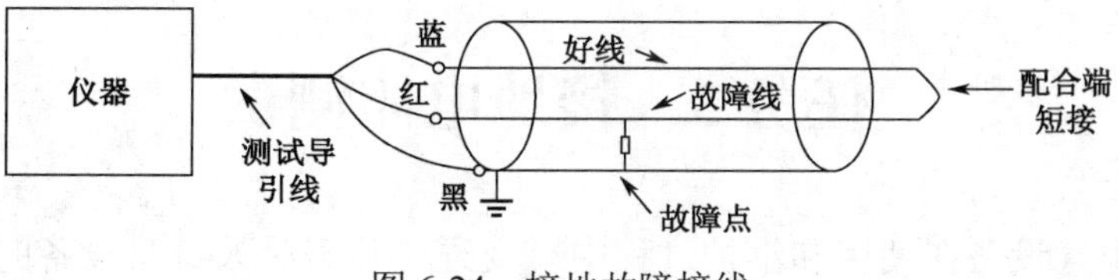

图 6-24 接地故障接线

同一线对的两个芯线之间绝缘不良（自混）和不同线对之间绝缘不良（他混）的接线方法，除了黑色鳄鱼夹接线不同外，其余夹子的接法与前面一致。接线方法如图 6-25 和图 6-26 所示。

在电桥测试接线过程中，故障情况的判断、好线和故障线的选定、芯线在配合端良好短接、三个鳄鱼夹的接线等环节一定不能出差错，否则测试很容易失败。

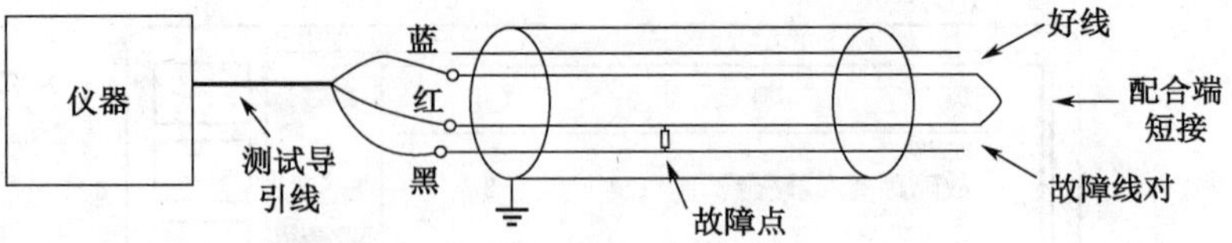

图 6-25　自混故障接线

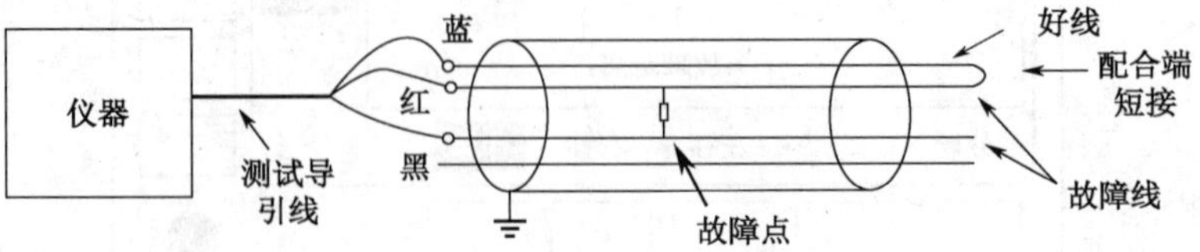

图 6-26　他混故障接线

（四）兆欧表和欧姆表的功能

电桥测试法附带有兆欧表和欧姆表的功能，可以测量线路绝缘电阻和环路电阻。

1．兆欧表功能

在电桥测试界面下，可以用测试导引线的蓝色或红色鳄鱼夹和黑色鳄鱼夹配合进行兆欧表测试。

例如测试某个芯线的对地绝缘电阻，将黑色鳄鱼夹接地（黑色鳄鱼夹接黑色导引线），将蓝色鳄鱼夹接待测芯线，如图 6-27 所示。接好线后按动“手动”键，稍后屏幕最上端显示测试结果。

2．欧姆表的功能

在电桥测试界面下，两个红色鳄鱼夹配合可以测试环路电阻，接线方法如图 6-28 所示。被测试的芯线对的远端一定要短接，蓝色、红色鳄鱼夹分别接两根芯线（蓝色、红色鳄鱼夹可以互换），按动“手动”键，稍后结果显示在屏幕最上部。假如环阻为 1 360Ω，则显示为“绝缘∞　环阻 1 360Ω”。

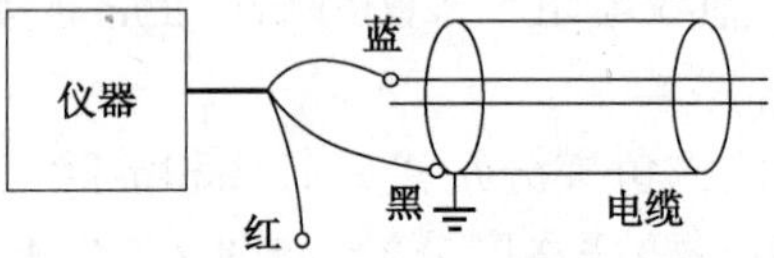

图 6-27　兆欧表接法

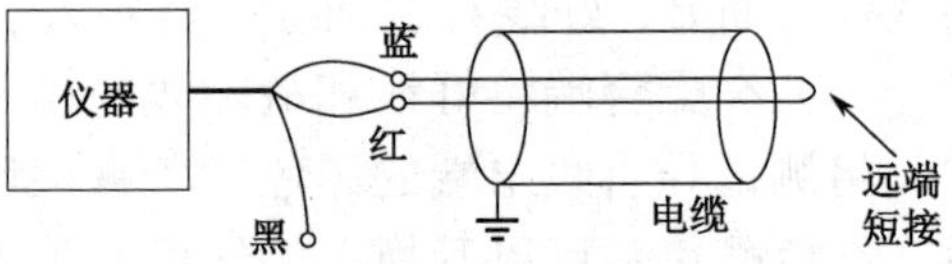

图 6-28　欧姆表接法

任务 3　接地电阻测试

为了保证电气设备在使用和维护过程中以及维修障碍时人身与设备的安全，必须使金属不带电的部分妥善地接地。凡接地设备都有电阻存在，如接地导线、地气棒（接地极）和大地对于所通过的电流均有阻抗。在通信线路的接地电阻中，一般地气棒和接地导线的电阻可略去不计，可认为接地电阻即等于散流电阻。

6.3.1　接地电阻的额定值

（1）架空电缆吊线接地电阻、全塑电缆金属屏蔽层接地电阻如表 6-7 所示。

表 6-7　架空电缆地线的接地电阻标准

土　　质	普 通 土	砂 黏 土	砂　　土	石 质 地
土壤电阻率 ρ/（Ω•m）	100 以下	101～300	301～500	500 以上
接地电阻/Ω	20	30	35	45

（2）电杆避雷线接地电阻如表 6-8 所示。

表 6-8　电杆避雷线接地电阻标准

土　　质	普 通 土	砂 黏 土	砂　　土	石 质 地
土壤电阻率 ρ/（Ω•m）	100 以下	101～300	301～500	500 以上
接地电阻/Ω	80	100	150	200

备注：与 3 000V 以上电力线交叉的杆路，交叉处两边的电杆上的保护地线的接地电阻不大于 25Ω。

3．分线箱地线接地电阻见表 6-9。

表 6-9 分线箱接地电阻标准

土 质	土壤电阻率 ρ/（Ω · m）	分线箱对数		
		10 以下	11～20	21 以上
普通土	100 以下	30	16	13
夹砂土	101～300	40	20	17
砂土	301～500	50	30	24
石质	501 以上	60	37	30

（4）交接设备接地电阻：不大于 10Ω。

（5）用户话机保安器接地电阻：不大于 50Ω。

（6）全塑电缆金属屏蔽层单独做地线时，接地电阻标准如表 6-10 所示。

表 6-10　全塑电缆金属屏蔽层单独做地线时的接地电阻标准

土壤电阻率 ρ/(Ω · m)	土　　质	接地电阻/Ω
100 以下	黑土地、泥炭黄土地、砂质黏土地	20
201～300	夹砂土地	30
301～500	砂土地	35
500 以上	石地	45 *

注：*土壤电阻率大于 500 Ω · m 的地区，经采取措施后仍不能达到表中规定值时，可适当放宽。

（7）全塑电缆防雷保护接地装置的接地电阻要求如表 6-11 所示。

表 6-11　全塑电缆防雷保护接地装置的接地电阻标准

土壤电阻率 ρ/(Ω · m)	接地电阻/Ω
100 以下	≤5
100～300	≤10
301～1 000	≤20
1 000 以上	适当放宽

6.3.2　接地电阻的测试方法

接地电阻不同于普通的电阻，有其组成和结构上的特殊性。接地电阻由三部分构成：

接地引线电阻、接地体电阻、接地体与土壤的接触电阻（散流电阻）。

接地电阻测试仪表一般均采用地阻仪，地阻仪的实物如图 6-29 所示。

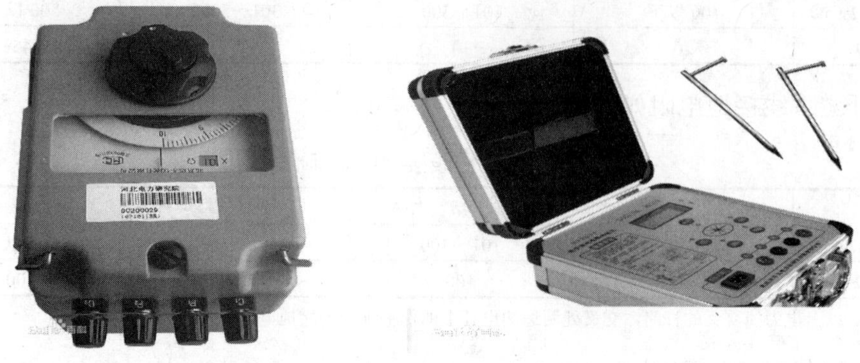

图 6-29　接地电阻测试仪实物

以下接地电阻测试仪表以 ZC-8 型接地电阻测试仪为例介绍。

一、ZC-8 型接地电阻测试仪面板介绍

接地电阻测试仪一般由手摇发电机、电流互感器、检流计等组成，其面板如图 6-30 所示。

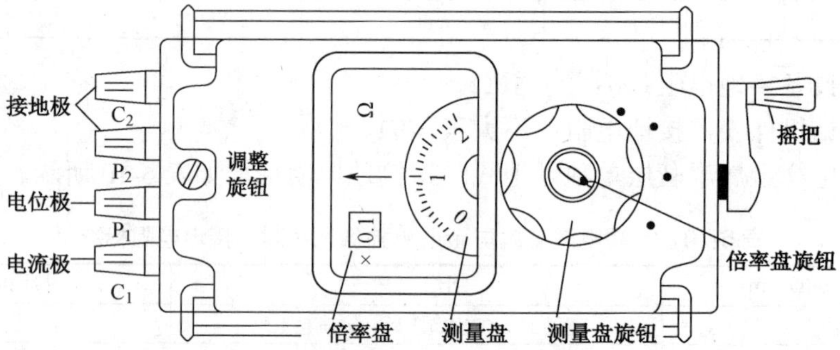

图 6-30　ZC-8 型接地电阻测试仪面板结构

二、接地电阻测试仪按钮介绍

接线端钮：接地极（C_2、P_2）、电位极（P_1）、电流极（C_1）、用于连接相应的探测针。
调整旋钮：用于检流计指针调零。
倍率盘：显示测试倍率，×0.1、×1、×10。
测量盘：测试标度所测接地电阻阻值。
测量盘旋钮：用于测试中调节旋钮，使检流计指针指于中心线。
倍率盘旋钮：调节测试倍率。
发电机摇把：手摇发电，为地阻仪提供测试电源。

三、接地电阻测试仪使用方法

（1）按图 6-31 所示连接好测试电路。

（2）沿被测接地体（棒或板）按表 6-12 所示的距离，依直线方式埋设辅助电极。

表 6-12　辅助电极埋设距离

接地体形状		Y/m	Z/m
棒　与　板	L≤4m	≥20	≥20
	L>4m	≥5 倍 L	≥40
沿地面呈带状或网状	L>4m	≥6 倍 L	≥40

如所测地气棒埋深 2m，则按表中小于 4m 规定做，依直线丈量 20m 处，埋设一根地气棒为电位极（P_1 或 P），再续量 20m，埋设第二根地气棒为电流极（C_1 或 C），如图 6-31 所示。

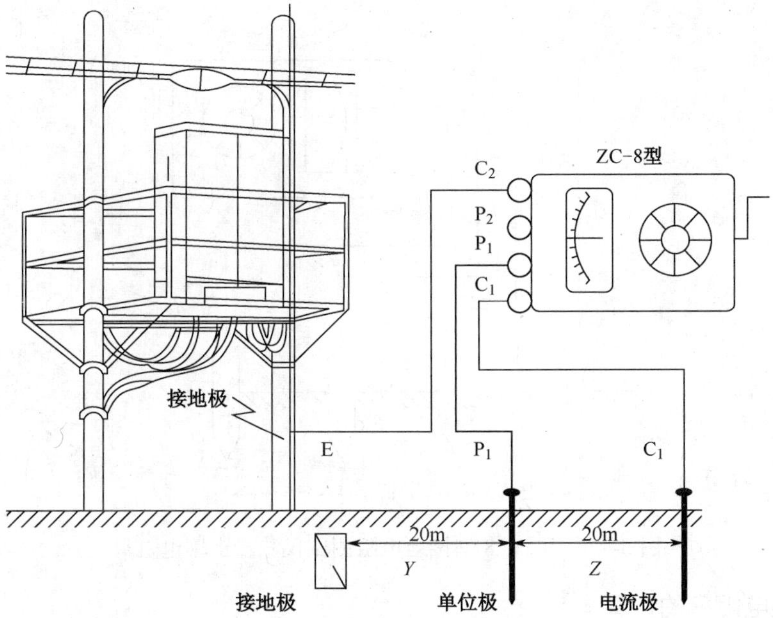

图 6-31　测接地电阻连接电路

（3）连接测试导线。用 5m 导线连接 E（P_2）端子与接地体，电位极用 20m 导线接至 P_1 端子上，电流极用 40m 导线接 C_1 端子上。

（4）将表放平，检查表针是否指零位，否则应调节到“0”位。

（5）调节倍率盘到某数位置，如 ×0.1、×1、×10。

（6）右手以 120r/min 的速度摇动发电机，同时左手转动测量盘使表针稳定在“零”位上不动为止，此时，测量盘所指的刻度读数，乘以倍率读数，即为被测电阻值。

被测电阻值（Ω）=测量盘所指数值×倍率盘所指数值

注意：

①当检流表的灵敏度过高时，可将 P（电位极）地气棒插入土壤中浅一些。当检流表的灵敏度过低时，可在 P 棒周围浇上一点儿水，使土壤湿润。但应注意，不能浇水太多，使土壤湿度过大，这样会造成测量误差。

②当有雷电的时候或被测物带电时，应严格禁止进行测量工作。

6.3.3　土壤电阻率的测试方法

大地与各种各样的金属导体一样，具有各种不同的导电性能，这种性能的不同就是通过土壤电阻率来表示的。土壤电阻率不同其对应的接地电阻定额不同，因此有必要测试土壤电阻率。

一、连接电路

具有四个端子的接地电阻测量仪（如 ZC-8）可以测量大地电阻率。在被测地段将四个极棒以等距离排列在一条直线上打入地中，极棒的埋深为极棒间距的 1/20，将极棒按顺序连至仪表的相应端子上，并打开 C_2P_2 之间的连接片，即可测量。其操作方法与上述相同，如图 6-32 所示。

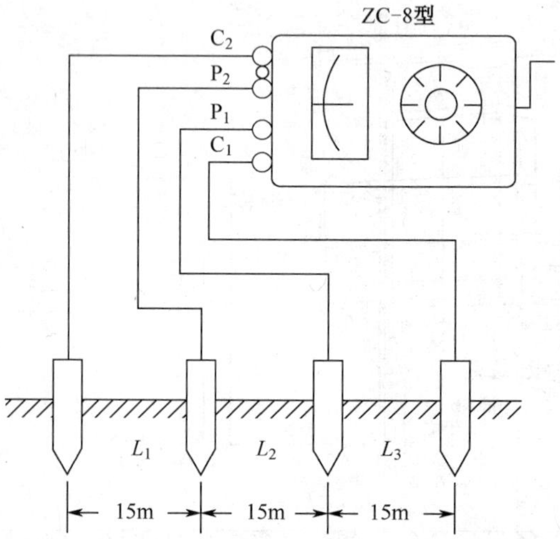

图 6-32　用 ZC-8 型接地电阻测试仪测量土壤电阻率

二、土壤电阻率的计算

$$\rho=2\pi AR\ (\Omega\cdot m) \tag{6-8}$$

式中：A——相邻极棒间的距离，如图 6-32 中的 L_1、L_2、L_3，m；

R——仪表读数，Ω。

三、注意事项

（1）当检流计的灵敏度过高时，可将电位探测棒插入土壤中浅一些。当检流计灵敏度不够时，可沿电位探测棒和电流探测棒注水使其湿润。

（2）当接地电极 E 和电流探测棒 C_1 之间的距离大于 20m，电位探测棒 P_1 的位置插在离开 E、C_1 之间的直线几米以外时，其测量误差可以不计。但 E 和 C_1 间的距离小于 20m 时，则应将电位探测棒 P_1 正确地插在 E 和 C_1 的直线中间。

任务 4　通信光缆线路测试

6.4.1　通信光缆线路测试类型及测试项目

通信光缆线路测试类型有光缆线路工程测试和光缆线路维护测试。

一、光缆线路工程测试

光缆线路工程测试是指在工程建设阶段内对单盘光缆和中继段光缆进行的性能指标检测。

（一）单盘测试

单盘测试是单盘检验的组成部分。单盘测试是对运输到现场的光缆传输、技术特性进行检验，以确定运输到分屯点上的光缆是否达到设计文件的要求。

（二）竣工测试（中继段测试）

光缆线路工程竣工测试又称为光缆的中继段测试，这是光缆线路施工过程中较为关键的一项工序。竣工测试是从光电特性方面全面地测量、检查线路的传输指标。

竣工测试还应包括光缆线路工程的竣工验收。

通信光缆线路工程测试项目如表 6-13 所示。

表 6-13　通信光缆线路工程测试项目

单盘测试项目		竣工测试项目	
光　特　性	电　特　性	光　特　性	电　特　性
单盘光缆衰减	单盘直流特性	中继段光缆衰减	中继段直流特性
单盘光缆长度	单盘绝缘特性	中继段光缆长度	中继段绝缘特性
单盘光缆背向曲线	单盘耐压特性	中继段光缆背向曲线	中继段耐压特性
			中继段接地电阻

二、光缆线路维护测试

通过对光缆线路的光电特性测试，可以了解光缆的工作状态，掌握光缆线路实际运行状况，正确判断可能发生障碍的位置和时间，为光缆线路提供可靠的技术资料。

光缆线路具体的维护项目见表 6-4。

6.4.2　光纤损耗测试

光纤损耗测试是光缆施工和维护过程中必不可少而且是衡量传输质量的一个重要测试项目，本节就光纤损耗的测试方法及所用仪表具体讲解。

一、光纤衰减的概念

光波在光纤中传输，随着传输距离的增加，而光功率强度逐渐减弱，光纤对光波产生衰减作用，称为光纤的损耗（或衰减），不同波长的光信号衰减是不同的。

损耗一般用损耗系数 α 表示，假设被测光纤输入点的光功率为 $P_{\mathrm{i}}(\lambda)$，输出点的光功率为 $P_{\mathrm{o}}(\lambda)$，被测光纤长度为 L，光纤损耗用 A 表示，则有

$$A = 10\lg\frac{P_{\mathrm{i}}(\lambda)}{P_{\mathrm{o}}(\lambda)}\ \ (\mathrm{dB}) \tag{6-9}$$

则损耗系数 α 为

$$\alpha = \frac{A}{L}(\mathrm{dB/km}) \tag{6-10}$$

损耗大小影响光纤的传输距离长短和中继距离的选择。

二、光纤损耗测量方法

（一）插入法（也称为介入法）

插入法是将被测光纤插入到光发送设备与光接收设备之间的测试方法。其测试原理如下：

发射端光源发出的光信号功率注入到一段跳线，跳线的另一端与光功率计相接，此时光功率计的读数计为 P_1。保持光源不变，在光源与光功率计间连接被测光纤（长度为 L），此时光功率计的读数计为 P_2。依据 P_1、P_2 的差值可得出被测光纤的损耗值 A，根据被测光纤的长度可得到损耗系数 α。

测试示意图如图 6-33 所示。

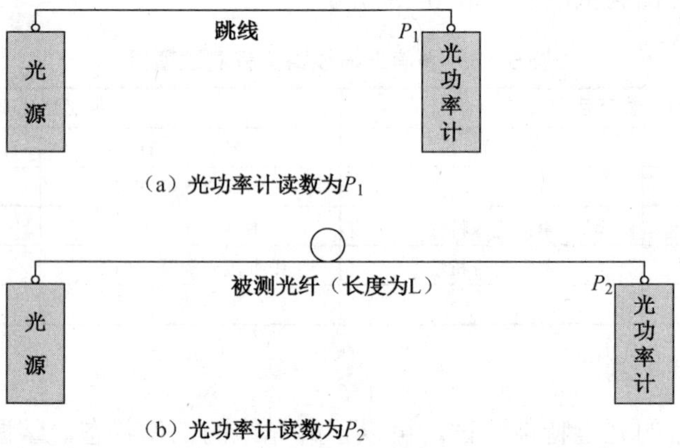

图 6-33　插入法测试

在光源不变的前提下，根据前后两次测得的 P_1 和 P_2，被测光纤的损耗为

$$A=P_1-P_2\ (\text{dB}) \tag{6-11}$$

被测光纤的损耗系数为

$$\alpha=A/L\ (\text{dB/km}) \tag{6-12}$$

这种测试方法操作简便，适合日常维护时使用。

（二）背向散射法（也称为后向散射法）

在光缆线路的维护、施工中，采用背向散射法可测量光纤的插入损耗、反射损耗、光纤链路损耗、光纤的长度以及光缆故障点定位，背向散射法既可用于单盘检验，也可用于中继段测试。所用测量仪器称为光时域反射仪，简写为 OTDR（Optical Time Domain Reflectometer）。OTDR 具有功能多、体积小、操作简便、可重复测量且不需要其他仪表配合等特点，OTDR 是光缆线路工程施工和维护中常用的光纤测试仪表。

1. OTDR 原理

（1）光学原理

在被测光纤的输入端射入光脉冲，这个光窄脉冲在光纤内传输时，由于光纤内部的不均匀性将产生瑞利散射（当然遇到光纤的接头及断点将产生更强烈的反射）。瑞利散射光向各个方向散射，其中一部分的方向与入射方向相反，沿着光纤返回到入射端，这部分散射光称为背向散射光，如图 6-34 所示。

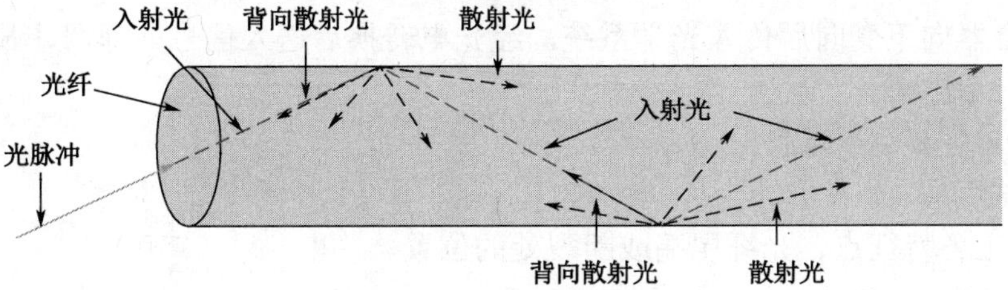

图 6-34　背向散射光的产生

另外，当光脉冲遇到裂纹或其他缺陷时，也有一部分光因反射而返回到入射端，如图 6-35 所示，图中的反射光即指菲涅尔反射，而且反射信号比散射信号强得多。能够产生菲涅尔反射的点大体包括机械固定接头、光纤连接器（用于光纤与光纤之间或光纤与仪表之间的活动连接）、光纤裂纹、光纤终点等。

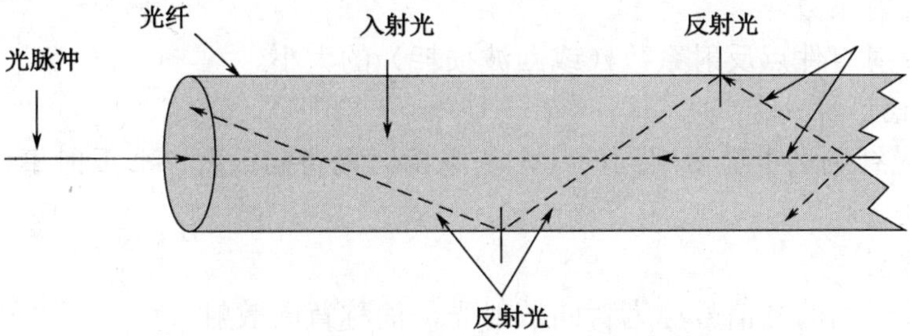

图 6-35　光脉冲遇到光纤缺陷的菲涅尔反射

这些返回到入射端的光信号将光纤上各点的“信息”送回了输入端，包含损耗信息，经过适当的耦合、探测和处理，就可以分析到光脉冲所到之处的光纤损耗特性。

（2）工作原理

OTDR 仪表主要是由脉冲发生器、光源、光定向耦合器、光纤连接器、光检测器、放大器、信号处理、显示器等几部分组成，如图 6-36 所示。

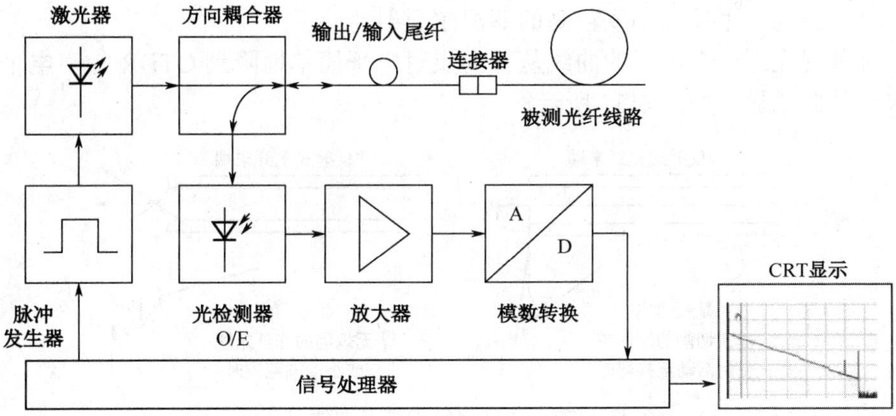

图 6-36　OTDR 原理

框图说明：由光源发出的光波经光学系统、方向耦合器、光纤活动连接器后注入被测光纤，此时在光纤活动连接器处产生一个菲涅尔反射，光波继续前传，在传输过程中不断产生瑞利散射，在光纤终结处又产生一个菲涅尔反射。菲涅尔反射和瑞利散射返回的反射光经方向耦合器向下变向后传入光学系统，经光电转换后送入信号处理器，最后经处理后在示波器上显示出来。

2．OTDR 主要测试项目

（1）测试距离

① 光纤上各特征点、光纤尾端或断裂处的位置。

② 光纤长度。

（2）测试损耗

① 单个熔接点衰耗。

② 微弯损耗。

③ 整根光纤端到端的总衰耗。

④ 光纤的平均损耗。

（3）测试反射系数

连接器等反射事件点反射系数（或回波损耗）的大小。

3．基本术语

在 OTDR 光纤测试中经常用到的几个基本术语为背向散射、非反射事件、反射事件、光纤尾端和盲区

（1）背向散射

光纤自身反射回的光信号称为背向散射光，简称背向散射。

（2）非反射事件

光纤中的熔接头和微弯都会带来损耗，但不会引起反射。由于它们的反射较小，所以称之为非反射事件。

（3）反射事件

活动连接器、机械接头和光纤中的断裂点都会引起损耗和反射，我们把这种反射幅度较大的事件称为反射事件。

（4）光纤末端

第一种情况为一个反射幅度较高的菲涅尔反射。

第二种情况光纤末端显示的曲线从背向反射电平简单地降到 OTDR 噪声电平以下。两种光纤末端及曲线显示如图 6-37 所示。

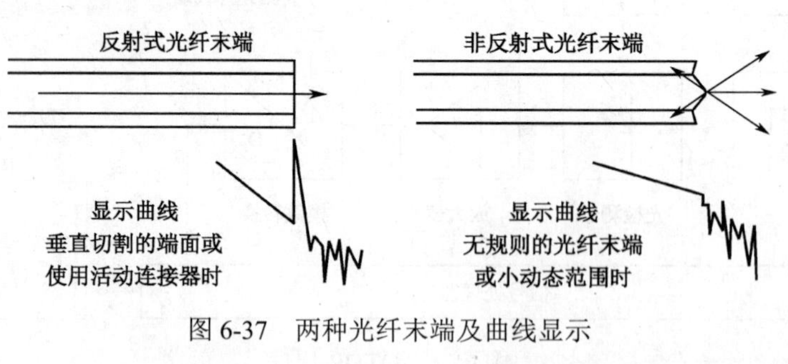

图 6-37　两种光纤末端及曲线显示

（5）盲区

将由活动连接器和机械接头等点产生反射（菲涅尔反射）引起 OTDR 接收端饱和而带来的一系列“盲点”称为盲区。

4．OTDR 测试事件类型及显示

OTDR 测试事件类型及显示如图 6-38 所示。

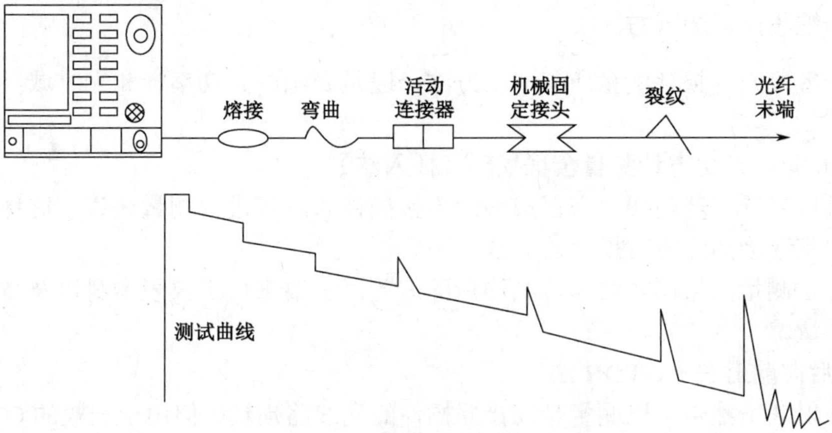

图 6-38 OTDR 测试事件类型及显示

6.4.3 光缆中继段测试（竣工测试）

光缆竣工测试项目在 6.4.1 节有介绍，在此不重述。中继段光纤传输特性的测试主要是对光缆线路的损耗进行测量，本节主要讲述中继段损耗的测试方法。

一、中继段损耗构成

中继段光纤线路损耗构成如图 6-39 所示。

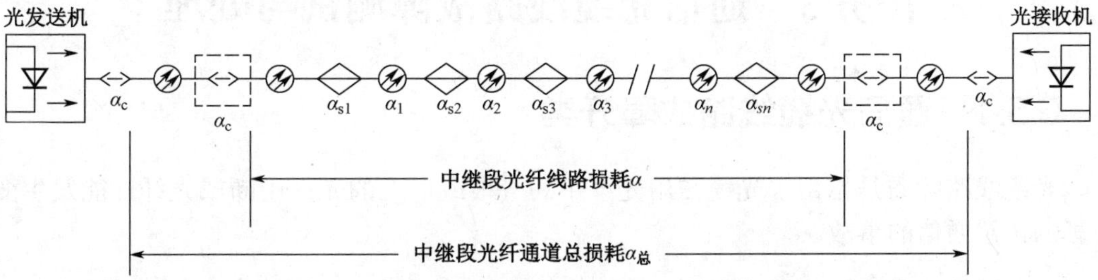

图 6-39 中继段光纤线路损耗构成

可将一个单元光缆段中的总衰减定义为

$$\alpha_{总}=\sum_{n=1}^{m}\alpha_n L_n+\alpha_s X+\alpha_c Y\ (\mathrm{dB}) \tag{6-13}$$

式中：α_n——中继段中第 n 根光纤的衰减系数，dB/km；

L_n——中继段中第 n 根光纤的长度，km；

α_s——为固定接头的平均损耗，dB；

X——中继段中固定接头的数量；

α_c——连接器的平均插入损耗，dB；

Y——中继段连接器的数量（光发送机至光接收机数字配线架（ODF）间的活接头）。

图 6-39 所示的中继段光纤线路损耗 α 是指中继段两端 ODF 架外侧连接插件之间的损耗，包括光纤的衰减和固定接头的损耗。

二、中继段损耗测试方法

目前中继段光纤损耗测量所采取的方法一般是光源、光功率计和光时域反射仪相结合的方法。

（一）光源、光功率计测量全程损耗（插入法）

从中继段光纤损耗是要求在已成端的连接插件状态下进行测量来说，这种插入法是唯一能够反映带连接插件线路损耗的测量方法。

这种方法测量结果比较可靠，其测量的偏差，主要来自于仪表本身以及被测线路连接器插件的质量。

（二）后向散射法（OTDR 法）

后向散射法虽然也可以测量带连接器插件的光线路损耗，但由于一般的 OTDR 都有盲区，使近端光纤连接器介入损耗、成端连接点接头损耗无法反映在测量值中。同样，对成端的连接器尾纤的连接损耗由于离尾部太近也无法定量显示。因此 OTDR 测量值实际上是未包括连接器在内的线路损耗。

以上两种测试方法各有利弊，前者比较准确，但不直观；后者能够提供整个线路的后向散射信号曲线，但反映的数据不是线路损耗的确切值。如果两种方法相结合则能既真实又直观地反映光纤线路全程损耗情况。这种测试方法在目前的光缆施工中应用较为广泛。

任务 5　通信光缆线路故障测试与处理

6.5.1　通信光缆线路故障分类

光缆线路障碍是指由于光缆在用光纤中的一根或以上的光纤中断或光纤性能发生变化而影响正常通信的事故。

一、通信光缆线路故障的类型

根据故障光缆光纤阻断情况，可将故障类型分为光缆全断、部分束管中断、单束管中的部分光纤中断三种。

（一）光缆全断

如果现场两侧有预留，采取集中预留，增加一个接头的方式处理。故障点附近有接头并且现场有足够的预留，采取拉预留，利用原接头的方式处理。故障点附近既无预留又无接头，宜采用续缆的方式解决。

（二）光缆中的部分束管中断或单束管中的部分光纤中断

其修复以不影响其他在用光纤为前提，推荐采用开天窗接续方法进行故障光纤修复。

二、造成光缆线路故障的原因分析

引起光缆线路故障的原因大致可以分为四类：外力因素、自然灾害、光缆自身缺陷及人为因素。

（一）外力因素引发的线路故障

1．外力挖掘

处理挖掘机施工挖断的故障，管道光缆因打开故障点附近人手井查看光缆是否在人手井内受损，并双向测试中断光缆。

2．车辆挂断

处理车挂故障时，应首先对故障点光缆进行双向测试，确认光缆阻断处数，然后再有针对性地处理。

3．枪击

这类故障一般不会使所有光纤中断，而是部分光缆部位或光纤损坏，但这类故障查找起来比较困难。

（二）自然灾害原因造成的线路故障

鼠咬与鸟啄、火灾、洪水、大风、冰凌、雷击、电击造成的故障。

（三）光纤自身原因造成的线路故障

1．自然断纤

由于光纤是由玻璃、塑料纤维拉制而成的，所以比较脆弱，随着时间的推移会产生静态疲劳，光纤逐渐老化导致自然断纤。或者是接头盒进水，导致光纤损耗增大，甚至发生断纤。

2．环境温度的影响

温度过低会导致接头盒内进水结冰，光缆护套纵向收缩，对光纤施加压力产生微弯使衰减增大或光纤中断。温度过高，又容易使光缆保护套及其他保护材料损坏影响光纤特性。

（四）人为因素引发的线路故障

1．施工故障

技术人员在维修、安装和其他活动中引起的人为故障。例如，在光纤接续时，光纤被划伤，光纤弯曲半径太小；在割接光缆时错误地切断正在运行的光缆；光纤接续时接续不牢，接头盒封装时加强芯固定不紧等造成的断纤。

2．偷盗

犯罪分子盗割光缆，造成光缆阻断。

3．破坏

人为蓄意破坏，造成光缆阻断。

6.5.2　通信光缆线路故障处理流程

一、通信光缆线路故障的处理原则

当通信发生故障时，以优先代通在用系统为目的，以压缩故障历时为根本，不分白天黑夜，不分天气好坏，不分维护界限，用最快的方法临时抢通在用传输系统。

在发生个别光纤断裂且由备用光纤调通时，应尽可能采用不中断电路的修复方法。

光缆线路发生障碍，临时抢通后系统恢复正常，至最终按要求完全恢复。在临时抢通到正式恢复的倒换中，不应造成再次中断。

故障处理的总原则是先抢通，后修复；先核心，后边缘；先本端，后对端；先网内，后网外，分故障等级进行处理。当两个以上的故障同时发生时，对重大故障予以优先处理。线路障碍未排除之前，查修不得中止。

二、光缆线路故障修复流程

（一）故障发生后的处理

不同类型的线路故障，处理的侧重点不同。

（1）同路由有光缆可代通的全阻故障。

机房值班人员应该在第一时间按照应急预案，用其他良好的纤芯代通阻断光纤上的业务，然后再尽快修复故障光纤。

（2）没有光纤可代通的全阻故障，按照应急预案实施抢代通或障碍点的直接修复进行，抢代通或修复时应遵循“先重要电路、后次要电路”的原则。

（3）光缆出现非全阻，有剩余光纤可用。用空余光纤或同路由其他光缆代通故障光纤上的业务。如果故障光纤较多，空余光纤不够，又没有其他同路由光缆，可牺牲次要线路代通重要线路，然后采用不中断线路的方法对故障光纤进行修复。

（4）光缆出现非全阻，无剩余光纤或同路由光缆。如果阻断的光纤开设的是重要线路，应用其他非重要线路光纤代通阻断光纤，用不中断割接的方法对故障光纤进行紧急修复。

（5）传输质量不稳定，系统时好时坏。如果有可代通的空余光纤或其他同路由光缆，可将该光纤上的业务调到其他光纤。查明传输质量下降的原因，有针对性地进行处理。

（二）故障定位

如确定是光缆线路故障，则应迅速判断故障发生在哪个中继段内和故障的具体情况，详细询问网管机房。再根据判断结果，立即通知相关的线路维护单位测判故障点。

（三）抢修准备

线路维护单位接到故障通知后，应迅速将抢修工具、仪表及器材等装车出发，同时通知相关的维护线务员到附近地段查找原因、故障点。光缆线路抢修准备时间应按规定执行。

（四）建立通信联络系统

抢修人员到达故障点后，应立即与传输机房建立起通信联络系统。

（五）抢修的组织和指挥

光缆线路故障的抢修由机务部门作为业务领导，在抢修期间密切关注现场的抢修情况，做好配合工作，抢修现场由光缆线路维护单位的领导担任指挥。

在测试故障点的同时，抢修现场应指定专人（一般为光缆线务员）组织开挖人员待命，并安排好后勤服务工作。

（六）光缆线路的抢修

当找到故障点后，一般应使用应急光缆或其他应急措施，首先将主用光纤通道抢通，迅速恢复通信。观察分析现场情况，做好记录，必要时进行拍照，报告公安机关。

（七）业务恢复

现场光缆抢修完毕后，应及时通知机房进行测试，验证可用后，尽快恢复通信。

（八）抢修后的现场处理

在抢修工作结束后，清点工具、器材，整理测试数据，填写有关登记，对现场进行处理，并留守一定数量的人员，保护抢代通现场。

（九）线路资料更新

修复工作结束后，整理测试数据，填写有关的表格，及时更新线路资料，总结抢修情况，报告上级主管部门。

光缆线路故障抢修的一般程序如图 6-40 所示。

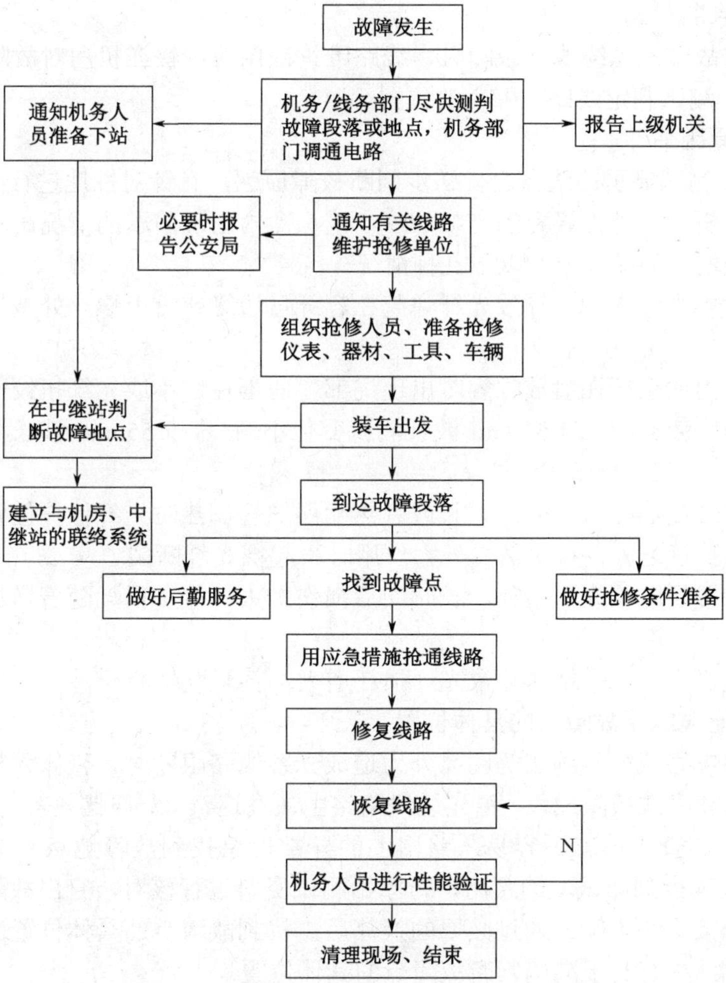

图 6-40 光缆线路故障抢修的一般程序

6.5.3 通信光缆故障点的处理与修复

一、故障现象

常见故障现象及可能原因分析如表 6-14 所示。

表 6-14　常见故障现象及故障的可能原因

故障现象	故障的可能原因
一根或几根光纤原接续点损耗增大、断纤	原接头盒内发生问题
一根或几根光纤衰减曲线出现台阶	光缆受机械力扭伤，部分光纤受力但尚未断开
原接续点衰减台阶水平拉长	在原接续点附近出现断纤故障
光纤全部阻断	光缆受外力影响挖断、炸断或塌方拉断

二、通信光缆故障点的处理与修复

（一）距离判断

当机房判定故障是光缆线路故障时，线路维护部门应尽快在机房对故障光缆线路进行测试，用 OTDR 测试判定线路故障点的位置。

（二）可能原因估计

根据 OTDR 测试显示曲线情况，初步判断故障原因，有针对性地进行故障处理。

根据故障分析，非外力导致的光缆故障，接头盒内出现问题的情况比较多，导致接头盒内断纤或衰减增大的原因分为以下几种情况。

（1）容纤盘内光纤松动，导致光纤弹起在容纤盘边缘或盘上螺丝处被挤压，严重时会压伤、压断光纤。

（2）接头盒内的余纤在盘放收容时出现局部弯曲半径过小或光纤扭绞严重，产生较大的弯曲损耗和静态疲劳，在 1 310nm 波长测试变化不明显，1 550nm 波长测试接头损耗显著增大。

（3）制作光纤端面时，裸光纤太长或者热缩保护管加热时光纤保护位置不当，造成一部分裸光纤在保护管之外，接头盒受外力作用时引起裸光纤断裂。

（4）剥除涂覆层时裸光纤受伤，长时间后损伤扩大，接头损耗随着增加，严重时会造成断纤。

（5）接头盒进水，冬季结冰导致光纤损耗增大，甚至发生断纤。

（三）查找光缆线路故障点的具体位置

当遇到自然灾害或外界施工等明显外力造成光缆线路阻断时，查修人员根据测试人员提供的故障现象和大致故障地段，沿光缆线路路由认真巡查，一般比较容易找到故障地点。如非上述情况，巡查人员就不容易从路由上的异常现象找到故障地点。这时，必须根据 OTDR 测出的故障点到测试端的距离，与原始测试资料进行核对，查出故障点是在哪两个标石（或哪两个接头）之间，通过必要的换算后，找到故障点的具体位置。如有条件，可以进行双向测试，更有利于准确判断故障点的具体位置。

（四）影响光缆线路障碍点准确判断的主要原因

1．OTDR 存在固有偏差

OTDR 固有偏差主要反映在距离分辨率上，不同的测试距离偏差不同，在 150km 测试范围时，测试误差达±40m。

2．测试仪表操作不当产生的误差

在光缆故障定位测试时，OTDR 使用的正确性与障碍测试的准确性直接相关。例如仪表参数设定不当或游标设置不准等因素都将导致测试结果的误差。

（1）设定仪表的折射率偏差产生的误差

$$\Delta L=\frac{n-n'}{n'}L' \tag{6-14}$$

式中：ΔL——折射率误差引起的长度相对误差；

n ——实际折射率；

n'——测试折射率；

L'——测试长度。

由上述公式可以算出，折射率每偏差 0.001，则可以引起 1km 光纤大约 0.7m 的测试误差，即 0.7m/km 的误差。

实际测试时很难从厂家获取准确的折射率，一般对于 G.652 单模光纤，在 1 310nm 波长下一般可取 1.468 0，在 1 550nm 波长下一般可取 1.468 5。

（2）量程范围选择不当

OTDR 仪表测试距离分辨率为 1m 时，它是指图形放大到水平刻度为 25m/格时才能实现。仪表设计是以光标每移动 25 步为 1 满格。在这种情况下，光标每移动一步，即表示移动 1 米的距离，所以读出分辨率为 1m。如果水平刻度选择 2km/每格，则光标每移动一步，距离就会偏移 80m。由此可见，测试时选择的量程范围越大，测试结果的偏差就越大。

（3）游标位置放置不当

光纤活动连接器、机械接头和光纤中的断裂都会引起损耗和反射，光纤末端的破裂端面由于末端端面的不规则性会产生各种菲涅尔反射峰或者不产生菲涅尔反射。如果光标设置不够准确，也会产生一定的误差。

3．计算误差

OTDR 测出的故障点距离只能是光纤的长度，不能直接得到光缆的皮长及测试点到障碍点的地面距离，必须通过计算才能求得，而在计算中由于取值不可能与实际完全相符或对所使用光缆的绞缩率不清楚，也会产生一定的误差。

4．光缆线路竣工资料不准确造成的误差

由于在线路施工中没有注意积累资料或记录的资料可信度较低，都使线路竣工资料与实际不相符，依据这样的资料，不可能准确地测定出障碍点。

譬如，光缆接续时接头盒内余纤的盘留长度、各种特殊点的光缆盘留长度以及光缆随地形的起伏变化等，这些因素的准确性直接影响着障碍点的定位精度。

（五）提高光缆线路故障定位准确性的方法

1．正确、熟练掌握仪表的使用方法

准确设置 OTDR 的参数，选择适当的测试范围挡，应用仪表的放大功能，将游标准确放置于相应的拐点上，如故障点的拐点、光纤始端点和光纤末端拐点，这样就可得到比较准确的测试结果。

2．建立完整、准确的线路资料

准确、完整的光缆线路资料是障碍测量、判定的基本依据。因此，必须重视线路资料的收集、整理和核对工作，建立起真实、可信和完整的线路资料。

（1）标石（杆号）—纤长（缆长）对照表。光缆施工过程中，随工验收人员应该详细记录每个标石（或光缆余留处杆号）对应的光缆皮长，并以此数据为基础，计算出各标石（或光缆余留处杆号）之间光缆皮长及端站 ODF 架尾纤至各标石（杆号）的累计长度，填入“标石（杆号）—纤长（缆长）对照表”，作为换算故障点路由长度的原始资料。

（2）“光纤长度累计”及“光纤衰减”记录。在光缆连续监测时，将测试端至每个接续盒点的光纤累计长度及中继段光纤总衰减值填入光缆线路维护图。同时，也应将测试仪表型号，测试时折射率的设定值及被测光纤序号进行登记。

在建立“光纤长度累计”资料时，应从两端分别测出端站至各接头的距离，为了测试结果准确，测试时可根据情况采用过渡光纤。随工验收人员收集记录各种预留长度，登记得越仔细，障碍判定的误差就越小。

建立线路资料不仅包括线路施工中的许多数据、竣工技术文件、图纸、测试记录和中继段光纤后向散射信号曲线图片等，还应保留光缆出厂时厂家提供的光缆及光纤的一些原始数据资料（如光缆的绞缩率、光纤的折射率等），这些资料是日后障碍测试时的基础和对比依据。

3．进行正确的换算

要准确判断故障点的位置，还必须把测试的光纤长度换算为测试端（或某接头点）至故障点的地面长度。

测试端到故障点的地面长度可由下式计算，长度单位为 m：

$$L=\frac{(L_1-\Sigma L_2)\div(1+\rho)-\Sigma L_3-\Sigma L_4-\Sigma L_5}{1+\alpha} \tag{6-15}$$

式中：L——测试端至故障点的地面长度；

L_1——OTDR 测出的测试端站（或中继站）至障碍点的光纤长度，n 为测试端至障碍点之间的接头数量；

L_2——每个接续盒内两端盘留的光纤总长度；

L_3——每个接续处两端盘留的光缆总长度；

L_4——测试端至障碍点之间光缆各种盘留长度之和（不包含接续处的光缆盘留）；

L_5——测试端至障碍点之间光缆不规则敷设（比如 S 形）所增加的长度之和；

α——光缆敷设时的自然弯曲率（管道敷设或架空敷设方式可取值 0.5%，直埋敷设方式可取值 0。7%～1%）；

ρ——该光缆的绞缩率，因光缆结构不同而异，可用同型号的备用光缆进行测试，也有的厂家提供该项指标。

$$\rho=\frac{S_a-S_b}{S_b} \tag{6-16}$$

S_a——单盘光缆的测试纤长；

S_b——单盘光缆标记的皮长尺码长度。计算 ρ 值时可多测量几盘光缆再取其平均值。

4．保持障碍测试与资料上测试条件的一致性

故障测试时应尽量保持测试仪表的信号、操作方法及仪表参数设置的一致性。因为光学仪表十分精密，如果有差异，就会直接影响到测试的准确度，从而导致两次测试本身的差异，使测试结果没有可比性。因此每次测试所用仪表型号、测试参数的设置都要做详细记录，便于以后对比。

5．灵活测试，综合分析

一般情况下，可在光缆线路两端进行双向故障测试，并结合原始资料，计算出故障点的位置。再将两个方向的测试和计算结果进行综合分析、比较，以使故障点的具体位置的

判断更加准确。当障碍点附近路由上没有明显特点，具体障碍点现场无法确定时，也可采用在就近接头处测量等方法，或者在初步测试的障碍点处开挖，端站的测试仪表处于实时测量状态，随时发现曲线的变化，从而找到准确的光纤故障点。

三、光缆故障判断和处理时应该注意的事项

（一）故障查修时需要注意的事项

（1）当省界或两维护单位交界处的长途光缆线路发生故障时，相邻的两个维护单位应同时出查、进行抢修。

（2）各级光缆线路维护单位应准确掌握所属光缆线路资料。熟练掌握光缆线路障碍点的测试方法，能准确地分析确定障碍点的位置。经常保持一定的抢修力量，并熟练掌握线路抢修作业程序和抢代通器材的使用。

（3）光缆维护人员应熟悉光缆线路资料，熟练掌握线路抢修作业程序、障碍测试方法和光缆接续技术，加强抢修车辆管理，随时做好抢修准备。

抢修用专用器材、工具、仪表、机具以及交通车辆，必须相对集中，并列出清单，随时做好准备，一般不得外借和挪用。

（二）处理过程中需要注意的事项

（1）光缆线路抢修过程中，应注意仪表、器材的操作使用安全，进行光纤故障测试前，被测光纤与对端的光端机断开物理连接。

（2）故障一旦排除并经严格测试合格后，立即通知机务部门对光缆的传输质量进行验证，尽快恢复通信。

（3）认真做好故障查修记录。故障排除后，线路维护部门应按照相关的规定及时组织相关的人员对故障的原因进行分析，整理技术资料并上报。总结经验教训，提出改进措施。

（4）介入或更换光缆时，应采用与故障光缆同一厂家同一型号的光缆，并要尽可能减少光缆接头和尽量减少光纤接续损耗。处理故障中所介入或更换的光缆，其长度一般应不小于 200m，且尽可能采用同一厂家、同一型号的光缆，单模光纤的平均接头损耗应不大于 0.1dB/个。故障处理后和迁改后光缆的弯曲半径应不小于 15 倍缆径。

6.5.4 OTDR 曲线分析方法

OTDR 是光缆工程施工和光缆线路维护工作中最重要的测试仪器，它能将长 100 多千米光纤的完好情况和故障状态以一定的斜率直线或曲线的形式清晰地显示在几英寸的液晶屏上，根据事件表的数据能迅速地查找确定故障点的位置。目前 OTDR 型号种类繁多，操作方式也各不相同，但其工作原理是一致的。在光纤线路的测试中，应尽量保持使用同一块仪表进行某条线路的测试，各次测试时主要参数值的设置也应保持一致，这样可以减少测试误差，便于和上次的测试结果比较。为了保障测试数据的准确性，在测试中还需注意以下几方面。

一、测试参数设置

（一）波长选择

根据需要选择 1 310nm 或 1 550nm。在系统开通前进行光纤测试时，选择波长应当与所开通系统采用的波长一致。

波长越长，瑞利散射的光功率就越弱，所以 1 310nm 的脉冲产生的瑞利散射的轨迹图样要比 1 550nm 产生的图样要高。

进行全程光纤背向散射信号曲线测试，宜选 1 550nm 波长。两种波长测得的光纤长度、接头损耗值基本一样，但 1 550nm 波长更容易发现光纤线路上是否存在弯曲过度的情况。

如何判断弯曲过度情况呢？当选择 1 550nm 波长发现曲线某处有较大台阶时，再用 1 310nm 波长复测。若在 1 310nm 波长下损耗台阶消失，说明该处存在弯曲过度情况。

（二）脉宽

脉宽越长，动态测量范围越大，测量距离更长，但在 OTDR 曲线波形中产生盲区更大，短脉冲注入光平低，但可减小盲区。脉宽周期通常以 ns 来表示。一般 10km 以下选用 100ns、300ns，10km 以上选用 300ns、1μs。

（三）量程范围

OTDR 量程范围是指 OTDR 获取数据取样的最大距离，即 OTDR 横坐标能达到的最大距离。对量程的选取其实就是对测试采样起始和终止时间的选取。测量时选取适当的量程可以生成比较全面的轨迹图，对有效的分析光纤的特性有很好的帮助。最佳测量范围为待测光纤长度 1.5～2 倍距离。

进行光纤特性详细分析时（如备纤测试），建议选取量程应是被测光纤长度的 1.5 倍比较合适，即使背向散射曲线大约占到 OTDR 显示屏的 70%，不论是对长度还是损耗进行测试都能得到较好的结果。

进行故障定位分析时，建议选取量程应是被测光纤长度的 2 倍以上，通过观察二次反射（鬼影现象）来进行故障初判。

（四）平均时间/次数

平均时间/次数是通过将每次输出脉冲后的反射信号采样，并把多次采样做平均化处理以消除一些随机事件，从而在 OTDR 形成良好的显示图样，由于后向散射光信号极其微弱，一般采用统计平均的方法来提高信噪比，平均时间/次数越长，噪声电平越接近最小值，信噪比越高，动态范围越大。例如 3 分钟平均所获得的动态范围比 1 分钟的动态范围提高 0.8dB。

平均时间/次数越长，测试精确度越高，但达到一定的程度时精度不再提高，为了提高测试速度，缩短整体测试时间，在需要进行详细曲线分析时，一般测试时间可在 0.5～3 分钟内选择。

（五）光纤参数

光纤参数的设置包括折射率 n 和后向散射系数 η 的设置。折射率参数与距离测量有关，后向散射系数则影响反射与回波损耗的测量结果。这两个参数通常由光纤生产厂家给出。

二、正确放置光标

（一）长度测量

一般采用两点法，将被测光纤与尾纤一端相接，尾纤另一端连到 OTDR 上，调整出显示尾纤和被测光纤的后向散射峰。其曲线如图 6-41 所示。

将光标 A 置于第一个菲涅尔反射峰前沿，将光标 B 置于第二个菲涅尔反射峰前沿，光标 A 与光标 B 之间的相对距离差就为被测光纤长度。

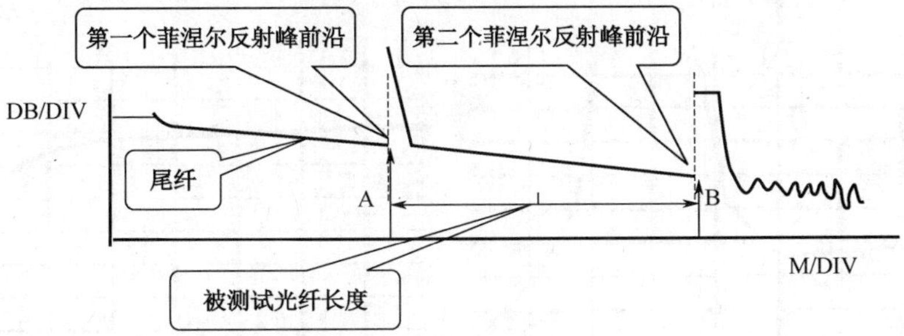

图 6-41　长度测量时 A、B 光标放置位置

（二）光纤平均损耗测试

测试光纤平均损耗，A、B 光标的放置如图 6-42 所示。

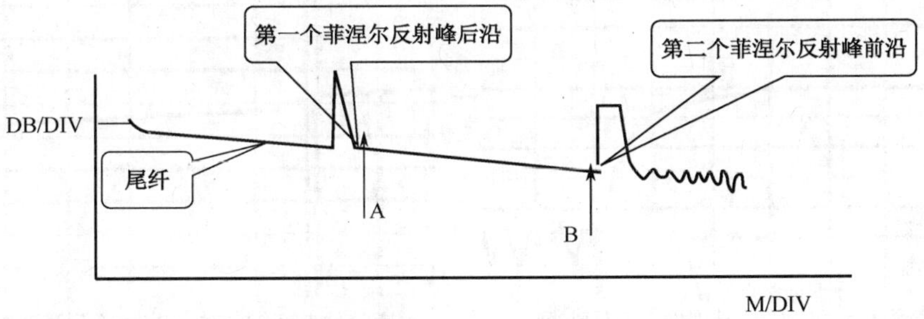

图 6-42　光纤平均损耗测量时 A、B 光标放置位置

将光标 A 置于第一个菲涅尔反射峰后沿，曲线平滑的起点，将光标 B 置于第二个菲涅尔反射峰前沿，光标 A 与光标 B 之间显示损耗系数就是光纤 A、B 之间的损耗系数。

（三）接头损耗测量

接头损耗测试一般采用五点平均法，即把光标 A 设置在被测光纤熔接点（事件点起始位置）上，附加标识 1 置于靠近上一个事件点结束处之后，附加标识 2 置于被测事件点开始之前，附加标识点 3 置于被测事件点结束处之后，附加标识点 4 置于后一个事件点开始处之前，即 1 与 2、3 与 4 分别位于事件点前后的线性段始末。如图 6-43 所示，这样通过光标两侧直线形成的“台阶”高低来表示光纤接续损耗的大小。

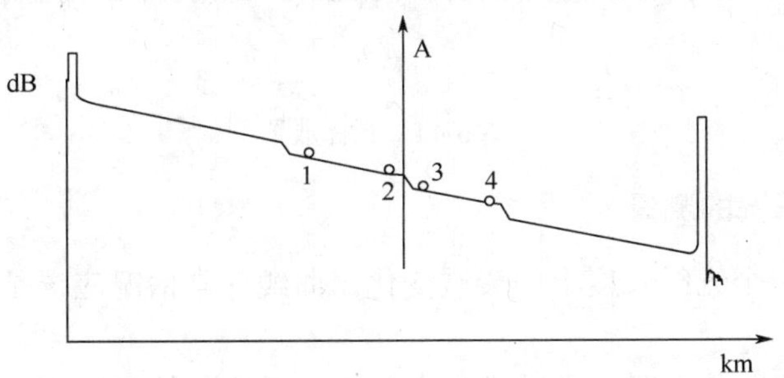

图 6-43　四点法/五点法测试接头损耗

（四）光标放置

光标放置如图 6-44 所示。

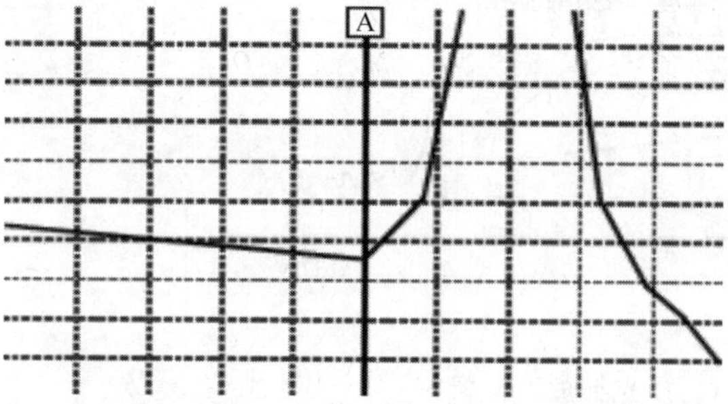

测量反射事件位置及数值，游标置于上升沿开始处

（a）

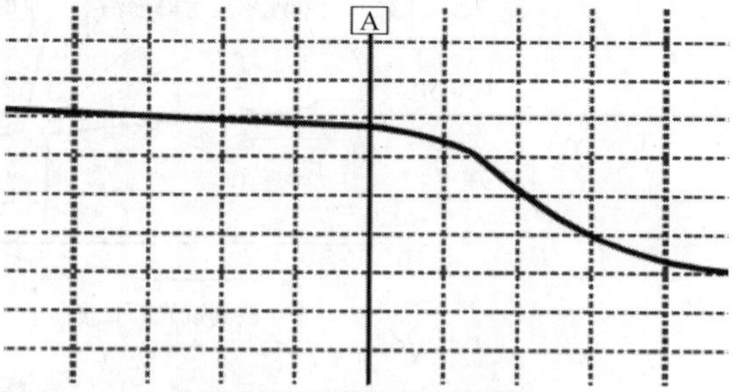

测量非反射事件位置及损耗
游标置于下弯之前最后一个后向散射采样点

（b）

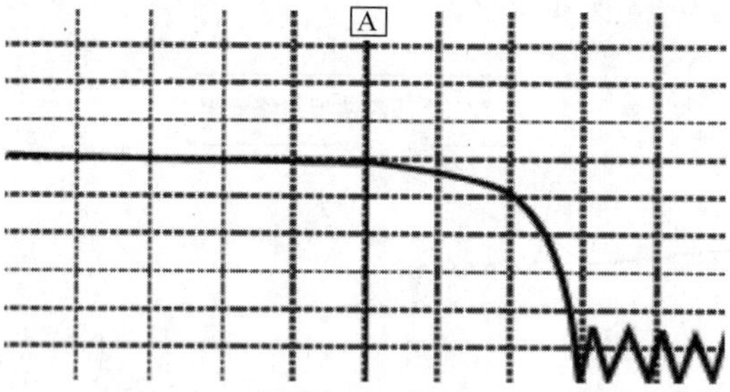

测量断裂点位置
游标置于下降沿开始处或上升沿开始处（有反射峰时）

（c）

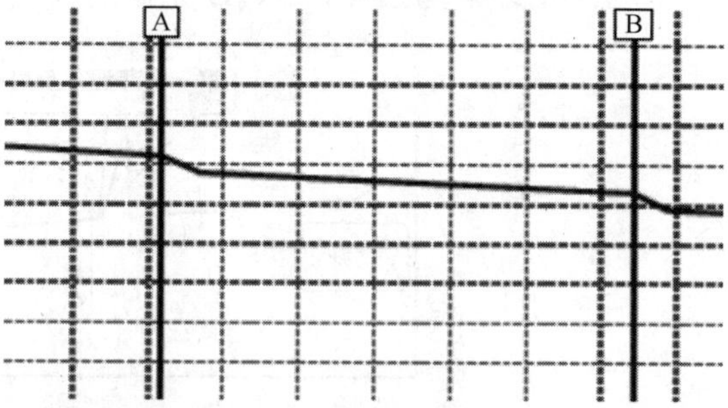

测量事件点距离，将A、B游标分别置于前后事件点前面

（d）

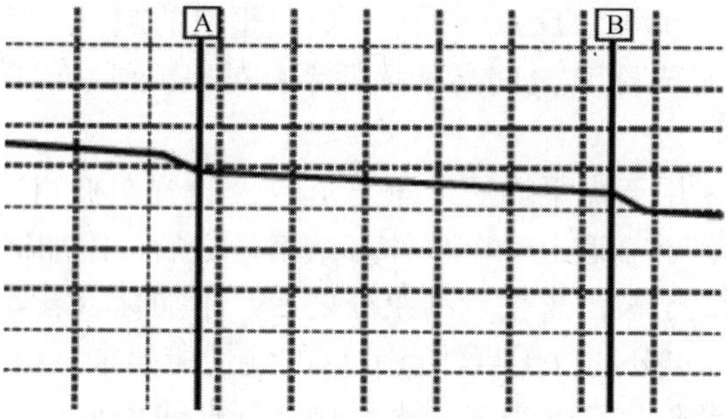

测量事件间衰减，将A游标置于前事件点后面，B游标置于后事件点前面

（e）

图 6-44　光标放置

三、曲线异常情况的测量

OTDR 可监控整个光纤长度上的衰减变化。曲线异常情况应该是指曲线上的台阶、梯形升跃等曲线不良。

为了确认异常情况是否对产品质量产生影响，最简单的方法可采用两种不同宽度的脉冲对持有怀疑的区域进行观察。

（1）如果损耗或可视增益形状随脉宽不同而变化，则属故障点应去分析找原因。

（2）如不发生上述变化，应确定是局部的衰减不均匀，这种并非制造工艺造成的少许指标超标，并不影响工程应用。

（3）若为光纤局部的衰减不均匀，有必要在同一波长做双向测量，对取得的衰减值进行平均，计算损耗（消除明显可视增益），以消除不均匀性两侧光纤段后向散射性能差异的影响。

四、曲线分析

参数设置好后，OTDR 即可发送光脉冲并接收由光纤链路散射和反射回来的光，对光电探测器的输出取样，得到 OTDR 曲线，对曲线进行分析即可了解光纤质量。

（一）正常曲线分析

如图 6-45 所示，判断曲线是否正常的方法如下。

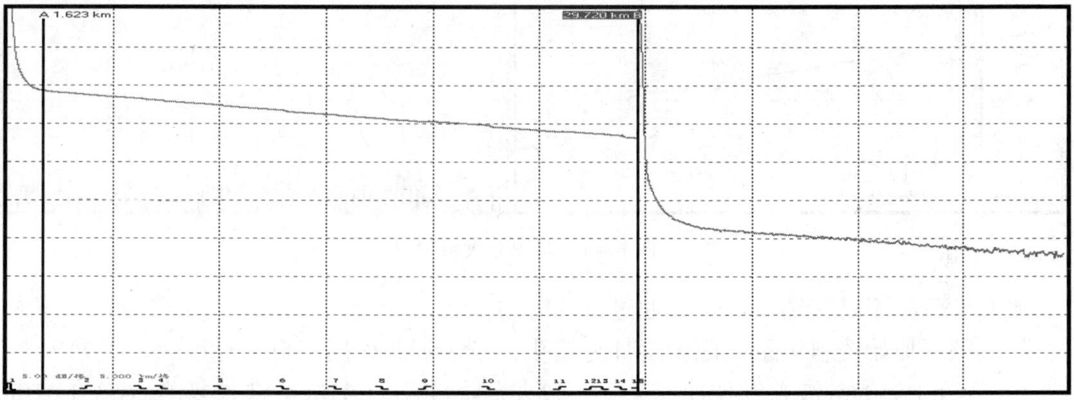

图 6-45　正常曲线

（1）曲线主体斜率基本一致，且斜率较小，说明线路衰减常数较小，衰减的不均匀性较好。按照国标 YD/T901—2001 的规定：

① B1.1 和 B4 类单模光纤的损耗系数应符合表 6-15 规定。

表 6-15　B1.1 和 B4 类单模光纤的损耗系数

光纤类别	B1.1			B4	
使用波长/nm	1 310	1 550	16××	1 550	16××
损耗系数最大值/（dB/km）	0.36 0.40	0.22 0.25	0.32 0.35	0.22 0.25	0.32 0.35

注：当光纤要在 L 波段使用时，才对 16××nm 衰减有要求（××≤25nm）。

② 衰减不均匀性要求。

在光纤后向散射曲线上，任意 500m 长度上的实测衰减值与全长上平均每 500m 的衰减值之差的最坏值应不大于 0.05dB。

③ 衰减点不连续性要求。

对 B1.1 类单模光纤，在 1 310nm 波长，一连续光纤长度上不应有超过 0.1dB 的不连续点，在 1 550nm 波长，一连续光纤长度上不应有超过 0.05dB 的不连续点。对 B4 类单模光纤，在 1 550nm 波长，一连续光纤长度上不应有超过 0.05dB 的不连续点。

（2）无明显“台阶”，说明线路接头质量较好，一般指标要求:接头损耗（双向平均值）≤0.1dB/个。

（3）尾部反射峰较高，说明远端成端质量较好。

（二）异常曲线分析

1．曲线有大台阶

如图 6-46 中有明显“台阶”，若此处是接头处，则说明此接头接续不合格或者该根光纤在熔纤盘中弯曲半径太小或受到挤压。若此处不是接头处，则说明此处光缆受到挤压或打急弯。

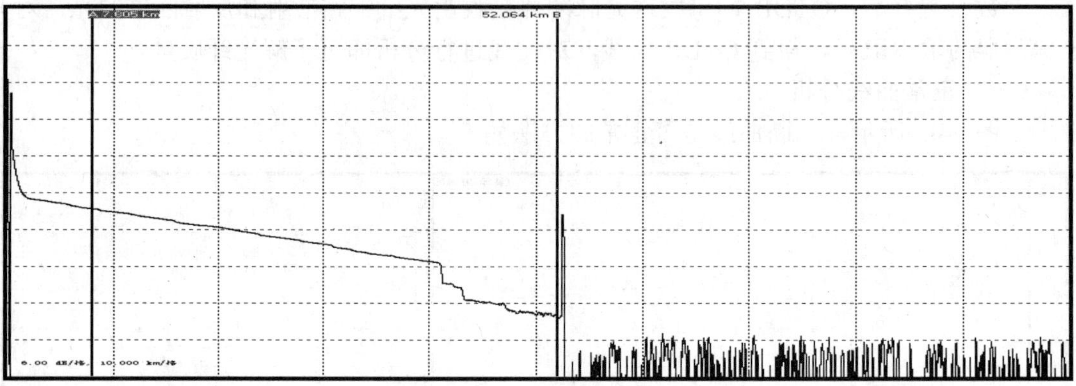

图 6-46　曲线有大台阶

判断台阶处不是接续点而是弯曲过度的方法。

（1）核对原始资料记录，此台阶处无接头记录，则此处属于弯曲过度。

（2）选择 1 550nm 波长发现曲线某处有较大台阶，再用 1 310nm 波长复测，若在 1 310nm 波长下损耗台阶消失，说明该处存在弯曲过度情况。

2．曲线有段斜率较大

如图 6-47 所示，此段曲线斜率明显较大，说明此段光纤质量不好，衰耗较大。

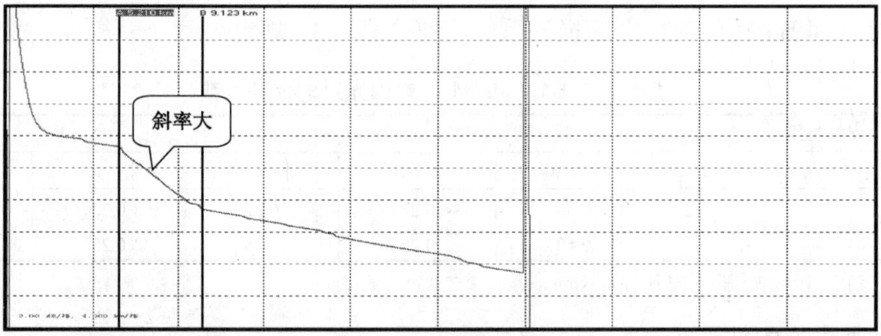

图 6-47　曲线有段斜率较大

3．曲线远端没有反射峰

如图 6-48 所示，此段曲线尾部没有反射峰，说明此段光纤远端成端质量不好或者远端光纤在此处折断。

4．幻峰（鬼影）的识别与处理

幻峰又叫鬼影，是由于光纤线路某点的大菲涅尔反射引起的二次及二次以上反射。幻峰习惯上也称为二次反射峰，其产生原因如下。

（1）菲涅尔反射功率远大于后向瑞利散射光功率。

（2）仪表与光纤、光纤与光纤接口损耗大，当脉冲遇到大的反射接头时，一部分脉冲就会重新再返回远端，然后与其他光脉冲相叠加而形成幻峰。

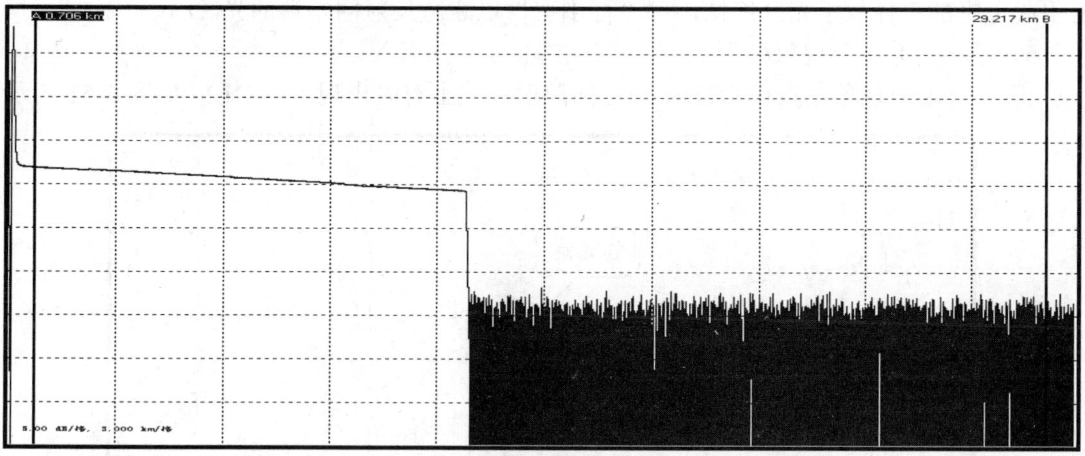

图 6-48　曲线远端没有反射峰

在光纤链路中活动连接器较多时，这种情况更为严重，这种峰值凸变对应的实际光纤链路中的点并不存在反射，这种曲线容易造成光纤线路故障点定位判断错误。

二次反射峰滞后于其对应的真峰的距离是真峰到测试端 OTDR 的距离，或者说二次及其以上的反射峰到测试端的距离是真峰到测试端距离的整数倍。

幻峰（鬼影）的识别：曲线上鬼影处未引起明显损耗如图 6-49 所示；沿曲线，鬼影与始端的距离是强反射事件与始端距离的倍数，呈对称状，如图 6-50 所示。

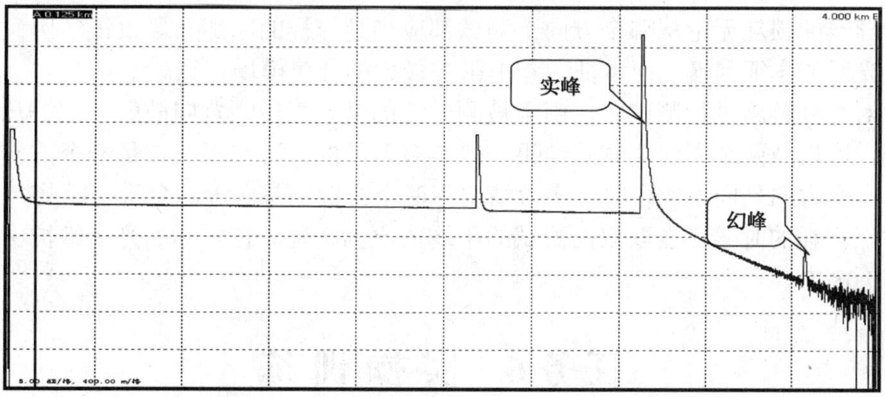

图 6-49　曲线上鬼影处未引起明显损耗

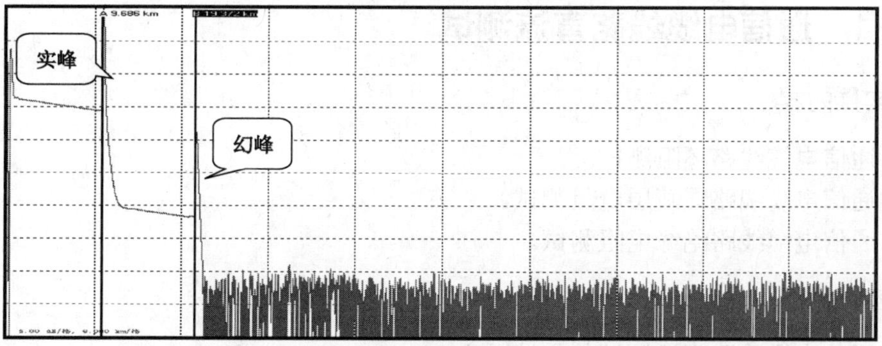

图 6-50　鬼影与始端的距离是强反射事件与始端距离的倍数

消除幻峰（鬼影）：选择短脉冲宽度、在强反射前端（如 OTDR 输出端）中增加衰减。若引起鬼影的事件位于光纤终结，可“打小弯”以衰减反射回始端的光。

5．正（伪）增益现象处理

正（伪）增益现象是指在 OTDR 的背向散射曲线上有时出现上升台阶，如图 6-51 所示。

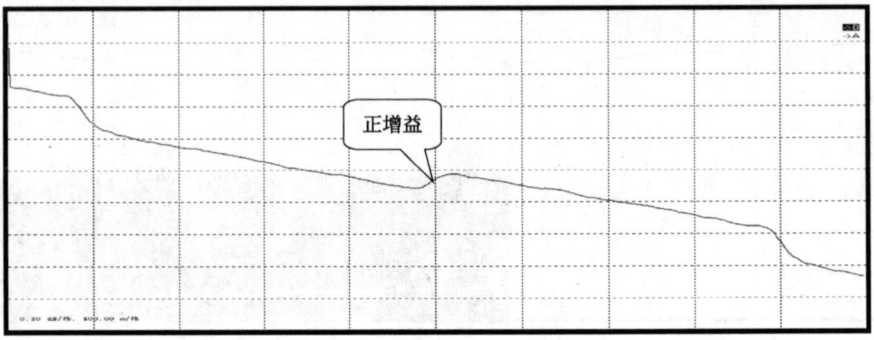

图 6-51　正（伪）增益现象

正增益是由于在熔接点之后的光纤比熔接点之前的光纤产生更多的后向散射光而形成的。事实上，光纤在这个熔接点上是熔接损耗的。

正（伪）增益是由于事件点之后反射回 OTDR 的背向反射光功率高于事件点前反射回的。事实上，光脉冲通过事件点始终会存在损耗，不可能有真的增益出现。

光纤事件点损耗包括光纤本征因素引起的和外界因素引起的两部分。外界因素主要有轴心错位、轴向倾斜、纵向分离（如活动接头）和纤芯变形（熔接头）等，事件点上的因外界因素导致的损耗无论从哪个方向上测试都应当是一样的。那么导致正（伪）增益的主要原因是光纤的本征因素，而本征因素中影响最大的当属模场直径。

实际对光纤链路进行测试时，由于被测光纤的模场直径、背向散射系数等几乎都不会完全相同，所以从两个方向测试的结果一般是有差异的，当然不一定是一个方向是向上的台阶，另一个方向是向下的台阶，多数情况下两个方向均是向下的台阶。因此，用 OTDR 测试事件点损耗的时候应当取双向测试的平均值更为精确。在实际的光缆维护中，接头平均损耗≤0.08dB。

任务 6　实 操 训 练

6.6.1　通信电缆线路直流测试

1．实操内容

（1）通信电缆线路环阻测试。

（2）通信电缆线路屏蔽层电阻测试。

（3）通信电缆线路绝缘电阻测试。

2．实训目的

掌握通信电缆线路直流测试的方法。

3．实操器材

（1）全塑全色谱电缆 100m 以上。
（2）QJ45 型故障测试仪。
（3）兆欧表。
（4）连接导线若干。

4．实操步骤

参照本书 6.1.1。

6.6.2　通信电缆故障测试

1．实操内容

（1）判断通信电缆线路故障性质。
（2）确定通信电缆线路故障点。

2．实操目的

掌握通信电缆线路常见障碍的测试方法。

3．实操器材

（1）全塑全色谱电缆 100m 以上（人为设置混线、断路、地气等故障）。
（2）通信电缆智能障碍测试仪。
（3）连接导线若干。

4．实操步骤

参照本书 6.2.2。

6.6.3　通信光缆线路损耗测试

1．实操内容

插入法测试通信光缆线路损耗。

2．实操目的

掌握通信光缆线路插入法测试损耗的方法。

3．实操器材

（1）光源。
（2）光功率计。
（3）光纤多用表（若用此表则光源、光功率计省略）。
（4）光缆或裸纤 1 000m 以上。
（5）连接跳线，活动连接器等。

4. 实操步骤

参见本书 6.4.2 节。

为了测试数据更准确，采用多次使用插入法测试取平均值的方法。

5. 测试数据记录

插入法测试光纤损耗记录表表 6-16 所示。

表 6-16　插入法测试光纤损耗记录

测量序号	光纤输入功率 P_1/dBm	光纤输出功率 P_2/dBm	光纤长度 L/km	一个活动连接器的衰减 A_c	被测光纤的衰减 A/dB	衰减常数/（dB/km）
第 1 次				A_c=0.5dB	A=	α_1=
第 2 次					A=	α_2=
第 3 次					A=	α_3=
第 4 次					A=	α 4=
平均衰减常数/（dB/km）	α=（$\alpha_1+\alpha_2+\alpha_3+\alpha_4$）/4=（　　　　）					

6.6.4　OTDR 测试光缆长度、损耗及故障

1. 实操内容

（1）测试光缆线路长度。
（2）后向散射法测试通信光缆线路连接损耗。
（3）后向散射法测试通信光缆线路平均损耗。

2. 实操目的

掌握 OTDR 的使用方法。

3. 实操器材

（1）OTDR。
（2）光缆 3 000m 以上（至少 4 芯）。
（3）连接跳线、法兰盘等。

4. 实操步骤

参见 6.5.3 节和 6.5.4 节。

5. 测试数据记录

（1）选择仪表参数
波长（　　）nm，折射率（　　），量程（　　）km，脉宽（　　）ns。
（2）测试数据
① 测试被测光纤长度为（　　）km。

② 测试被测光纤平均损耗为（　　）dB/km。

③ 测试被测光纤第二个接续点与第七个接续点之间的平均损耗为（　　）dB/km。

④ 测试被测光纤线路上第（　　）个连接器的连接损耗为（　　）dB。

项目小结

通信电缆线路环阻测试、屏蔽层电阻测试、绝缘电阻测试、接地电阻测试等测试属于线路维护测试项目，测试仪表可依次使用QJ45型故障测试仪、兆欧表和地阻仪。通信电缆的故障性质有断线、混线、地气等故障可以用兆欧表或智能障碍测试仪等判断，并使用智能障碍测试仪确定故障点。通信光缆线路的测试分为工程测试和维护测试两类，均涉及光纤损耗测试，插入法和后向散射法是测试损耗的方法。通信光缆线路故障是指由于光缆在用光纤中的一根或以上的光纤中断或光纤性能发生变化而影响正常通信的事故。OTDR是光缆故障的处理与修复必不可少的器件之一，掌握OTDR曲线分析是准确判断光纤故障点和做好日常维护的保障。

复习思考题

1. 绝缘电阻的测试项目有哪些？用兆欧表如何测试？

2. 已知一条长为800m的全塑市话电缆中某对芯线的线间绝缘电阻测试值为7 400MΩ，而该电缆线间标准绝缘电阻为6 000MΩ·km。试问，该对芯线间的绝缘电阻是否符合标准？

3. 画图说明屏蔽层电阻如何测试。主干电缆和配线电缆屏蔽层电阻的标准值各为多少？

4. 机房工作地线（如局内MDF地线）、避雷线及分线设备地线的接地电阻值的标准各是多少？

5. 简述如何用ZC-8型地阻仪测试接地电阻。

6. 简述测试全色谱全塑电缆故障的基本步骤。

7. 可以用兆欧表来判断哪些性质的障碍？分别画图说明判断方法。能否用万用表取代兆欧表来进行上述障碍的判断？为什么？

8. 简述智能障碍测试仪的电桥测试法。

9. 通信光缆线路的测试项目有哪些？

10. 造成光缆线路故障的原因有哪些？

11. 光缆故障处理原则是什么？故障修复流程是怎样的？

12. 画出OTDR的原理框图，并说明其工作原理。

13. 简述在光缆测试中OTDR主要用于测试哪些项目。

14. 影响光缆线路障碍点准确判断的主要原因有哪些？

15. 在使用OTDR的过程中，如何操作才能使测试数据更准确？

项目 7　传输设备维护及故障处理

项目描述

为了保证传输系统正常、可靠地运行，日常的设备维护是必不可少的。一旦出现故障，也需要维护人员迅速查出故障点，并排除故障。本项目介绍传输设备的日常例行维护项目和要求、维护操作、故障定位的方法及故障处理。

教学目标

1．知识目标

了解传输设备的日常维护项目和要求，了解传输设备的组成和功能，掌握传输设备的基本维护操作，了解故障定位的基本原则，掌握常用的故障定位的方法和故障处理方法。

2．技能目标

能够判断传输设备的故障点，能够处理传输设备的简单故障。

教学安排

项目总学时（6）=理论学时（6）。

任务 1　例行维护

传输设备维护是针对设备的运行状况和业务功能进行的维护操作。维护人员应按照要求做好维护工作，确保系统可靠地运行，及时发现问题并妥善解决问题，防止通信事故的发生。日常维护是实现维护目标最有效、最根本的手段之一。

7.1.1　维护概述

一、维护分类

维护工作一般分为例行维护和突发性维护。根据维护间隔周期的不同，例行维护可以分为日常例行维护和周期性例行维护。

（一）例行维护

1．日常例行维护

日常例行维护是指每天必须进行的维护项目。通过日常例行维护，它让我们能够随时了解设备的运行情况，及时发现问题、解决问题。对在维护过程中发现的问题必须详细记录故障现象，以便及时维护和排除隐患。

2．周期性例行维护

周期性例行维护是指定期进行的周期性维护项目。通过周期性维护，可以了解设备的长期工作情况。此项目又分为月度例行维护、季度例行维护和年度例行维护，并一定要按要求做好例行维护检查和记录。

（二）突发性维护

突发性维护是指因为传输设备故障、网络调整等所带来的维护任务。例如设备损坏、线路故障时需要进行的维护，同时在例行维护过程中发现并记录的突发事件也是突发性维护任务之一。突发性维护也称为故障处理，对于突发性故障的处理方法及思路详见本项目任务三。

二、维护要求

（一）例行维护原则

例行维护是预防性维护，其基本原则是：维护人员应对设备进行良好的、有效的例行维护，及时发现和解决问题，防患于未然，确保设备长期稳定可靠地运行。

从某种意义上说，例行维护比故障处理更重要。在例行维护工作中及时检测到故障的先兆，将故障解决在萌芽期，减少设备的故障率，延长设备的使用寿命。

（二）维护人员的职责

（1）按照维护规程的要求，做好日常、周期性的维护工作，并做好日常例行维护和周期性例行维护的相关记录。

（2）当有突发性事故发生时，也必须遵循维护规程，并立刻向主管部门或各主管人员上报，必要时应立即请求其他部门配合，做到在最短时间内排除故障。同时，做好重大故障处理过程及相关数据的记录，并定期归档。

（3）不得随意修改网管配置数据，不得随意更换机盘或软件。凡做了机盘、软件更换或修改配置数据等操作的都应做好记录，以便于日后维护使用。

（三）对维护人员的要求

维护人员除了应认真做好例行维护工作，及时发现故障隐患、排除故障隐患、杜绝故障发生外，还应对已发生的故障进行分析、快速定位、及时解决。因此，对维护人员的业务技能、操作规范、心理素质都有很高的要求。

（1）应全面了解SDH传输系统的工作原理、设备型号以及设备上各种机盘的主要功能。

（2）熟悉网管操作。

（3）熟悉系统的组网情况。

（4）熟悉SDH系统的各种报警装置和性能，正确理解其含义。

通常网管系统能先于用户发出报警。如果用户申告先于网管，应在故障处理之后向相关单位或部门及时反映，以改进网管功能，提高网管的监控能力。

（6）处理原则：各站收到报警或其他异常情况时，应与责任局联系并确认。利用网管或监控终端判断、定位故障点，并按故障处理流程及时处理。

注意：严禁随意拔盘，随意在网管上操作，随意断纤。不得做与排除故障无关的其他操作。

（1）在发生重大电路阻断时，各级部门应立即组织抢修处理。

（2）若不能即时恢复电路，应按照应急调度方案对电路进行调度，以保证尽快恢复用户正在使用的业务。

（3）各站要按应急调度的有关要求，做好 SDH 传输的应急调度工作，确保在发生光系统障碍时，在规定时间内调通业务。

三、维护能力

对于设备而言，一般传输网络和设备在机柜、机盘设计和功能设置等方面都考虑了用户在维护方面的要求，为用户提供了强大的维护能力。

（1）提供声光报警（设备和网管都可以提供声光报警），当有紧急情况发生时，提醒维护人员及时采取相应的措施。

（2）各机盘均有运行状态指示，协助维护人员及时定位故障和处理故障。

（3）通过网管系统能动态监视网上各站的运行状态。

（4）提供公务电话功能，为各站维护人员提供专用通信通道。

（5）支持远程维护功能，维护人员可通过公用电话网对系统进行远程维护。

7.1.2 例行维护

一、日常例行维护

例行维护包括日常例行维护和周期性例行维护，其维护项目分为设备维护和网管维护两类。设备维护主要包括设备的声音报警检查、设备子架指示灯观察、电路板指示灯观察、设备温度检查、风扇检查和定期维护等。网管维护是通过网管计算机查询设备的详细数据，在设备出现故障时，对报警、性能数据进行分析、定位、判断和处理常见的设备故障，对下属站具有一定的技术支援能力。为了保证设备的安全可靠运行，网管站的维护人员应每天通过网管对设备进行检查。

日常例行维护项目和要求如表 7-1 所示。

表 7-1　日常例行维护项目

维护项目	要　求
设备运行环境	环境温度：0～40℃。 相对湿度：≤85%。 电源电压：-57V～-40V
声音报警检查	如网管有报警，必须保证设备能报警；EMU 盘的“RING OFF”按键必须凸起
机盘指示灯的观察	正常时机柜顶部各指示灯均不亮；当公务电话振铃时绿色指示灯亮；当出现急告时红色指示灯亮；当出现非急告时黄色指示灯亮。ACT 指示灯：机盘运行正常时，ACT 指示灯应闪烁。若机盘处于备用状态，ACT 指示灯闪烁频率低于主用盘，即慢闪。若机盘不上电，则ACT 指示灯熄灭
设备风扇运转情况的检查	检查风扇是否正常运转；检查防尘网上的灰尘是否需要清理 提示：当 EMU 盘出现 FANALM 报警则表示有风扇停止运转
以低级别用户身份登录网管	应能正常登录，操作权限未改变
EMU 盘的状态检查	网管应能正常获取各 EMU 盘的状态。各 EMU 盘若能正常上报数据给网管，则各站 EMU 盘工作正常。若不能，则说明 EMU 盘故障，应立即排除

续表

维护项目	要　求
机盘状态的检查	能正常获取机盘状态
报警的检查	能正常获取或查看各机盘的当前报警或历史报警，对于那些无效报警应及时屏蔽
性能数据的检查	能正常获取或查看各机盘的性能数据
查询消息记录	在网管状态栏中，打开“日志”窗口，可以查看系统的日志信息。打开“管理网络”窗口，可以监视管理网络的重要状态。打开操作系统的计算机管理\系统工具\事件管理器，可以查看网管中有何操作及错误消息的记录
保护倒换的检查	在线路无倒换的情况下，不会出现倒换报警 在线路有倒换的情况下，交叉盘上会出现倒换报警

二、周期性例行维护

周期性例行维护根据时间长短的不同，分为月度、季度、年度例行维护。月度例行维护项目和要求如表 7-2 所示。

表 7-2　月度例行维护项目

维护项目	要　求
机盘配置数据的检查	双击机盘，查看机盘的配置数据，不得随意改动配置数据
数据备份	根据管理配置更新情况，管理配置文件一月至少备份一次
计算机硬件工作状态检查	检查鼠标、键盘、打印机、显示器的工作状态是否正常
历史报警的查询与转储	查询上个月的报警情况，如有可能将其打印并存档
历史性能的查询与转储	查询上个月的性能情况，如有可能将其打印并存档
未用业务通道 24 小时误码	对未用通道挂表测试 24 小时误码

季度例行维护项目和要求如表 7-3 所示。

表 7-3　季度例行维护项目

维护项目	要　求
网管时间的校对	查看网管时钟，并与标准时间校对
定期更改网管用户的登录口令	用新口令登录，并将口令做详细记录
设备数据的整理	将每季度记录的设备数据的更新情况进行整理并存档
远程登录的检查	厂家可从远端通过拨号方式，登录到本地主机
网管功能的检查	是否能点击网块、网元；若安装有声卡，是否能正常获取各项报警声音；是否能自动刷新报警
网管重启的恢复情况	将网管按正常方式重新启动，是否能正常工作 注意：禁止非法关闭网管

年度例行维护项目和要求如表 7-4 所示。

表 7-4　年度例行维护项目

维护项目	要　求
设备数据的整理和分析	统计和分析业务通道的使用状况和通道的性能数据，总结全网通道资源利用率及通道质量的报告
设备的清洁	对机器表面机顶、走线架、配线架进行一次性清洁
接地、地线、电源线连接检查	用电阻仪测试机柜接地电阻，要求接地良好，以免雷击或因接地不好产生误码。 检查设备地线与机房地线之间连接是否安全可靠 检查设备电源线与机房电源连接是否安全可靠

任务 2　传输设备维护

本任务以烽火通信公司 FonsWeaver 780A 设备为例，主要介绍 FonsWeaver780A 设备组成和功能，以及传输设备的维护。

7.2.1　传输设备介绍

烽火通信研制开发的 FonsWeaver 780A 设备是新一代智能 MSTP 设备，设备实物如图 7-1 所示。该设备作为一种多方向、多业务接口的综合性光传输平台，它不仅可以提供全系列速率的 SDH 接口和 PDH 接口，支持以太网及 ATM 业务的传输，而且具有强大的高、低阶交叉能力，同时支持各种拓扑结构的组网及保护功能。

图 7-1　FonsWeaver 780A 设备实物

一、设备组成

FonsWeaver 780A 设备由机柜、子框及若干可选插入式机盘等组成，可灵活配置。FonsWeaver 780A 设备采用标准的光传输设备机柜。子框为中置背板、前后插盘结构，可分为前子框和后子框。前子框的机盘区，可以插入各种机盘。如光接口盘、电接口盘、以太网接口盘和网元管理盘等。后子框插入与业务盘相对应的业务端子板、电源及辅助接口端子板和交叉时钟盘。

FonsWeaver 780A 设备的子框实物如图 7-2 所示，其主子框前视图如图 7-3 所示，主子框后视图如图 7-4 所示。

图 7-2　FonsWeaver 780A 设备的子框

二、单盘功能

控制中心 FonsWeaver 780A 设备面板盘位如图 7-5 所示。

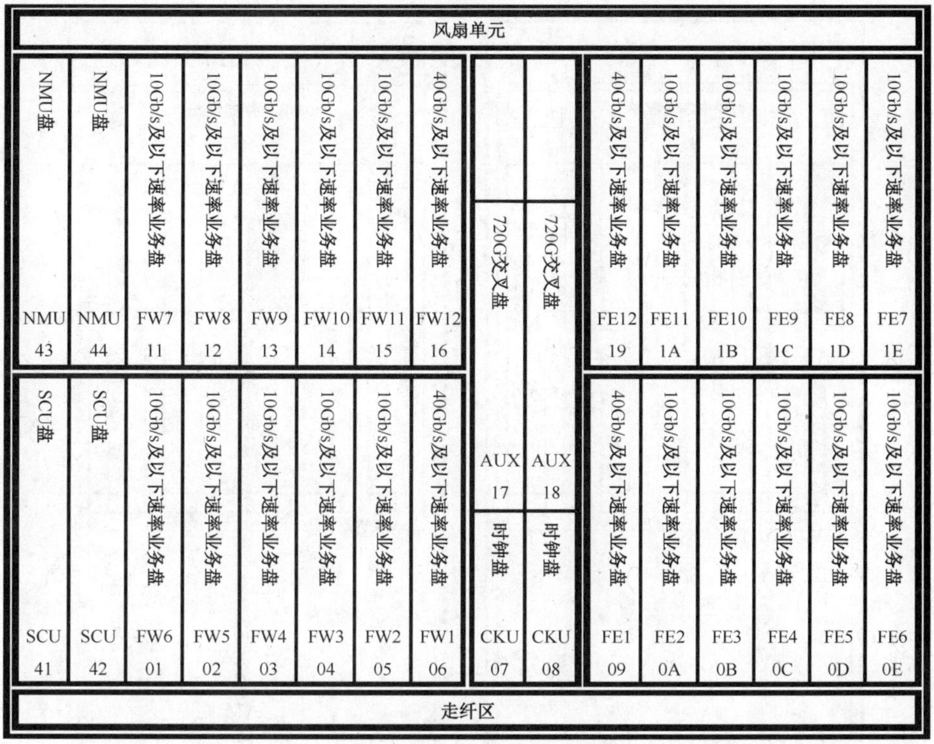

图 7-3　主子框前视图

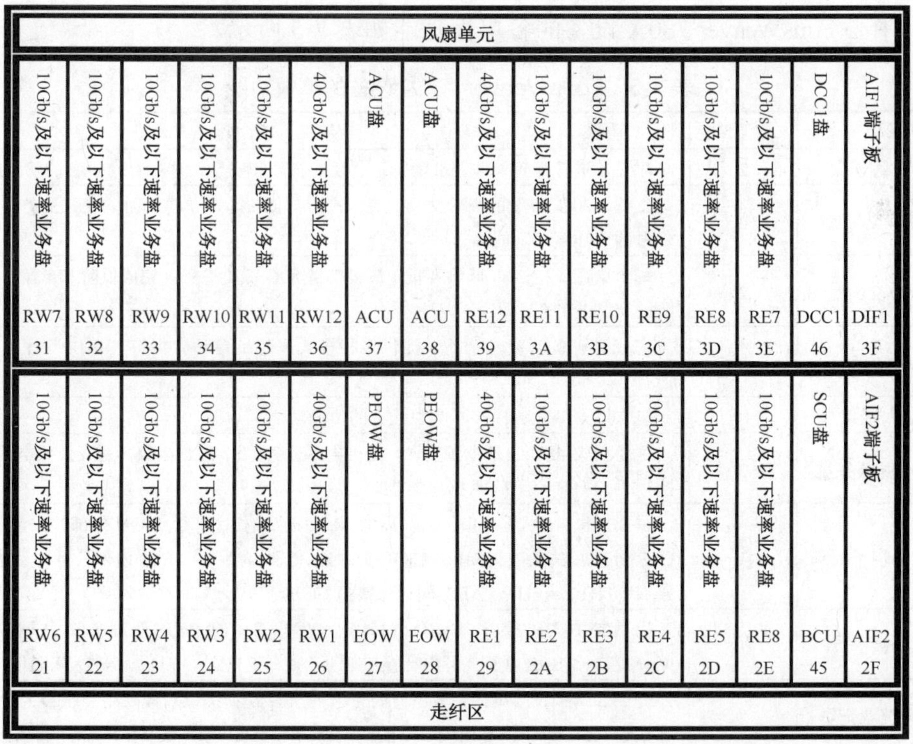

图 7-4　主子框后视图

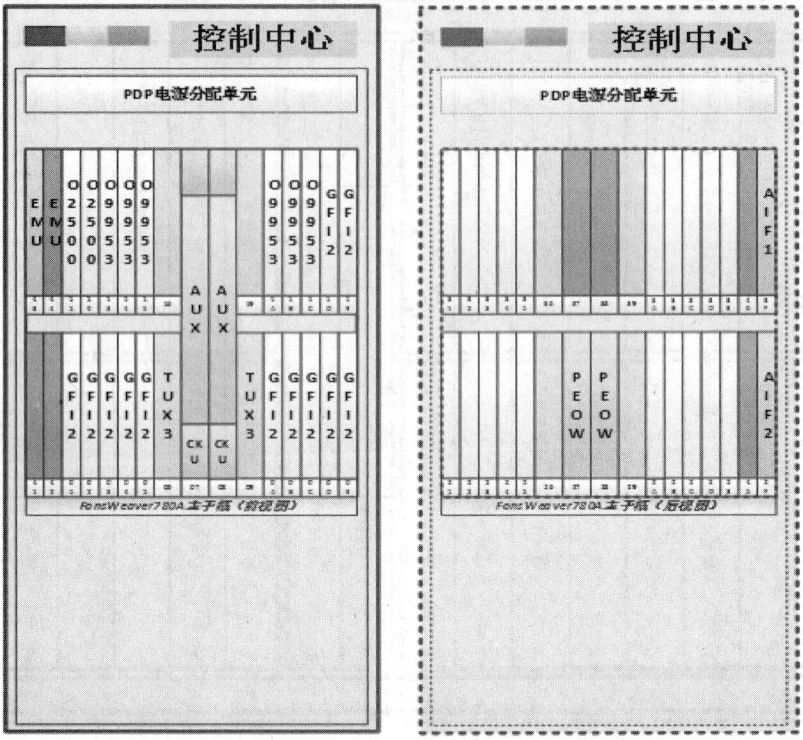

图 7-5　控制中心 FonsWeaver 780A 面板盘位

控制中心 FonsWeaver 780A 设备的各单板功能如表 7-5 所示。

表 7-5　FonsWeaver 780A 设备的单板功能

板块名称	数　量	功　　能
EMU 网元管理盘	2	对设备进行配置管理、故障管理、性能管理和安全管理并存储设备的管理信息
AUX1 高阶交叉盘	2	支持 320G 容量的高阶交叉，完成高阶与低阶、高阶与高阶的交叉业务，实现业务信号的分插复用功能
TUX3 低阶交叉盘	2	每个单盘支持 20G 低阶容量，最多支持 80G 低阶业务，完成低阶和低阶、低阶和高阶的交叉业务
CKU 时钟盘	2	完成对设备的定时功能，提供多种模式，包括自动、保持，自由运行、保持自由运行
GFI2 以太网盘	10	提供以太网业务接口，实现业务的传输功能
PEOW：电源公务盘	2	主要完成-48V 主备电源接入，提供内部公务电话 TEL 接口，完成公务电话功能。其次提供 OAH1-OAH4 数据通道接口
AIF1 辅助端子板	1	主要提供 F1 网管接口。其次提供 ALM 报警输出接口、MON 外部开关量监视接口、CTR 外部开关量控制接口、CKIO 时钟输入\输出接口、TEL1 内部公务电话接口、UNI 接口 ETH1、AFI1 与 AFI2 间通信接口 COM
AIF2 辅助端子板	1	提供 SVB 对外接口、CKIO2 时钟输入\输出接口、MBUS 管理接口、f 调试接口、F2 网管接口、TEL2 内部公务电话接口、UNI 接口 ETH2、AFI1 与 AFI2 间通信接口 COM
02500 光盘	2	提供 STM-16 接口。完成信号的光电\电光转换；提供对段层主要报警的检测，并且上报给 XCU 盘作为复用段保护的倒换盘。与 550F 两块 02500 光盘一一对应
09553 光盘	6	提供 STM-64 接口。完成信号的光电\电光转换，时钟提取；提供对段层主要报警的检测，并且上报给 AUX\XCU 盘作为复用段保护的倒换盘

三、设备接口

FonsWeaver 780A 设备提供丰富的业务接口，满足用户的多种需要。同时，该设备还提供其他各种接口，维持设备运行和提供设备维护功能。

FonsWeaver 780A 设备提供多速率的 SDH 接口、PDH 接口和以太网接口等业务接口。提供各种管理接口、通信接口便于对设备进行监测。提供报警接口、公务电话接口用于设备维护。提供数据接口和辅助接口可为设备提供附加功能。提供电源接口为设备引入电源，提供时钟接口可接入外时钟或为其他设备提供时钟。

FonsWeaver 780A 设备提供的各种接口如表 7-6 所示。

表 7-6 FonsWeaver 780A 设备提供的各种接口

接口名称	接口说明
SDH 接口	STM-1 光接口类型：S-1.1、L-1.1、L-1.2
	STM-4 光接口类型：S-4.1、L-4.1、L-4.2、L-4.3
	STM-16 光接口类型：S-16.1、S-16.2、L-16.1、L-16.2、Vs-16.2、Ve-16.2、Us-16.2、U-16.2、Ue-16.2、Ur-16.2
	STM-64 光接口类型：S-64.2b、Ls-64.2、Le-64.2、Vs-64.2、V-64.2a、Vf-64.2、Ue-64.2、Ur-64.2
PDH 接口 1	提供 E1 和 E3DS3 类型的电接口
以太网接口	提供 10Base-T、100Base-TX、1000Base-LX 和 1000Base-SX 类型的以太网接口
时钟接口	提供 2 路 2 048kbit/s 或 2 048kHz 的时钟接口
报警接口	1 路报警接口
公务电话接口	提供 4 路公务电话接口和 2 路延伸公务电话接口
电源接口	2 路电源接口
管理接口	2 路网管系统接口 F1、F2
	1 路调试管理接口 f/DBG
通信接口	6 路以太网通信管理接口：ETH1、ETH2、COM1、COM2、COM3、COM4
数据接口	8 路开销数据接口
辅助接口	1 路外部开关量控制输出接口
	1 路外部开关量监视输出接口

7.2.2 传输设备的维护

一、操作安全注意事项

（1）强功率激光对人体特别对眼睛有危害，不得将光发送器的尾纤端面或其上面的活动连接器的端面对着眼睛。

（2）不得用手触摸机盘上的元器件、布线及插头座中的金属导体。触摸机盘必须触及时应采取静电防护措施，带上静电防护手镯。

（3）注意不得将光纤折弯，必须弯曲光纤时，曲率半径不得小于 38mm。

（4）设备中的光纤活动连接器不得随意打开，维修设备必须打开时，必须采取保护措施，以免连接器的端面被污染。

（5）在进行设备维护和测试接口指标时，仪表的地必须与设备（所在的机柜）的地良好地接在一起。

二、日常维护

日常例行维护项目参照本书 7.1.1。

（一）传输设备 FonsWeaver 780A、板卡设备的维护操作

1．清洁传输机柜

用白布和清洁剂擦去传输机柜、ODF 架内、外积尘、老鼠屎尿。达到机柜、板卡和 ODF 架内、外清洁无积尘、无屎尿。

（1）清理前的准备工作

① 设定合理的除尘周期

根据机房的具体情况设定合理的除尘周期。机房内部卫生应每三天清理一次，每半个月进行一次彻底清洁。每周对设备吸附尘土情况进行检查，对有必要清洁的设备每周进行一次清洁。

② 谨防静电危害

设备除尘时，首先要避免人员带电对设备造成损害，在清理前应当先佩戴除静电手镯等设备。避免带电操作，即必须在完全断电、设备接地良好的情况下进行，即使是支持热插拔的设备也是如此，以防止静电对设备造成损坏。对于显示器等设备应首先做放电处理。

③ 了解设备结构

由于机房设备来自不同的厂商，各自设计并不相同，特别是许多品牌服务器机箱的设计比较特殊，需要特殊的工具或机关才能打开，在卸机箱盖的时候，需要仔细看说明书，不要强行拆卸。

④ 清洁工具的选择

一般的除尘维护只需要准备十字螺丝刀、平口螺丝刀、油漆刷或者油画笔，不要使用普通毛笔等容易脱毛的笔刷。无水酒精、散热硅油、脱脂棉球、钟表起子、镊子、皮老虎。如需简单维护，还需要尖嘴钳、试电笔、万用表等设备。

（2）重点部件的清洁要求

① 主板的清洁

作为整个设备的基础硬件，主板堆积灰尘最容易引起问题，其也最容易聚集大量灰尘。首先要取下所有的插接件，拔下设备要进行编号，以防弄混。拆除固定主板的螺丝，取下主板，用羊毛刷去各部分的积尘。力量一定要适中，以防碰掉主板表面的贴片元件或造成元件的松动以致虚焊。灰尘过多处可以使用无水酒精进行清洁。对于主板上的测温元件（热敏电阻）要进行特殊保护，如提前用遮挡物对其进行遮挡，避免这些元件损坏而引发主板出现保护性故障。

② 插接件的处理

插接件表面可以用与清理主板相同的方法清理，插接部分出现氧化现象的，可以用橡皮仔细把金手指擦干净，插回到主板后，在插槽两侧用热熔胶填避缝隙，防止在使用过程中灰尘的进入和氧化情况出现。

③ 风扇的清洁

风扇的叶片内、外通常积灰也会非常严重，我们可以用机房专用吸尘器的圆毛刷吸尘。还可以在其转轴中加一些润滑油以改善其性能并降低噪音。具体加油方法是，揭开油挡即可看到风扇转轴，用手转动叶片并向转轴中滴入少许润滑油使其充分渗透，加油不宜过多，

否则会吸附更多的灰尘。最后贴上油挡。

④ 箱体表面清洁

对于机箱内表面上的积尘，直接适用机房静音专用吸尘器的地板尘扒除尘。

⑤ 外围插头、插座清洁

对于这些外围插座，一般先用毛刷清除浮土，再用吸尘器清洁。如果有油污，可用脱脂棉球蘸无水酒精去除。也可使用清洁剂，不过清洁剂需为中性，偏酸性会对设备有腐蚀作用。且清洁剂挥发性一定要好。

⑥ 电源

电源是非常容易积灰的设备，而且受温度影响严重。没有一定的专业知识，严禁私自拆开。如不拆解，可以用机房专用吸尘器的强挡对着电源进风口吸出尘土，并用硬毛刷隔着风扇滤网清洁一下风扇叶片。

⑦ 其他注意事项

某些设备不允许用户自行拆解，否则将失去保修，拆解前请先联系设备生产商进行确认。各部件要轻拿轻放，尤其是硬盘，切不可磕碰。上螺丝时应松紧适中，在需要部位垫上绝缘片。除尘维护结束后重新将硬件装入机箱接上电缆和电源，在不盖机箱的情况下先试运行一下系统，看一下各风扇运转是否正常，查看是否有插接不牢或异响。

2．传输机柜及各板状态检查。

（1）查看机柜指示灯

通过观察机柜指示灯的状态，判断设备是否产生报警，以及产生报警级别。机柜顶部指示灯说明参见表 7-1。

（2）查看单板指示灯

通过观察单板指示灯的状态，判断单板是否产生报警，以及产生报警的级别。780A 设备 EMU 板卡的指示灯中英文对照如表 7-7 所示，图 7-6 和图 7-7 为实际设备状态指示灯情况。

表 7-7　EMU 板卡的指示灯中英文对照

指示灯	指示灯状态	备　注
ACT	长亮但不闪烁表示 NMU 盘未得到正确的配置或时间；正常工作时，均匀闪烁	工作指示灯，绿灯
UA/NUA	黄色表示非急告；红色表示急告	急告、非急告指示灯，双色灯
NET	闪亮时，表示 F 口接收到以太网上的数据	F 口以太网通信指示灯，绿灯
SBUS	均匀闪烁表示 BMU 与 NMU 通信正常，不闪烁时表示 NMU 未收到 BMU 的应答	BMU 应答指示
MBUS	MBUS 口通信状态指示灯，NMU 盘正常工作时，闪动表示该口收到数据	当 NMU 盘自身软件升级时，此灯闪亮。 升级完毕后，此灯作为 MBUS 通信状态指示灯
DCC 指示灯	绿灯，闪烁时，表示相应方向的 DCC 接收到数据	灯号与 DCC 方向一一对应

（二）传输网管的维护操作

1．清洁交换机网管及计费系统网管

设备外部清洁，达到主机、打印机、显示器无尘。

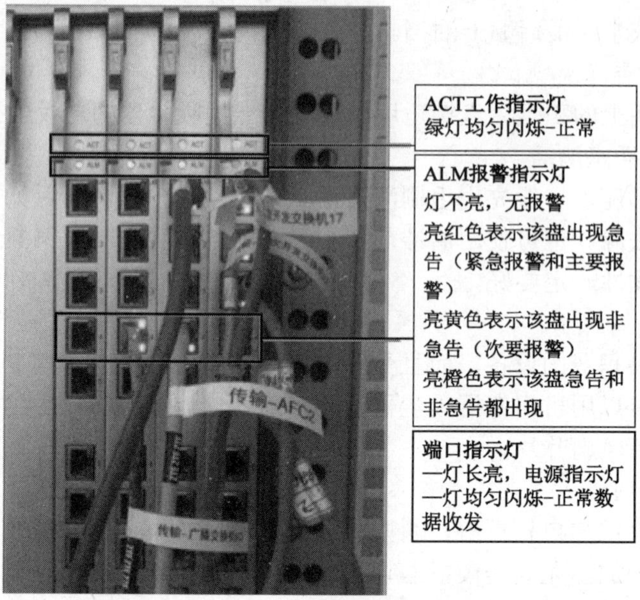

图 7-6　ACT 及 ALM 状态指示灯

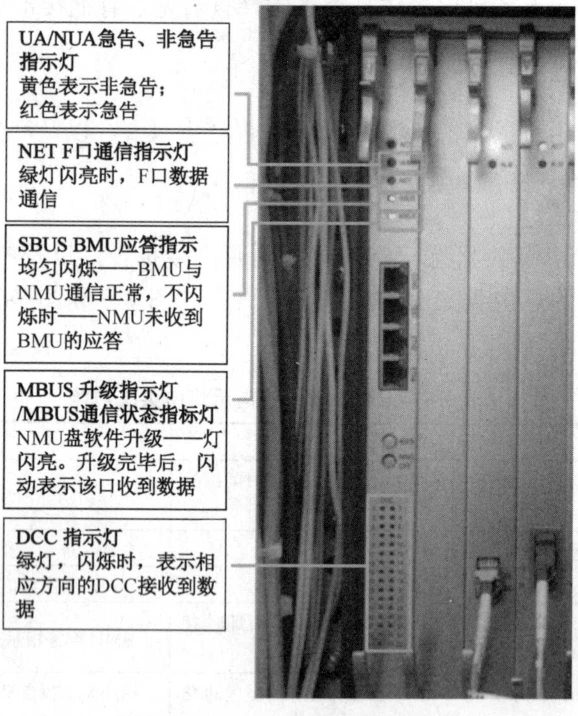

图 7-7　EMU 板卡状态指示灯

2．网管计算机硬件状态

检查设备紧固件是否牢固、破损。设备紧固件牢固，无破损为正常。主机、打印机、显示器状态是否正常。电源线与机房电源连接是否安全可靠。电源线连接牢固为正常。

3．通信网使用情况

（1）网元及单盘检查

能正常获取或查看各单盘的即时或历史性能数据为正常。

（2）报警的检查

能正常获取或查看各单盘的即时或历史报警，对于那些无效报警应即时屏蔽为正常。

（3）性能数据的检查

能正常获取或查看各单盘的即时或历史性能数据为正常。

（4）查询消息记录

在网管消息栏中，查看每日在网管中有何操作及错误消息。

（5）保护倒换的检查

在线路无倒换的情况下，网管上不会出现倒换报警为正常。

（三）光电缆的维护操作

1．查看光电缆位置

检查光电缆有无破损，光电缆有无变形，光电缆有无叠压。

2．查看光电缆外观

检查光电缆外观，无破损无老化为正常。对破损老化部分用热缩套管封套或重新接。检查光电缆线对性能，替换电阻值偏大的线对，光电缆线对性能符合要求正常。

3．查看电缆支架

检查电缆是否固定好，电缆固定良好，每个托臂均绑扎好为正常，必要时重新绑扎电缆。

4．查看光缆及托架状态

检查光缆位置是否正确，光缆位于托架第一层为正常。光缆是否破损、变形、被挤压、漏油。光缆托架有无脱落、变形、锈蚀。光缆是否绑扎固定。达到光缆绑扎固定，光缆是否被水滴，达到光缆不被水滴。

三、二级维护

（一）传输 FonsWeaver 780A 及板卡设备

查看传输机柜、ODF 架紧固件情况：检查板卡设备是否牢固，SDH 的尾纤接头是否紧固，ODF 架内光纤终端盒是否牢固，地线连接是否牢固。

（二）传输机柜、线缆、电源线及防雷端子

检查机柜标牌是否完整，如图 7-8 所示。机柜线缆是否完好无破损，如图 7-9 所示。ODF 架内尾纤有无脱落，终端盒有无屎尿，如图 7-10 所示。线缆标识是否清晰、完整，如图 7-11 所示。电源线与机房电源连接是否安全可靠。

图 7-8　机柜单板标牌

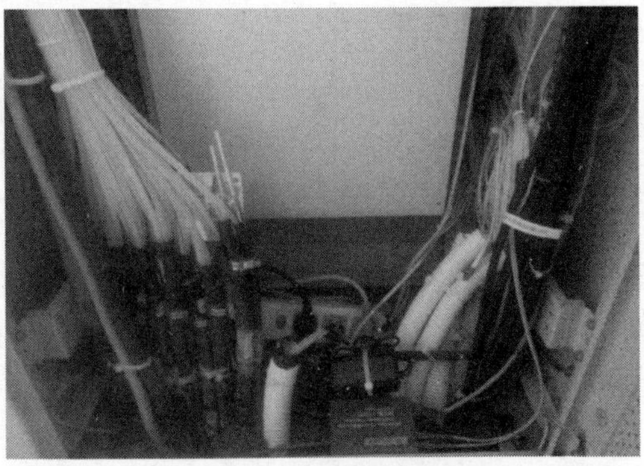

图 7-9　机柜线缆

图 7-10　ODF 架内尾纤、终端盒

图 7-11　线缆标识

（三）光功率检查

（1）清洁尾纤，拔出光板所连一端尾纤，用光纤清洁带擦拭尾纤。

（2）测量光功率，将光功率计设置在 1 310nm，将一尾纤连接至光功率计，用光源在对端打开，并记录数据，达到测量值符合发送接收门限范围。

（四）传输网管维护

1．数据整理

设备数据的整理。将记录的设备数据的更新情况进行整理并存档。

2．网管计算机软件使用情况

（1）网管功能的检查，是否能点击网块、网元，是否能自动刷新报警。

（2）网管重启动的恢复情况，将网管按正常方式重新启动，是否能正常工作，禁止非法关闭网管。

（3）数据备份，要求对故障报警记录进行备份。

（五）光电缆

1．检查电缆支架

检查电缆支架有无脱落、歪斜、折断及严重锈蚀。若有则及时固定、更换，达到电缆托臂无脱落，无歪斜。

2．检查光缆及托架状态

（1）整治不良的绑扎带、托架，达到绑扎带及托架完好、齐整。

（2）用专用风筒对破损光缆用热缩管进行封套或重新接续，达到光缆完好无破损。

任务 3　传输故障处理

传输设备经过工程安装人员的安装和调试后，都能正常稳定地运行。但有时由于多方面的原因，比如受系统外部环境的影响、部分元器件的老化、损坏、维护过程中的误操作等，都可能导致设备进入不正常的状态。此时，就需要维护人员对故障进行正确分析、定位并及时排除，使系统迅速恢复正常。

一、故障定位的基本原则

故障定位一般应遵循“先抢通后修复，先外部后传输，先单站后机盘，先线路后支路，先高级后低级”的原则。

（一）先抢通后修复

在出现故障时，我们要首先保证业务，然后再进行故障修复。如果存在影响业务情况下的传输网络报警故障，如在 2Mbit/s 业务通道出现 LOS（信号丢失）报警，由于外线原因导致的收无光或收光弱报警，板件故障等情况下产生的故障，必须首先抢通业务。不过要想先抢通业务需要一个先决条件，那就是网络中有与故障通道相同起始点的可用通道资源或与故障板件相同的可用备板。

（二）先外部后传输

在处理故障时我们要先排除外部的可能因素，如断纤、终端设备故障、设备电源或机房环境配套故障等，然后进行传输系统原因查找。当可能存在外界因素影响而产生传输网络报警故障时，如设备温度报警、光路报警、网元失效报警，也需照此办法处理。

（三）先单站后机盘

在查找传输设备故障原因时，我们需要先定位到单站点，再定位到对应板件。一般设备故障时，不会只是一个站点出现报警，而是在很多站点同时出现报警，至少存在本端和对端的问题。我们要第一时间联系厂家和网管中心，根据现场设备情况，分析和判断缩小范围，快速、准确地定位是哪个单站的问题，而后尽可能准确地将故障定位到单站后再具体定位到单板。如处理光路误码、光功率异常等报警处理时，需要联系网管中心，查看网管业务数据情况，结合业务信号流，对报警与性能事件进行分析。可采用环回法、替代法、数据分析法、仪表测试法来判断报警及故障产生的原因，将其定位到单板。

（四）先线路后支路

在处理故障时，如果支路出现了大量报警指示信号（Alarm Indication Signal，AIS）报警，这时需要先排除线路板故障再查看支路板故障。由于传输系统线路板的故障常常会引起支路板的异常报警，在处理报警时，应按“先线路后支路”的顺序，排除网管报警。如支路出现大量 AIS 则首先查看线路板是否出现 LOS 报警或其他异常报警，再查看支路板报警。

（五）先高级后低级

在进行报警分析时，先分析高级别报警再分析低级别报警。特别是当高、低级别报警同时存在时，应首先分析级别高的报警，如紧急报警、主要报警，然后再分析低级别的报警，如次要报警、一般报警。处理报警时，我们要优先处理影响业务的报警。

由于传输设备自身的应用特点，即各站之间的距离较远，因此准确定位故障是极其重要和关键的，将故障准确定位后，就可以采取相应的措施排除故障。在准确定位之前，想当然的做法往往是比较危险的，不仅会延误故障的解决，而且还可能造成更严重的人为故障。

二、故障形成的原因

（一）工程问题

工程问题是指由于工程施工不规范、工程质量差等原因造成的设备故障。此类问题有的在工程施工期间就能暴露出来，有的可能在设备运行一段时间或某些外因作用下，才暴露出来，为设备的稳定运行埋下隐患。因此，严格按工程规范施工安装，认真细致地按规范要求进行单点和全网的调试与测试，是阻止此类问题出现的有效手段。

（二）外部原因

外部原因主要包括供电电源故障，如设备掉电、供电电压过低等；交换机故障；光纤故障，如光纤性能劣化、损耗过高，或光纤损断，光纤接头接触不良；中继电缆脱落、损坏或接触不良；设备接地不良；设备周围环境劣化等。

（三）设备原因

主要包括设备自然损坏或板件的配合问题。一般在设备运行较长时间后，板件因老化出现的自然损坏。其特点是设备已使用较长时间，在故障之前设备基本正常，故障只是在个别点、个别板件出现，或在一些外因作用下出现。

（四）操作不当

此类问题一般都是因为维护人员对产品了解不够深入所导致，也是在维护工作中最容易出现的情况。对设备的一些细节性的性能特点及注意事项，对新老设备的一些特点和差别以及新旧版本的一些特点和差别不是非常清楚的情况下，就贸然开通，往往就会产生一些问题。此类问题一般在现场改网、扩容、新老设备混用、新老版本混用、升级、使用新版本的备板、使用一些未经系统联调的板件的情况下易出现。

（五）设备对接问题

传输设备传送业务种类的繁多造成对接设备的复杂，同时，各种业务对传输通道的性能要求也不完全相同，所以在实际使用中有时会存在对接问题。主要表现在线缆连接错误，设备接地问题，传输、交换网络之间时钟同步问题，SDH 帧结构中开销字节的定义不同等。

三、常见故障分类

在日常施工和维护过程中，我们会遇到各种各样的故障，总体来说，可以归纳为以下几类。

（一）光缆线路故障

主要是光缆线路中断，光缆线路总衰耗过大、收发光弱等。

（二）尾纤故障

主要是尾纤断，尾纤弯曲半径过小，法兰盘接头有灰尘及尾纤头脏等。

（三）单盘故障

包括线路板、2M 板、时钟板、交叉板、主控板等器件损坏和由于环境、温湿度等影响板子正常工作等情况。

（四）电缆故障

包括 2M 电缆中断，DDF 架侧 2M 接口输入/输出端口脱落或松动而造成的接触不良、2M 头制作不规范及 VDF 架卡线松动等。

（五）电源系统故障

包括交流停电，设备直流掉电及熔断器故障等。

（六）网管系统故障

包括网管与设备之间的网线故障或系统异常而造成的 ECC 通道中断、死机等情况。

四、故障处理思路

在遇到故障时，我们应该仔细查看故障现象并分析可能原因，从而做到有方向、有目的迅速处理故障。故障处理一般应遵循“先看，再问，然后思考，最后动手”的思路，不要盲目着手就处理，漫无目的，影响效率，还可能造成新的故障。

传输设备故障报警都不是孤立地出现的，某个设备的故障往往引发相关设备的连锁报警反应。因此，在分析故障报警时，不要仅对某一个报警进行孤立地分析，要从网络系统的角度去分析报警现象，以便正确定位故障点。

到达现场后我们首先查看故障的现象，包括故障出现的位置，有哪些报警，故障的严重程度，对业务造成的影响等，这样才能够明白故障的本质。

根据现场实际情况，我们再结合自己的知识思考、分析，判断何种原因可能引起该种故障等，作出较为正确的判断。最后根据故障定位原则找出故障点。

五、故障定位的常用方法

故障处理的关键在于故障定位。故障定位的常用方法有报警、性能分析法、环回法、替换法、仪表测试法等。

故障发生时，首先利用网管对报警事件、性能事件进行综合分析，观察设备的运行状况，初步判断故障点范围。接着，通过逐段环回，将故障定位到单站，直至机盘。最后，通过替换机盘，将故障排除。

当然，还可以通过丰富的实践经验处理故障，根据故障范围、故障类型的不同，可综合并用上述故障处理方法。下面将一一介绍这些故障定位方法。

（一）报警、性能分析法

一般来说，在设备出现故障时，会产生大量的报警和性能数据。通过分析这些信息，可以判断故障的类型和位置，甚至可准确定位故障区段、故障点。通过网管系统，可以快速获取设备的报警信息和性能数据；也可通过观察机柜和机盘的指示灯来获取报警信息。

1．通过报警进行故障定位

利用网管系统采集到的报警具有内容丰富、描述精确的特点，是维护人员用来分析、定位故障的最主要的依据。当某站产生报警时会引起其他站报警，当某站报警消除后，其他站的报警会随之自动消除，则称某站报警为原发报警，其他站报警称为伴随报警。原发报警是维护人员排除故障的主要依据，根据 SDH 设备的维护经验来看，故障排除的过程就是排除原发报警的过程。

当 SDH 网中原发报警只有一个的时候，维护人员只需对原发报警进行处理即可，但网络中有多个原发报警同时出现时，报警的分析难度会加大。维护人员要分清主次、解决问题，就应掌握 SDH 报警的优先级。优先级高的原发报警会引起优先级低的原发报警，一旦优先级高的报警被清除，优先级低的原发报警一般也会随之消失。在多个报警并存时，维护人员应处理优先级高的报警，以期尽快排除故障，少走弯路。

SDH 报警的内容繁多，报警优先级也不能一概而论，一般遵从以下原则。

（1）按级别来划分，SDH 报警的优先级顺序为：紧急报警→主要报警→次要报警→提示报警。

（2）按 SDH 层次来划分，SDH 报警的优先级顺序为：再生段报警→复用段报警→高阶通道报警→低阶通道报警。

（3）按报警种类来划分，SDH 设备的报警优先级顺序为：通信报警→电源报警→时钟硬件报警→传输报警。

2．通过性能进行故障定位

设备的性能数据也是反映设备运行情况的重要依据。维护人员可以通过网管计算机查询设备的当前性能和历史性能。通过对这些性能的分析，可以较为精确地定位故障点。

注意：通过网管系统获取报警或性能信息时，应注意保证网络中各网元的当前网元运行时间设置正确，网元时间设置错误将导致报警性能信息上报错误或根本不上报。

3．通过设备上的指示灯定位故障

设备上有不同颜色的指示灯，这些指示灯的亮、灭及闪烁情况，反映出设备当前的运行状况或存在报警的级别。

每个机盘面板上有该机盘的运行状态指示灯，每个灯都有自己的含义，从指示灯的显示状况可以判断该盘是否正常运行，发生何种级别的报警或主备用情况。

注意：通过网管可以屏蔽设备中的某种报警，这时指示灯不会指示该报警。

（二）环回法

环回是使信息从网元的发送端发送出去再从自己的接收端接收回来的操作，是在检查传输通路故障常用的手段，可以在分离通信链路的情况下逐级确认网元的故障点，检测节点和传输线路的工作状态，帮助我们快速准确地定位故障点网元，甚至故障点单板，同时可以方便设备的开通和调试。

环回分为光接口环回和电接口环回两种。

（1）光接口环回。光接口的硬件环回是指将一对光接口的发送端与接收端用光纤连接起来，使光信号环回。

光接口的软件环回是指通过网管对相应的光接口执行环回操作。

（2）电接口环回。电接口的硬件环回是指将一对电接口的发送端与接收端用电缆连接起来，使电信号环回。

电接口的硬件环回既可在端子区进行，也可在 DDF 架上进行。

电接口的软件环回是指通过网管对相应电接口执行环回操作。

注意：环回可能会影响到正常的业务，请谨慎操作。建议在业务量小的时候使用，比如夜间。

注意：光接口自环时，必须加装衰减器，以免接收光功率过载。

（三）替换法

替换法是通过用正常的部件替换疑似故障部件来定位故障点。部件可以是一段线缆、一端设备或一块机盘等。

替换法用于排除单站内机盘或模块的问题。例如，怀疑某块光接口盘有故障，可用同类型的正常光接口盘替换它。

替换法是处理故障最为简捷、有效的方法之一。替换机盘必须由有经验的维护人员按照规范操作。由于传输设备机盘种类较多，各种机盘的版本也有较大的区别。在替换机盘的时候，一定要仔细鉴别机盘的盘号和板号等相关的信息，确认与被替换的机盘类型相同。替换机盘前最好先咨询当地的技术支持人员，以免在替换过程中出现意外问题。

（四）仪表测试法

仪表测试法一般用于排除本设备外部问题以及与其他设备的对接问题。

若怀疑电源供电电压异常，则可以用万用表进行测试。若怀疑光接收信号有问题，则可用光功率计检查发送端光功率和接收端光功率，以便判断是光模块问题还是光纤线路问题。

本设备与其他设备对接故障：

① 若怀疑接地异常，则可用万用表测量对接设备工作地之间的电压值，若电压值超过0.5V，则接地有故障。

② 若怀疑信号不匹配，则可通过仪表观察帧信号是否正常，开销字节是否正常，是否有异常报警，等等。

六、常见传输故障分析及处理

为了深入理解传输故障的处理思路和方法，下面对常见故障进行分析。

（一）业务中断故障

1．业务不通，同时网管上报光信号丢失报警 LOS

（1）检查光纤情况，检查光纤的槽位是否接错。

（2）检查光纤线路板的收光功率，测试是否收发光不正常，调整光接口，观察报警是否消失。

（3）检查上一点的光纤线路板收发光情况，测试是否收发光不正常，调整光接口，观察报警是否消失。

如经过以上检查后，报警仍未消失，按照业务中断故障处理流程将光纤线路板自环检测定位故障点并解决故障。

注意：当两站点过近时，必须解决通道衰耗问题，必要时添加光衰减器。

2．业务不通，同时无任何报警

（1）检查业务不通的站点之间是否被做打环，如果光口板之间存在环回，取消环回并正确连接即可。

（2）如果没有环回存在，按照业务中断故障处理流程将光口板自环检测定位故障点。

（3）确定故障光纤线路板，判断该板收发故障。因为当某块光口板收不到光信号，同时自己也检测不到故障时，该光口板可能不会报警，对端光口板也无远端接收故障报警。

3．光板发光功率正常，但业务中断

（1）检查与此两点间的光缆。

（2）检查对端光板的光缆是否插好，灵敏度是否正常。

（3）联系网管数据检查时隙配置，并确认网管上的配置与 agent 的配置是一致的。

4．2M 业务不通

可通过查线—查线缆连接—查数据—查接口—查设备的流程进行分析

（1）查看业务不通的 2M 业务的数量，如果数量很多，应首先考虑为光路问题。

（2）如果单个或几个 2M 业务不通，检查是否为端口问题，联系网管确认是否为此端口，且环回是否正常。如果是数据配置，让网管重新配置正确的时隙配置数据下发到支路板上。如果支路仍然没有信号，复位支路板。若没有其他硬件问题，报警会消失。

（3）如果业务仍然不通，按照故障处理流程对 2M 支路进行终端侧自环并挂误码仪检测。如果误码仪 2M 电信号丢失报警不消失，则判定原因可能是 2M 接口板的接口不好、

2M 线断或配线架同轴头未焊好，进行检查处理。

（4）如果故障点为与其他厂家对接的 2M 接口板，可能是由于接地存在压差。需要协调该设备厂家工程师一起协商解决。

（5）设备投入使用时，2M 业务不通，网管查不出报警和性能，用误码仪离线测试无误码。

产生这种现象的主要原因是 ODF 架没有接地或传输设备和用户终端设备之间没有共地，从而存在较大的压差，解决办法是把地线接好或共地。

注意：2M 业务不通时，应留意地线的连接是否正确。

（二）误码类故障

误码的处理要根据严重程度选择处理时间，如较为严重，则需立即处理，如不严重，则可保持现状，等到业务量少时（如傍晚或半夜）再处理。

故障定位所采用的诊断手段，要遵循安全第一的原则。尽量缩小影响范围，尽量缩短影响时间。

1．故障原因

光纤接头不清洁或连接不正确，光纤性能劣化、损耗过高，设备接地不好，设备附近有强烈干扰源，设备散热不好，工作温度过高。

2．设备原因

交叉板与线路板、支路板配合不好，时钟同步性能不好，单板失效或性能不好等。

3．定位故障点方式

（1）检查光板的收发光功率是否在指标内，如果两端光板的发光功率均在指标内，但收光功率低于指标要求或没有光输入，此时应检查尾纤是否清洁及光板收口到 ODF 的尾纤连接和耦合情况。

（2）如果在两端的 ODF 上的接收光功率都偏低或无收光，说明光缆线路有问题，必须联系光缆线路维护人员及时处理。

（3）联系网管，对通道进行环回测试。如果自环后本光板没有再上报 B_1/B_2 性能，说明本光板无故障。同样自环对端光板后对端光板也没有再上报 B_1/B_2 性能，说明对端光板无故障。

注意：若线路维护人员要使用 OTDR 测试光缆，必须将 ODF 到光板的连接切断，避免 OTDR 发出的强光对光板造成损伤。

（三）设备对接故障

1．对接常见的问题

（1）线缆连接错误，比如光纤或电缆接错位置。

（2）设备接地问题，可能是一方设备接地有问题，也可能是双方设备不共地。

（3）时钟不同步，比如传输、交换各自的网络内部时钟同步，但两个网络之间不同步。

（4）业务传输形式和终端设备业务接口问题，导致信号转换过多，转接设备和界面过多。

2．设备对接不成功的处理步骤

（1）检查设备之间物理连接的正确性

主要是检查两个设备之间的电缆、光纤连接的正确性，防止电缆的漏焊、虚焊、接触不良，特别是要防止电缆的混线。如果用户侧的业务是从其他传输设备割接至 MSAP 设备，则在割接前每根中继电缆、光纤都应先贴好标签，养成良好的施工习惯。

（2）检查报警和性能数据

检查对接设备两侧的报警和性能数据。例如，有时 2M 口会不断地产生 LOS 报警并瞬间结束，这说明用户终端设备的 2M 端口在不停复位，复位的原因可能是对方设备未调好、2M 通道质量不好等原因。

（3）检查接地

对接成功时请重点检查两设备是否真正共地。有多起对接不成功的案例，最后的原因都是两个设备未能真正的共地。检查同轴端口的屏蔽层接地。如果对接的设备屏蔽层接地不一致，会由于两个地（保护地、屏蔽地）之间存在直流电位差和交流干扰，影响信号对接时的波形，导致对接不成功。

（4）检查电缆距离是否过长

通常情况下，75Ω 的 2M 中继线缆可传送 200 多米。但中继电缆距离太长有时会导致业务对接失败，表现为业务开不通或者开通后业务经常出现中断的现象。

项目小结

维护工作可分为例行维护和突发性维护。根据维护间隔周期的不同，例行维护可以分为日常例行维护和周期性例行维护。日常例行维护是指每天必须进行的维护项目。突发性维护也称为故障处理，是指因为设备故障、网络调整等带来的维护任务。

故障定位的常用方法有报警、性能分析法、环回法、替换法、仪表测试法等。其中环回法是传输设备定位故障最行之有效的一种方法。故障定位的常用方法可简单地总结为一分析，二环回，三换板。当故障发生时，首先通过对报警、性能事件、业务流向的分析，初步判断故障点范围。然后，通过逐段环回，排除外部故障或将故障定位到单个网元，以至单板。最后，更换引起故障的单板，排除故障。

复习思考题

1. 传输系统日常例行维护主要包括哪些项目？请写出各项目的具体内容。
2. 简述 FonsWeaver 780A 传输设备子框的结构特点。
3. 简述 FonsWeaver 780A 单盘 O9953 的主要功能。
4. 简述故障定位的基本原则。
5. 常用的故障定位的方法有哪些？写出各种方法的特点。
6. 报警级别根据故障的严重程度设定，一般设有哪四种报警级别？
7. 网管中对 2M 通道进行性能监测，需要将 2M 通道环回吗？说明理由。用仪表对传输设备在线检测的原理是什么？
8. 业务不通，同时网管上报光信号丢失报警 LOS，如何处理？

参考文献

[1] 李立高．通信光缆工程．北京：人民邮电出版社，2009.

[2] 陈昌海．通信电缆线路．北京：人民邮电出版社，2007.

[3] 乔桂红．光纤通信（第2版）．北京：人民邮电出版社，2014.

[4] 李立高．通信线路工程．西安：西安电子科技大学出版社，2015.

[5] 孙青华．光电缆线务工程．北京：人民邮电出版社，2011.

[6] 何宗华，汪松滋，何其光．城市轨道交通通信信号系统运行与维护．北京：中国建筑工业出版社，2007.

[7] 上海申通地铁集团有限公司轨道交通培训中心．城市轨道交通通信技术．北京：中国铁道出版社，2012.

[8] 赵明忠，顾斌，韩伟忠．现代通信系统导论．西安：西安电子科技大学出版社，2005.

[9] 柳春峰．光纤通信技术．北京：北京理工大学出版社，2007.

[10] 孙学康，张金菊．光纤通信技术．北京：北京邮电大学出版社，2000.

[11] 韩一石，强则煊，许国良．现代光纤通信技术．北京：科学出版社，2015.

[12] 王健，魏贤虎，易准．光传送网（OTN）技术、设备及工程应用．北京：人民邮电出版社，2016.

[13] 卜爱琴，李志菁，潘平平．光纤通信．北京：北京师范大学出版社，2009.

[14] 许圳彬，王田甜，胡佳．SDH光传输技术与应用．北京：人民邮电出版社，2012.

[15] 王邠．铁道光电缆线路的检修与维护．北京：中国铁道出版社，2009.

[16] 胡庆．通信光缆与电缆线路工程．北京：人民邮电出版社，2011.

[17] 陈海涛．光传输线路与设备维护（华为版）．北京：人民邮电出版社，2011.

[18] 刁碧．光传输系统配置与维护．北京：人民邮电出版社，2014.

[19] 刘业辉，方水平．光传输系统（华为）组建、维护与管理．北京：人民邮电出版社，2011.

[20] 烽火通信科技股份有限公司．FonsWeaver 780A设备使用维护手册．2006.

[21] 铁道部劳动和卫生司，铁道部运输局．高速铁路岗位培训教材（高速铁路通信综合维修岗位）．北京：中国铁道出版社，2012.